▸中央在京高校重大成果转化项目“京津冀协同一体化发展研究”
▸国家自然科学基金面上项目（71573267）
▸国家自然科学基金面上项目（71773133）

# 京津冀城市群产业分工协作与产业转移研究

# Research on Industrial Division and Cooperation and Industrial Relocation in Beijing-Tianjin-Hebei Urban Agglomeration

文余源◎等著

**图书在版编目（CIP）数据**

京津冀城市群产业分工协作与产业转移研究/文余源等著．—北京：经济管理出版社，2020.7

ISBN 978－7－5096－7249－5

Ⅰ.①京…　Ⅱ.①文…　Ⅲ.①城市群—产业合作—研究—华北地区 ②城市群—产业转移—研究—华北地区　Ⅳ.①F299.272

中国版本图书馆 CIP 数据核字（2020）第 118139 号

组稿编辑：申桂萍
责任编辑：杨国强
责任印制：黄章平
责任校对：陈晓霞

出版发行：经济管理出版社
（北京市海淀区北蜂窝 8 号中雅大厦 A 座 11 层　100038）
网　　址：www. E－mp. com. cn
电　　话：（010）51915602
印　　刷：北京晨旭印刷厂
经　　销：新华书店
开　　本：720mm×1000mm/16
印　　张：23.25
字　　数：442 千字
版　　次：2020 年 7 月第 1 版　　2020 年 7 月第 1 次印刷
书　　号：ISBN 978－7－5096－7249－5
定　　价：98.00 元

# 前　言

京津冀城市群是我国东部沿海三大城市密集区之一，是继长三角和珠三角之后崛起的第三大增长极，是我国经济进入新时代下培育新的增长引擎、引领发展转型升级、参与全球竞争合作的高端战略平台，对于我国按照创新、协调、绿色、开放、共享五大发展理念，推进“四个全面”战略布局，实现“两个一百年”战略目标和国家伟大复兴的“中国梦”具有重要的战略地位。自2014年习近平总书记“2·26”讲话将京津冀协同发展作为国家重大区域发展战略以来，京津冀城市群协同发展迈入了快车道。根据中共中央、国务院发布的《京津冀协同发展规划纲要》要求，产业升级转移和协作分工是京津冀协同发展需要突破的三大重点领域之一，也是支撑京津冀协同发展的关键环节。然而，数十年来，京津冀城市群在各自利益机制和区域行政分割下形成的区域产业空间格局，存在产业战略定位缺乏统筹、产业发展粗放路径依赖、产业链条衔接不协调、产业区域布局不合理、产业创新活力不足、产业发展机制未能理顺、产业发展环境压力超负等诸多问题和障碍，难以为北京市疏解非首都功能和京津冀协同发展战略目标的实现提供坚实的产业支撑。因此，全面推进京津冀协同发展，迫切需要加强三地间的产业分工协作，推动产业转移对接，以加快三地产业整体转型升级，形成地域优势互补、链条协作分工、结构绿色低碳、空间布局一体的现代产业体系。这是京津冀协同发展面临的重大研究课题，具有重大现实意义。

本书的研究得到了中央在京高校重大成果转化项目“京津冀协同一体化发展研究”、国家自然科学基金项目“新型城镇化背景下FDI区位迁移与我国城市群发展响应”（71573267）和“基于流空间的中国巨型城市区网络体系研究”（71773133）等多个项目的支持，是上述研究项目的阶段性成果。本书主要研究内容和研究思路如下：首先，对国内外都市圈产业分工与转移的相关理论和文献进行梳理，研究大都市圈经济一体化、产业分工协作与产业转移的基本规律、演化运行机制，为推进京津冀产业分工协作与转移的优化方向、实现路径、政策措施与配套机制提供理论支撑。其次，研究国际典型大都市圈产业分工协作与产业转移的经验启示，为京津冀产业协作一体化发展提供符合实际的途径选择提供参考。再次，对京津冀产业分工协作现状和存在问题进行研究。以 GIS 技术等软件平台构建京津冀产业发展基础数据库，利用空间分析技术分析京津冀产业空间格局及其演变趋势，对三地产业分工协作现状进行分析评价。最后，以区域经济学、产业经济学、经济地理学等有关产业分工理论为指导，以全球产业发展趋势为参照，以绿色低碳发展、大都市圈竞争力提升和首都功能疏解为导向，对京津冀城市群产业协作分工和布局优化的方向和目标进行设计。

本书建立了京津冀发展中产业分工协作和产业转移的理论及实证分析框架，从不同行业层面揭示了京津冀地区产业转移与空间分布变化特征，对其影响因素和作用机制进行了深入研究，并提出了相关对策措施和产业布局优化的建议，为未来更好地推进京津冀产业协同发展的政策制定提供了参考依据。

本书的完成得到了国家发改委、北京市政策研究室、北京市科学技术委员会、北京市发改委、中关村国家自主创新示范区核心区发展研究中心等相关部门的大力支持，得到了中国人民大学经济学院和应用经济学院多位领导的关怀指导和同事的慷慨支持，谨在此向这些单位和个人表示诚挚的感谢！本书在写作过程中参阅了大量的文献著作和数据资料，笔者尽力标注引用，但仍不免挂一漏万，在此一并作谢和致歉，并恳请读者指正。

感谢经济管理出版社对本书出版的大力支持，感谢该社申桂萍主任为本书付梓作出的辛勤努力和热忱帮助。

文余源

2020 年 5 月

# 目　录

# 第一章　绪论

京津冀城市群是我国经济进入新常态下培育新的增长引擎、引领发展转型升级、参与全球竞争合作的高端战略平台，对于我国推进“四个全面”战略布局、实现“两个一百年”战略目标和国家伟大复兴的“中国梦”具有重要的战略地位。自 2014 年习近平同志“2·26”讲话将京津冀协同发展作为国家重大发展战略以来，京津冀城市群协同发展进入了快速轨道。按照规划要求，产业升级转移和协作分工是需要率先突破的三大重点领域之一，也是支撑京津冀协同发展的关键。全面推进京津冀协同发展，迫切需要加强三地间的产业分工协作，推动产业转移对接，以加快三地产业整体转型升级，形成地域优势互补、链条协作分工、结构绿色低碳、空间布局一体的现代产业体系。本章将重点阐述京津冀产业分工协作与产业转移的背景条件和重大意义，并给出本书的研究框架、技术路线和研究方法。

## 第一节　京津冀产业分工协作与产业转移的机遇和挑战

京津冀协同发展的关键和重点是产业的协同发展。数十年来，京津冀城市群在各自财政利益机制和区域分割政策作用下形成的区域产业空间格局，存在产业战略定位缺乏统筹、产业发展粗放路径依赖、产业链条衔接不协调、产业区域布局不合理、产业创新活力不足、产业发展机制未能理顺、产业发展环境压力超负等诸多问题和障碍，难以为京津冀协同发展战略目标的实现提供坚实的产业支撑。因此，推动京津冀产业分工协作和产业转移发展，对于促进三地协同发展具有重要的现实意义。但在复杂的国内外形势下，京津冀产业协同发展既有有利的背景机遇，也面临着新的环境挑战。

## 一、背景机遇

京津冀产业发展正在经历着国内外复杂的环境背景和难得的机遇条件，主要包括国际新一轮产业创新与转移、国内产业区域转移次序展开、国家发展战略实施推动、世界级城市群建设进入目标日程、京津冀禀赋差异和定位统筹、区域生态环境承载负荷急需减压、国家全面深化改革和“四个全面”战略推进等方面。

### （一）全球化与国际新一轮产业转移和创新

经济全球化背景下，伴随国际直接投资（FDI）的快速发展，新一轮国际产业转移与创新正在兴起。新一轮国际产业转移呈现新的特点和趋势：

#### 1. 全球化下的国际产业转移主体是跨国公司

经济全球化增强了资本、技术、信息、劳动力等生产要素在世界范围内的自由流动和重组，目前的全球化趋势不仅在生产、投资和贸易领域，而且也表现在研发、销售、服务等领域。2015 年，全球标识国际产业转移的 FDI 流入量达 17620 亿美元，比 2014 年增长了 38%，比 21 世纪初的 2000 年增长了 2.29 倍。近几年来，亚洲发展中经济体 FDI 流入保持龙头老大的地位，2015 年吸引的 FDI 达到 5410 亿美元，占同期全球的 30.7%，其中，中国流入 FDI 额 1356 亿美元，占亚洲发展中经济体的 1/4。伴随跨国公司的巨额对外直接投资，国际产业在全球范围内转移和布局。

#### 2. 服务业转移占主体但制造业转移依然强劲

从国际产业转移的行业分布来看，近年来服务业的 FDI 发展快速，至 2015 年，在全球 FDI 存量中（约 25 万亿美元），服务业占据约 2/3（64%），制造业占 27%，第一产业占 7%，其中亚洲发展中经济体的上述比例分别为 70%、26% 和 2%。从 2012 ~2015 年全球各行业通过跨境并购吸收 FDI 流入量看（见图 1 - 1），服务业多数年份吸纳的 FDI 量略高于制造业，但制造业依然是吸收 FDI 的重要领域，尤其是 2015 年制造业吸纳的 FDI 比服务业高 28%，而第一产业的 FDI 流入量基本维持在低位。由此可判断，全球产业转移呈现服务业占主导低位但制造业转移势头依然强劲的格局。

#### 3. 亚洲发展中经济体成为国际产业转移最大承接地

从近几年吸收的跨国投资来看，亚洲发展中经济体已成为国际产业转移最大承接地，其 FDI 流入量总体呈上升态势，从 2010 年的 4214 亿美元上升至 2015 年的 5410 亿美元，占全球比重维持在 30% 左右并略有上升（见图 1 -2）。

从产业转移的新建投资领域看，服务业的绿地投资 2015 年超过制造业成为产业转移的主导力量，2015 年服务业吸引绿地投资额为 1796 亿美元，占总绿地投资的 55.6%，较 2014 年提高 8 个百分点，同期制造业占比为 41.8%，较 2014

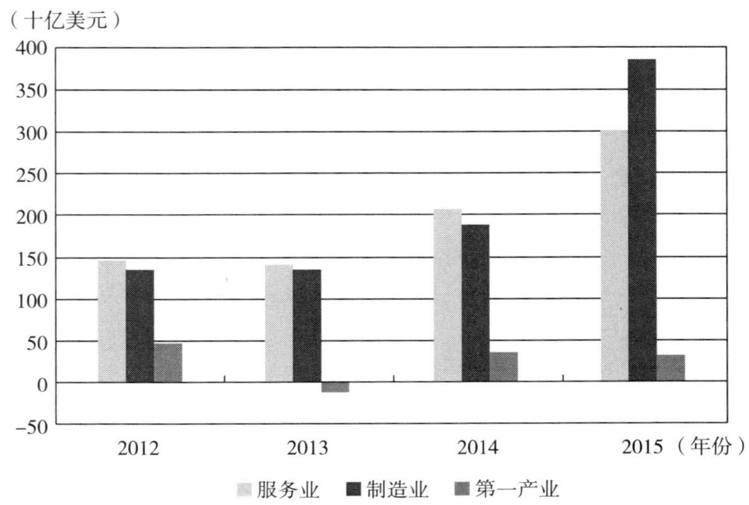


**图 1-1　2012~2015 年全球不同行业跨境并购发生的 FDI 流入量分布**

资料来源：UNCTAD，World Investment Report（2016）。

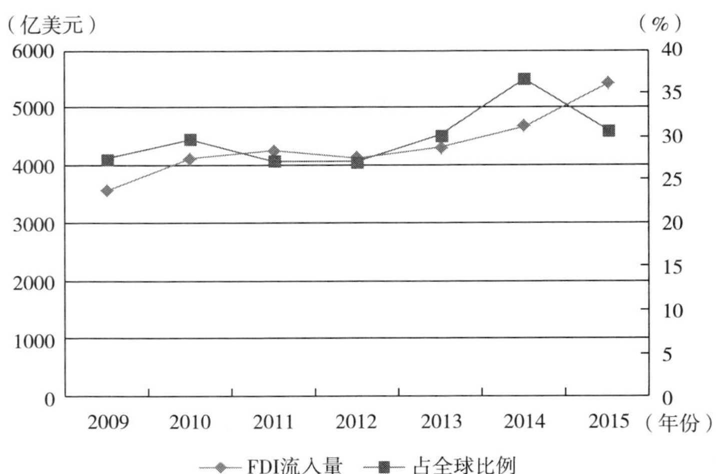


**图 1-2　亚洲发展中经济体 FDI 流入量及其占全球比例**

资料来源：UNCTAD，World Investment Report（2016）。

年下降 8 个百分点。细分行业中，制造业中的电力和电子设备及服务业中的电子、煤气和水发展速度较快（见表 1-1），表明国际产业转移存在明显的行业差异。

表 1-1 2014~2015 年亚洲发展中经济体绿地投资行业分布

单位：百万美元

| 产业部门 | 2014 年 | 2015 年 |
|---|---|---|
| 投资总额 | 268776 | 323271 |
| 第一产业 | 6270 | 8598 |
| 制造业 | 135231 | 135054 |
| 化学及化学制品 | 16029 | 17813 |
| 电力和电子设备 | 22236 | 34394 |
| 汽车和其他交通设备 | 35319 | 16969 |
| 服务业 | 127274 | 179618 |
| 电子、煤气和水 | 20405 | 72215 |
| 建筑 | 31440 | 43080 |
| 交通、仓储和通信 | 18054 | 14294 |
| 金融 | 18499 | 14776 |
| 商务服务 | 23633 | 16574 |

资料来源：UNCTAD，World Investment Report（2016）。

4. 高技术产业和信息产业国际转移加快

高技术产业和信息产业的国际转移加快，研发全球化和本土化趋势明显，信息设备制造和信息服务业全球扩散加速，并打破了传统的产品生命周期特征，即上述技术密集型产业要等到标准化和成熟期才从发达经济体转移到低成本经济体。然而 21 世纪初以来，有实力的跨国公司纷纷在海外建立研发中心，利用本土人才、资源等优势要素为其全球化战略服务。比如美国的微软、IBM、Intel、Google 等著名跨国公司不断在海外增设技术中心或实验室等研发机构，面向全球进行研发。2015 年，计算机、光电制品等高技术产业的跨境并购额达 263 亿美元，信息和通信业并购额为 186 亿美元。根据相关预测，下一轮科技革命的突破口很可能是生物和量子技术，并将引发再一轮产业革命，创造新的发展需求和产业转移。

5. 国际产业转移更加注重企业生态环境

新一轮国际产业转移改变不了过去单个孤立产业转移的传统，特别注重企业生态环境条件的基础构建，为了能够尽快形成生产能力和竞争优势，跨国投资更注重系统化和产业链的整体转移，从而形成以总部企业或母公司为核心，在全球范围内相互协调的跨国生产和研发网络体系。当一家大企业转移后，其相关配套的物流、后勤、中小企业等也随之迁移，以获取行业发展的良好生态环境效果。这表明，产业系统性转移和在国外配套的特征，促使现代市场竞争从传统的单个企业间竞争演变为当代的生产体系和全球供应链间的竞争，凸显了构建产业集群

所形成的企业生态环境的重要性。

国际新一轮产业转移的趋势为京津冀顺应世界产业推移发展潮流，推进产业协作分工和空间重构带来了巨大机遇，应趁着国际产业转移大调整，尤其是技术密集型和高端服务业的转移机遇，参与国际大循环，充分利用外部有利环境实现京津冀三地产业体系的整体转型升级和空间布局的优化。

（二）国内产业区域转移次序展开

伴随劳动、土地租金、商务费用、生态环境等企业要素成本支出的提高，我国长三角、珠三角和环渤海等东部沿海发达地区的成熟产业在原来地理区位的发展约束压力越来越大，其自身转型升级的要求日趋强烈，在国家出台如西部大开发战略、东北振兴战略、中部崛起战略、《关于中西部地区承接产业转移的指导意见》等战略规划和政策文件的推动下，这些产业渐次发生转移，而沿海地区也成为我国新一轮产业转移的主要策源地。我国产业区域转移呈现如下特点：

1. 地域聚集性特征明显

改革开放后，我国沿海地区处于率先发展前沿，经济增速快，产业发展基础和带动力不断增强，成为全国经济引擎。经过数十年的高速发展，受制于成本、市场和环境约束等多重因素影响，长三角、珠三角和环渤海等我国经济重心区域的许多产业渐次进入生命周期的成熟或衰退阶段，迫切需要向外转移扩展来转型升级经济结构，因而成为国家最突出的产业转出集中地区，即策源地。根据相关研究（桑瑞聪和刘志彪，2014），21 世纪以来，我国产业转移趋势明显，行业分布上遵循劳动密集型产业—资本和资源密集型产业—技术密集型产业的顺序依次进行，目前已进入资本密集型产业超过劳动密集型产业转移规模的阶段。空间上依照东部沿海—中西部—海外地区的次序展开，“核心—外围”的转移模式特征明显。例如，珠三角的深圳、东莞、佛山、珠海、广州等地市与周边欠发达地区合作建立数十个产业转移工业园，将其生产基地转移至这些工业园区，而原址仅保留研发、设计、营销、运营、售服等高端或高附加值产业环节以提升竞争力。长三角的上海仅在 2010 年举办世博会之前就有数千家劳动密集型或其他低端产业的企业外迁。环渤海的北京在 2008 年奥运之前也发生了大量“三高一低”产业的转移。长三角、珠三角和环渤海地区的产业不仅向国内中西部地区转移，甚至开始向中国香港、泰国、韩国、捷克等国家和地区转移。因此，从转移扩散的策源地中心看，我国现阶段产业转移聚集在东部沿海尤其是三大沿海增长极地区的特征明显。

2. 外向型产业是转移主导力量

我国沿海地区改革开放以来主要依靠发展外向型产业来带动和发展经济，而这些外向型产业的发展当时主要得益于对国际产业转移的承接，其产业以劳动密集型为主，对劳动、土地、能源等要素或环境低约束依赖度很高。如今，随着这些产业逐渐走向成熟或衰退阶段，在各类生产要素成本上升的压力下，获利空间日益下降，其海外市场也因成本因素而不断萎缩，迫切需要转型释压，向外拓展新的生存空间和挖掘新的发展潜力。在国家相继实施西部大开发、东北振兴和中部崛起等战略规划以及出台产业转移政策的作用下，上述外向型产业纷纷西进拓展发展空间，成为我国新一轮产业转移的主导力量。如电子、机械、玩具、仪器仪表、塑料和食品加工等外向型产业正源源不断地向西扩展转移而谋求新的发展。

3. 呈现产业链系统性转移趋势

得益于区域合作和一体化的发展，产业在转移过程中与其合作伙伴可以形成紧密的产业链和市场联系，越来越多的产业转移摒弃了过去孤立企业或行业单兵突进的模式，而更加重视发挥产业链关联优势，通过各种途径措施鼓励和推动与其关联配套的上下游产业链一同进行再区位，从而使得转出去新落地的产业能够获得良好的配套协作，对于在产业接受地尽快建立关联产业集群、形成生产规模和竞争力无疑大有裨益。因此，现今产业链系统性转移已成为我国产业转移的主要趋势。

4. 转移的政府和市场双重驱动明显

在成本上涨和内外市场萎缩的双重压力下，沿海地区转移的产业通过联合、并购、控股等方式向外进行投资扩张。这种扩张有政府的引导，如政府通过定期出台相关区域规划和产业结构政策，为产业的地域转移进行调控，引导产业向目标区域转移，更重要的是市场化力量在起主导作用。中西部地区拥有巨大容量的市场优势和低成本要素优势，无疑对东部产业的转移具有巨大的吸引力。在政府和市场双重驱动下，众多沿海产业自东向西转移，有的将整体产业链进行迁移，有的在目标地区建立生产基地。

我国正在发生的区域产业序次转移为京津冀城市群产业协作分工和空间重构在大尺度区域甚至全国范围内进行优化提供了条件和机遇。一是京津冀城市群可以利用三地本身区域产业梯度差异在其内部进行调整升级，二是可以在更大区域乃至国家范围内来进行产业取舍优选实现布局优化。

（三）国家发展战略推动

近年来，我国出台了系列国家级发展战略规划用以优化国土空间布局，其中对京津冀产业协作分工和转移发展影响最大、最直接的显然是《京津冀协同发展规划纲要》（以下简称《规划》）。《规划》对京津冀三地的产业发展定位和分工进行了明确表述，对空间格局优化给出了简练的概括，并从加快产业转型升级、推动产业转移对接、加强京津冀产业协作以及各时期的战略目标方面进行了顶层设计，明确了要建立区域产业定位清晰、布局和分工合理、上下游联动发展合作

机制，重点项目的转移对接、区间要素顺畅流动、产业协作协调发展的建设目标。尤其值得一提的是，《规划》将京津冀产业升级转移作为三个重点突破领域之一。因此该《规划》为推动京津冀产业转移与协作分工带来了巨大的政策机遇。为有序推动京津冀协同发展战略的顺利实施，中央政府成立了京津冀协同发展领导小组和专家咨询委员会，为京津冀产业协作分工和转移的顺利推进提供了强有力的领导和智力支持。

此外，国家倡导的《推动共建丝绸之路经济带和21世纪海上丝绸之路的愿景与行动》（以下简称《行动》），虽然没有将京津冀直接纳入其中，但北京作为《行动》中各项具体政策措施的制定者、管理者和调控者，加之京津冀巨大的经济潜能和辐射力量、优良的海陆空枢纽区位以及与“一带一路”沿线国家和地区的经济互补关系，京津冀主动参与践行《行动》必定会在更广阔的国际范围中通过产业互通有无来优化域内的空间布局。

（四）世界级城市群建设进入目标日程

中央政府已经明确我国将在东部沿海着力打造三大世界级城市群，根据《中华人民共和国国民经济和社会发展第十三个五年规划纲要》，其第三十三章“优化城镇化布局和形态”中，专门提出“优化提升东部地区城市群，建设京津冀、长三角、珠三角世界级城市群”，在第三十八章“推动京津冀协同发展”中，特别突出“建设以首都为核心的世界级城市群，辐射带动环渤海地区和北方腹地发展”。2015年，中共中央、国务院印发的《京津冀协同发展规划纲要》提出“优化生产力布局和空间结构，打造具有较强竞争力的世界级城市群”。《北京市国民经济和社会发展第十三个五年规划》提出“加快建设以首都为核心的世界级城市群，打造中国经济发展新的支撑带”。可见，京津冀世界级城市群已纳入国家建设序列并开始付诸实施。综观国际公认的世界级城市群，如美国的波士华城市群、五大湖城市群、日本太平洋沿岸城市群、欧洲西北部城市群和英国东南部城市群，其共同特点是在交通一体化的基础上，城市群内各组成城市间存在着密切的产业分工与协作联系，形成了真正的经济一体化空间格局。京津冀城市群要跻身于世界级城市群，靠各城市单打独斗，力量再强也无法与已有世界级城市群匹敌，要形成世界级的竞争优势，各城市间必然要从分工协作的角度重建其产业空间布局。目前，京津冀地区13个地级以上城市存在一定的位势差异，但各具优势、功能定位互补性强，具备分工协作的地理和经济基础，而交通一体化也为京津冀城市群的产业分工协作创造了良好的硬件条件。京津冀世界级城市群建设将成为推进京津冀各地区产业协作分工一体化的重要战略机遇和驱动力量。

（五）京津冀禀赋差异和定位统筹

京津冀城市群地域面积为21.6万平方千米，2019年常住人口1.13亿人，包含2个直辖市和11个地级市，共有区县204个，地区生产总值8.5万亿元，人均地区生产总值7.5万元，高于全国平均水平30%。但其内部禀赋和发展水平存在明显差异，且各有千秋。北京等科技创新、人才资源、金融管理、国际交流等优势显著，天津等国际大港、先进制造、研发转化等优势明显，河北等自然资源、劳动力资源、经济体量、国土空间等优势突出。发展阶段水平上，北京已进入后工业化时期，经济服务化特征明显（服务业对地区生产总值贡献高于77%），天津进入工业化后期阶段，先进制造和生产性服务业都比较强势，河北总体处于工业化中期阶段，工业发展潜力巨大。可见京津冀三地的资源禀赋和发展水平存在明显的差异互补性和渐变梯度性，这种互补性和梯度条件为三地的产业分工和协作提供了可能和机会。根据《规划》，京津冀三地的协同发展在产业领域进行了统筹定位，旨在合理规划产业布局，理顺产业发展链条，优化产业空间结构。北京的产业定位是发挥科技创新中心作用，突出高端化、服务化、集聚化、融合化、低碳化，构建以服务经济、知识经济和绿色经济为主要内容的高精尖经济结构。天津的产业定位是打造全国先进制造研发基地和生产性服务业聚集区。河北的定位是承接首都产业功能转移和京津科技成果转化，推动产业转型升级，大力发展先进制造业、现代服务业和战略性新兴产业，建设新型工业化基地和产业转型升级试验区。京津冀三地产业统筹定位既为其产业协作分工和转移指明了方向，也为三地产业协同转型升级和一体化发展提供了机遇。

（六）区域生态环境承载负荷急需减压

京津冀城市群，尤其是北京、天津等特大城市人口增长过快，导致资源环境承载超负，自然生态环境退化压力巨大。如京津冀三地人均水资源仅239立方米，远低于国际公认的500立方米极度缺水警戒线。为满足不断增长的水资源需求，地下水严重超采，导致地面沉降漏斗区超过5万平方千米。建设用地过度扩张，土地开发强度偏高。大气污染严重，雾霾天气频发，特别是燕山以南、太行山以东的“山前经济带”空气污染严重。湿地大幅萎缩，草原退化和水土流失严重，海域生态不堪重负。京津冀城市群已成为我国生态环境过载最为严重的地区之一，生态环境的联合治理最为迫切。造成这种压力的重要来源是产业结构不合理、产业转移不通畅、产业升级进展慢、产业分布未优化。为疏解这种压力，亟待通过三地产业合理的协作分工、优化空间布局、加速转型升级，建立绿色、低碳的现代产业体系来重塑区域生态环境系统的产业支撑。因此，推进京津冀产业协作分工是减压区域生态环境负荷的客观要求，反过来，重构区域生态环境产业支撑对推动京津冀产业协作分工和转型升级又是一个重要机遇。

（七）化解无序竞争需要产业协作分工为突破口

京津冀区域内部的无序竞争需要以产业分工协作与产业转移为突破口来化

解。长期以来，由于缺乏科学合理的顶层设计和有效的协同协调机制，京津冀产业规划分治，产业同构严重，产业梯度过大，产业合作层次浅，产业链条缺失，资源要素不对接，市场开放度和市场一体化水平不高，尚未形成层次分明的产业聚集。这一状况制约着京津冀整体产业竞争力的提升，也导致三地经济增长的相关性降低，妨碍了京津冀经济区或都市圈的共生式发展。如果说长三角、珠三角的崛起均是以对外开放为引领，那么京津冀三地协同发展的本质就是对内开放。从全面深化改革的角度看，京津冀城市群如何破除阻碍要素流动的制度壁垒，打破相对封闭的产业结构，通过深化产业间、产业内和产品内分工协作，构建优势互补、互动共赢的发展机制，夯实京津冀一体化发展的基础，是一个在理论上和实践中均具有重大意义的制度创新课题，亟待破解。

（八）应对世界科技浪潮和打造增长引擎需要产业协同创新

应对世界第三次科技革命浪潮带来的现代产业发展新趋势，打造中国经济第三增长极，要求京津冀实现产业协同创新。京津冀是全国知识资源最密集的地区，拥有中关村国家自主创新示范区等创新源。然而，长期以来，由于产业协同创新机制与政策的缺失，京津冀现有的科技资源优势远远未能转化为产业优势。津冀虽已成为中关村科技成果转化的重要基地，但在获得北京技术外溢方面落后于广东、上海。从目前京津冀三省市各自的政策来看，对于支撑区域竞争能力提升和符合城市功能定位的区域产业体系预判缺乏，对世界产业技术革命背景下产业发展的智能化、网络化、低碳化和个性化的发展要求准备不足。由此导致了产业低端粗放发展、优质资源利用效率低等问题，削弱了首都经济圈对中国经济从大到强转变的支撑能力。迫切需要通过政策引领，促进京津冀区域技术转移和产业协作，构建创新共同体，形成具有国际竞争力、国内示范性的战略性新兴产业集群，提高经济发展的质量和效益，进而为建设世界级都市圈提供产业支撑。

综上所述，传统的产业转移主要是对效益低下产业的一种市场驱逐行为，当前京津冀产业分工格局优化与首都产业转移浪潮不同，它是在“生态环境一体共建、地区功能全域优化、绿色低碳持续发展、综合竞争力全面提升”四位一体目标下的主动产业重构行为。在这一重构过程中，政策工具的选择与使用发挥着至关重要的作用。与长三角、珠三角相比，京津冀城市群国有企业比重大，行政力量强大，要素市场的一体化程度弱。在此背景下，产业分工协作和产业转移的政策研究，既需要从理论上予以论证，也需要从具体措施上加以明确，既需要提高政策的系统性，也需要保证政策的可持续性，以增加企业家的信心和政府的公信力。然而，由于受京津冀都市圈规划编制进度不快和环首都绿色经济圈规划实施进展不顺影响，学界对于京津冀产业分工的现状问题、产业分工协作的标准、产业转移的内容与形式等关键性问题缺乏系统而持续的关注和研究，定量研究不足，直接导致了政策体系不完整和持续性欠缺的问题。面对京津冀协同发展上升为重大国家战略的新机遇，如何创新区域产业协同发展政策，引导助推市场主体分工协作与转移的合理化、合意化，促进京津冀合理的产业分工格局的形成，是亟须研究的重大课题。

## 二、主要挑战

京津冀产业的协同发展尽管具有良好的基础和机遇，但不可否认也存在诸多挑战。

### （一）利益藩篱破除难度大

京津冀发展难以协同的问题由来已久，三地一直在探索合作共同发展的路子，但相当长时期内并未取得很好的效果。原因是多方面的，其中一个非常重要的因素是各自都以自身利益角度考虑问题，始终无法打破“一亩三分地”的发展思维模式，在相互博弈过程中，竞争多于合作，利益藩篱长期难以破除。京津冀城市群目前市场化程度还比较低，市场力量滞后，占据主导力量的仍然是国有经济①，国有经济的显著特征是政府对企业强有力的控制力，产业发展以利益最大化为导向，行政区域间的利益藩篱无法消解。相对于国企的强势，京津冀城市群的民营经济发展相对迟缓，与国有经济能够抗衡的大型民营企业少，其市场力量还难以打破区域间的利益分割，很难形成资金、技术、信息等生产要素能够自由流动的区域市场，使得京津冀城市群顺利推进产业转移和协作分工具有挑战性。即使现在《规划》出台和中央政府力量介入后，由于京津冀三地各自的利益立场并未发生根本性变化，虽然天津和河北迫于中央政府的压力可以作出利益上的让步，但要形成长远的能促进京津冀产业协作分工的利益协调机制还需要进一步磨合。

### （二）发展诉求与路径认识有偏差

从发展趋势和《规划》目标定位来讲，目前北京应该升级优化产业结构，着力发展高端服务型、知识型、绿色低碳型产业；天津应着力发展高端制造业、高科技产业、国际航运和国际物流等先进制造业、战略性新性产业和现代服务业；河北主要发展先进制造、原材料产、物流、旅游、农产品加工等产业，建立新型工业化基地和产业转型升级试验区。按照一般产业布局规律，京津冀产业发展的地域梯度差异有利于产业转移和分工协作发展。但由于在产业转移和承接的博弈中，京津冀三地的发展诉求和路径认识有偏差。比如北京作为首都，首先想

① 2018 年天津企业 10 强名单中以央企分公司及市属国有企业为主，北京 2019 年有 56 家世界 500 强企业总部，数量占全国 129 家的 43%，都是大型国企，在河北省工业占有较大比重的煤炭、钢铁、石化等产业中，国企所占份额均超过非国有。

到的是如何通过转移不适合继续发展的产业来疏解自身的功能和提升产业发展层次，而对转出的产业究竟是否适合河北和天津则不是考虑的重点。天津和河北，尤其是后者，并不希望像过去那样，淘汰一批过剩、落后产能，再迎来北京转移来的落后或过剩产能（比如钢厂、焦炭）甚至污染企业。根据《河北省新型城镇化规划》，明确提出保定要发展高端装备制造、新能源、节能环保和临空经济、现代物流等产业，承接首都部分行政事业单位、高等院校、科研院所和医疗养老等功能疏解；廊坊也明确表示坚持不要污染企业。天津的产业定位更是高于河北各市，对承接北京淘汰出来的产业可能性更低。可见，京津冀三地间的发展诉求和发展路径设计不同，既不能完全符合三地按各自意愿进行产业协同发展，也不能完全满足《规划》中对三地间产业转移与协作发展的目标要求。

（三）河北与京津发展落差过大

河北与京津间的发展差距悬殊。2018 年，河北人均地区生产总值分别仅为北京和天津的 39% 和 38%，人均财政收入分别只有北京和天津的 1/6 和 1/5，人均财政支出分别只有北京和天津的 30% 和 33%。城镇居民人均可支配收入和农民人均纯收入分别为北京的 50% 和 54%，分别为天津的 77% 和 60%。河北环京津贫困地带问题突出，有国家级扶贫开发重点县 39 个。河北与京津经济发展落差过大的格局，加大了京津冀三地间顺利展开产业转移和协作难度。

此外，河北产业分布分散，导致大量资金、技术、人才等要素资源进一步集聚到京津二地，产业虹吸效应明显。京津冀产业各成体系，产业链不衔接和“断链”突出，承接能力不强。在产业链条上，北京的优势主要是科技创新和现代服务业，都位居产业链高端；天津经济正经由从以石化、钢铁等为代表的传统制造业向装备制造、电子信息、航空航天、新能源新材料等先进制造业过渡中，处于产业链的中端；河北除个别地区外，其制造业和服务业均属产业链低端，且优势产业中以“三高一低”的传统工业居多。因此，京津冀三者之间产业结构差异巨大，产业的相互依赖性和上下游关联性较少，产业链条难以相互衔接。河北与京津间既有分工更多地表现为一种垂直分工的从属关系。京津扩散效应不足，而回流效应常有，形成京津与河北两极分化的典型“中心—外围”产业空间结构。三者之间利益的缺失又进一步限制了京津冀之间产业协同发展的基础。

（四）未形成统一开放市场体系

虽然京津冀地区的区域合作多年前就已经起步，但在区域利益藩篱的阻隔下，区域合作进展缓慢。建立统一开放的区域市场体系是推动区域协同发展的重要基础，其重要表现是以商品为主要形式的生产和生活资料可以自由流动，据此李国平（2016）利用京津冀区域以粮食、鲜菜、饮料烟酒、服装鞋帽、中西药品、书报杂志、文化办公用品和体育娱乐用品、日用品、燃料这九类商品为依据，对京津冀区域市场一体化程度进行调查，发现京津冀三地间的市场一体化程度还比较低[①]，各地方更多的是注重本地利益，其结果是难以形成产业顺利转移和协作分工的市场基础。

（五）交通互联整合不足，公共资源配置不均

京津冀城市群以北京为单中心的辐射性交通网络布局对三地间产业协同发展也存在制约作用。在长期发展过程中，区域交通布局受首都职能影响明显，围绕北京形成了典型的单中心、放射状、非均衡交通体系，区域部分城市间互联互通水平和通行效率不高。单中心的交通布局既使北京的过境运输压力很大，也导致区域交通网络布局和交通需求不匹配的格局。比如，天津的枢纽地位还需进一步提升，河北的部分地市如张家口、衡水、承德等，交通设施网络薄弱，通达性欠佳。从交通类别来看，京津冀城市群以公路为主导的客货运模式不断增强，但区域内高速公路、普通国省道的“断头路”和“瓶颈路段”问题突出，对区域公路网络的通达性大打折扣。此外，由于缺乏与高速公路进出口的衔接导论，高速公路对周边县域辐射能力也大打折扣，同时阻碍了对区域产业协作分工的促进作用。铁路方面，随着铁路网络的完善和运输的提速，客货运资源进一步向京津等重点城市发展，形成很强的“向心流”，导致铁路运输因难以满足非平衡地区发展的需要而对区域产业协作形成限制。航空方面，运量分布极不平衡，首都机场负荷过重，天津和石家庄的机场却“吃不饱”，而首都机场承担的区域绝大部分客货运又进一步加剧了首都的交通运输压力。港口运输方面，河北和天津的港口缺乏明确的分工和合作。交通体系的不均衡布局和存在的互联整合问题，无疑对京津冀产业协同发展具有限制效应。

此外，公共资源配置不均是另一个影响京津冀产业协同发展的重要障碍。京津冀集聚了全国最优质的教育、文化、医疗、科技等资源，但三地公共服务落差大，影响了要素流动、功能疏解和协同发展，例如，北京和天津的人均公共财政预算收入分别是河北的5.6倍和4.4倍（文魁等，2015）[②]，京津冀三地每百万人拥有三级医院数分别为3.2家、2.9家和0.9家，北京是河北的3.6倍。公共资源配置的不均衡，使得生产要素特别是优质生产要素加速向京津尤其是北京聚集，三地发展差距进一步加大，直接影响了产业在区域内的合理布局。

（六）利益协调机制缺失

京津冀三地协同发展迟缓的重要原因之一是没有构建起基于平等关系的利益协调机制，三地之间在产业结构、政治地位、相关制度以及各自立场等方面存在着较大差异，在政府“看得见的手”和市场“看不见的手”的共同作用下，极

① 李国平．京津冀区域发展报告［M］．北京：科学出版社，2016.

② 文魁，祝尔娟．京津冀发展报告（2015）［M］．北京：社会科学文献出版社，2015.

易导致优质资源和要素的单向流动，进一步限制京津冀协同发展的步伐。因此，迫切需要建立三地之间协同发展的包括利益表达、利益分配以及利益保障机制等在内的利益协调机制（薄文广等，2015）①。目前这种利益协调机制尚未真正建立，其影响可能会导致产业协作分工的受阻。

## 第二节　研究框架、技术路线和研究方法

### 一、研究框架

本书遵循“理论分析→典型案例→现状问题→优化方向”的思路，由十一个章节组成。

第一章，绪论。主要阐述京津冀产业分工协作与转移的背景机遇、主要挑战，并给出全书的研究框架、技术路线和主要研究方法。

第二章，阐述都市圈产业分工与转移的相关理论，对相关文献进行述评。相关理论主要包括传统分工理论、现代分工理论、都市圈产业集聚分工协作理论。对产业分工与产业转移相关文献以及京津冀产业分工协作与转移的研究进展进行述评。

第三章，选取国际典型大型都市圈对其发展历程中产业分工协作与转移进行案例分析，总结国际性大都市圈的经验教训并为京津冀提供借鉴。案例的选择包括纽约大都市圈、东京大都市圈和伦敦大都市圈。

第四章，研究京津冀发展空间格局和产业集聚演化。包括京津冀经济空间格局发展阶段与主要特征、京津冀产业集聚与空间分异的趋势以及引起空间格局演化的产业驱动因素。

第五章，分析京津冀城市群制造业转移与空间结构演进的特征、制造业细分行业的空间布局与趋势、制造业空间转移的决定机制与影响因素，并总结京津冀城市群制造业协作分工和转移存在的主要问题与解决对策。

第六章，分析京津冀城市群装备制造业转移与空间结构变动特征、装备制造业内部行业的空间集聚与分工趋势、转移效应，讨论装备制造业协作分工主要问题与发展策略。

第七章，分析京津冀城市群汽车制造业转移与空间集聚的特征、其细分行业的空间集聚规律、汽车制造业空间格局演化的决定机制，探讨京津冀汽车制造业

① 薄文广，陈飞．京津冀协同发展：挑战与困境［J］．南开学报（哲学社会科学版），2015（1）：110－108.

协同发展存在的主要问题与对策。

第八章，对京津冀城市群纺织服装业的转移与分工协作进行研究，分析其空间分布及变迁、区域转移效应、空间结构变动的决定机制，分析纺织服装业空间配置的主要问题与对策。

第九章，对京津冀城市群服务业转移与空间结构变迁进行探讨，分析其转移与空间结构特征，并聚焦分析对京津冀产业转型升级具有重要作用的生产性服务业的转移与时空结构变迁问题，剖析其转移的决定因素、存在的问题，并提出相应对策。

第十章，专门探讨了京津冀城市群污染密集型产业的时空格局演变及其影响因素问题。

第十一章，在前述研究结果的基础上，对京津冀城市群产业布局优化的方向与目标进行了设计。

## 二、技术路线

本书以推动京津冀城市群产业一体化为目标，核心内容是立足新背景、新趋势、新条件，研究京津冀城市群产业发展的时空演进及其决定机制，剖析产业协作分工与转移存在的问题，探讨如何通过政策改革创新来推动京津冀城市群建立绿色低碳、富有竞争力的区域现代产业体系和产业布局优化。技术路线设计如图1－3所示。

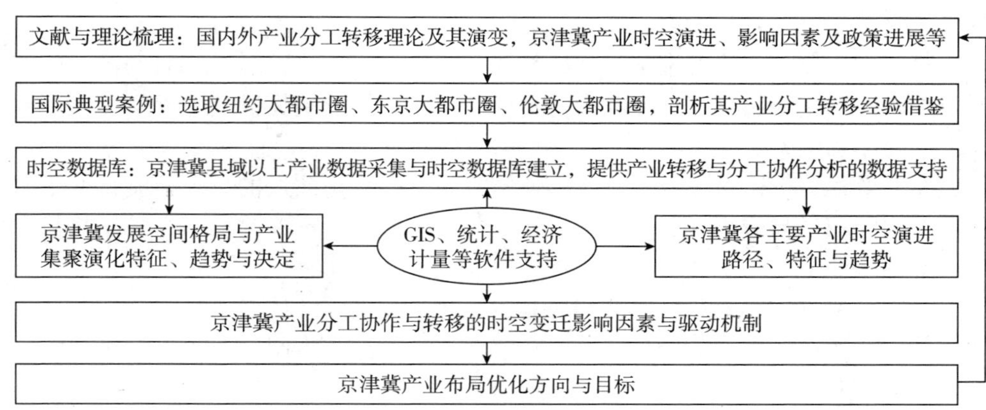


**图1－3　研究技术路线**

首先，本书对国内外都市圈产业分工与转移的相关理论和文献进行梳理，基于新产业分工理论、新贸易理论、博弈论、比较优势、竞争优势等，面向绿色低

碳发展指向和现代产业分工新趋势，研究大都市圈经济一体化、产业分工协作与产业转移的基本规律、演化运行机制，为推进京津冀产业分工协作与转移的优化方向、实现路径、政策措施与配套机制提供理论支撑。

其次，本书研究国际典型大都市圈产业分工协作与产业转移的经验启示，并以东京、纽约和伦敦三大都市圈等为案例，详细剖析其不同阶段和不同环境条件下发展模式的特征和优缺点，为京津冀产业协作一体化发展提供符合实际的途径选择提供参考。

再次，对京津冀产业分工协作现状和存在的问题进行研究。以地理信息系统（GIS）技术等软件平台构建京津冀产业发展基础数据库，利用空间分析技术分析京津冀产业空间格局及其演变趋势，运用集中度、空间基尼系数、偏离份额分析等工具对三地产业分工协作现状进行分析评价。通过三地相关产业政策和相关影响因素的梳理来厘清京津冀产业分工协作形成的历史过程和驱动机制，通过典型案例地区的分析来探究京津冀产业转移的区位选择、转移模式、转移效果和趋势。

最后，以区域经济学、产业经济学、经济地理学等有关产业分工理论为指导，以全球产业发展趋势为参照，以绿色低碳发展、大都市圈竞争力提升和首都功能疏解为导向，对京津冀城市群产业协作分工和布局优化的方向和目标进行设计。

## 三、研究方法

（1）多学科视角交叉分析的研究方法。将区域经济学、城市经济学、产业经济学、制度经济学、管理学、地理学等学科的基本理论交叉运用，系统梳理京津冀产业分工协作与转移中存在的问题。

（2）多种方法综合分析的研究工具。以 GIS 为空间决策问题的主要解决手段，运用 GIS 技术属性信息、空间信息一体化管理与强大的分析功能，结合城市规划、生态环境、经济地理、产业生态等多学科研究理念，运用空间分析、计量模型等方法，深入探讨京津冀产业空间结构演化及形成机制；针对当前政策相对失效的现状，运用博弈论等相关方法研究通过利益调整改善政策效果的可行路径，对京津冀产业分工协作与产业转移的优化方向进行分析。

（3）实地研究方法。基于产权—交易费用范式，通过典型实地调查、深度调研，重点了解把握市场主体的分工协作诉求、转移倾向及政策性需求，为提出京津冀产业分工协作和空间布局优化目标方向提供数据和经验支撑。

（4）基于比较分析的政策调整方法。在分析国内外案例时，将运用比较研究方法，分析不同约束条件下，相关因素对产业分工及产业转移的影响，从而为京津冀产业分工与产业转移的实现路径研究提供参考。

# 第二章　产业分工与转移相关研究述评

区域产业分工是劳动地域分工的主要空间形式，是通过一定利益机制促使具有关联的社会生产体系在地域空间上发生专业化分异。一个国家或地区通常会按照其比较优势进行某一或某几个产业的生产，从而形成产业专门化的地理集聚和分工，其前提条件通常是产业在专门化地区生产可取得比其他地区更好的经济效益。产业转移是因要素供给或市场需求条件发生改变，导致某些产业部门从一个国家或地区向另一国家或地区进行迁移的经济行为过程。产业转移是区域经济发展到一定阶段普遍发生的具有时间和空间维度的动态过程（陈建军，2002）①。由于不同区域资源禀赋、交通区位和市场需求等发展条件存在客观差异，产业初始时期在某些有利的发展环境下建立并集聚。然而，随着时间的流逝，其所在地经济技术等内外条件逐步改变，原来的有利发展条件逐渐丧失，生产成本升高，从而引发产业发生地区转移，并导致新的区域分工格局。可见，产业转移是区域产业分工形成的重要因素，二者关系密切。通过产业转移，转出区和转入区的产业结构得以调整，因而是其实现产业升级的重要途径。全球化背景下，不仅国际产业一轮又一轮地发生转移，一国内部也在发生产业的转移，区域产业分工和产业转移已成为研究热点，并形成了不少理论学说，经验研究则更多。本章将对相关理论和经验研究进行简要分析及文献述评。

## 第一节　区域产业分工研究述评

本节从模式、理论、机制等方面阐述区域产业分工的研究进展，并分析国际产业分工特征和趋势。

---

① 陈建军．中国现阶段的产业区域转移及其动力机制［J］．中国工业经济，2002（8）：37－44.

## 一、区域产业分工模式

区域产业分工模式根据分工的产业联系方式可分为产业间分工、产业内分工和产业链分工三种类型。

产业间分工是指不同地区行业根据要素禀赋、技术差异和比较优势，进行专业化发展和形成不同的专业化部门。这种以要素禀赋和比较优势建立的产业间分工模式适用于发展差异大的地区间分工。随着产业内分工和产业链分工等新型分工模式的兴起，产业间分工模式已不是产业分工主流。

产业内分工是“二战”后伴随市场需求多元化而出现的新型分工模式，它是指不同地区根据自身优势和追求规模经济在同一产业内进行产品差异化生产，以满足不同市场需求。产业内分工主要表现为产业水平分工和产品专业化、个性化。产业内分工模式在市场需求日益多元化的今天渐次成为主流的产业分工模式之一。

产业链分工是20世纪末发展起来的一种新型分工模式。该分工模式实质上是一种垂直专业化的分工生产模式，它基于价值链将一体化生产过程分解为若干阶段，根据不同阶段的要素密集程度在不同区域配置生产资源，并对生产网络进行整合。产业链分工模式已成为当今国际产业转移的主要方式（张少军等，2009）①，主要表现为混合分工和功能专业化。根据表现形式，产业链分为需链、价值链、企业链、空间链，并由研发、设计、采购、加工、制造与组装、物流、营销、服务等一系列价值创造环节组成链式组织（李娅，2010）②。同一产品的不同环节依据要素投入比差异布局到相应具有禀赋优势的区位，可以充分利用当地丰裕的市场要素，降低生产成本，以发挥每个特定环节的最佳规模，这是推动产业转移的重要力量。在产业转移过程中，发达地区将重点聚焦在产品研发、设计、营销等高附加值环节，而生产制造等低附加值环节转移到欠发达地区，从而形成某一产品不同工序和环节在空间上分布于不同地区的格局。显然，通过产业链分工可发挥产业转出区和转入区二者的积极性，并促进二者都实现产业结构升级优化的“双赢”。

现实中，上述三种区域产业分工往往是交叉重叠的，只不过存在由哪种分工模式主导的问题。而且，随着科技进步、经济发展和竞争加剧，产业分工不断深化、细化和复杂化，因此，产业间分工、产业内分工和产业链分工三种分工模式已不再完全独立存在，更多的是相互混杂，在具体分工投入上侧重有所不同。

---

①　张少军，刘志彪．全球价值链模式的产业转移［J］．中国工业经济，2009（11）：5－15.

②　李娅．国际产业链分工模式的延伸——我国东西部产业转移模式探讨［J］．云南财经大学学报，2010（5）：140－146.

## 二、区域产业分工理论

区域产业分工理论从亚当·斯密绝对优势理论发端的新古典分工理论到杨小凯的内生化分工理论，经历了200多年的时间，中间凝聚了无数经济学家的心血和努力，众多的分工理论不断地涌现，其中，经典的分工理论包括新古典分工理论中的绝对优势理论、比较优势理论、要素禀赋理论、新贸易理论、国家竞争优势理论和最新的内生化分工理论。

### （一）绝对优势理论

绝对优势理论属于用生产成本比较来阐释国际分工的成本学说的一种。亚当·斯密在其《国富论》中最早提出。他认为各国都具有适合生产某些特定产品的绝对优势条件，如果每个国家都根据其绝对优势条件进行专业化生产，就可以使成本绝对降低，然后通过彼此产品交换，则所有国家都可增进福利，并提高了劳动生产率。斯密的绝对优势学说是最早的国际分工和国际贸易理论。但其最大的缺点在于，不能回答一个在所有商品生产方面都处于绝对劣势的国家如何参与国际分工和贸易的问题。

### （二）比较优势理论

大卫·李嘉图（1817）注意到绝对优势理论的缺陷，提出比较优势理论以弥补斯密的不足。他认为，由于资本和劳动力的国际间不完全自由流动性，故国际分工和贸易应依据比较优势原则而非绝对优势原则。假设生产率水平不同的两个国家，其中，一国生产所有商品都有绝对优势但程度不同；另一国生产所有商品都处于绝对劣势但程度也不同。在此情形下，两国仍然可以通过利用各自相对优势生产本国最有利的产品并进行国际分工和贸易而相互增进福利。从而通过互补提高劳动生产率，在消耗等量资源的情况下实现本国经济的快速发展。由于一国内部不同区域同样存在比较优势和需要提高各自生产率的情形，因此，比较优势理论也常被用于区域产业分工的研究。比较优势理论的缺陷在于：一是未能说明比较优势来源，无法回答比较优势相同的国家能否发生贸易的问题；二是该理论忽略了国际贸易对国内收入分配的影响而认为国家作为一个整体始终能从贸易中获益；三是忽视了自然资源和规模经济在国际贸易中的作用。

### （三）要素禀赋理论

要素禀赋理论又称赫克歇尔—俄林理论或H－O学说，是由赫克歇尔（E. Heckscher）及其学生俄林（B. C. Ohlin）提出的。赫克歇尔（1919）最早提出了要素禀赋的有关论点，俄林（1933）进行补充并全面地提出了要素禀赋理论。其基本思想是，生产要素禀赋差异是区域间或国家间进行分工和发生贸易的主要原因。贸易的先决条件是某些商品在某一个区域比在其他区域能够更低成本地生产出来。每个区域出口那些含有较大比例的相对大量的生产要素昂贵的商品，而进口那些含有较大比例生产要素便宜的商品，这样在生产要素使用具有替代性条件下，一区域密集使用相对低廉的生产要素就拥有由成本决定的区域竞争优势。该理论还指出，区域是贸易的基本单位，区际贸易的发展演化成国际贸易。可见，国际贸易与区际贸易在这里得到了统一，拓展和延伸了比较优势理论。该理论的政策主张是实行自由贸易，按照要素禀赋优势进行区际分工和专业化生产，从而有助于消除区域发展差距和提升整体福利水平。由于要素禀赋理论同样是建立在严格的假设条件下，因而其局限性明显，理论与贸易现实不太符合，也无法解释国际贸易中的“列昂惕夫之谜”现象（Leontief，1953）[①]。Hodd（1967）[②]、Hongerdorn 和 Brown （1979）[③] 等的经验研究也表明要素禀赋理论的描述与实证检验并不相符。相反地，现实中的证据广泛地支持了比较优势理论，即各国倾向于出口劳动生产率比较高的产品。这是要素禀赋理论的窘境所在。不过，最近的一些研究又对要素禀赋理论提供了强有力的支持。Harrigan 和 Zakrsjsek（2000）运用大量发达国家和发展中国家 1970 ~ 1992 年的数据，考虑到国家间技术的差异，证明要素禀赋理论可以解释比较优势[④]；Schott（2001）运用更分散的数据对该理论提供了支持[⑤]；Davis 和 Weinstein（2001）的实证研究也提供了明确的证据[⑥]。因此，要素禀赋理论被看作是现代贸易理论最重要的一部分，它不仅能够解释发达国家和发展中国家间的分工和贸易，也可以解释发达国家之间的分工和贸易。

（四）新贸易理论

根据前述传统的古典分工理论，国家间相似性与贸易量之间应该具有相反关系。然而，事实上世界贸易有近一半是在具有相似要素禀赋的工业国家之间发生的（赫尔普曼和克鲁格曼，1993）[⑦]，同时，产业内贸易也不断增长。传统理论

---

① Leoftief W. Domestic Production and Foreign Trade: The American Capital Position Re – examined ［J］. Proceedings of the American Philosophical Scociety，1953（97）：332 – 349.

② Hodd M. An Empirical Investigation of the Hechscher – Ohlin Theory ［J］. Economica，1967，34（4）：7 – 14.

③ Hongedor J and Wilson B. The New International Economics ［M］. Addison – Wesly Pub. Co.，1979.

④ Harrigan J and E. Zakrajsek. Factor Supplies and Specialization in the World Economy ［D］. NBER Working Paper，2000.

⑤ Schott P K. One Size Fit All? Hecksher – Ohlin Specialiation in Global Production ［D］. NBER Working Paper，2001.

⑥ Davis D R and D E Weinstein. Do Factor Endowments Matter for North – North Trade? ［D］. NBER Working Paper，2001.

⑦ 埃尔赫南·赫尔普曼，保罗·克鲁格曼．市场结构和对外贸易——报酬递增、不完全竞争和国际贸易［M］．上海：三联书店，1993.

暴露的不足催生了新的理论诞生。20 世纪 80 年代，以保罗·克鲁格曼（Paul Krugman）为代表的经济学家提出了“新贸易理论”，运用产业组织理论和市场结构理论解释国际贸易，用不完全竞争、规模报酬递增、外部性等概念和思想来建构新的贸易理论，并取得重大进展。该理论认为，要素禀赋差异决定产业间贸易，而产业内贸易则由规模经济决定，从而得出国家间禀赋差异越大其产业间贸易就越大、而国家间相似性越大其产业内贸易也越大的结论。这一结论跟现实吻合得更好。新贸易理论强调“历史和偶然”因素对分工格局的决定具有重要作用，原因在于“历史和偶然”产生的报酬递增会不断强化既有的贸易格局。新贸易理论从发达国家的背景中发展起来，没能从发展中国家的视角来解释分工和贸易现象，这是其缺陷，后来的研究也正在弥补这块“有待研究”的领域。随着国际经济自由化和全球化的加深，国内贸易与国际贸易日益融合，新的贸易理论开始关注国内贸易对国际贸易的影响，不仅从国家的角度，而且从产业和企业竞争的角度来考察国际分工与贸易的原因。迈克尔·波特（2002）的“国家竞争优势理论”[①] 就是这样的典型代表。

（五）国家竞争优势理论

迈克尔·波特进行国家竞争优势理论研究的目的，在于确定国际经济和贸易竞争中，为何有的国家成功而有的国家失败。他认为现有国际贸易理论存在缺陷，研究的焦点是揭示为何一个国家在某个特定行业能够获得国际性成功并取得垄断性的行业地位。波特认为，一个国家的竞争优势主要看该国是否有一些独特的产业或产业集群，即国家竞争优势通常在于其竞争优势产业，对于一个区域也是如此。国家竞争优势主要取决于“钻石体系”中的诸因素，包括要素条件、需求条件、相关支撑产业以及企业战略、组织与竞争以及机遇和政府的作用六个方面。这六个方面相互促进、相互制约，其中前四个起决定作用，后两个起辅助作用。波特竞争优势理论的重要发展在于将竞争优势理论与区位理论（经济地理）结合起来，提出了集群的概念。集群是国际竞争优势产业的共同特征，它通常集中在特定的地理区域，产业集群通过地理集中和产业组织优化，通过群体协同效应获得竞争优势。产业集群在工业化时代就已经出现，在知识经济时代，产业集群化发展更是一种趋势，从而塑造了国际间以及一国内部区域间的产业分工格局。

（六）内生化分工理论

对内生化分工理论做出重要贡献的是扬格，他将分工与报酬递增作为核心论题，精练并扩展了古典的斯密分工理论。扬格（2006）认为，斯密只考察了分工

---

① 迈克尔·波特. 国家竞争优势［M］. 北京：华夏出版社，2002.

的一种形式而未考虑其他分工形式，在其他分工形式中最重要的是迂回生产程度的增加，迂回生产的经济等同于报酬递增的经济；递增报酬的实现依赖于劳动分工的演进；市场的范围决定分工的程度，而且市场范围由分工程度所制约；需求和供给是分工过程的两个不同侧面。与新古典理论不同，扬格认为技术进步不应该是外生的，它源于劳动分工的发展，是经济组织结构演进和自我繁殖的结果。内生化分工理论可概括为：①报酬递增机制与社会化大生产和产业整体相关，不能从单个企业或产业视角来认识。②报酬递增取决于迂回生产方式，产业间分工是报酬递增的桥梁。劳动分工的经济、迂回生产方式的经济和报酬递增的经济具有等同性。③劳动分工取决于市场规模，而市场规模又取决于劳动分工，劳动分工与市场规模是一个因果循环累积的演进过程，并引起报酬递增并最终导致经济进步。内生化分工理论在杨小凯—博兰德和贝克尔—墨菲的模型中进一步得到继承与发展。

区域分工理论自斯密以来，伴随对分工现象的不断深入研究，新的分工理论不断提出，从绝对优势理论、比较优势理论、要素禀赋理论到新贸易理论、国家竞争优势理论，再到内生化分工理论等，每一次新的理论出现，都是对分工和贸易现象认识的深化。值得注意的是，新的理论并未完全否定旧的理论，而是对旧有理论进行拓展和提升，使之更能广泛地解释分工和贸易现象，从而可以更好地指导国家或地区参与全球化分工和制定合理的分工策略。从各种理论的提出看，区域产业分工产生的原因和规律是各种分工理论阐述的核心问题。随着全球交通和通讯技术的改进，传统国际分工格局发生改变，分工理论相应由传统国际分工理论发展到新国际分工理论。产业转移是区域产业分工实现的主要途径，区域产业分工是产业转移与集聚的结果，反过来，产业分工又是产业发生转移的重要原因和动力。因此，研究产业转移必定涉及产业分工，反之亦然。

## 三、区域产业分工机制

区域产业分工机制是分析区域产业分工是如何发生、受什么因素影响及其作用机理是什么。学者从不同角度对区域产业分工机制进行了研究。有些学者从产业分布影响因素出发来讨论产业分工的成因，认为地区自然资源禀赋差异、规模经济、历史因素（前期产业基础）和地方保护主义等都可能是导致产业分工的因素（Kim，1995；Bai 等，2004）①。有些学者从产业分工问题即产业趋同的原

① Sukkoo，K. Expansion of Markets and the Geographic Distribution of Economic Activities：The Trends in U. S Regional Manufacturing Structure，1860 – 1987 ［J］. Quarterly Journal of Economics，1995；Bai，C. – E.，Du，Y.，Tao，Z.，& Tong，S. Y. Local Protectionism and Regional Specialization Evidence from China' s Industries ［J］. Journal of International Economics，2004，63 (2)：397 – 417.

因分析入手，将其归结为“体制说”和“非体制说”（李靖，2009）①，“体制说”认为，由于存在体制弊端如地方保护主义、契约制度发育不良、地方利益障碍等体制因素导致产业趋同（洪银兴等，2003；孙军等，2003；王书芳，1997；黄友和，2000；宋宪萍，2000；卢嘉瑞，2001）②。而“非体制说”则认为，地区产业趋同是一些客观因素作用的结果，如各地区区位相近，自然条件相同，文化传统、要素禀赋类似、经济水平相近等相同的比较优势导致区域产业趋同（何大安，1992；郭万清，1992）③。我国在经济全球化和市场化背景下，区际产业联系更为紧密，致使区域产业分工受外来资本、市场环境等外部因素的影响（顾列铭，2004；陈建军，2004）④。

不同的经济体制对区域产业分工具有重要影响，我国伴随改革开放后计划经济向市场经济体制转变，产业分工的制度基础发生了根本变化。在计划体制下，区域产业分工主要由政府指令性计划和投资决定。在计划向市场转轨过程中，区域产业分工格局是政府和市场共同作用的结果，在政府和市场双方力量不均衡的时候，区际竞争博弈有可能导致产业趋同。而随着市场经济体制的逐渐完善，区域产业分工则更多是受市场主导。据此，对于我国在新的国际国内环境下，有学者认为应该纳入新的要素分析区域产业分工机制问题（李娜，2008）⑤，认为产业分工形成既受地区自身条件影响，也要受区域环境条件影响，从而促使生产要素的重新配置，形成资本、技术、劳动力等生产要素的不同组合，进而形成各地区产业结构的差异化发展。其中，资本、技术、劳动力等生产要素是产业分工的根本因素，而地区自身条件和环境影响条件是产业分工形成的影响要素，环境影响条件对产业空间分工作用更为明显。

楚天骄（2010）研究区域产业分工机制时认为⑥，企业是区域产业分工与合

---

① 郭斯顿．地区产业结构同构化问题研究［D］．中国优秀博硕士学位论文全文数据库，2005.

② 洪银兴等．长江三角洲地区经济发展的模式和机制［M］．北京：清华大学出版社，2003；孙军，顾朝林．从“契约”看地区产业结构调整过程中人才结构的构建［J］．科技进步与对策，2003，23（6）：747－751；王书芳．地区产业结构趋同的两种价值判断及其界定标准［J］．中南财经大学学报，1997（3）：40－45；黄友和．产业结构趋同的博弈分析及其启示［J］．中国流通经济，2000（2）：43－45；宋宪萍．产业结构趋同的体制剖析［J］．理论界，2000（2）：31－32；卢嘉瑞．论重复建设的危害、成因及治理［J］．生产力研究，2001（2）：61－63.

③ 何大安．我国产业结构调整的非体制制约及其启示．经济研究，1992（7）：23－27；郭万清．由趋同走向趋异——90年代地区产业结构变动趋势分析［J］．经济研究，1992（12）：12－15.

④ 顾列铭．外资比拼隐患多［J］．中国外资，2004（1）：50－52；陈建军．长江三角洲地区的产业同构及产业定位［J］．中国工业经济，2004（2）：19－26.

⑤ 李娜．基于新国际国内背景下的产业分工机理分析［J］．世界地理研究，2008（4）：9－16.

⑥ 楚天骄．经济全球化背景下区域产业分工与合作的动力机制［J］．中州学刊，2010（2）：72－75.

作的微观基础，企业之间的分工与合作是区域产业分工与合作的动力来源，企业之间的分工与合作关系决定了区域产业分工与合作的方式、强度和效率。在开放的市场经济条件下，企业作为区域之间产业分工与合作的微观基础，其内部生产网络和外部网络的形成及动态演化决定了区域产业分工与合作的形式、途径，强度，其中，跨国公司和本土企业跨区域构筑内部生产网络，促成了区域之间的垂直分工与合作；多样化的企业网络的发展则导致了区域产业之间的水平分工与合作。区域产业垂直分工与水平分工相互叠加，共同形成了区域产业分工与合作的动态格局。

吴爱芝等（2015）在研究京津冀地区产业分工合作后认为，地区间发展水平差异性和适中的地区专业化程度，以及区域邻近性、可达性和区域协同战略与政策的推进，是推动京津冀产业分工的基本机制①。

可见，区域产业分工具有多种形成机制，可以从不同角度进行考察。但归结起来，区域产业分工无非是市场机制和政府机制在发挥作用，在不同的发展阶段、发展条件，面临不同的内外环境下，其产业分工机制会存在差别，有时政府起主导作用，有时主要取决于市场，同时会受到地区特征和技术进步等因素影响。在推进区域产业分工的时候，应明了各区域的发展特征和阶段，恰当地运用产业分工机制来优化产业的空间布局。

### 四、国际产业分工趋势

在全球化和信息化迅猛发展的背景下，国际产业分工呈现新的趋势和特点。20 世纪 90 年代以来，随着科学技术特别是信息技术的迅猛发展，经济全球化进入了一个新的阶段，国际产业分工出现了一些新的特点和趋势②。

一是国际产业分工进一步细化。由产业间分工和产业内分工转向产品内产业链分工。国际分工早期由产业间分工主导，即发达国家发展工业，发展中国家主要发展传统农业。20 世纪 60 年代开始，一些劳动密集型产业如纺织、制衣、轻工等产业部门逐渐从发达国家转到欠发达的发展中国家或地区，分工模式逐步从工农业国的产业间分工，转向因产品差异化和规模经济引发的产业内分工。20 世纪 90 年代起，信息技术迅猛发展，以之为代表的第三次产业革命兴起，全球化快速推进，国际分工进一步深化。跨国公司为追求更高利润，推进全球化战略，全球生产体系进一步专业化细分为研发、设计、生产、供应、营销等环节。国际分工从产业内分工进一步发展到全球范围内的产品内分工，即同一产品的各

① 吴爱芝，李国平，张杰斐．京津冀地区产业分工合作机理与模式研究［J］．人口与发展，2015（6）：19－29.

② 许佩倩．国际产业分工新趋势与我国经济国际化策略［J］．江苏商论，2004（10）：115－117.

个生产环节根据条件环境放在不同的国家或地区生产或加工，以最大限度降低成本，提高产出效益。

二是产业分工由贸易分工、生产分工转为要素分工和价值链分工。20 世纪中叶前，国际分工主要形式是通过按照各国比较优势生产产品进行国际贸易。“二战”后，随着跨国公司的迅猛兴起，国际分工开始了贸易、生产、投资一体化的趋势，发达国家丧失生产优势的劳动密集型产业大规模转移到发展中国家，具有明显的生产性分工特征。而 20 世纪 90 年代以来，随着经济全球化的推进，国际分工由生产分工向生产要素分工转变，即发达国家不再向发展中国家进行产业整体转移，而是把产品价值链中低附加值的生产环节向外转移。也就是说，发达国家转出的产业不再局限于劳动密集产业，一些技术密集型、资本密集型的如 IT 等高技术产品的生产也开始向发展中国家转移，近年来部分设计开始向发展中国家转移。

三是产业分工形式多样化，垂直分工逐步从制造业扩展至服务业，服务外包生产模式成为国际产业分工新潮流。以前产品从研发、设计、生产、供应、销售都是在企业内部完成，现在产业细分使价值链发生了较大的变化，企业逐渐把一些自己不擅长或成本较高的业务外包出去，走委托制造（OEM）甚至委托设计（ODM）之路。目前，跨国公司普遍把大量外包业务转移到发展中国家和地区，代工的范围已从传统的劳动密集型产品扩大到技术密集型、资本密集型产业产品，从最终产品扩大到中间产品。

四是国际产业分工格局正在向多极化发展。本质上，国际产业分工格局由各国企业的核心竞争能力决定，而企业或通过国际直接投资实现其全球布局战略，或通过市场采购关系参与全球价值链分工体系。无论是国际直接投资，还是采购关系模式下，发达国家的跨国公司都扮演着重要角色，这决定了发达国家长期主导国际产业分工。但这种情形目前正在悄然变化，包括中国在内的新兴市场和发展中国家也纷纷参与到新一轮国际产业分工，据博斯（Booz & Company）公司统计，2015 年全球研发支出最大的 1000 家公司在印度和中国的研发支出增速达 28.43%，远高于同期北美、欧洲、日本的增速[①]。可见，国际产业分工已开始呈现多极化新态势。

## 第二节　产业转移研究述评

本节从类型、理论、机制、效应等方面阐述区域产业转移的研究进展，并分

① 李瑞峰．国际产业分工格局新趋势及我国应对策略［J］．对外经贸实务，2016（2）：9－12.

析国内外产业转移的趋势特征和阐述产业分工与产业转移的联系。

## 一、区域产业转移类型

区域产业转移从不同角度分析可有多种类型划分方式。这里仅给出按区域范围、价值链、迁移方向、转移动机四种准则的类型划分方法。

### （一）按照区域范围层次划分

根据产业转移发生的空间范围和区域指向，产业转移分为国际产业转移、区际产业转移和城乡产业转移①。国际产业转移是指某些产业由一国国家向另一个国家转移的过程，通常由发达国家流向次发达国家继而发展中国家。20 世纪 50 年代，美国掀起以电子计算、生物技术、新型材料、光电技术、新能源等为标志的新技术革命，由此开始进行产业调整，把纤维、食品等出口导向型产业以及钢铁、化工等资本密集型工业向日本转移。20 世纪 60 年代，日本开始将轻纺等劳动密集型产业向具有较低劳动力成本的韩国、新加坡、中国台湾和中国香港等转移。20 世纪 70 年代，美国、日本陆续将玩具、制鞋、家电等劳动密集型产业的生产和组装，以及部分资本密集型产业如钢铁、化工和造船等转移到其他亚洲国家及地区。

区域产业转移是指一国内部不同地区之间的产业转移。区域产业转移最早在美国出现。殖民时期，美国东北地区率先发展起来，经过持续的循环累积，该地区集聚了全国一半人口和 80% 的工业制造，而西部、南部则主要生产附加值较低的农产品和初级产品。“二战”后，美国产业以各种渠道向西部、南部转移。

持续产业转移是指同一区域的城市和乡村之间的产业转移，它是协调城乡平衡发展的重要方式。

### （二）按照价值链划分

按照产品价值链关环节联性可分为整体价值链转移和局部价值链转移。前者是指企业整体从一个地区迁移到另一个地区，即其价值链各个环节都进行了区位迁移；后者是指企业价值链的部分环节如生产制造、销售服务机构等环节进行迁移，而企业（一般是总部）不迁移新区位的情形。当前很多的产业转移即属于这种部分环节迁移的情况。

### （三）按照转移动机划分

按照产业转移的动机差别，可分为扩张型转移和撤退型转移②。扩张型产业转移主要指在其原有区域仍然具有竞争优势的成长性产业，出于占领海外市场、扩大产业规模的动机而主动进行产业转移。撤退型产业转移主要指某些地区的衰

①② 陆军，宋吉涛．北京大都市区制造业空间集聚研究［M］．北京：北京大学出版社，2011.

退产业或边际产业，出于重新获取外部竞争力和调整内部结构的目的而进行的战略性转移。

（四）按照转移方向划分

按照产业转出和转入地区的发展水平差异可分为水平转移和垂直转移。前者指产业在发展水平相似的转出区与转入区间发生转移，比如发达地区间产业转移或欠发达地区间产业转移即属这种情况，当前发生产业转移概率较高的是发达地区间的转移；后者指产业在发展水平有差距的地区间发生转移，一般从发达地区转移到欠发达地区者居多。

## 二、区域产业转移理论

“二战”后，伴随跨国公司全球化扩展战略的推进，与国际直接投资相联系的国际产业开始在世界范围内发生转移，紧跟这种现象的学术研究如火如荼地展开，20 世纪 60 年代以来形成了诸多产业转移理论。比较典型的有赤松要的雁行模式理论、弗农的产品周期理论、小岛清的边际产业扩张理论、刘易斯的劳动密集型产业转移理论、小规模技术理论、梯度推移理论、海默的垄断优势理论、邓宁的国际生产折中理论、普为什·普雷维什的“中心—外围”理论以及克鲁格曼的新经济地理理论。

（一）赤松要的雁行模式理论

20 世纪 60 年代，日本学者赤松要（Akamastsu）提出了产业转移的雁行模式（Flying Geese Pattern），指出发展中国家工业化进程中，产业发展遵循“进口—进口替代—出口—重新进口”的所谓“雁行”演进模式（Akamstsu，1962）①。该理论认为，发展中国家初期因技术缺乏而从国际市场进口产品，随着国内技术进步、市场扩展，本国开始生产产品，而后随着生产规模扩大，本国产品竞争力提高，向国际出口产品，再往后，随着本国生产该产品的比较优势丧失，该产业向外转移，同时国内产业得到升级。一些发展经济学学者认为，东亚国家经济发展走的是“雁行”模式路径。以日本为雁头，其次是亚洲“四小龙”（即韩国、新加坡、中国台湾和中国香港），其后是东盟一些国家和中国大陆地区。日本率先发展某一产业，当这一产业发展到一定阶段丧失优势时就转移到亚洲“四小龙”，进而转移到东亚其他更落后的国家或地区，产业呈现一波一波的国际转移态势。雁行理论强调了产业转移从高到低的梯次差异，但对发达国家产业发展以及部分国家经济结构趋同等问题解释力不足。

① Akamatsu，Kaname. A Historical Pattern of Economic Growth in Developing Countries［J］. The Developing Economies，1962（1）：3－25.

（二）弗农的产品周期理论

美国经济学者弗农（Raymond Vernon）于1966年提出了产品生命周期理论（Product Life Cycle）[①]。该理论将产品从进入市场到退出市场整个周期划分为新产品阶段、成熟阶段和标准化阶段。该理论以地区要素禀赋差异为前提，利益产品生命周期的变化来解释一个国家如何经历产品和技术的创新、发展、成熟和衰落的周期性演变，阐释了产业转移的驱动模式。一个国家（或地区）应该顺应产品生命周期的变化和克服生产上的劣势，其产业在不同的阶段应采取不同的发展策略。因产品是产业存在的基础，因此产品生命周期理论又被扩展为产业生命周期理论（Covin等，1990）[②] 和产业区生命周期理论（梁琦，2004）[③] 等。根据产品（产业）生命周期理论，产业发展一定阶段后必定会发生产业的空间转移，这就是产业演化的空间表现。该理论以生产单一产品的企业作为假设，这与企业往往生产多种产品的实际情况不符，同时它对发达国家之间的投资行为以及处于技术劣势的发展中国家的对外投资行为解释不力。

（三）小岛清的边际产业扩张理论

日本学者小岛清（Kiyoshi Kojima，1978）提出了“边际产业扩张理论”，即“小岛清模式”[④]。该理论以雁行模式和产品生命周期理论为基础，认为对外直接投资应围绕在投资国已经处于比较劣势但在东道国具有潜在比较优势的边际产业进行，通过投资和产业转移，实现产业母国与东道国的双赢。该理论以“二战”后日本企业对外直接投资和美国跨国公司对外直接投资为案例，发现两国对外转移产业特征符合边际产业扩张理论的观点。

（四）刘易斯的劳动密集型产业转移理论

美国经济学家刘易斯（W. Arther Lewis）在其《国际经济秩序的演变》著作中探讨了产业转移机制问题。刘易斯研究20世纪60年代的产业转移发现，发达国家一方面将部分劳动密集型产业转移到发展中国家；另一方面又从发展中国家进口劳动密集型产品，这种看似矛盾的现象背后存在一种机制：发达国家因人口自然增长率下降引起非熟练劳动力不足，进而引发劳动密集型产业的劳动成本上升，并使得发达国家丧失发展此类产业的优势而将其转移到发展中国家。刘易斯的理论较好地解释了当时美国、日本及西欧向东亚、拉美等转移劳动密集型产业

---

① Vernon Raymond. International Investment and International Trade in the Product Cycle [J]. Quarterly Journal of Economics, 1966 (80): 190 - 207.

② Covin, Jeffrey G. & Slevin, Dennis P. New Venture Strategic Posture, Structure, and Performance: An Industry Life Cycle Analysis [J]. Journal of Business Venturing, 1990, 5 (2): 123 - 135.

③ 梁琦．中国制造业分工，地方专业化及其国际比较［J］．世界经济，2004，27（12）：32 - 40.

④ Kojima K. Direct Foreign Investment to Developing Countries: The Issue of Over - Presence [J]. Hitotsubashi Journal of Economics, 1978, 19 (1/2): 1 - 15.

的现象（刘易斯，1984）[①]，但未能涉及资本与技术的转移问题，也没有建立起关于产业转移的完整理论框架。

（五）小规模技术理论

美国学者威尔斯（Louis J. Wells）提出小规模技术理论[②]，该理论认为，发展中国家和发达国家的跨国企业不同，前者发展壮大主要依靠为小市场服务的小规模劳动密集型生产技术优势、民族产品生产的技术优势或产品低廉的价格优势。1979 年英国学者拉奥（Sanjaya Lall）提出"技术地方化理论"[③]，完善了小规模技术理论，认为发展中国家企业的技术形成包含着企业内在的创新活动，通过对进口技术的引进、消化和创新来满足本地需求，形成企业竞争优势。

（六）梯度推移理论

区域经济学家克鲁默（Krumme G.）和海特（Hayter R.）提出了区域发展梯度理论（Krumme 和 Hayter，1975）[④]。该理论认为，全球或一国范围内，都存在经济、技术不平衡发展的"梯度"，并成为产业发生区域转移的主要动因。产业转移遵循梯度渐次推进，高梯度地区首先创造或掌握先进技术，随着经济发展、地区要素结构等条件的变化，产业和技术分别向第二、三……梯度区域有序转移。后来，经济学家麦克萨维又进一步提出了梯度推移策略理论，认为在一国发展初期，一般应优先发展条件较好的地区，然后通过梯度扩散来带动欠发达地区的发展。梯度推移理论的来源基础实质上是产品生命周期理论，产业的梯次转移实际上是产业进入成熟或标准化阶段后进行区位迁移的表现。梯度推移理论在我国的应用时又发展出了"反梯度理论""主导梯度论"等。梯度理论强调了产业转移的梯次有序性，但对欠发达国家（地区）向发达国家（地区）投资以及产业跳跃式转移解释力不强。

（七）海默的垄断优势理论

海默（Stephen Hymer，1960）在研究美国跨国公司的海外行为后提出了垄断优势理论（Monopolistic Advantage Theory）[⑤]。该理论从微观视角分析企业对外直接投资行为来解释产业转移现象及其作用机制。该理论假设市场不完全竞争，

---

① 阿瑟·刘易斯. 国际经济秩序的演变［M］. 北京：商务印书馆，1984.

② Wells Jr L T. A Product Life Cycle for International Trade?［J］. Journal of Marketing，1968，32（3）：1 –6.

③ Lall S. The International Allocation of Research Activity by US Multinationals［J］. Oxford Bulletin of Economics and Statistics，1979，41（4）：313 –331.

④ Krumme，G.，and Hayter，R. Implications of Corporate Strategies and Product Cycle Adjustments for Regional Employment Changes［A］//L Collins and D. Walker，eds. Loca – tional Dynamics of Manufacturing Activity［C］. London：Wiley，1975.

⑤ Hymer Stephen. The International Operations of National Firms：A Study of Foreign Direct Investment［M］. Massachusetts Institute of Technology：MIT Press，1960.

具有垄断优势的跨国企业凭借其垄断优势通过对外直接投资而盈利。该理论以发达国家美国为个案得出结论，对于不拥有垄断优势的发展中国家及中小企业向发达国家进行直接投资的现象解释力不强。

（八）邓宁的国际生产折中理论

20 世纪 80 年代，英国经济学家邓宁（John H. Dunning）在综合已有产业转移理论的基础上，从企业微观层面提出了“国际生产折中理论”（Eclectic Theory of International Production）①，解释了产业区域转移现象和机制。该理论认为，跨国企业关注所有权优势（Ownership Advantage）、内部化优势（Internalization Advantage）和要素禀赋区位优势（Location Advantage），当企业具备其中不同的优势时，其行为策略也不同，当同时具备三种优势时，跨国企业就会对外投资和转移生产。该理论是国际直接投资理论和国际产业转移理论的集大成者，具有很大包容性的解释力。

（九）普雷维什的“中心—外围”理论

普雷维什（Raul Prebisch）从依附角度提出了“中心—外围理论”，分析了发达资本主义国家（中心）和发展中国家（外围）的不对称关系及经济结构的巨大差异，但未认识到产业转移是区域经济发展到一定阶段的必然现象（Prebisch，1962）②。“中心—外围”理论对“中心”和“外围”间经济关系的分析反映了发达国家与发展中国家间产业转移的现实。该理论关注了产业转移的消极影响，但对其积极影响认识不足。

（十）克鲁格曼的新经济地理理论

20 世纪 90 年代以来，以克鲁格曼（Paul Krugman）为代表的新经济地理学得到快速发展，空间因素被引入到主流经济学模型中内生化的思想受到重视，对经济的空间集聚和区域间经济不平衡的原因，从微观层面上进行了严格证明（Krugman，1991）③。与传统产业转移理论不同的是，新经济地理学假设在没有任何外生差异的前提下讨论产业空间布局的内生演化机制。因此，产业转移的新经济地理学解释不但对以外生比较优势为基石的传统产业转移理论进行了补充，还更准确地把握了产业转移的特征、规律及深层的影响因素（丁建军，2011）④。新经济地理学主要从产业区位、产业集聚和产业扩散等角度研究产业转移问题，它以产业集聚为中心，研究产业集聚演进中的产业转移现象。在其 CP 模型中，

① Dunning，J. H. Towards An Eclectic Theory of International Production［J］. Journal of International Business Studies，1980，11（1）：9－31.

② Prebisch，Raúl. The Economic Development of Latin America and Its Principal Problems［J］. Economic Bulletin for Latin America，1962，7（1）：1－24.

③ Krugman，P. Geography and Trade［M］. MIT Press，Cambridge M A.，1991.

④ 丁建军. 产业转移的新经济地理学解释［J］. 财经科学，2011（1）：35－42.

产业转移的发生和区域产业结构的演变取决于集聚力和扩散力的对比。集聚力主要包括产业的前后向关联效应（Ottaviano，2011）①、溢出效应（Baldwin 等，2006②；Puga，2010③）和劳动力池效应等，扩散力主要包括市场拥挤效应、资源要素的非完全流动性等。

通过对典型区域产业转移理论的梳理，可以发现，与分工理论一样，产业转移理论的演进是一个不断发展、不断完善和不断理论创新的过程。归纳起来，可以看出，对产业转移的研究视角呈现多样化和微观化特征，形成了产业梯度转移的理论体系，研究焦点主要集中在产业转移的影响因素和一般规律的总结。

## 三、产业转移的机制

区域产业转移通常表现为很多企业从一个国家（地区）向另一国家（地区）进行迁移的现象，产业转移既有内部推力，也有外在拉力，是多种力量共同作用的结果，其影响因素多元，机制较为复杂。马子红（2009）认为，区域产业转移既取决于企业基于成本的空间扩张战略、企业行为和组织特征，也取决于国内经济环境的变化和经济全球化的发展④。陆军等（2011）从产业转移的前提、条件、动力和诱因四个方面构建了产业转移机制的分析框架，认为产业发生地区转移的前提是地区失衡，要素流动和产业竞争是转移的条件，产业在不同地区的收益差是转移的基本动力，而不同地区产业经营成本和市场需求的差别是转移的重要诱因⑤。

本书综合前人研究成果，根据产业转移的动因和特征，将产业转移机制归纳为七种基本类型，包括成本驱动机制、市场拓展机制、多元化经营机制、战略竞争跟进机制、供应链衔接机制、规模经济机制和政策推动机制。

### （一）成本驱动机制

成本驱动机制是产业转移的基本机制。产业转移的主体即企业在进行区位迁移决策时，成本是其首要考虑的基本因素。影响企业区位选择的因素包括土地、劳动、资本、技术和信息等流动性特点不同因素的成本。当一个产业（企业）在一个区位发展到一定阶段后（如进入成熟或标准化阶段），伴随该区位各类生

---

① Gianmarco I. P. Ottaviano. ‘New’ new Economic Geography: Firm Heterogeneity and Agglomeration Economies［J］. Journal of Economic Geography, 2011, 11（2）: 231－240.

② Baldwin R. E. & Toshihiro Okubo. Heterogeneous Firms, Agglomeration and Economic Geography: Spatial Selection and Sorting［J］. Journal of Economic Geography, 2006, 6（3）: 323－346.

③ Puga D. The Magnitude and Causes of Agglomeration Economies［J］. Journal of Regional Science, 2010, 50（1）: 203－219.

④ 马子红．中国区际差异转移与地方政府的政策选择［M］．北京：人民出版社，2009.

⑤ 陆军，宋吉涛．北京大都市区制造业空间集聚研究［M］．北京：北京大学出版社，2011.

产要素如土地、劳动力等的价格上升，其生产成本压力增大，迫使产业（企业）寻求生产成本更低的区位。一方面是原有区位的成本高企产生推动产业转移的推力；另一方面外部存在要素成本低廉区位对产业转移产生拉力，在推力和拉力的合力作用下，产业（企业）就可能发生转移。在成本驱动下，很多跨国公司选择要素成本低廉的发展中国家为其投资目标地，而且这种成本驱动的产业有加快趋势。根据白玫（2003）研究①，1988 年日本的成本驱动企业转移的比重为 11%，1995 年升至 37%；韩国企业外迁的原因中，以节省成本为目的的比重最高，达到 29%。

（二）市场拓展机制

拓展和接近市场是企业扩展和转移的重要机制。企业在成长过程中总是力图扩大现有市场、开拓新的市场，其主要目标是扩大销售和出口。企业拓展市场既有垂直分工下从发达地区向欠发达地区的转移活动，也有水平分工下地区间的产业转移活动。根据陈建军（2002）研究②，浙江 65% 以上的调查样本企业把扩大市场销售份额作为其对外扩张转移的主要动力，尤其是那些较大规模的企业向内地扩张的主要动机就是拓展市场空间，如娃哈哈在重庆等内地的投资活动，即充分地体现了这一点，这类转移属于垂直分工下的市场拓展转移。跨国公司在发达国家之间进行投资则是水平分工下的市场拓展转移。不过对于跨国公司而言，更多是垂直分工和水平分工混合型的市场拓展，即既有同发展水平国家（地区）间的转移，也有不同发展水平国家（地区）间的转移，并在全球形成网络型区位模式。

（三）多元化经营机制

规模大的企业出于发展战略考虑，通常会在空间上实行多元化经营满足不同市场需求以实现利益最大化，这样既可以拓展新市场和更多地占有市场，而且可以避免单一化的市场风险。跨国公司通常通过在海外多地投资兴厂以实现其全球战略，是一种多元化经营机制下产业转移的具体体现。多元化经营转移机制有两种主要类型：一是市场区域多元化，是企业惯用的战略转移做法，即企业对其区域市场进行调整，改变产业原来的市场空间布局，呈现多元化更符合企业增益的地理分布；二是经营领域多元化以获取更丰厚的范围经济。企业发展到一定规模后，推行多领域扩张是很多企业做大做强的常见行为。具体一般有三种做法：①保留原行业但着重拓展新行业；②逐步退出原行业而着重拓展新行业；③迅速退出原行业并集中力量拓展新行业。不管哪种操作方式，其结果都是走向多元化经营。典型的例子是浙江台州的民企吉利集团最初做制冷行业，20 世纪 80 年代

① 白玫．企业迁移研究［D］．南开大学博士学位论文，2003.

② 陈建军．产业区域转移与东扩西进战略：理论和实证分析［M］．北京：中华书局，2002.

末进入装潢材料制造行业，90 年代在继续发展原有行业的同时进入摩托车制造业行业并取得成功，1997 年正式涉足汽车制造业，经过多年的多元化经营和布局，目前吉利集团拥有慈溪、临海、宁波、上海、湘潭、济南、成都、宝鸡、南充、兰州等多个国内生产基地，在汽车、摩托车、汽车发动机、变速器、汽车电子电气及汽车零部件方面取得辉煌业绩，2009 年成功收购沃尔沃汽车 100% 的股权，并自 2012 年起连续 5 年进入世界 500 强行列。

（四）战略竞争跟进机制

战略竞争跟进机制，是当对手企业进入某一新区域发展后，竞争企业为了保持原来的竞争态势也会跟进进入该区域谋求发展以抗衡对手，显然竞争跟进的结果是伴随着相关产业的转移。战略竞争跟进机制特别适用于解释那些由少数寡头企业控制的行业的转移。根据尼克博克的“寡占反应”理论，当寡头行业中某一企业率先采取行动进行新区域拓展和转移时，其他企业会纷纷采取类似行动以维持原有竞争均衡。通俗地说，就是竞争对手转移到哪里，自己就转移到哪里，不至于落后。其动因很简单，就是企业这样做，可以尽量避免不确定性和减少风险，否则可能因未及时跟进而造成市场地位或增长机会的丧失。比如 CPU 生产领域的两巨头 Intel 公司和 AMD 公司，其总部均在美国，当 AMD 在 2006 年将其亚太地区总部从香港移至上海后不久，Intel 也紧跟在上海投资建厂。又如麦当劳和肯德基，在中国城市凡是有麦当劳的地方，基本上也都有肯德基，而且在一城市内部，很多情形下会出现肯德基紧挨着麦当劳布局的有趣现象。这两者是战略竞争跟进机制作用下行业转移的典型例子。

（五）供应链衔接机制

供应链衔接机制，是指当某个产业转移到一区域后，其供应链也会随之迁入该区域的一种产业转移机制。供应链是企业从原材料和零部件依次经历采购、运输、加工制造、分销直至到达最终客户的一个环环相扣的链条。供应链将企业的生产活动进行了前伸和后延，通过计划、获得、存储、分销、服务等一系列活动而在客户和供应商之间形成的一种衔接链。产业转移中发生的供应链转移动因有三：一是具有上下游供应链关系的企业一同转移寻求更高的投资报酬率；二是经济全球化下激烈竞争中，企业在生产过程或在生产方与客户间建立高效物流配送渠道，在市场竞争中更有可能获胜；三是跨国公司实施供应链全球化经营战略以实现资源优化配置。德国宝马公司特别注意供应链的衔接，该公司具有三层供货系统，即按天供货、按小时供货和按生产过程供货。第一层次的供货企业遍布德国，第二层次的供货企业位于装配企业 50 千米范围内，第三层次的供货企业则不超过 30 千米范围。

（六）规模经济机制

规模经济机制是指在追求获取产业集群规模外溢效益而发生的产业转移机

制。根据 Porter（2000）的竞争优势钻石模型①，国家或地区竞争优势的关键源于集群的产业竞争优势。伴随产业集群的出现，很多企业会有迁入、迁出这些集群的趋势，其动机在于企业可获得集群的聚集规模经济和溢出效应。例如，各类经济开发区、高新技术开发区和工业集聚区一旦形成一定规模，就会因规模效应吸引更多的企业进入，这是规模经济机制在起主要作用。

（七）政策推动机制

政策推动机制是指在政府政策如区域规划、产业政策等影响下推动产业进行地域迁移。政府利用自身强势的地位，通过设计相关的政策和制度安排，利用法律和经济的手段来影响产业的区位选择，从而达到促进地区产业布局优化、提升经济增长效率、增加就业机会、增进公平分配等目的。具体来讲，一是政府通过政策支持和资金投入来提供产业发展所需要的如交通运输、邮电通信、医疗卫生、教育科技等公共产品和服务，如果这些公共产品和服务提供得到位，就可能对产业迁入产生吸引力，反之则可能使本地企业外迁。二是政府可通过产业政策推进产业的转移，如设立开发区提供激励性产业政策，从而改变一些企业投资区位的选择，在开发区内形成产业集聚。三是政府通过改善投资经营环境为产业的迁入创造良好的条件，投资环境既包括各类基础设施在内的硬环境，也包括法律、法规、金融、商务、市场秩序、政府信誉、社会诚信以及亲商护商的软环境。好的投资环境会吸引越来越多产业转入，反之则反。

上文从产业转移动因和特征的角度对产业转移机制的研究进展进行了梳理，并将转移机制进行了分类。但值得注意的是，现实的产业转移并非单一机制起作用，而往往是两种或多种机制在共同起作用，只不过不同阶段、不同条件下，各种机制的作用强弱轻重不同而已。

## 四、产业转移的效应

区域产业转移通常会产生广泛而深远的影响。很多学者对产业转移的效应进行了研究或分析，陆军等（2011）认为，产业转移会给转出区带来三大效应：一是产业替代所带来的产业“优化效应”；二是转移产业所引致的就业“扩大效应”；三是转移产业关联带动所引起的“发展效应”。相应地也会对产业转入区带来系列积极影响，包括要素注入效应、技术溢出效应、关联带动效应、优势升级效应、结构优化效应、竞争引致效应和制度完善效应等②。王建平等（2013）认为，国际产业转移对承接国既有正面效应也有负面效应，其中，正面效应包括

① Porter Michael E. Location, Competition and Economic Development: Local Clusters in a Global Economy [J]. Economic Development Quarterly, 2000, 14 (1): 15－34.

② 陆军，宋吉涛. 北京大都市区制造业空间集聚研究［M］. 北京：北京大学出版社，2011.

资本供给效应、技术优化效应、产业发展效应和就业扩大效应，负面效应包括加剧承接国产业的结构性偏差、技术级差日益扩大、国家产业安全受到威胁和带来负外部性[①]。关爱萍等（2015）利用工业行业面板数据分析甘肃承接区际产业转移后工业经济增长方式的转变效应，发现行业内技术溢出效应不利于工业经济增长由粗放转向集约，而行业间前向溢出效应对此具有显著推动作用[②]。潘文卿等（2014）基于新经济地理学框架下的自由资本模型分析产业转移过程中的福利效应，通过扩展两地区模型建立了更为一般化的三地区理论模型，并通过数值模拟方式分析了产业转移对各地区的个体福利与整体经济系统整体福利的影响，从理论和模拟的角度解释不同区域间产业转移带来的福利水平变化差异[③]。王建峰等（2013）对京津冀区域产业转移的综合效应进行了实证研究，发现其综合效应具有阶段性并受世界金融危机影响的特点[④]。

从产业转移有关研究看，有的学者强调对转出区效应的分析，有的学者侧重对转入区效应的探索，但更多的是分别研究对转入区和转出区产生的影响。本书通过对已有文献的总结，对区域产业转移效应从对转入区和转出区两个角度进行归纳。

（一）对转出区的效应

产业转移对转出区会产生正、负两种效应。

1. 正效应

一是可以提高要素使用效率。通过转出不适合本区域的产业，可以克服区域劳动、土地等要素价格上涨、交易成本提高和企业利润下降的压力，同时为区域迎来发展新兴产业、促进技术更新、优化产业结构提供空间和机会，而这些新兴产业和新技术会提高要素使用的效率，进而提升整个地区的生产效率。此外，通过产业转移，资本要素转入其他资本稀缺的区域，可以为本地区过剩资本找到出路，提高资本收益率。产业转移也可以延长转出产业的技术生命周期和扩大技术效用，从而延长从中获取报酬收益的期限。

二是推动产业结构优化升级。转出的产业一般是因为难以承受区域要素成本增大的处于成熟或衰退阶段的产业，多为劳动密集型、低技术层次或环境污染型的产业。这些在区域已失去比较优势的产业转出后，为转出区调整产业结构和优

---

① 王建平，刘彬．国际产业转移的模式与效应分析［J］．管理现代化，2013（3）：24－26.

② 关爱萍，陈超．区际产业转移对承接地行业内技术溢出效应的联动研究——以甘肃省为例［J］．软科学，2015，29（1）：87－91.

③ 潘文卿，吴添．基于FC模型的产业转移的福利效应三地区理论模型［J］．清华大学学报（自然科学版），2014，54（5）：672－677.

④ 王建峰，卢燕．京津冀区域产业转移综合效应实证研究［J］．河北经贸大学学报，2013，34（1）：81－84.

化升级产业结构创造了条件，可以腾出空间和其他要素资源，结合自身特点发展更具比较优势或竞争优势的产业，促使地区产业结构的升级优化。相反，如果进入成熟和衰退阶段的产业不及时转移扩散出去，则会与新发展产业产生争空间、争资源的冲突，导致产业拥挤，新老产业都发展不好。因此，适时地将边际产业转移出去，既可以为转出区的升级换代提供条件，也可以使那些转出去的边际产业继续延长发展生命周期。

三是提升市场竞争优势。成熟或衰退产业转出去后，新发展产业一般都经过严格筛选，层次高，其技术、管理水平、产品品质较之成熟衰退产业更高，有更好的市场潜力和竞争力。

2. 负效应

产业转移对转出区的负面效应也不可忽视，尤其是在新旧产业交接期，产业转移短期内甚至可能会产生大的震动和冲击影响。负效应一般有三个方面：

一是对转出区的就业造成冲击。产业发展本地化过程中大量使用本地区劳动力，一旦产业发生外移，这些劳动力一般跟随产业迁移的只是一少部分，大部分劳动力面临着重新就业的问题，如果没有合适的、足够多的劳动岗位分流这些再就业人员，失业问题及其引发的社会问题不可避免。况且，转出的产业多是劳动密集型和低技术含量的产业，而新发展的产业属于升级产业，其倾向于资本密集型、技术密集型产业，所提供的就业岗位比较少且对就业人员的劳动技能要求较高，与原有产业转出所留下的再就业人员技能结构会存在差别，也是造成就业冲击的重要因素。

二是可能造成转出区人才流失。伴随产业的转出，普通劳动力一般不会流走，而与之相关的高技能人才发生流失的可能性很高，这些人才是地区的财富，如果没有合适的新产业能够留住这些人才，同时又不能在短时间内引入新的高技能人才，对地区的发展会产生负面影响。

三是可能导致转出区出现产业“空洞化”现象。大规模产业外迁或投资外移的同时，接续的新产业未到位或成长缓慢，或区内的投资增长率低于对外投资的增长率，就会产生“产业空洞化”和结构失衡，进而影响地区的经济增长和发展。

（二）对转入区的效应

产业转移对转入区同样会产生正、负两种效应。

1. 正效应

一是产生要素获取效应。欠发达地区普遍的问题是资本、技术、人才、管理经验等高层次要素短缺，由于这种短缺，这些地区经济增长乏力。相对这些落后地区较先进的产业转入后，会迅速积累起相对稀缺的要素资源，并有助于这些地区原有优势资源（如自然资源、廉价劳动力等）的合理使用，为这些落后地区的经济快速增长创造有利条件。

二是技术溢出效应。产业转移一般遵循一定梯度差依次发生。对转入区而言，转入的产业一般其技术水平要高于当地平均水平，这样转入区通过模仿、消化和吸收转入产业包含的技术，促进当地的技术进步，即产生所谓的“技术溢出效应”。此外，转入产业也会通过对当地相关产业的前后波及效应，拉动产业转入区的技术进步。这同样是“技术外溢”。

三是产业关联带动效应。产业转入将产生三方面关联效应：第一，转入产业对当地原材料产生新的需求从而促进相关投入品产业的发展。第二，转入产业的活动通过削减下游产业的投入成本而促进下游产业的发展，拓展了经济活动范围，并为新产业的兴起创造条件。第三，转入产业通过旁侧关联效应带动建筑业、商务服务业和其他服务业的发展。

四是结构优化升级效应。转入的产业对转出区可能是衰退的“夕阳产业”，但对转入区来说一般是先进产业，因此产业转入本身是当地结构升级的体现。产业转入带来的资本、技术、人才等稀缺要素，有助于该地区形成新的主导产业，从而推动地区经济结构的升级和比较优势的换代，提升其在大范围内区域分工中的作用和层级。此外，转入产业较强势的竞争优势会打破当地原有的低效竞争格局，迫使更多的产业采用先进技术或增强技术创新能力以提升竞争力。从地区总体效果看，这有助于区域结构的升级优化和区域整体竞争力的提高。

五是制度创新效应。产业转入区往往是欠发达或落后地区，其传统观念趋于保守，小农思想浓郁，缺乏制度活力。先进产业的转入带来资金、技术、管理经验、人才等新要素，并且必然会对这些旧思想、旧传统产生冲击，将传播和扩散与市场经济相适应的新文化、新思想、新意识，促进制度创新，改善区域发展的制度支持环境。

2. 负效应

产业的转入产生正效应的同时，也可能带来一定的负效应，如环境污染、丧失自主发展能力等。

一是可能带来环境污染。自从工业革命以来，人类发展对环境的污染压力呈不断加大态势。从全球产业转移的格局看，从经济发达国家转向发展中国家的很多产业是污染型产业，转移出来是为了在全球范围内寻找“环境避难所”，广大发展中国家发展愿望迫切而环境保护意识较低，往往成为污染型产业迁入的目标地。这一点在我国也没有例外。一国内部产业转移也存在类似问题。一般而言，发达地区对环境保护相对更为严格，环境门槛普遍较高，污染型产业发展受限大，而企业又不愿放弃污染产业的利润，促使污染型企业迁入欠发达或落后地区。若控制不好，其结果往往导致转入区的生态破坏和环境污染。

二是可能导致自主发展能力的丧失。一个地区产业结构的演进一般遵循比较优势原则，从劳动密集型、资源密集型向资本密集型、技术密集型继而智力密集型产业进行转变。产业转入的欠发达地区往往具有廉价劳动力和资源的优势，而缺乏资本和技术优势，转入产业虽然可以弥补后两者的劣势，但其发展通常偏重于价格相对低廉的劳动力和资源要素，本质上属于低附加值的劳动密集型或资源密集型和低技术含量的产业。因此，很容易让转入区落入一味接受传统产业转移而缺乏创新的境地，在区域垂直分工中总是处于不利的低端位置，无法实现自主发展。此外，域外产业的不断转入会带来资本过度集中，某一产业被外来资本掌控，使得该产业发展目标受外来资本左右，如果外来资本与本地发展目标不一致时，转入区就无法实施自主的发展政策。

## 五、产业转移的趋势

伴随经济全球化、产业分工细化和技术迅猛发展，国际、国内产业转移都呈现新的态势。国内外学者对产业转移趋势及其特点也进行了大量的研究和探讨，相关文献对国际产业转移趋势和国内产业转移趋势进行了区分。

### （一）国际产业转移趋势

国际产业转移是伴随国际直接投资而兴起的。"二战"后，国际直接投资随着全球化快速推进和跨国公司迅猛壮大总体呈不断增长态势，因而国际产业转移也发展得如火如荼，生产国际化已成为世界经济的主要特征。而信息技术和交通技术的发展为世界各个市场的交流和往来创造了便利条件，全球一体化市场逐步形成，反过来对国际分工产生深远影响，其结果是国家产业转移进一步加速，并使得发达国家和发展中国家的产业结构及产业转移呈现出不同的趋势和特征。对于国际产业转移的趋势，不同学者从不同角度进行了探讨，杨世伟（2009）从转移规模角度研究发现，发达国家产业规模不断扩大，并且转移方式多样化，项目外包日益成为主流方式①，吴颂等（2009）也持类似观点②；毕吉耀（2006）认为，国际产业转移的层次不断提高③；魏后凯（2003）认为，一些投资大、技术含量高的产品和生产环境发生转移，改变了国际分工的传统格局④；宋群（2005）发现，欧美日等发达国家和地区已经重点发展知识密集型产业，对新兴

① 杨世伟．国际产业转移与中国新型工业化道路［M］．北京：经济管理出版社，2009.

② 吴颂，吴显涛．进入危机背景下的国际产业转移特点和趋势．中国市场，2009（13）：6-7.

③ 毕吉耀．国际产业转移趋势与我国面临的机遇与挑战［J］．中国金融，2006（20）：32-35.

④ 魏后凯．产业转移的发展趋势及其对竞争力的影响［J］．福建论坛（社会经济），2003（4）：11-15.

国家的技术转移也更快，甚至高技术产业也出现了转移①；白小明（2008）指出，金融、咨询等服务业成为国际产业转移的新热点②；张建平（2007）认为，产业转移的“雁行模式”逐步被打破，原有的垂直分工贸易体系逐步演变为垂直分工和水平分工并存局面③；傅强等（2013）认为，跨国公司不再遵循传统的产业转移阶段进行投资，而倾向发展配套产业建立产业集群，进行产业链整体转移④。归纳相关文献的研究，国际产业转移有如下几个趋势和特点。

1. 国际产业转移由制造业转移向产业价值链各环节转移

国际产品内工序环节的转移成为国际产业转移的主要方式。工序理论认为，价值链增值环节包括生产环节、营销环节、技术环节。一国不仅在不同的产业上发挥比较优势，同一产业不同价值链环节也能体现出不同的比较优势，利用价值链拆分，跨国公司充分利用不同国家不同的区位优势，科学合理配置资源，最佳利用各国在不同价值链环节的优势。在不同价值链环节发生的产业转移，使跨国公司实现了全球产业整合，推动国际产业转移向纵深发展。

2. 国际产业转移中产业集聚现象明显

所谓聚集效应是指由于某些产业部门，某些企业向某个特定地域集中，所产生的使生产成本降低的效果，主要是通过企业间的分工协作、扩大生产规模等方法实现，表现为联合化和协作化。在有些情况下，聚集所带来的效益要大于由于偏离运费最低点和劳动费最低点所增加的运费和劳动费。由于全球竞争日益加剧，跨国公司不再沿袭传统的产业转移对外投资，而主动带动其海外供应商到东道国投资，实现零部件供给本地化，建立产业集群，供应链整体转移到东道国。所以，产业集聚在跨国公司产业转移中日益明显。除产业配套形成的产业集群外，寡占反应论认为，由于跨国公司之间的激烈竞争，跨国公司的竞争对手会实施跟随盯住战略，由于相互竞争的需要，跨国公司在东道国形成了产业集聚效应。

3. 外包成为国际产业转移的主要模式

外包指跨国公司为了进一步降低经营成本，将生产、营销、研发、设计、物流等非核心业务部分转移到发展中国家完成，自己仅保留核心技术，专注于核心竞争能力的提升和培育。跨国公司将非核心业务外包，整合优势资源，重点发展主导业务，实质上是将有限的优质资源重点集中配置到企业的核心领域，通过缩

---

① 宋群．十一五时期统筹我国产业结构升级与国际产业转移的建议［J］．经济研究参考，2005（52）：2－18.

② 白小明．我国产业区域转移粘性问题研究［J］．北方论丛，2007（1）：140－143.

③ 张建平．东亚各国（地区）产业结构比较研究［D］．吉林大学硕士学位论文，2007.

④ 傅强，魏琪．全球价值链视角下新一轮国际产业转移的动因、特征与启示［J］．经济问题探索，2013（10）：138－143.

小业务范围，把控价值链的高端环节，降低了运营成本，突出主要核心竞争优势，从而获得高额的市场利润。利用外包这种方式，跨国公司一方面降低了运营成本，另一方面可以聘用全球不同国家优质的高素质人才。另外，离岸外包还能利用国家间的时差优势，不分白天昼夜连续作业，大大加快了产品的研发周期。

4. 服务业成为国际产业转移的新热点

随着新一轮的产业升级，服务业日益成为国际产业转移的新热点。跨国公司对服务业的投资迅速增长，发达国家逐渐把非核心的服务业务外包给成本低廉的发展中国家。服务业转移主要涉及的行业有咨询、金融、旅游、保险、管理等。服务业国际产业转移主要有三个层面：项目外包、离岸业务、为跨国公司提供配套服务的服务企业的业务转移。

（二）国内产业转移趋势

最初，研究者的兴趣领域主要集中在国际产业的转移，随着国内不同地区因资源禀赋、原有基础和改革开放时序的差异形成了客观上产业发展的区域梯度，经过数十年的改革和开放，东部沿海发达地区一些产业开始大规模转移，中西部内陆地区不断承接转入的产业，从而引起了学者们的普遍关注。

根据马子红（2009）①、陆军等（2011）②、路红艳（2011）③、傅强等（2013）④、桑瑞聪等（2014）⑤、姜霞（2015）⑥ 等学者的研究，国内区域产业转移可概括为如下特点和趋势。

1. 产业转移具有突出的区域聚集特征

一直以来，东南沿海都是我国经济发展速度最快、经济基础最雄厚的地区，是我国经济发展的重要引擎。正因为如此，受制于环境、成本、市场等综合因素的影响，这些地区资本向外扩张的需求尤为强烈，从而成为新一轮产业转移的主要策源地。例如，上海因成功申办世博会，于2010年前将数千家企业外迁，一大批劳动密集型产业迁出上海。随着近年来国家宏观经济政策的不断调整以及东部沿海地区产业结构升级的不断加快，外向型经济发展非常活跃的长三角和环渤海地区对外投资项目日益增多，投资规模逐渐扩大，进一步强化了产业转移的区

① 马子红．中国区际产业转移与地方政府的政策选择［M］．北京：人民出版社，2009.

② 陆军，宋吉涛．北京大都市区制造业空间集聚研究［M］．北京：北京大学出版社，2011.

③ 路红艳．“十二五”时期我国产业转移趋势及特点［J］．中国经贸导刊，2011（10）：46－47.

④ 傅强，魏琪．全球价值链视角下新一轮国际产业转移的动因、特征与启示［J］．经济问题探索，2013（10）：138－143.

⑤ 桑瑞聪，刘志彪．中国产业转移趋势特征和影响因素研究——基于上市公司微观数据的分析［J］．财贸研究，2014（6）：53－60.

⑥ 姜霞．我国产业转移新趋势与湖北承接行业选择实证研究［J］．科技进步与对策，2015，32（11）：50－54.

域聚集趋势。

2. 外向型产业成为区际转移主体

多年来，我国沿海地区主要依靠承接加工贸易的方式大力发展外向型产业，但承接的产业以附加值低的劳动密集型产业为主，对土地、能源和劳动力等要素的依赖程度非常高。随着东南沿海地区要素成本的不断上升，加工贸易产业的盈利空间急剧萎缩，东部地区外向型产业失去了许多海外市场，面临巨大的转型压力，急需挖掘新的发展潜力，开拓新的发展空间，使得机械、玩具、仪器仪表和塑料及食品等外向型产业成为引领本轮产业区际转移的主体。

3. 产业链整体转移趋势更加明显

日益加快的区域经济一体化进程使转移产业与其战略伙伴之间形成了密切的产业和市场关联。因此，现阶段的产业转移越来越重视发挥其整体优势，除了鼓励和带动相关产业进行跨区域投资外，还鼓励和推动与其配套的产业链上下游相关产业一起转移，从而使产业链整体转移的趋势更加突出。这种“母鸡带小鸡”的产业转移方式，为转出产业提供了较完整的配套服务，有利于承接地尽早建立关联产业集群，提高转移产业的市场竞争力和资源配置效率。

4. 产业转移的市场化趋势日渐明显

随着金融风暴的发生和全球市场需求的日益萎缩，新一轮产业转移呈现出越来越明显的市场化趋势。面对成本上涨和市场萎缩的双重压力，沿海地区各优势产业纷纷通过联合、并购和控股等方式进行对外投资和资本扩张。中西部地区庞大的市场容量成为东部地区进行产业投资与转移的重要驱动。为了充分利用中西部地区的市场环境优势，众多沿海产业加大了对中西部地区的低成本扩张，或是将产业链整体搬迁，或是在外地建立生产加工基地，或是大力发展总部经济。产业转移由原来单纯的成本驱动型向成本与市场驱动并行的方向发展。

## 六、产业分工与产业转移的联系

从上述区域产业分工理论和产业转移理论的发展脉络及二者的关系来看，区域产业分工与产业转移存在十分密切的内在联系，产业分工是产业转移的动因和结果，产业转移是产业分工的实现途径和桥梁，产业转移促进了产业分工，产业分工会影响产业转移的方向和规模。二者是互为因果、相互影响的关系。产业分工和产业转移都具有动态性，即产业分工和产业的地理集聚区位会随着时间的流逝发生动态的变化，分工和集聚格局不会一成不变，而是伴随产业转移不断改变。同样，产业转移的产业内容、方向和规模同样会随着产业发展的条件变化而变化，区域产业分工处于不同阶段会导致不同类型的产业转移。

区域产业分工理论和产业转移理论为我们分析京津冀城市群产业分工协作和

转移，实现产业空间格局优化，提供了多维度的分析视角和理论指导。

## 第三节　京津冀产业分工与产业转移研究述评

京津冀城市群是我国继长三角、珠三角之后又一经济密集区域和国家新一轮发展的重要引擎区域，在我国区域经济发展中处于重要的地位。京津冀城市群包括两个直辖市（北京、天津）和一个省（河北），有地级以上城市 13 座，县级区域 200 个（截至 2019 年）。多年来，关于京津冀城市群的产业发展，学者们展开了多角度、多层次的研究，随着 2014 年该地区成为国家级重大区域战略区域，有关其发展问题更是成为研究的热点。本书着眼于产业分工和产业转移的视角对相关研究进行梳理和述评。

### 一、京津冀产业分工协作问题研究

京津冀由于地缘、历史、政治、文化、社会和经济等因素，是一个相互依存、联系紧密、不可分割的地区。从历史上看，京津冀在政治、经济、社会和文化发展中始终保持着很高的关联度和依赖性。未来的发展，尤其在京津冀协同发展成为国家重大战略背景下，推进三地产业分工协作和一体化已经成为其内在要求。但长期以来，京津冀三地间产业的分工和协作却相对滞后，在产业项目和资源上的争夺及冲突始终没有停止，既造成了内耗性浪费，又使得其产业结构趋同而过度竞争。产业分工和协作的相对滞后已成为京津冀协同发展的重要约束因素之一。对于京津冀产业分工协作问题，学界进行诸多研究和探讨，主要集中在分工协作发展进程、分工协作模式、分工协作问题及原因和推动分工协作的对策四个方面。

#### （一）京津冀产业分工协作发展阶段

京津冀区域产业分工与协作数十年的发展过程颇为曲折，三地经历了从最初的争投资、争项目的竞争时期，到中期经济技术合作逐步增加的初级协作时期，再到就全面开展经济技术合作达成共识的全面发展时期等几个阶段（肖金成，2010）[①]。不同产业其分工协作状况不一，农业合作比较广泛深入，工业合作取得了初步进展，而服务业合作正在推进（肖金成等，2010）[②]。安虎森等（2008）

① 肖金成等．京津冀区域合作论［M］．北京：经济科学出版社，2010：1－4.

② 肖金成等．京津冀区域合作论［M］．北京：经济科学出版社，2010：9－10.

对京津冀的金融合作进行研究认为，金融资源在京津冀三地的配置尚待进一步优化。[①] 孙久文等（2008）从区域经济一体化发展阶段（包括贸易一体化、要素一体化、政策一体化和完全一体化四个阶段）角度认为，京津冀的产业合作尚处于要素一体化阶段[②]。张亚明等（2012）认为，在河北与北京的互动发展过程中，河北的“角色定位”主要是北京产业梯度的承载者、资源的提供者和产品的制造者[③]，处于被动接受转移阶段。陈秀山等（2015）认为，京津冀分工协作可包括区域合作、三地协同发展和区域一体化三个阶段，目前京津冀处于协同发展初级阶段。[④] 也有学者认为，京津冀地区已经形成产业发展的合理分工，但工业合作模式尚需优化，服务业合作潜力巨大（李国平等，2012）。[⑤]

从不同学者不同视角的研究可知，对京津冀产业分工协作所处阶段所持观点尽管存在差异，但共同点在于，目前京津冀城市群的产业分工协作尚不成熟，还面临诸多问题需要解决，应继续努力推进分工和协作的发展。

（二）京津冀产业分工协作模式

产业分工协作是地区间经济合作关系的主要内容。产业分工协作过程中，不同要素的分离流动与相互结合有不同的表现形式，并受相关区域发展水平、地理区位、产业政策、技术条件和文化传统等多种因素影响，进而形成不同的分工协作模式。从要素资源配置角度看，区域产业分工协作模式有政府主导的行政一体化分工协作模式、市场主导的分工协作模式以及政府推动、市场导向、企业主导的分工协作模式。[⑥] 这表明区域的产业分工协作主体具有多元化特征，不同主体在不同模式中的地位和作用也呈多元化结构特征。对于京津冀产业分工协作模式的研究，李国平（2016）系统分析了京津冀地区产业合作发展的现状、趋势和发展路径，提出了京冀产业合作的基本模式。[⑦] 吴爱芝等（2015）认为，经过多年的实践探索，分工协作发展迅速，已经涵盖三次产业，具体模式可概括为十类[⑧]：

---

① 安虎森，彭桂娥．区域金融一体化战略研究：以京津冀为例［J］．天津社会科学，2008（6）：65－72.

② 孙久文，邓慧慧，叶振宇．京津冀区域经济一体化及其合作途径探讨［J］．首都经济贸易大学学报，2008（2）：55－60.

③ 张亚明，杨丽莎，唐朝生．区域分工视域下产业协调发展研究——以环首都经济圈为例［J］．生态经济，2012（1）：98－102.

④ 陈秀山，李逸飞．世界级城市群与中国的国家竞争力——关于京津冀一体化的战略思考［J］．学术前沿，2015（8）：41－51.

⑤ 李国平等．协调发展与区域治理：京津冀地区的实践［M］．北京：北京大学出版社，2012.

⑥ 陈建军．长三角区域经济合作模式的选择［J］．南通大学学报（社会科学版），2005（6）：42－43.

⑦ 李国平．京津冀区域发展报告2016［M］．北京：科学出版社，2016.

⑧ 吴爱芝，李国平，张杰斐．京津冀地区产业分工合作机理与模式研究［J］．人口与发展，2015，21（6）：19－29.

（1）共建产业创新园区模式。围绕产业创新任务构建科技园区，如京津共同建设“天津滨海中关村科技园”。

（2）借智创新模式。是河北以高新技术产业聚集和发展吸纳高层次科技人才到本地就业创业的模式。如河北高新技术和科技型企业与首都科研院所、高等院校建立合作伙伴关系，通过企业将北京的科研成果进行产业化。再如，河北设立高新技术开发区，吸引京津高新技术企业集聚。

（3）总部（京津）+基地（河北）模式。河北生产基地与京津总部属于同一个跨区域企业，市场预测、生产决策、技术推广、资金支持由总部提供，河北生产基地负责生产加工。

（4）借船出海模式。即河北地方企业借助京津逐渐走向国际市场。河北企业结合自身生产能力和优势接收京津企业国际订单业务中的生产部分，按照国外甲方的质量标准、工期要求生产合格产品出口创汇，京津企业从中获得品牌、服务的利润。该模式的实施主体主要是经济基础较好，距离京津较近的地区。

（5）整体搬家模式。该模式主要是重化工化工业企业如钢铁、石化等大型企业，由于城市产业结构升级、环境压力以及生产成本上升等原因，向更适合的产业区位搬迁。如北京的首钢搬迁到河北唐山曹妃甸。

（6）飞地经济模式。该模式是一种通过区对区产业转移实现区域间合作的一种新形式，主要是政府层面的合作，对北京与河北相对比较落后地区的合作比较适合。

（7）股份合作模式。该模式利用京津、京冀、津冀之间的资源互补性，企业之间通过参股形式实现合作。该模式与飞地经济模式的区别主要是企业层面的合作。

（8）企业联盟模式。该模式是企业个体与个体间在策略目标的考虑下结成盟友，自主进行互补性资源交换，以获得市场竞争优势。该模式主要存在于中小企业大量存在的竞争性行业。

（9）劳务市场（京津）+劳务基地（河北）模式。该模式既满足京津服务业对劳动力的巨大需求，又为河北提供了数量庞大的就业岗位，解决北京周边地区就业问题。

（10）定点销售（京津）+基地（河北）模式。该模式主要体现在京冀、津冀的农牧业合作领域，发挥京津巨大市场和河北种植业、畜牧业的生产优势，实现双赢。

从已有文献以及京津冀产业分工协作发展的实践经验来看，三地产业分工协作模式可以多样化，不同类型的地区间的合作可以根据其自身特征来决定选择具体模式。上面提到的模式是京津冀地区已经存在的模式，在未来的分工协作发展中，还可创新发展模式，只要有利于分工协作双方经济发展，有利于推动京津冀协同发展。

（三）京津冀产业分工协作问题及原因

京津冀产业分工协作发展数十年依然效果不佳，问题颇多，原因复杂，众多学者进行了多层次、多角度的深入研究。肖金成等（2010）认为，京津冀产业分工协作中存在京津合作缺位、合作层次不高、产业协作配套水平低、产业结构雷同、产业分工协作机制尚未建立等方面的问题，并且产业分工协作受水资源短缺、生态环境恶化、经济发展水平落差过大、市场化进程缓慢等因素制约[①]。安虎森等（2008）认为，金融一体化的建设是完善京津冀地区资源配置渠道的重要保障。[②] 产业分工协作是区域经济一体化的关键，但目前京津冀地区资源禀赋差异较大，产业结构互补性不强，对产业分工协作不利（陈耀，2014）。[③] 很多研究认为，京津冀产业同构现象严重、分工程度偏低（全诗凡，2013；[④] 梁伟欣等，2013；[⑤] 王得新，2013；[⑥] 娄文龙，2014[⑦]），与长三角和珠三角相比还有差距。其中，北京与天津、北京与河北之间的专业化程度越来越高，而天津与河北之间的专业化程度越来越低。与此相反，一些研究成果表明，京津冀产业同构并不严重，环渤海互补性更大，而长三角同构性更强（梁琦，2004）[⑧]，且京津冀内部的专业化程度不断提高（孙久文等，2012）[⑨]。魏后凯（2007）认为，在新型区域分工格局下，产业结构趋同与区域分工深化可以并存[⑩]。此外，京津冀还存在产业发展落差大，经济梯度形成迟滞，发展定位趋同，无序竞争，资源浪费等问题（郭岩峰等，2011）[⑪]。

周立群等（2010）认为，京津冀产业同构主要源于禀赋因素与制度因素[⑫]，京津冀市场一体化、地区政策一体化程度低等制度因素可能是根本原因。而京津

① 肖金成等．京津冀区域合作论［M］．北京：经济科学出版社，2010.

② 安虎森，彭桂娥．区域金融一体化战略研究：以京津冀为例［J］．天津社会科学，2008（6）：65－72.

③ 陈耀，陈梓，侯小菲．京津冀一体化背景下的产业格局重塑［J］．天津师范大学学报（社会科学版），2014（6）：1－6.

④ 全诗凡．京津冀区域产业分工与产业转移分析［J］．现代管理科学，2013（8）：71－73.

⑤ 梁伟欣，王珏．京津冀产业对接实证研究［J］．现代产业经济，2013（11）：33－38.

⑥ 王得新．专业化分工与都市圈形成演化研究［D］．首都经济贸易大学博士学位论文，2013.

⑦ 娄文龙．京津冀、长三角和珠三角区域经济一体化测量和比较［J］．统计与决策，2014（2）：90－92.

⑧ 梁琦．中国制造业分工地方专业化及其国际比较［J］．世界经济，2004（12）：32－40.

⑨ 孙久文，丁鸿君．京津冀区域经济一体化进程研究［J］．经济与管理研究，2012（7）：52－58.

⑩ 魏后凯．对当前区域经济发展若干理论问题的思考［J］．经济学动态，2007（1）：11－16.

⑪ 郭岩峰，王晓利．京津冀区域经济一体化发展战略思考［J］．特区经济，2011（11）：66－67.

⑫ 周立群，夏良科．区域经济一体化的测度与比较：来自京津冀、长三角和珠三角的证据［J］．江海学刊，2010（4）：81－87.

冀优势产业的属性、京津冀内追求各自城市内部的完整产业链策略、京津冀产业关联度不高等因素，导致京津冀无法构筑区域分工细腻的产业链，也大大影响了区域整体产业分工协作水平（王得新，2013）①。

（四）京津冀产业分工协作对策

关于如何进一步和推进京津冀三地产业分工协作的发展，学界从不同角度提出了“仁者见仁，智者见智”的对策与措施。安虎森等（2008）认为，加强金融一体化的建设有利于促进金融资源在京津冀地区的优化配置和进一步推动京津冀地区产业结构的优化。② 陈耀（2014）认为，应该按照“两维四化”的基本思想，发挥各自的比较优势，优化产业结构，塑造京津冀地区的产业链，进一步推动京津冀一体化的发展。③ 肖金成（2014）认为，未来京津冀一体化建设应该打破市场分割，引导产业合理布局，优化空间布局，变“双城记”为“三城记”，形成“一轴两带三城四区”的空间格局。④ 京津冀一体化发展的根本动力在于市场的推动，李志勇（2010）认为，要实现京津冀产业发展一体化，必须转换政府职能，通过建立协调机制推动京津冀地区产业市场一体化的建设。⑤ 陈秀山等（2015）认为，实现产业分工协作需要建立完善京津冀一体化市场机制，发挥市场配置资源配置的决定性作用，协调好政府与市场的作用。统筹政府的行政指令和市场规律是推进京津冀产业分工协作的主要动力机制，二者不可或缺，并从中央——省市——地市自上而下的纵向和基础设施、资源环境等领域的横向两个层面同时推进。⑥ 张军扩（2015）认为，促进京津冀三地产业的协同发展，要想真正取得实效，且可持续，要充分发挥市场作用，而政府的作用应是引导性的，为资源要素自由流动与合理配置创造条件，其中最为关键的，要着力构建有利于协同发展的体制机制。⑦

从已有相关推进京津冀产业分工协作的对策文献来看，学者们从不同角度提出了很好的建议，为下一步京津冀快速推动产业分工协作提供了一定的参考依据。但不可否认，到目前为止，还没有系统、全面、可行、有效，尤其是让京津

---

① 王得新．专业化分工与都市圈形成演化研究［D］．首都经济贸易大学博士学位论文，2013.

② 安虎森，彭桂娥．区域金融一体化战略研究：以京津冀为例［J］．天津社会科学，2008（6）：65－72.

③ 陈耀，陈梓，侯小菲．京津冀一体化背景下的产业格局重塑［J］．天津师范大学学报（社会科学版），2014（6）：1－6.

④ 肖金成．京津冀一体化与空间布局优化研究［J］．天津师范大学学报（社会科学版），2014（6）：5－10.

⑤ 李志勇．基于政府适应市场化的京津冀一体化研究［J］．商业研究，2010（3）：42－46.

⑥ 陈秀山，李逸飞．世界级城市群与中国的国家竞争力——关于京津冀一体化的战略思考［J］．学术前沿，2015（8）：41－51.

⑦ 张军扩．促进京津冀协同发展，打造世界级城市群［J］．中国发展观察，2015（99）：8－11.

冀三地都满意并自觉执行的产业分工协作路径。

## 二、京津冀产业转移研究

京津冀整体发展水平快速提高的同时，三地产业发展的区域落差也在拉大。一方面，北京因其强大的经济引力场，众多的要素不断积聚其中，老旧部门未及时转出，新建部门不断增多，造成体量庞大、结构臃肿、非首都功能膨胀；另一方面，河北受首都体制和自身经济基础薄弱等因素制约，产业发展受限，产业结构升级缓慢，而天津也因临近北京，产业选择也受到不同程度的影响。京津冀三地产业发展的差距为其产业转移与分工协作提供了条件。众多的文献对三地的产业转移问题进行了广泛、深入的研究。特别是国家赋予京津冀地区国家级重大区域发展战略和提出将京津冀打造为世界级城市群的目标后，产业转移研究变得更为迫切，学者们不遗余力地进行研究，成果丰硕。

肖金成等（2010）研究发现，京津冀三地的产业转移有了较大的进展，北京经济结构加快调整导致一些不适宜发展的产业尤其传统重工业如钢铁、化工、制造业等正逐步转向周边区域①。刘安国等（2013）基于新经济地理的不完全竞争框架从规模与效率结合角度对京津冀地区制造业的转移与结构优化进行了研究，认为处于“优先转移区”和“结构调整与优化区”中的制造业是北京和天津需要转移的重点领域②。王建峰等（2013）认为，产业转移是京津冀区域产业实现优化配置的必然路径，并提出了提升产业转移综合效应的路径③。张贵等（2014）研究发现，近几年来，北京向河北的产业转移仍然在继续，京津的产业转移与产业合作一直处于快速发展阶段，天津与河北的产业转移也在逐步实施④。龚晓菊等（2014）认为，北京应转移劳动密集型、自然资源密集型、成熟衰退型和高污染型产业，张家口可承接科技研发、高端装备制造、食品加工和旅游文化等产业⑤。鲁金萍等（2015）利用改进后的产业梯度系数和制造行业产值份额指标，对京津冀内部30个制造行业的梯度势差和空间布局进行分析和测算，

---

① 肖金成等．京津冀区域合作论［M］．北京：经济科学出版社，2010.

② 刘安国，张英奎，姜玲，刘伟．京津冀制造业产业转移与产业结构调整优化重点领域研究［J］．重庆大学学报（社会科学版），2013，19（5）：1－7.

③ 王建峰，卢燕．京津冀区域产业转移综合效应实证研究［J］．河北经贸大学学报，2013，34（1）：81－84.

④ 张贵，贾尚键，苏艳霞．生态系统视角下京津冀产业转移对接研究［J］．中共天津市委党校学报，2014（4）：105－112.

⑤ 龚晓菊，王一楠，孙梦雪．京津冀协同发展背景下的张家口承接北京产业转移路径［J］．经济研究参考，2014（62）：73－80.

全面考察了京津冀内部制造业转移的基础与优势以及制造业转移的趋势与走向[①]。张亚明等（2012）从区域产业分工角度出发，明确河北省的产业承接优势是推进环首都经济圈建设的当务之急，合理配置生产要素以满足北京相关产业转移的需要[②]。孙久文等（2015）基于新经济地理学的分析框架，分析了京津冀地区专业化与制造业空间转移。[③] 王帅等（2015）的研究得出，北京制造业企业投资主要向东、向南集中在邻近的环首都地区，对廊坊、保定、沧州的投资密度最大。[④] 张杰斐等（2016）研究发现，京津冀区域制造业梯度分工格局正在形成，区域内部制造业的转移主要从京津走廊向河北沿海的唐山、秦皇岛以及冀中南地区转移，转移主要受扩散效应影响，由高梯度地区向低梯度地区转移；行业上技术密集型制造业转移受分工影响程度最大，劳动密集型制造业转移受分工影响最小。[⑤]

刘安国等（2013）从不完全竞争视角探讨了京津冀制造业产业转移与产业结构调整优化问题。[⑥] 吴爱芝等（2013）在研究中国纺织服装产业的空间集聚与区位转移中发现，天津纺织服装产业呈现向河北转移的态势。[⑦]

李国平等（2004）就狭义首都圈（北京）、中域首都圈（北京、天津以及河北的7个地级市）和广域首都圈（京津冀三省市）三个不同空间尺度的区域产业结构及其分工进行了研究，提出了产业价值链的空间分工和京津冀主要城市的产业分工方向。[⑧] 由于产业链条较长，产业前后向关联复杂、密切，汽车制造业价值链分工及区位偏好受到学者的关注（李少星，2010；[⑨] 肖金成等，2010[⑩]）。

---

① 鲁金萍，刘玉，杨振武，孙久文．京津冀区域制造业产业转移研究［J］．科技管理研究，2015（11）：86－90.

② 张亚明，杨丽莎，唐朝生．区域分工视域下产业协调发展研究——以环首都经济圈为例［J］．生态经济，2012（1）：98－102.

③ 孙久文，姚鹏．京津冀产业空间转移、地区专业化与协同发展——基于新经济地理学的分析框架［J］．南开学报（哲学社会科学版），2015（1）：81－89.

④ 王帅，席强敏，李国平．北京制造业企业对河北投资的空间特征与影响因素［J］．经济地理，2015（4）：90－98.

⑤ 张杰斐，席强敏，孙铁山，李国平．京津冀区域制造业分工与转移［J］．人文地理，2016（4）：95－102.

⑥ 刘安国，张英奎，姜玲，刘伟．京津冀制造业产业转移与产业结构调整优化重点领域研究——不完全竞争视角［J］．重庆大学学报（社会科学版），2013（5）：1－7.

⑦ 吴爱芝，孙铁山，李国平．中国纺织服装产业的空间集聚与区域转移［J］．地理学报，2013（6）：775－790.

⑧ 李国平等．首都圈结构：分工与营建战略［M］．北京：中国城市出版社，2004.

⑨ 李少星，顾朝林．长江三角洲产业链地域分工的实证研究——以汽车制造产业为例［J］．地理研究，2010，29（12）：2132－2142.

⑩ 肖金成等．京津冀区域合作论［M］．北京：经济科学出版社，2010.

黄娉婷、张晓平（2014）基于企业层面的数据，刻画了京津冀都市圈汽车制造业企业的空间分布格局，考察汽车企业在都市圈范围内集聚与扩散特点和汽车产业链不同环节的地域特征差异。① 陈静雅（2013）从价值链视角考察了区域产业升级与区域经济合作的内在机制，分析了津冀城市间产业合作发展的现状，提出了以价值链升级为突破口促进区域经济合作与产业升级的对策思路。②

对于京津冀产业转移与对接的研究，主要集中在京津冀产业梯度转移与错位发展的路径（武义青等，2011；③ 纪良纲等，2004；④ 陈晓永，2008；⑤ 张亚明等，2012⑥）、京津冀区域产业转移的综合效应（王建峰等，2013⑦）等，转移和对接的产业包括了制造业、战略性新兴产业（武义青和张云，2012；⑧ 臧学英等，2010⑨）、汽车产业（肖金成等，2010⑩）、旅游业（王佳等，2012⑪）、金融业（王婷，2013⑫；安虎森等，2008⑬）、生产性服务业（王小平，2013⑭）等。

## 三、京津冀产业分工协作与转移体制机制及政策研究

王建峰等（2013）研究了提升京津冀区域产业转移综合效应的最优路径，认为应进一步深化和完善京津产业链建设，尤其是加快京冀和津冀之间产业链的构

① 黄娉婷，张晓平．京津冀都市圈汽车产业空间布局演化研究［J］．地理研究，2014，33（1）：83－95.

② 陈静雅．基于价值链的区域经济合作与产业升级策略探析［J］．商业时代，2013（20）：114－115.

③ 武义青，张云．环首都绿色经济圈：理念、前景与路径［M］．北京：中国社会科学出版社，2011.

④ 纪良纲，晓国．京津冀产业梯度转移与错位发展［J］．河北学刊，2014（6）：198－201.

⑤ 陈晓永．新一轮京津冀产业分工协作的重点与难点［J］．石家庄铁道学院学报（社会科学版），2008（3）：1－6.

⑥ 张亚明，杨丽莎，唐朝生．区域分工视域下产业协调发展研究——以环首都经济圈为例［J］．生态经济，2012（1）：98－102.

⑦ 王建峰，卢燕．京津冀区域产业转移综合效应实证研究［J］．河北经贸大学，2013（1）：.81－84.

⑧ 武义青，张云．充分利用环京津优势发展战略性新兴产业［N］．河北日报（理论版），2012－01－18.

⑨ 臧学英，于明言．京津冀战略性新兴产业的对接与合作［J］．中国发展观察，2010（8）：30－32.

⑩ 肖金成等．京津冀区域合作论［M］．北京：经济科学出版社，2010.

⑪ 王佳，张文杰．“十二五”期间京津冀区域旅游经济一体化增长格局研究［J］．燕山大学学报（哲学社会科学版），2012（6）：88－91.

⑫ 王婷．京津冀都市圈金融服务业空间格局及演化——以保险业为例［D］．首都师范大学硕士学位论文，2013.

⑬ 安虎森，彭桂娥．区域金融一体化战略研究——以京津冀为例［D］．天津社会科学，2008（6）：65－71.

⑭ 王小平等．论京津冀生产性服务业协作方式［J］．中小企业管理与科技（上旬刊），2013（8）：161－162.

建，推进与国际市场衔接，促使区域产业价值链融入全球价值链①。张贵等（2014）认为，京津冀各地区要服从国家发展大局，在政府引导、市场主导下，构建产业转移协调机制，加速区域内产业转移，构建区域产业转移协调生态系统，特别构建京津冀产业对接协作的政策体系、富有活力的统一的区域市场体系以及企业合作新机制和民间团体合作新机制②。朱云飞等（2014）认为，建立京津冀财政政策综合协调机制，合理划分省、市、县三级政府的事权与支出责任，建立区域间利益分配、引进项目效益评价、产业转移收益诱导、居民公共服务权益共享四项利益安排制度③。龚晓菊等（2014）从发挥市场和政府的协调作用、建立承接产业转移组织机构、优化承接产业转移政策环境、打造承接产业转移园区平台、加强财政金融支持政策力度等方面对欠发达城市张家口承接北京产业转移提出了对策④。张亚明等（2012）研究提出了环首都经济圈产业协调发展政策建议：优化资源配置，保证生产要素的自由流动；建立区域产业网络体系，完善产业分工协作机制；实现区域财政转移支付，兼顾公平与效率；切实发挥政府推动作用，增强中心城市的产业辐射能力⑤。

不同学者从京津冀产业分工的导向（牛立超等，2008）⑥、政府制度创新（李燕，2010）⑦、产业链分工体系构建（魏后凯，2007）⑧、区域合作共赢（赵弘，2009）⑨、都市圈生态治理协作（崔晶，2013）⑩、环京津贫困带低碳发展模式（陈烈等，2012）⑪ 等角度探讨了京津冀产业分工与合作的体制机制，并分别

---

① 王建峰，卢燕．京津冀区域产业转移综合效应实证研究［J］．河北经贸大学学报，2013，34（1）：81－84.

② 张贵，贾尚键，苏艳霞．生态系统视角下京津冀产业转移对接研究［J］．中共天津市委党校学报，2014（4）：105－112.

③ 朱云飞，赵宁．京津冀协同发展背景下河北承接产业转移的财政政策建议［J］．经济研究参考，2014（69）：20－24.

④ 龚晓菊，王一楠，孙梦雪．京津冀协同发展背景下的张家口承接北京产业转移路径［J］．经济研究参考，2014（62）：73－80.

⑤ 张亚明，杨丽莎，唐朝生．区域分工视域下产业协调发展研究——以环首都经济圈为例［J］．生态经济，2012（1）：98－102.

⑥ 牛立超，祝尔娟．首都圈城市间的合作与治理机制——以京津为例的一个讨论［A］．奥运后首都国际化进程的新趋势与新挑战——2008 城市国际化论坛论文集［C］．2008.

⑦ 李燕．京津冀区域合作机制研究——基于政府制度创新视角［J］．城市，2010（1）：21－25.

⑧ 魏后凯．大都市区新型产业分工与冲突管理——基于产业链分工的视角［J］．中国工业经济，2007（2）：28－34.

⑨ 赵弘．推进产业分工与合作提升京津冀区域综合竞争力［J］．城市，2009（12）：16－21.

⑩ 崔晶．生态治理中的地方政府协作：自京津冀都市圈观察［J］．改革，2013（9）：7.

⑪ 陈烈，孙海军，张素蓉．基于低碳经济的环京津贫困带发展模式研究［J］．发展研究，2012（6）：46－48.

站在京津冀全境（刘艳琴，2009①；魏后凯，2012②）、北京（孙久文等，2008③）、天津（臧学英，2010④；王得新，2013⑤）、河北（武义青等，2012⑥；于刃刚，2007⑦；徐永利，2013⑧）的立场提出了京津冀产业分工转移的路径选择。陈晓永（2007）认为，京津冀经济圈在行政区间合作、市场要素整合等方面都存在跨省市协调问题，国家统一规划才能对不同行政区域利益主体具有约束力。⑨ 吴爱芝等（2015）使用区位熵、基尼系数等指标，结合现状进展对京津冀产业分工与合作体系进行机理分析，给出京津冀之间产业分工合作的主要模式。⑩

区域产业政策是确保区域产业分工顺利发展的重要制度保障（李思杰，2011）⑪。许多站在不同立场的学者均认为，构建产业链分工的新型分工格局是推动京津冀一体化的关键（魏后凯，2012）⑫，尤其是亟须构建低碳产业集群（武义青，2014）⑬、生态产业链（王秀丽，2011⑭；刘薇，2009⑮；母爱英等，2012⑯）。武义青等（2014）强调，津冀的高排放主要由以煤炭为主的能源结构和以高耗能为主的产业结构所引致，应大力调整区域产业结构，优化能源结构，

---

① 刘艳琴．“错位竞合”打造京津冀经济圈共同繁荣新格局［J］．河北青年管理干部学院学报，2009（6）：94－96.

②⑫ 魏后凯，高春亮．中国区域协调发展态势与政策调整思路［J］．河南社会科学，2012，20（1）：73－83.

③ 孙久文，邓慧慧等．京津冀区域经济一体化及其合作途径探讨［J］．首都经济贸易大学学报，2008（2）：55－60.

④ 臧学英，于明言．京津冀战略性新兴产业的对接与合作［J］．中国发展观察，2010（8）：30－32.

⑤ 王得新．专业化分工与都市圈形成演化研究［D］．首都经济贸易大学博士学位论文，2013.

⑥ 武义青，张云．充分利用环京津优势发展战略性新兴产业［N］．河北日报（理论版），2012－01－18.

⑦ 于刃刚．破除行政区划障碍，推动京津冀协调发展［J］．经济与管理，2007，21（2）：5－7.

⑧ 徐永利．逆梯度理论下京津冀产业协作研究［J］．河北大学学报（哲学社会科学版），2010，38（5）：73－78.

⑨ 陈晓永．京津冀都市圈与长三角区域增长路径的比较分析［J］．商业研究，2007（12）：93－97.

⑩ 吴爱芝，李国平，张杰斐．京津冀地区产业分工合作机理与模式研究［J］．人口与发展，2015，21（6）：19－29.

⑪ 李思杰．环渤海区域产业政策协调机制研究［J］．环渤海经济瞭望，2011（9）：3－5.

⑬ 武义青．最大最现实最不能错失的历史性机遇［N］．河北日报（理论版），2014－03－12.

⑭ 王秀丽．生态产业链运作机制研究［M］．北京：经济科学出版社，2011.

⑮ 刘薇．京津冀都市圈循环经济发展水平比较与对策建议［J］．环渤海经济瞭望，2009（1）：42－46.

⑯ 母爱英，王建超，严飞．基于循环经济视角的首都圈生态产业链构建［J］．城市发展研究，2012，19（12）：72－77.

建立碳汇合作机制。①

本书研究基于新产业分工理论、博弈论、比较优势、竞争优势、GIS 分析工具等，面向绿色低碳发展指向和现代产业分工新趋势，研究城市群经济一体化、产业分工协作与产业转移的基本规律、演化运行机制，为推进京津冀产业分工协作与转移的优化方向、实现路径、政策措施与配套机制提供理论支撑。

① 武义青．最大最现实最不能错失的历史性机遇［N］．河北日报（理论版），2014－03－12.

# 第三章　城市群产业分工协作与产业转移的国际经验

区域产业分工对区域经济增长和发展具有重要作用，产业分工能够提高资源空间的配置效率、促进区域的专业化发展以及加强区域内和区域之间的经济合作。

产业分工，即区域分工，是各区域为了获得资源配置的高效益，进行专业化生产，通过区际贸易来实现专业化利益的区域经济空间组织形式①。

在产业分工理论的论述中，分工的主要影响因素分为外生因素和内生因素。外生因素主要包括区位因素、资源因素、文化因素、人口因素等客观存在的事实，用新经济地理学中的"first nature"可以类比其概念和内涵，而内生因素包括区域专业化水平差异、生产率差异、市场化程度差异、要素流动性等差异，其内涵对应新经济地理学中的"second nature"。区域经济发展动力内生化的过程用新旧分工理论的演进来解释，即区域经济发展从依靠"first nature"转向"second nature"的过程。

对于城市群内部城市的产业分工，每个城市会在其绝对或相对有利的禀赋条件的基础上进行专业化生产，以此促进最优资源配置，有效利用本地资源。随着全球经济竞争日趋激烈，生态环境恶化日趋严重，这种单纯追求个体城市利益最大化的发展模式的弊端日益显现。这一点在博弈论中的"囚徒困境"一例体现得淋漓尽致：在无事先规则情况下，个体理性往往会打败集体理性。

因此，城市群内城市间的产业分工协作显得尤为重要。同时，产业分工协作是城市群内城市共同可持续发展、达到总体最佳状态的必由之路。目前，全球有超过 80 个经济一体化组织，这些组织内的城市通过生产要素自由流动、产业的分工协作与产业转移，即以产业一体化的整体优势参与对外竞争、以达到优化自身环境的目的成为一种理性选择。

---

① 吴殿廷．区域经济学（第二版）［M］．北京：科学出版社，2009.

# 第一节　城市群产业分工协作与产业转移的典型模式

城市群作为区域经济学和城市经济学普遍使用的概念之一，其概念内涵却尚无定论，但国内外学者对城市群发展的基本特征已有共识："核心突出，层层深入""功能完备，独立性明显""交通网络化，联系紧密""人口密集，产业组织模式有特色"①。城市群的形成是区域一体化的重要表现形式，而通过产业分工协作形成产业集群是打造成为城市群的关键。这一问题的切入点在于城市群产业与分工一体化。

城市群产业与分工一体化的驱动模式主要有东京模式（政府主导型）、纽约模式（市场驱动型）和伦敦模式（创新引领型），这几种模式的时空演进特点、发展趋势、动力机制和关键影响因素不同。

## 一、东京城市群：政府主导型

东京城市群是政府主导产业一体化的代表。东京城市群是以东京为中心，半径100千米范围内的地区，面积占全国的9.6%，人口和国内生产总值均占全国的1/3左右。东京城市群的产业一体化的关键影响因素是政府主导，通过行政、经济和法律等手段，实现资源要素的空间配置和产业布局，推动区域产业一体化。在产业转移中，东京由于各种自然资源十分有限，所以采用了以便利、完善的基础设施来推动产业的科学空间布局；在产业分工中，站在全国的角度来定位，形成了以都市型工业和服务业为主的特色产业；在产业协作中，以制定合理产业政策为突破口，形成了联系紧密的产业链。

### （一）东京城市群产业分工协作和转移的时空演进及其特征

东京古称江户（明治维新前），1457年建城。19世纪初，江户已成为日本最大的城市，人口超百万。1868年，日本开始了明治维新，并将"江户"改名为"东京"，这里便成了日本的首都。日本工业革命后，东京由政治中心逐渐转向政治与经济相结合的功能性城市，这为日后东京大城市以及以其为核心的东京城市群的形成奠定了基础。从20世纪50年代开始至21世纪初，东京城市群产业分工协作和转移的时空演进特征与赤松要的雁行模型不谋而合，分为四个阶段：雏形阶段、发展阶段、稳定阶段和成熟阶段。如表3-1所示。

① 张晓兰．东京和纽约都市圈经济发展的比较研究［D］．吉林大学博士学位论文，2013.

表 3 -1　东京城市群产业分工协作和转移的时空演进特征

| 阶段 | 时间 | 特征 |
|---|---|---|
| 雏形阶段 | 20 世纪 50 年代 | 经济复苏，城市化进程加快，政府机关、公司总部和商业服务机构等在东京都聚集；产业结构发生变化，制造业产生空间聚集效应 |
| 发展阶段 | 20 世纪 60 年代至 70 年代末 | 城市人口超过千万，制造业一半由重化工产业占据。产业结构从劳动密集型制造业为主转变为以资本技术密集型制造业为主的产业；到 70 年代末，机器制造业等知识密集型产业逐渐成为主导产业 |
| 稳定阶段 | 20 世纪 80 年代至 21 世纪初 | 服务业向城市集聚，金融业迅速发展，制造业开始向东京周边的城市转移。第三产业成为城市经济的核心产业。东京成为全国生产要素配置中心和经营决策中心，80 年代后期成为国际金融中心 |
| 成熟阶段 | 2010 年以后 | 东京城区支柱产业是金融保险业、出版印刷业、精密仪器制造业、商业零售及交通物流业；外围地区主要承担研发、高新技术、物流、轻纺工业等职能 |

正如克鲁格曼所说，“具有地理优势的区域形成优势的累积”①。东京以其特殊的区位优势，不断地聚集人口与产业，城市人口规模和地域范围不断扩大，成为当时日本人口最多的经济中心城市。由此可得，东京城市群是由日本政府一手推进形成的，其最初目的是打造首都经济圈，重振“二战”后的日本经济。日本政府在都市圈打造初期，给予东京较大的政策倾斜，直至东京产业结构以第三产业主导，才逐步推进产业转移。

到现今，东京城市群内各城市产业梯度明显。按梯度层次分布看，最高梯度东京都以金融保险业、出版印刷业、精密仪器制造业、商品零售业及交通物流业为支柱产业，成为金融、信息以及物流中心。第二梯度区包括神奈川县、千叶县和琦玉县等东京都近郊地区，距离中心 10 千米以外和 50 千米以内，主要以物流和轻工业为主。例如，神奈川县以发展模式为“产学研一体化”，着力加强科研机构与高新技术产业的联合发展，同时，凭借其区位优势，进一步强化其物流枢纽功能。千叶县以其与东京的地缘优势，主打食品、纺织等轻工业。第三梯度是距离中心 60 ~ 160 千米的外围区域，包括茨城县、杨术县以及群马县。中心区域的产业升级将大型机械制造业等重化工业以及轻工业向外围区域如杨术县和群马县转移，形成了外围区域的主导产业。另外，茨城县建立了筑波学园，打造成为东京城市群的科研中心。

① Fujita M，Krugman P，Venables A. The Spatial Economy：Cities，Regions and International Trade［M］. Cambridge：MIT Press，1999.

（二）东京城市群产业分工协作和转移的动力机制

1. 区域竞争推进机制

区域竞争机制主要体现在中心城市与非中心城市之间的竞争。由于中心城市（东京）具有突出的区位优势，其他非中心城市必须调整发展规划，完善和升级城市功能，以应对日趋激烈的竞争，尽量缩小同中心城市之间的差距。正是中心城市与非中心城市之间的竞争推动了东京都市圈的不断发展。

2. 统筹规划推进机制

统筹规划推进机制主要表现在政府部门依靠法律法规赋予的权利来对城市群内的城市发展进行规划和关联。[①] 1956～2014年，日本政府通过颁布法律、设立整备委员会、调整行政编制等措施，将统筹规划机制由管理规划向协调规划转变。

3. 市场协调推进机制

在市场协调机制的作用下，城市群内的产业结构、资源配置和人口迁移在中心城市和周边城市间有序转移。在城市郊区化阶段初期，大量人口向中心城市集聚，城市规模迅速膨胀，随之而来的物价上涨、环境污染等问题出现，使得大量企业、行政部门及基础设施等开始向郊区转移，进而带动了人口向城郊集聚，促进了郊区城市化的发展。与此同时，金融机构、商业等服务业部门开始流向中心城市，推动了城市产业结构的调整与升级，促进了周边城市资源的优化配置。

（三）东京城市群产业分工协作和转移的主要政策措施

（1）日本政府相继出台法律、法规以及城市规划支持东京城市群的发展。同时，日本政府根据东京城市群内产业发展的不同阶段，通过立法赋予城市群内的城市自主权，使得这些城市能够根据自己的历史特点、地理特征等，进行区域功能的定位、城市产业的合理分工，充分地发挥城市群内各个城市的比较优势。

（2）日本政府基于宏观视角，突破行政区划、城市等级的限制，建立交通、环境、信息共享平台，推动产业一体化与行政体系的改革。

（3）日本政府利用财政税收政策引导城市群产业的发展。一是设立国家项目直接投资地方基础设施，并且对欠发达城市提供贷款，支持其发展；二是政策性银行的专项贷款和导向贷款支持；三是利用转移支付补贴城市建设项目；四是政府采取财政补贴、税收等优惠政策促进新兴产业城市的开发。[②]

---

① 姜玲，杨开忠．日本都市圈经济区划及对中国的启示［J］．东南亚纵横，2007（2）：71－75.

② 中国人民银行上海总部国际部课题组．东京城市经济圈发展经济及其对长三角区域经济一体化的借鉴［J］．上海金融，2008（4）：10－13.

## 二、纽约城市群：市场驱动型

纽约城市群总面积约 13.8 万平方千米，占美国陆地面积的 1.5%。跨越了 10 个州的纽约城市群是世界上最大的城市群之一。纽约城市群除了四大核心城市（波士顿、纽约、费城、华盛顿）外，还包括一些次中心城市和周围 40 多个中小城市。城市群内人口高达 6500 万左右，占美国总人口约 21%，制造业产值占全美 30% 以上，被视为全美经济中心。

纽约城市群是以市场为主导推动产业一体化的代表。纽约城市群是世界五大城市群之首，其对世界经济的巨大影响力归功于城市群内完善的产业分工和协作。纽约城市群的产业一体化经历过三次重大调整，前两次都因产业向郊区扩散过程中资源利用率低下和城市产业空洞化而以失败告终。第三次立足于经济全球化，从产业链的角度推进一体化而获得成功。其核心是围绕中心城市的科技、资本优势，以市场化手段推动产业的分工、协作和转移。

### （一）纽约城市群产业分工协作和转移的时空演进及其特征

纽约城市群的产业分工协作和转移的演进经历了大致五个阶段：孤立分散发展阶段、单中心城市体系阶段、多中心城市群形成阶段、城市群发展成熟阶段与城市群后工业化阶段。如表 3－2 所示。

**表 3－2 纽约都市圈的产业分工协作和转移的演进特征**

| 阶段 | 时间 | 特征 |
|---|---|---|
| 孤立分散发展 | 1870 年之前 | 农业为主导产业，开始呈现三次产业结构格局 |
| 单中心城市体系 | 1870 年后到 20 世纪 20 年代初 | 中心城市产业结构以钢铁、煤炭等重工业为主，产业结构转变成了二、三、一产业格局 |
| 多中心城市群形成 | 20 世纪 20～50 年代 | 进入工业化后期阶段，非农劳动力占劳动力总数近 90%，二、三产业产值占据总产值的 94% 左右 |
| 城市群发展成熟 | 20 世纪中叶至 21 世纪初 | 交通和通讯革命兴起，中心城市产业结构向知识密集型转变，第二产业不断向周边地区扩散，促进了城市群产业结构的优化。20 世纪 70 年代以后，纽约成为国际商务中心、金融中心、公司总部中心，开始逐步积聚了面向全球市场的最先进、最完备的生产服务业，成为文化艺术、保健、教育、室内设计、时装、旅游和信息中心 |
| 城市群后工业化 | 2010 年以后 | 纽约产业不断升级，除保留与都市消费紧密相关的服装业和印刷出版业外，制造业从纽约市区迁往郊区地带。此后，纽约外围区域也从工业化迅速发展到向以商贸、物流、休闲娱乐为主的第三产业升级 |

在城市群发展成熟阶段，表3－3的数据体现出中心区域产业转型的动态过程。1980年，纽约城市群中的曼哈顿在制造业、零售业和专业技术服务业的区位熵低于1，且该区位熵的比值低于其他三个区域；而金融业的区位熵大于1，且高于其他三个区域。制造业的区位熵从中心区域向外围区域逐渐增加。2004年，第二产业（建筑业、制造业）的区位熵均明显低于其他地区，而批发贸易、零售贸易和医疗与社会救助行业的区位熵低于1，同样表现出低于其他地区的现象。第三产业中，大部分服务业均向中心城市聚集。

**表3－3　1980年和2004年纽约城市群行业分布状况**

| 1980年 | 就业百分比（%） | 曼哈顿区位熵 | 内环区位熵 | 内环外区位熵 | 其他核心区区位熵 |
|---|---|---|---|---|---|
| 零售业 | 14.1 | 0.70 | 1.14 | 1.13 | 1.01 |
| 批发业 | 5.2 | 1.10 | 1.12 | 0.78 | 0.95 |
| 制造业 | 21.5 | 0.78 | 1.12 | 1.22 | 0.86 |
| 金融业 | 9.5 | 1.95 | 0.75 | 0.63 | 0.59 |
| 专业技术服务业 | 22.1 | 0.87 | 0.98 | 1.02 | 1.18 |
| 2004年 | 就业百分比（%） | 曼哈顿区位熵 | 内环区位熵 | 内环外区位熵 | 其他核心区区位熵 |
| 农林渔矿 | 0.20 | 0.12 | 0.95 | 1.54 | 0.32 |
| 建筑业 | 6.48 | 0.33 | 0.90 | 1.10 | 0.95 |
| 制造业 | 8.48 | 0.38 | 1.13 | 1.31 | 0.92 |
| 零售贸易 | 10.85 | 0.56 | 1.13 | 1.18 | 1.00 |
| 批发贸易 | 3.73 | 0.92 | 1.08 | 0.99 | 1.03 |
| 信息业 | 5.82 | 1.85 | 0.78 | 0.85 | 0.56 |
| 房地产与房屋租赁 | 3.81 | 1.48 | 0.88 | 0.65 | 1.36 |
| 专业技术服务业 | 9.81 | 1.68 | 0.89 | 0.93 | 0.36 |
| 公共行政 | 11.14 | 1.06 | 1.05 | 1.04 | 0.72 |
| 教育服务业 | 22.82 | 1.31 | 0.83 | 1.07 | 0.67 |
| 医疗与社会救助 | 7.57 | 0.73 | 0.99 | 0.88 | 1.72 |
| 娱乐业 | 5.02 | 1.66 | 0.87 | 0.85 | 0.63 |
| 住宿餐饮业 | 4.49 | 1.23 | 0.91 | 0.99 | 0.84 |
| 其他 | 0.20 | 1.21 | 0.98 | 0.87 | 1.06 |

资料来源：1980年数据：Sassen，Saskia. The Global City：New York，London，Tokyo［M］. Princeton University Press，1991；2004年数据：http：//census. gov 2004 American Community Survey Data Profile。

通过对纽约城市群产业组织结构的分析，不难发现纽约产业组织结构的转变引领了整个城市群产业结构的发展。纽约不仅是美国工业革命的发源地，更是美国最大的制造业中心之一。直到20世纪70年代，纽约制造业开始快速走下坡路，而服务业却逐渐发展，逐渐成为国际商务中心、金融中心、公司总部中心，开始逐步集聚了面向全球市场最先进、最完备的生产服务业，成为高端生产性服务业中心。纽约产业组织结构的转型代表着后工业化时期产业结构的转型模式：产业重心由以制造业为主的第二产业向以服务业为主的第三产业转变。

现今，纽约城市群形成了功能定位鲜明，特色产业突出的四大核心城市带：纽约是全美最大的港口城市，商业和生产性服务业发达，是城市群金融、贸易中心；费城是制造业和运输中心，地理位置优越，交通发达；华盛顿是美国首都，政治文化中心；波士顿是科技教育中心，高新技术企业、高校和研究机构众多。合理的城市分工加上科技革命的浪潮，共同推动纽约城市群不断成熟。

（二）纽约城市群产业分工协作和产业转移的动力机制

1. 地方政府协调推进机制

城市群内若干城市的政府自发组织建立起具有单一功能的组织协调机构，解决城市群内区域性的利益冲突问题，而这种事务性管理组织与在城市群层面上成立管理机构有本质区别，因为其并非管辖城市群内所有事务的政府机构。

2. 市场协调推进机制

与日本的政府主导型经济发展不一样，美国是市场自由化发展的国家。纽约城市群作为世界上最发达的城市群，市场机制发挥着至关重要的作用。由于城市化的不断推进，在纽约城市群的形成初期，城市中心开始向外围扩张，导致过度郊区化，同时，资源配置无章、环境污染严重、产业结构无序等问题突出。纽约城市群通过市场协调机制，发挥区位优势，利用资源，科技创新，通过重组城市群内部市场，调整产业结构，不但解决了资源配置无章、环境污染严重、产业结构无序等问题，而且使得城市群经济重新腾飞，有效地调节了区域内资源的配置和城市功能定位，增加纽约城市群发展的收益，加快了区域经济的发展。

（三）纽约城市群产业分工协作和转移的主要政策措施

1. 组建城市群协调一体化管理机构

为了更好地解决城市群内各个城市之间的利益冲突，各政府部门联合成立了区域性政府、调整行政区划、组建半官方性质的地方联合组织、设立专门的协调机构，同时地方政府之间也签订专项合约，解决资金难题和城市边缘的安全问题。

2. 联邦政府、州政府与城市群发展联动

联邦政府通过为州政府提供城市规划和资金，州政府调度和集中资源，提供法律、金融和监管等方面的援助，帮助地方政府不同机构之间协同合作，推动了纽约城市群产业的转移和分工协作。

## 三、英国东南部城市群：创新引领型

以伦敦为中心，利物浦、伯明翰、曼彻斯特、利物浦等大城市和众多中小城镇共同组成了英国东南部城市群。面积4.5万平方千米，占全国总面积的18.4%，集聚了近3600万人口，经济总量约占英国的4/5以上。

英国东南部城市群形成于20世纪70年代，在空间结构上依然可以按照四个层次来划分：第一层次为中心区域占地面积约310平方千米，包括12个区，被称为“内伦敦”；第二层次为总面积1580平方千米的大伦敦地区，包括20个市辖区；第三层次为英国东南部城市群的内圈，包括11个郡，总面积11427平方千米；第四层次包括上述相邻大都市在内的英国东南部城市群外圈。[①]

### （一）英国东南部城市群产业分工协作和转移的时空演进及其特征

英国东南部城市群在经济结构上高度第三产业化。根据伦敦2015年的数据，第三产业产出占总产值的88%以上，就业人数占比约为90%。其中，金融业和商务服务业产值占总产值的40%以上；伯明翰、曼彻斯特、利物浦等非中心城市的经济结构同样是以第三产业为主。“二战”后，世界经济结构的变化一度让英国经济面临被边缘化的危险，但伦敦积极发展新兴战略性产业，发挥创新引领的关键作用，使得英国东南部城市群乃至英国能屹立于世界经济的中心不倒。

英国东南部城市群产业分工协作和转移的时空演进大致经历了四个阶段，如表3-4所示。

**表3-4　英国东南部城市群的产业分工协作和转移时空演进特征**

| 时间 | 特征 |
| --- | --- |
| 19世纪初至40年代 | 制造业占主导 |
| 19世纪50年代至80年代 | 制造业衰退，以银行业为核心的金融服务业崛起，20世纪80年代末，伦敦金融业从业人员达85万人 |
| 20世纪末至21世纪初 | 金融服务业蓬勃发展，文化创意产业兴起，以广告、软件设计、艺术表演、电视传媒等为代表的新兴经济体异军突起，成为继金融业之后第二支柱产业[②] |
| 2010年以后 | 英国东南部城市群中大伦敦地区后工业化特征比较明显，城市群中心区域以金融保险、创意设计等产业为主，次中心区域承担研发、轻工业、物流、商贸等功能。在英国东南部城市群的外围区域，则以汽车制造、生物制药等高技术产业和旅游、休闲娱乐业为主[③] |

① 童博．伦敦都市圈发展路径对建设武汉城市圈的启示［J］．中国商界，2010（11）：158-159.

② 林宏．世界都市圈发展的共性与启示［J］．政策瞭望，2007（6）：24-25.

③ 陈振华，张章．世界城市郊区小城镇发展对北京的启示——以伦敦、东京和纽约为例［J］．北京规划建设，2010（4）：68-73.

（二）英国东南部城市群产业分工协作和转移的动力机制

1. 双层政府管理推动机制

伦敦政府各区在自治的情况下，为进一步协调公共服务产品的利益矛盾问题，自发组织建立起具有政府管理性质的机构——伦敦大都市管理局，其主要职能是对英国东南部城市群进行总体规划。①

2. 创新规划推动机制

在英国东南部城市群的发展过程中，政府部门组建了“巴伦委员会”作为城市群的规划机构，并且根据城市群内各个城市在不同阶段的特点、问题和需求，创造性地制定城市规划，这样的做法对于英国东南部城市群的产业分工协作和转移具有举足轻重的推动作用。

（三）英国东南部城市群产业分工协作和转移的主要政策措施

英国东南部城市群之所以屹立在国际六大城市群，与其政府创新、合理的规划密不可分。如表 3－5 所示。

**表 3－5　英国东南部城市群产业转移和分工协作的主要政策措施**

| 时间 | 规划 |
|---|---|
| 20 世纪 40 年代 | “四个同心圈”规划 |
| 20 世纪 50 年代 | “八个卫星城”规划 |
| 20 世纪 60 年代中期 | 改变“同心圆”封闭布局模式的三条快速主干道发展长廊与三座“反磁力吸引中心”城市规划 |
| 20 世纪 70 年代 | 注重旧城区的保护及改建 |

## 第二节　国际经验总结与启示

### 一、世界三大城市群产业分工协作与转移的经验总结

东京城市群、纽约城市群和英国东南部城市群虽然区位和产业分工协作演进历程不尽相同，而且这三个城市群的产业结构各具特色，但它们在产业分工协作与转移方面所表现出来的共性特征，为我国城市群产业组织结构的发展提供了宝

① 王涛．伦敦都市圈及其管理体制的发展演变及特点［J］．城市观察，2014（4）：84－93.

贵经验。

（一）第三产业均在中心城市集聚

通过对东京城市群、纽约城市群和英国东南部城市群产业结构的比较易知，当城市群经济发展到一定阶段后，必然会导致产业结构发生变化：第三产业比例不断增加，第一、第二产业的比例不断降低。二者的产业分布在地域上呈现出阶梯模式。随着城镇化的不断推进，东京、纽约和伦敦等中心城市的生产功能逐渐弱化，以制造业为主的第二产业逐渐地向周边地区转移。与此同时，金融等服务业出现了向中心城市集聚的趋势，生产性服务业成为城市的支柱产业，为城市群经济发展提供支持，促进城市群的一体化。

（二）产业布局横纵交错

由于东京城市群、纽约城市群和英国东南部城市群内各中心城市的主导产业不同，形成的产业集群也不尽相同。同时，在相同的产业集群内，等级各异的城市衍生出不同的产业分工体系。东京城市群和纽约城市群的产业结构均表现出横向集聚分类、纵向链化分层的布局。具体体现：在东京城市群内，东京——政治、经济中心，琦玉县——副都与运输中心，千叶县——商务与货运中心，神奈川县——工业与物流中心；在纽约城市群内，政治与金融中心华盛顿、金融与贸易中心纽约、制造业与运输中心费城、科技与教育中心波士顿。此外，纽约城市群的主导产业是生产性服务业和现代制造业，东京城市群的主导产业是金融服务业和制造业，并且具有强大的国际竞争力。而在英国东南部城市群内，伦敦、伯明翰、谢菲尔德、曼彻斯特等城市均是第三产业为主导的城市，伯明翰等次中心城市加大对生产性服务业的投入，逐渐发展物流、会展、文创产业，扩展产业链。

（三）产业分工协作

城市群内中心城市的职能层次、服务类型与城市群内其他非中心城市形成明显的区别，并与这些非中心级城市等周边地区形成合理的分工体系。中心城市一般都经历由工业经济中心到服务业经济中心的转变，借助中心城市的辐射功能，城市群内产业发生了布局的调整和结构的升级。但是，产业调整和升级的关键在于中心城市和其他非中心城市等区域的经济关联度，即组织模式扩展的路径，这种路径表现在：产业布局和城市功能相结合的一种分工体系。在东京城市群中，东京的中枢职能表现在政治、金融、信息、生产服务等领域；琦玉县是日本的副都，功能定位是政治、居住、商务的职能；千叶县定位为重工业集聚地、物流、商业的职能；神奈川县则是重工业集聚地和贸易中心。在纽约城市群中，纽约的功能定位是金融、贸易中心，同时也是世界金融中心；华盛顿是美国的首都，是政治与经济中心；费城凭借重化工业发达的优势，成为重工业集聚地和港口运输地；波士顿具有高科技产业技术，是科教中心。如果从单个城市的角度看，每个城市的功能定位都是单一的，仅是发挥各自的比较优势。而从这两个城市群的分工体系看，每个城市通过优势互补、错位发展，在城市群内联系起来分工协作，才能充分达到资源的最优配置，共同发挥城市群的整体集聚优势。

（四）产业升级至关重要

工业革命后，伦敦历经产业革命的浪潮，不断进行产业升级，其最具代表性的就是英国东南部城市群的重要城市伯明翰。刚开始，伯明翰的主导产业是工业，通过对传统制造业的技术革新，发展配套的现代生产服务业，调整产业布局，实现了向现代服务业的迅速转型。

## 二、产业一体化模式借鉴

经济运行总是有着相似规律，研究国外城市群产业一体化的发展历程，对于加快京津冀城市群产业一体化发展具有重大意义。各城市群都有其独特的产业优势，分析可得到如下启示：

（一）政府主导、规划协调

政府是规划的制定者，合理的区域规划能够有效配置区域资源，提升地区的综合竞争力。京津冀三地为平行的省级行政单位，长期以来，由于地区各自为政，以自己城市利益最大化为目标，协调机制的缺失使得京津冀城市群无法发挥出区域整体效益，同时，经济发展水平的差距也使三地长期无法平等对话、平等合作。多年来，三地政府层面交流与合作做出了努力，如三地联合发布了《京津冀都市圈城市商业发展报告》（2006 年），签订了《京津冀旅游合作协议》（2009 年）、《京津冀地区共建市场合作协议》（2009 年）等，但协同发展效果并不理想。直到 2015 年，京津冀协同发展上升为国家重大区域战略，由中共中央和国务院联合发布了《京津冀协同发展规划纲要》，并在国务院成立了以副总理为组长的京津冀协同发展领导小组，情况有了根本转变。在交通一体化、产业协同发展和资源环境协调发展等领域率先推进协同发展，到现今京津冀协同发展已经取得重大进展。这是由超越三地政府之上的国家政府协调机制的建立所致，并以规划引导推进三地协同发展。今后应继续在上述机制架构下推进京津冀城市群的发展，促进其区域协调和打造世界级城市群。

（二）城市体间经济落差适度合理

东京城市群之所以能成为世界级城市群，不仅在于政府主导的合理规划，城市群内各层级城市经济水平的落差处在合理的范围内也为东京城市群的产业分工协调与转移奠定了良好的基础。神奈川县承接了东京外移的制造业，成为制造业集聚地；琦玉县吸纳了东京外移的政府行政职能；茨城县承接了东京在技术研发

方面的外溢效应。反观京津冀城市群，北京、天津虽有产业外移动力，但周边城市难以吸纳京津的产业转移，吸纳能力与承接需求契合度不高。另外，除北京、天津外，其他城市经济实力过于弱小，难以承接按经济势差进行的产业外移，进而无法形成合理的地域分工和产业关联。因此，提升京津周边中小城市的经济发展水平，将城市群内城市间经济水平落差控制在适度合理的范围内，才能为京津冀城市群内的产业一体化奠定基础。

### 三、产业转移与协作分工的反思

城市群产业分工在协调与转移的过程中也可能导致产业空心化、失业率上升、收入减速和环境污染等弊病。2008 年，墨西哥城市群受全球金融危机的影响，制造业迅速萎缩，缺乏制造业支持的服务业也随之衰落，导致失业率增长到 6.3%，约 20% 的人居住在贫民窟。孟买城市群在第二产业转移的过程中，尽管短期内其周边小城市和农村吸纳了产业外移，发展成为“工业重镇”，但由此引发的环境污染问题已成为制约该城市群长远发展的“瓶颈”。

因此，京津冀城市群内的城市在进行产业分工和产业转移时，应当考虑到各地区（尤其是河北各地市）的自身禀赋，依据当地人口、资源、社会、环境等客观条件，合理有序地引导产业的转移与承接，切忌盲目转移、过度配对、过快分工等短视行为，同时，在产业分工协调与转移的基础上，政府部门须建立动态评价与预警机制。

# 第四章　京津冀城市群发展空间格局和产业集聚演化

京津冀城市群与长三角、珠三角城市群比肩而立，是我国经济最具活力、开放程度最高、创新能力最强、吸纳人口最多的城市群之一，是拉动我国经济发展的重要引擎。京津冀协同发展作为经济新常态下三个国家重大区域发展战略之一，试图通过空间资源的再配置来激发区域发展的潜能，使京津冀真正成为中国经济增长的第三极。

京津冀城市群内部的产业分工一体化，对于京津冀协同发展有重要的作用。京津冀三地的产业分工本身遵循着一定的理论。区域分工理论中有古典经济学亚当·斯密的“绝对成本”理论，李嘉图的比较优势理论，以及赫克歇尔—俄林的生产要素禀赋理论。在新古典经济学的发展过程中，马歇尔提出了外部经济理论解释产业集聚现象。这些理论将成为我们分析京津冀产业分工现状的理论支撑。

也有学者对京津冀内部的产业分工状况做了定量分析。全诗凡（2013）使用地区间专业化指数对京津冀的工业进行了分析，认为北京的工业专业化程度较高，与天津和河北的产业同构现象较低，但天津和河北有一定的产业同构现象。[①] 许志芳（2009）使用区位熵法、梯度模型法研究京津冀产业集聚情况，发现第三产业向北京集聚，第一产业向河北集聚，第二产业分不同行业向京津冀三地分别集聚。[②]

本章对京津冀城市群的经济发展格局以及产业的集聚演化进行分析，旨在为京津冀城市群产业协同发展的建议提供更合理的现实依据。

---

① 全诗凡．京津冀区域产业分工与产业转移分析［J］．现代管理科学，2013（8）：71－73.

② 许志芳．京津冀产业集聚效应分析［D］．北京交通大学博士学位论文，2009.

# 第一节　京津冀城市群经济发展与产业转移

京津冀地区协同发展的步伐加快并取得一定成效。2018 年，京津冀三地产业、生态、交通协同发展取得新进展。数据显示，近三年来，北京加快推进不符合首都功能定位产业的退出，关停退出污染企业两千多户，拆并疏解商品交易市场数百家。其中，仅 2016 年，北京就完成调整疏解商品交易市场 117 个，共计调整疏解建筑面积 160 万平方米，商户 2.8 万户，从业人员 8.8 万人，2013～2016 年关停了 1341 家一般制造业企业，其中 2016 年关停退出一般制造业和污染企业 335 家[①]。从 2014 年到 2018 年，北京推动退出一般制造业企业 2360 家[②]。2018 年北京迁出企业 780 户，其中超过 1/4 迁往津冀地区，河北接纳北京迁出企业 170 户，占全部迁出企业的 21.8%[③]。2019 年上半年，北京再次退出一般制造业企业 297 家，疏解提升市场 37 个、物流中心 16 个[④]。另外，天津、河北积极引进项目和资金。其中，天津 2015 年承接非首都功能项目 860 个，引进京冀投资 1739.3 亿元，增长 16.5%，占全市实际利用内资的 43%，2016 年引进京冀投资项目 2701 个，投资额 1994.09 亿元，占全市实际利用内资的 44.0%。[⑤] 河北在 2015 年引进京津项目 3621 个，资金 2748 亿元。[⑥] 2013～2016 年，北京对津冀的投资态势良好，三年累计投资超过 4150 亿元。[⑦] 总之，“十二五”以来，京津冀城市群经济持续平稳增长，产业结构不断优化，转变经济发展方式与调整经济结构成为京津冀区域经济协同发展的主旋律。

---

① 梁相斌，涂铭，毛伟豪，梁天韵．京津冀协同发展，疏解非首都功能这个“牛鼻子”牵住了吗?［EB/OL］新华社．http：//politics. people. com. cn/n1/2017/0215/c1001－29081727. html.

② 李玉坤．北京过去五年退出一般制造业企业 2360 家［N］．新京报，2019－03－25.

③ 戴轩．去年，这 780 家企业选择离开北京［N］．新京报，2019－02－22.

④ 从十大亮点看 2019 年京津冀协同发展［EB/OL］．新华网，2019－07－19. http：//www. xinhuanet. com/2019－07/19/c_ 1124776351. htm.

⑤ 天津市统计局．2016 年天津市国民经济和社会发展统计公报［EB/OL］．天津市统计局官网．

⑥ 2015 京津冀地区生产总值近 7 万亿元产业结构持续优化［EB/OL］．新浪网，http：//finance. sina. com. cn/roll/2016－03－03/doc－ifxqafrm6801374. shtml.

⑦ 董城，张景华．首善标准工匠担当——京津冀协同发展三周年记之二［EB/OL］．光明网—光明日报，http：//news. gmw. cn/2017－02/21/content_ 23776155. htm.

## 一、总体经济发展状况

### （一）经济规模

京津冀城市群作为优质生产要素富集的载体，已成为当今世界最活跃的区域经济中心之一。地域面积21.6万平方千米，占全国总面积的1.9%。如图4－1所示，2018年京津冀三地GDP合计85139.9亿元，其中，北京、天津、河北分别为30320.0亿元、18809.6亿元和36010.3亿元，分别增长6.6%、3.6%和6.6%。从GDP占全国份额来看，京津冀城市群始终平稳维持在10%左右，2005年以来呈现缓慢下降趋势。其中，天津经济前数年发展势头迅猛，但近年增速大幅放缓，北京、河北略有下降。

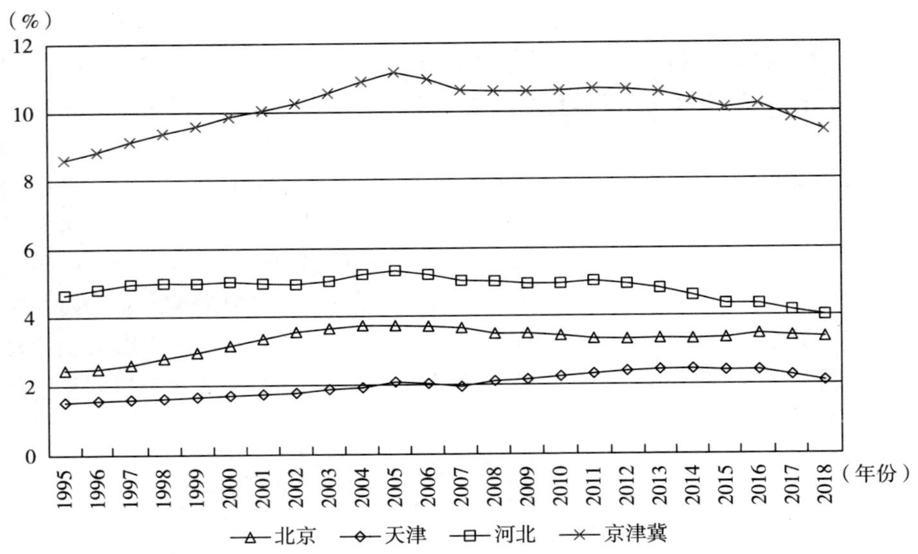


**图4－1　京津冀GDP占全国份额变化**

资料来源：《中国统计年鉴》（1996～2019）。

人均GDP是衡量区域经济发展水平的重要指标之一，能够直接反映地区生产力水平。京津冀三地自然禀赋差异巨大，产业结构不同，京津冀城市群内部经济发展水平差异显著。北京、天津人均GDP远高于河北和全国平均水平，而河北始终维持在与全国水平相近或略低于全国水平的位置上，2018年河北人均GDP仅为全国水平的73.9%。从发展趋势来看，京津冀三地的人均GDP差距有逐渐扩大趋势，2018年河北人均GDP仅为北京、天津的34.1%、39.6%，仅为

京津的1/3强。三地的人均GDP对比演变如图4－2所示。

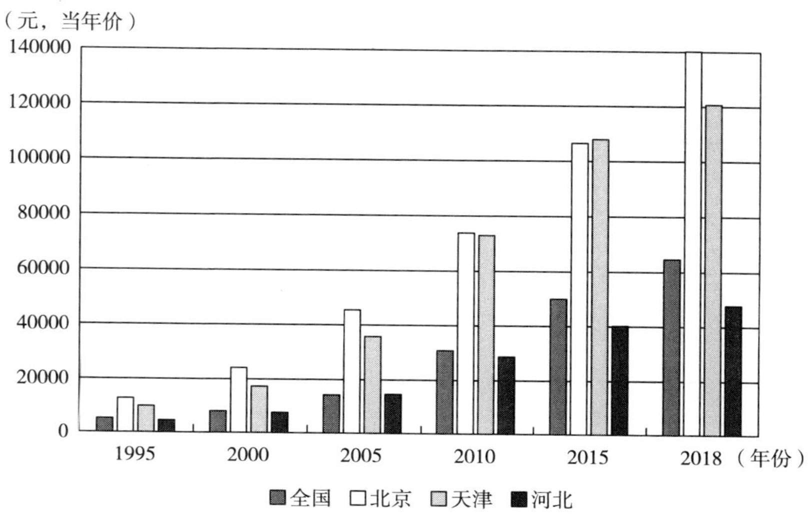


**图4－2　京津冀人均GDP对比变化**

资料来源：《中国统计年鉴》（1996～2019）。

（二）产业结构

作为区域中心城市和首位城市，北京已迈向后工业化社会。从图4－3可见，北京的产业结构呈现出第一产业和第二产业比重逐渐降低，第三产业比重不断上升的趋势。2016年，北京三次产业比重分别为0.60%、19.70%和79.70%。按照库兹涅茨理论，依据三次产业产值比重变化判断工业化阶段，北京很明显已迈向后工业化阶段。整体而言，天津处于工业化后期。1996～2016年，天津第一产业比重持续下降，第二产业和第三产业比重呈现此消彼长的波动变化，至2016年，第三产业已经超越第二产业成为天津第一大产业。2016年，其产业结构为：1.2∶44.8∶54.0，天津明显地处于工业化后期。而河北正处于工业化中期。1996～2016年，河北第一产业比重持续下降，但仍远高于京津二市，第二、第三产业则不断上升。2016年，其产业结构为：11.0∶47.3∶41.7，工业化中期特征明显。

由表4－1可知，京津冀城市群第一产业GDP占全国比重低，且有进一步降低趋势，工业占比先上升后下降，建筑业、批发零售业占比总体都呈下降趋势，交通运输、仓储和邮政业占比较高，近年来有下降趋势，金融业占比较高，且近年有上升趋势。从总体上看，京津冀城市群产业的服务化特征凸显。具体就三地而言，河北和天津的工业占比较高，而北京产业服务化特征更为突出。

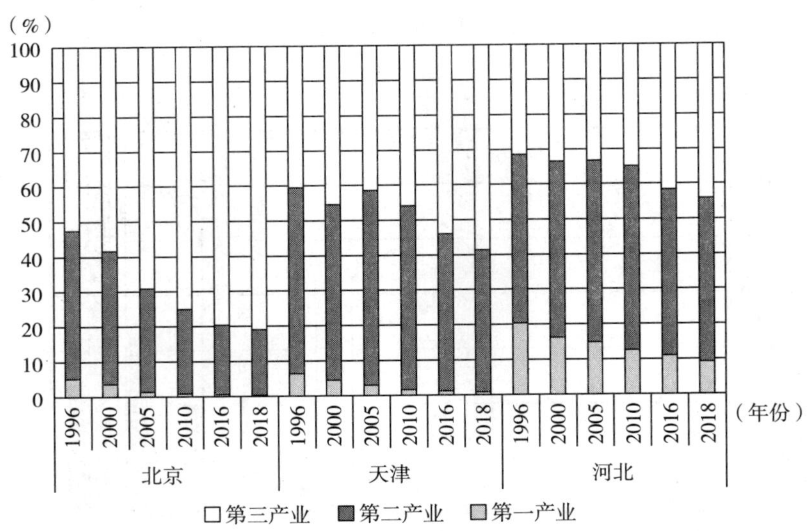


**图 4-3 京津冀三地三次产业结构**

资料来源：《中国统计年鉴》（1996～2019）。

**表 4-1 京津冀各产业 GDP 占全国比重**

单位：%

| 年份 | 农林牧渔业 | 工业 | 建筑业 | 批发和零售业 | 交通运输、仓储和邮政业 | 住宿和餐饮业 | 金融业 |
|---|---|---|---|---|---|---|---|
| 1995 | 6.30 | 8.58 | 9.13 | 12.03 | 11.39 | — | 11.48 |
| 2000 | 6.54 | 9.52 | 10.49 | 13.42 | 14.48 | — | 13.80 |
| 2005 | 7.14 | 10.74 | 10.23 | 13.37 | 13.78 | 9.90 | 16.08 |
| 2010 | 6.99 | 10.13 | 8.10 | 12.56 | 16.20 | 9.60 | 11.88 |
| 2015 | 6.55 | 10.33 | 7.34 | 10.60 | 14.26 | 8.91 | 13.13 |
| 2017 | 5.56 | 8.94 | 7.22 | 9.82 | 12.07 | 8.27 | 13.24 |

资料来源：《中国统计年鉴》（1996～2018）。

北京产业发展呈现出后工业经济和“服务主导、科技主导”的高端化趋势的突出特征。第一产业作用微乎其微，但旅游观光休闲农业大有发展潜力。第二产业比重较低，内部以高新技术和先进制造业为主导。形成以技术密集型工业为主的第二产业结构，且呈现服务化特征，尤其是制造业的服务化。第三产业稳居主导地位，呈现高端化特征。第三产业 20 余年来稳居北京三次产业的第一位，2005 年以后，占地区生产总值的比重超过 70%，标志着北京已经步入以服务经济为主导的新阶段。

天津第二产业呈现重工业化和高新化特征。天津的第二产业体系完备，是经济发展的重要支撑力。从第二产业内部看，天津在加工制造业及一些技术资金密集型的工业行业方面有优势，为了打造支柱、抢占高端、支撑发展，天津已形成了由重化工业和高新技术产业两大板块组成的、包括高端装备、新一代信息技术、航空航天、节能与新能源汽车、新材料、生物医药、新能源、节能环保、现代石化和现代冶金十大优势产业。整体而言，天津工业结构进一步优化，呈现出重工业化、深加工化、集约化和高新化等趋势特征。天津服务业近年来发展迅猛，2014 年第三产业比重开始超过第二产业，至 2018 年第三产业比重更是超过第二产业近 18 个百分点，成为经济发展的贡献主力，经济服务化倾向明显。第三产业中，金融业、现代物流、科技服务、信息软件、节能环保、国际服务外包等现代服务业发展快速且具有优势。

河北也是第二产业占主导，但第一产业仍具有重要地位（2018 年占比 9.2%）。其中，粮棉生产地位重要，畜牧、蔬菜、果品生产规模较大。第二产业以资金、资源密集型产业为主，战略性新兴产业加速增长。从图 4－3 可知，1996～2016 年河北第二产业增加值占 GDP 比重始终保持在 50% 左右，至 2018 年降至 46.6%，为河北第一大产业。从内部结构来看，以资金、资源密集型产业为主，以钢铁、石化工业为代表，是名副其实的支柱产业。河北服务业近年来也发展较快，2018 年占比 44.2%，近三年来提高了 5 个百分点。其中商贸物流、旅游业、信息服务等现代服务业地位重要。

## 二、京津冀城市群细分行业的区域转移分析

产业活动在地理位置上的迁移和产业自身规模变化所带来的空间分布的变动可视为产业转移的两种空间结构变动方式（覃成林和熊雪如，2013）。对第一种空间结构变动方式的考察需要精密的实时动态跟踪信息和数据，其数据信息量之大、难度之巨导致现实操作较难实施。因此，我们对京津冀城市群各产业自身规模及其份额的变化进行比较，以这种增量的变迁（即自身规模的前后变化）刻画出京津冀各产业近年来空间格局的总体发展。

京津冀细分行业的空间格局演化

1. 第一产业（农、林、牧、渔）

如前所述，可知第一产业在京津冀城市群占比并不高，并且各地第一产业的 GDP 占比都在下降。从京津冀三地第一产业产值占全国第一产业产值的比重看（见图 4－4），北京和天津占比很低且都在逐渐下降，但河北的第一产业产值占比出现了先上升后下降的趋势。因此，可以推测第一产业在京津冀内部的转移主要表现为北京和天津向河北转移。从三地的就业人数看（见表 4－2），京津冀三

地第一产业从业人数均呈现下降趋势。

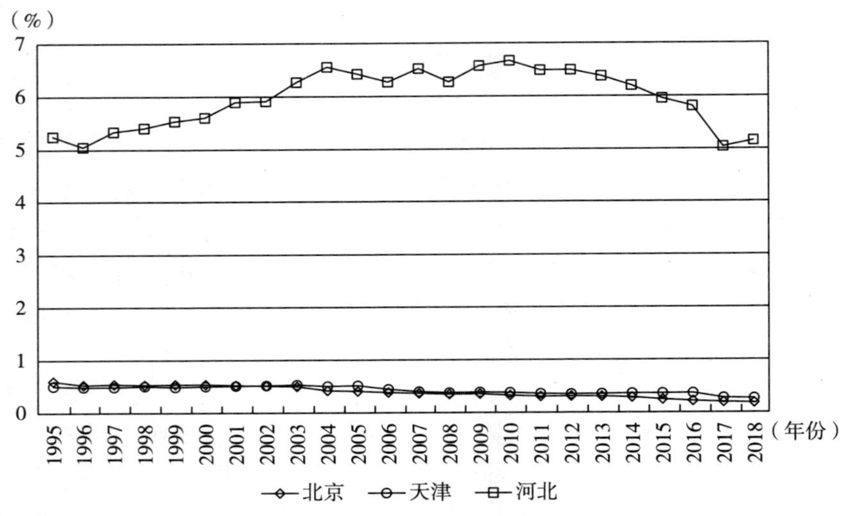


**图 4－4　京津冀农业总产值占全国比重**

资料来源：《中国统计年鉴》（1996～2019）。

**表 4－2　2003～2018 年京津冀第一产业从业人数变化**　　单位：万人

| 2003～2009 年 | | | 2010～2018 年 | | |
|---|---|---|---|---|---|
| 北京 | 天津 | 河北 | 北京 | 天津 | 河北 |
| －11.5 | －7.44 | －213.91 | －11.1 | －7.68 | －76.38 |

资料来源：《北京统计年鉴》、《天津统计年鉴》、《河北经济年鉴》（2004～2019）。

2. 第二产业

（1）采矿业：从采矿业的就业人数和份额变化来看，北京的就业人数和份额都在增加，显示出产业转入的状态，天津的采矿业表现出先转入后转出。河北的采矿业从份额上看，2003～2009 年有转出趋势，但 2009～2018 年又表现为产业转入（见表 4－3），但总体呈减少之势。河北近年采矿业的就业人员减少可能是由于河北省内矿产的储量已经大不如前，开采难度越来越大之故。但在地区分布上有差别，在河北两个矿产丰富的地区唐山和邯郸，唐山采矿业的就业人数份额反倒大幅增加，尤其在 2009～2018 年；邯郸的采矿业就业人数份额在 2003～2009 年有明显下降，后期又有所回升。这两地的黑色金属产业依然保持优势。其他地区采矿业就业总体呈减少趋势。

表4－3　2003～2018年京津冀采矿业就业人数及份额变化

| | 2003～2009年 | | | 2009～2018年 | | |
|---|---|---|---|---|---|---|
| | 北京 | 天津 | 河北 | 北京 | 天津 | 河北 |
| 采矿业人员变化（万人） | 2.56 | 2.3 | 1.21 | 0.26 | 0.85 | 1.60 |
| 采矿业份额变化（%） | 5.22 | 2.65 | －7.87 | 3.47 | －4.94 | 1.47 |

资料来源：《中国统计年鉴》（2004～2019）。

（2）工业。如表4－4所示，从京津冀三地工业销售产值占全国的份额来看，京津冀总体占全国份额2003～2018年持续下降，由期初的9.58%下降到8.08%。可见，2003～2018年，京津冀工业转移总体呈现向区外转出趋势，尽管幅度不大。

表4－4　京津冀各省市工业销售产值占全国份额及变化　　单位：%

| 年份 | 北京 | 天津 | 河北 | 京津冀总计 |
|---|---|---|---|---|
| 2003 | 2.67 | 2.87 | 4.03 | 9.58 |
| 2005 | 2.75 | 2.76 | 4.37 | 9.88 |
| 2006 | 2.62 | 2.72 | 4.26 | 9.60 |
| 2007 | 2.39 | 2.52 | 4.26 | 9.17 |
| 2008 | 2.08 | 2.49 | 4.53 | 9.10 |
| 2009 | 2.03 | 2.40 | 4.37 | 8.80 |
| 2010 | 1.98 | 2.42 | 4.45 | 8.84 |
| 2011 | 1.73 | 2.50 | 4.70 | 8.93 |
| 2012 | 1.70 | 2.55 | 4.63 | 8.87 |
| 2013 | 1.69 | 2.55 | 4.44 | 8.67 |
| 2014 | 1.67 | 2.51 | 4.27 | 8.45 |
| 2015 | 1.70 | 2.52 | 4.11 | 8.34 |
| 2016 | 1.50 | 2.53 | 4.07 | 8.10 |
| 2017 | 1.49 | 2.56 | 4.06 | 8.11 |

续表

| 年份 | 北京 | 天津 | 河北 | 京津冀总计 |
|---|---|---|---|---|
| 2018 | 1.44 | 2.57 | 4.07 | 8.08 |
| 2003～2018 年变化 | -1.23 | -0.30 | 0.04 | -1.50 |

资料来源：历年《中国统计年鉴》和统计公报。

从工业总产值占全国份额变动情况来看，北京、天津两市份额都有不同程度的下降，其中北京下降明显，2003～2018 年下降了 1.17 个百分点，天津的份额有一定波动，十余年仅下降了 0.34 个百分点。而河北经历了先升后降的过程，但波动幅度不大，2018 年较之 2003 年上升了 0.04 个百分点。这表明，京津冀工业总体呈现向区外转移的同时，河北是京津冀范围内的工业相对转入地。但从近五年的发展趋势看，河北工业在全国的占比呈下降趋势，并有可能进一步减少份额。总体而言，京津冀城市群在全国的工业份额下降，主要是由于北京和天津份额下降所引起的，而且北京是最主要的工业转出地，天津次之。

从京津冀城市群工业总产值结构变动看（见图 4－5），京津冀三地的工业总产值在京津冀内的占比并非一成不变。河北始终是工业份额最高的省区，天津从期初至期末始终维持在第二位，北京工业份额 2003～2018 年持续下降，居第三

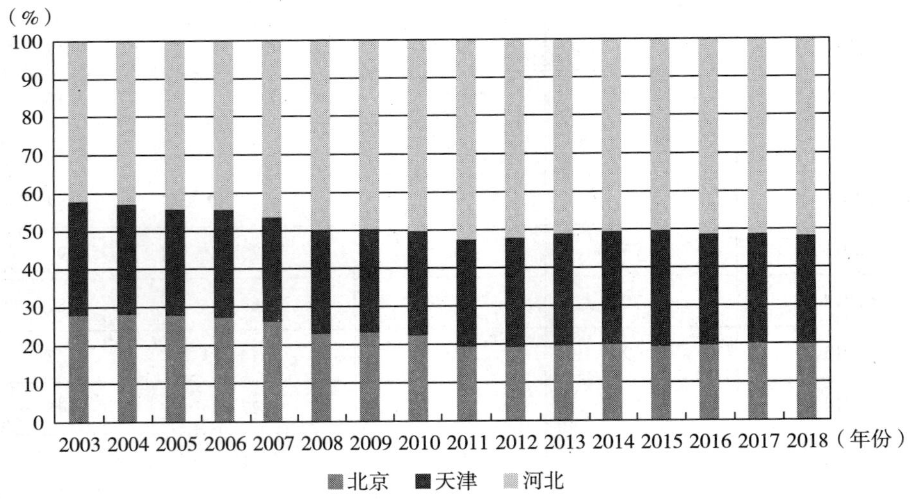


**图 4－5　京津冀工业总产值内部份额结构变动**

资料来源：《北京统计年鉴》、《天津统计年鉴》、《河北经济年鉴》（2004～2019）。

位。2006年以后，北京工业份额下降的同时，天津略有下降，这一阶段，河北的工业规模不断扩大，至2011年达到顶峰，之后缓慢呈下降态势，但近年又有所增大。

京津冀内部就业人数份额的变化（见表4-5）也可以验证相同的结论。2003年以来，北京的工业就业人数份额在持续下降，若论细分行业仅有电力、燃气及水的生产和供应业有所上升，因为这两个产业主要满足居民生活需要，结合北京近年来人口规模明显扩大的现状，该行业就业人员增加具有合理性。河北第二产业中的建筑业就业人员份额增加最为明显，其中，邢台和保定贡献较大，而石家庄和唐山有所下降。河北的制造业就业份额2003~2017年呈上升态势，但前期（2003~2009年）增速较快，后期（2009~2017年）增速较慢，这可能与环境治理力度加大和产业转型或迁移有关。总体上，河北是京津冀地区工业就业份额最高的地区。天津制造业就业人员持续增长，并呈加速趋势，其电力、燃气及水的生产和供应业的就业份额在2009~2017年也有所上升，表明天津承接工业转移力度在增大。与工业加速发展相对应，天津的建筑业就业份额也呈扩大之势。

**表4-5 京津冀第二产业就业人员份额变化** 单位:%

| | 2003~2009年 | | | 2009~2017年 | | |
|---|---|---|---|---|---|---|
| | 北京 | 天津 | 河北 | 北京 | 天津 | 河北 |
| 制造业 | -5.92 | 2.67 | 3.26 | -7.60 | 7.06 | 0.54 |
| 电力、燃气及水的生产和供应业 | 6.34 | -3.67 | -2.67 | 4.06 | 3.22 | -7.28 |
| 建筑业 | -23.48 | 5.23 | 18.25 | -13.81 | 5.33 | 8.49 |

资料来源：《中国城市统计年鉴》（2004，2010，2018）。

3. 第三产业

一般而言，第三产业在地区生产总值中占比越高，其产业结构高级化程度越高。如前所述，京津冀三地中，北京第三产业占比最高，整个产业结构等级较高，已进入后工业化阶段；其次是天津，正在迈向后工业化阶段；产业结构最低的是河北，尚处于工业化中期阶段。

第三产业内部行业组成反映了该产业的内在结构质量水平。如表4-6所示，在北京的第三产业中，与物流、信息、金融业等相关的细分产业都显示出份额持续增加趋势，这3个产业是服务业中的高级生产性服务产业，其发展符合北京定位，无论从绝对产值还是相对份额上讲，北京已成为这3个行业的聚集洼地。份额下降较多的是一般性服务业，如住宿餐饮业、房地产业、居民服务业等。虽然随着居民生活水平的提高，会对这3个行业需求增多，这3个行业应有更快的发展。表4－6表明天津这3个行业份额近年明显增加，尤其是居民服务业和房地产业，一定程度上显示出天津对这些产业的聚集作用。

**表4－6　京津冀三地在京津冀第三产业内部行业就业人数份额变化**　单位：%

| | 2003～2009年 | | | 2009～2017年 | | |
|---|---|---|---|---|---|---|
| | 北京 | 天津 | 河北 | 北京 | 天津 | 河北 |
| 交通运输、仓储和邮政业 | 1.52 | －1.00 | －0.52 | 1.70 | 0.23 | －1.93 |
| 信息传输、计算机服务和软件业 | 3.92 | －1.05 | －2.87 | 1.79 | －0.47 | －1.32 |
| 批发和零售业 | －6.06 | 5.03 | 1.03 | 0.60 | 0.94 | －1.54 |
| 住宿餐饮业 | －6.65 | 3.97 | 2.67 | －7.12 | 3.68 | 3.44 |
| 金融业 | 7.84 | －2.02 | －5.83 | 8.12 | －0.91 | －7.21 |
| 房地产业 | 0.55 | 0.63 | －1.19 | －13.47 | 7.02 | 6.44 |
| 租赁和商业服务业 | 1.35 | －0.08 | －1.27 | －6.00 | －1.68 | 7.68 |
| 科学研究、技术服务和地质勘查业 | 0.92 | －0.63 | －0.29 | －4.62 | 2.57 | 2.05 |
| 水利、环境和公共设施管理业 | 5.59 | －2.61 | －2.97 | －1.76 | －0.29 | 2.05 |
| 居民服务、修理和其他服务业 | －32.64 | 26.10 | 6.53 | －3.52 | 8.28 | －4.76 |
| 教育 | 4.58 | －1.10 | －3.47 | 0.52 | 0.61 | －1.14 |
| 卫生、社会保障和社会福利业 | 0.22 | 0.43 | －0.65 | －0.12 | －1.77 | 1.89 |
| 文化、体育、娱乐用房屋 | 8.17 | －3.13 | －5.04 | －0.35 | 1.01 | －0.65 |
| 公共管理、社会保障和社会组织 | 5.42 | －1.98 | －3.43 | 0.33 | 0.18 | －0.51 |

资料来源：《中国城市统计年鉴》（2004，2010，2018）。

河北各地市服务业整体水平发展不高，除住宿餐饮、房地产、租赁商服、科技服务、居民服务等行业的份额有所增加外，其他行业份额都有不同程度的下降。由表4－7可知，总体而言，河北服务业发展相对京津二市滞后，聚集效应较低。各个地市的贡献度都不高，但累积起来的效应比较明显，即使作为省会的石家庄，从就业人员角度也没有在服务业发展上领先一步。总体讲，河北尚未成为服务业的迁入地，也并非服务业大规模迁出地，只是相较北京和天津，更不易于吸引服务业人才留在本地，因而服务业整体水平较低。

**表 4-7　河北省各地市第三产业内部行业就业份额变化**

单位：%

| 产业 | 2003~2009年 | | | | | | | | | | | 2009~2017年 | | | | | | | | | | |
|---|---|---|---|---|---|---|---|---|---|---|---|---|---|---|---|---|---|---|---|---|---|---|
| | 石家庄 | 唐山 | 秦皇岛 | 邯郸 | 邢台 | 保定 | 张家口 | 承德 | 沧州 | 廊坊 | 衡水 | 石家庄 | 唐山 | 秦皇岛 | 邯郸 | 邢台 | 保定 | 张家口 | 承德 | 沧州 | 廊坊 | 衡水 |
| 第一产业（农、林、牧、渔业） | 0.23 | 5.79 | -0.78 | -1.95 | -2.64 | 1.13 | 0.19 | -1.93 | 0.00 | -0.20 | 0.15 | -2.27 | 1.42 | -0.27 | -0.06 | -0.64 | -0.15 | 1.60 | -0.35 | 2.23 | 0.74 | 0.59 |
| 第二产业 | | | | | | | | | | | | | | | | | | | | | | |
| 采矿业 | 0.60 | 0.64 | -0.35 | -12.12 | 2.45 | -0.12 | 0.53 | 0.68 | 7.73 | -0.04 | 0.00 | -0.48 | 5.78 | -0.33 | 1.10 | -2.24 | -0.17 | -0.29 | 1.62 | -1.37 | 0.00 | 0.00 |
| 制造业 | -3.76 | 4.71 | 0.97 | -4.22 | -0.12 | 2.60 | -2.77 | 0.41 | -0.71 | 3.46 | -0.58 | -4.63 | -3.89 | -1.48 | 4.47 | 1.74 | 1.45 | -1.36 | -0.68 | 1.19 | 2.49 | 0.32 |
| 电力、燃气及水的生产和供应业 | -0.92 | -1.00 | -0.07 | -1.17 | 0.22 | -0.16 | -0.48 | 1.36 | 1.74 | 0.68 | -0.19 | -0.12 | -0.65 | 0.45 | 0.12 | -0.28 | -0.21 | 1.64 | -1.02 | -1.07 | 1.65 | 1.10 |
| 建筑业 | -3.09 | 2.73 | -2.18 | 2.31 | 0.00 | 1.77 | -2.05 | -0.68 | 0.42 | 1.00 | -0.24 | -3.94 | -3.85 | 1.15 | -0.32 | 2.58 | 0.91 | -1.15 | 1.91 | -6.13 | 1.4 | 2.62 |
| 第三产业 | | | | | | | | | | | | | | | | | | | | | | |
| 交通运输、仓储和邮政业 | 1.03 | 0.73 | -1.01 | -0.78 | -0.52 | -0.49 | -1.00 | 0.7 | 2.39 | -1.00 | -0.04 | 1.45 | 0.95 | -0.99 | 1.85 | 0.54 | -0.12 | -0.50 | -0.62 | -2.54 | -0.66 | 0.15 |
| 信息传输、计算机服务和软件业 | -1.50 | -0.36 | -0.59 | 0.76 | -0.51 | -0.38 | -0.59 | -0.2 | 2.94 | 1.32 | -0.89 | 7.84 | -1.00 | 1.77 | -1.14 | -1.16 | -0.10 | -1.37 | 0.34 | -7.80 | 8.27 | -1.82 |
| 批发和零售业 | 7.19 | 5.55 | -1.06 | -3.7 | -1.79 | -0.13 | -2.41 | -1.47 | -0.95 | -0.29 | -0.94 | -7.47 | 5.31 | 1.06 | 1.01 | 0.13 | -0.05 | 0.95 | -0.12 | -0.95 | 0.44 | 0.11 |
| 住宿、餐饮业 | -0.89 | 3.79 | 0.94 | 0.80 | 0.36 | -0.79 | -1.18 | -3.16 | -0.32 | 0.90 | -0.45 | -7.96 | -2.26 | 1.02 | 1.75 | -0.80 | -0.85 | 3.74 | 1.08 | -0.55 | 1.76 | -0.19 |
| 金融业 | 2.31 | 1.57 | -1.09 | 0.94 | -1.64 | -1.13 | -0.96 | 1.46 | -0.82 | -0.17 | -0.47 | -1.23 | -2.49 | -0.09 | 0.24 | -0.39 | 0.17 | 0.19 | 0.10 | 1.93 | 0.24 | 0.12 |
| 房地产业 | -5.28 | -0.19 | -2.08 | -1.79 | 1.89 | -0.98 | 2.45 | -0.33 | -0.65 | 8.02 | -1.05 | 3.90 | 2.19 | -0.24 | 0.99 | 0.45 | 1.35 | -1.18 | 0.51 | 0.59 | -10.1 | -0.62 |
| 租赁和商业服务业 | -5.73 | -2.04 | -1.94 | 3.98 | -2.11 | -0.61 | -0.96 | 3.63 | -1.53 | 8.93 | -1.61 | 5.12 | 3.74 | -1.08 | -8.45 | -0.97 | -0.13 | -1.03 | -5.43 | 17.23 | -4.5 | -1.19 |
| 科学研究、技术服务和地质勘查业 | -1.22 | -0.34 | -1.13 | 0.67 | -1.29 | 0.39 | -0.74 | -0.64 | -0.30 | 4.89 | -0.30 | -3.46 | 1.44 | -0.96 | -3.35 | -0.96 | -0.65 | 0.62 | 1.26 | 0.14 | -2.72 | -0.54 |

续表

| 产业 | 2003~2009年 | | | | | | | | | | | 2009~2017年 | | | | | | | | | | |
|---|---|---|---|---|---|---|---|---|---|---|---|---|---|---|---|---|---|---|---|---|---|---|
| | 石家庄 | 唐山 | 秦皇岛 | 邯郸 | 邢台 | 保定 | 张家口 | 承德 | 沧州 | 廊坊 | 衡水 | 石家庄 | 唐山 | 秦皇岛 | 邯郸 | 邢台 | 保定 | 张家口 | 承德 | 沧州 | 廊坊 | 衡水 |
| 第三产业 | | | | | | | | | | | | | | | | | | | | | | |
| 水利、环境和公共设施管理业 | -2.80 | -2.01 | -0.62 | 0.60 | -0.16 | -0.20 | 0.25 | 2.99 | -0.77 | 2.13 | 0.58 | -2.58 | -0.87 | -2.61 | 0.19 | 3.32 | -0.38 | 2.95 | -0.24 | 2.15 | -1.18 | 0.17 |
| 居民服务、修理和其他服务业 | -15.46 | -3.96 | -5.35 | -9.38 | -2.71 | -5.05 | -5.93 | -4.18 | 53.55 | -2.20 | 0.66 | -2.92 | 4.72 | 2.87 | 9.28 | 3.95 | -0.43 | 16.41 | 9.13 | -53.08 | 3.44 | -1.23 |
| 教育 | -0.31 | 0.23 | -0.23 | 1.48 | -0.43 | -0.41 | -0.15 | 0.05 | -0.05 | -0.03 | -0.14 | -0.82 | -0.51 | 0.09 | 0.94 | 0.30 | -1.15 | 0.28 | -0.12 | 0.63 | -0.44 | 1.09 |
| 卫生、社会保障和社会福利业 | -1.59 | -0.04 | -0.03 | -0.43 | 0.08 | 1.04 | -0.86 | 0.15 | 1.27 | 0.16 | 0.27 | 0.33 | -0.39 | -0.43 | 1.47 | 0.26 | 0.65 | 0.42 | -0.68 | -0.63 | -0.23 | 0.51 |
| 文化、体育、娱乐 | -3.26 | 0.60 | 1.09 | 0.35 | 0.44 | 1.36 | -0.39 | 1.72 | 0.08 | -2.43 | 0.45 | 2.22 | -0.12 | 0.40 | -0.81 | -0.78 | -0.62 | 1.38 | 0.02 | 1.84 | -0.41 | 0.79 |
| 公共管理、社会保障和社会组织 | -0.84 | 0.87 | 0.27 | 0.20 | 0.49 | -0.66 | 0.07 | 0.35 | -0.54 | 0.12 | -0.32 | -1.74 | 0.79 | 0.20 | 0.85 | -0.09 | -1.29 | 0.22 | 0.05 | -0.19 | 0.61 | -0.27 |

资料来源：《中国城市统计年鉴》(2004, 2010, 2018)。

## 第二节　京津冀总体空间格局与分工演化

本节对京津冀城市群的产业集聚变化和产业分工变化进行测度，试图探究各个产业的集聚程度和变化，以及是什么样的分工变化影响到了产业集聚状况变化。

### 一、京津冀城市群的产业集聚分析

在测度京津冀城市群各行业的空间集聚程度时，使用区位基尼系数来衡量京津冀城市群各产业分布的空间特征。

为了研究国民收入的分配问题，美国统计学家洛伦兹提出了洛伦兹曲线。在此基础上，克拉多·基尼（Corrado Gini）又创造了基尼系数，以国民收入中用于进行不平均分配的那部分收入占总收入的比重作为计算收入分配的统计指标。后来，基尼系数也被用于定量测度产业分布的空间集聚程度。其具体公式如下：

$$G = \frac{1}{2\mu}\sum_{j=1}^{n}\sum_{i=1}^{n}|x_j - x_i|/n(n-1) \quad (4-1)$$

其中，$G$ 为测度产业的空间基尼系数，$\mu$ 为均值；$|x_j - x_i|$ 为一堆样本的收入差的绝对值，$n$ 为样本数量。

经过发展，区位基尼系数有了诸多变形和改进。主要分为绝对区位基尼系数和相对区位基尼系数，绝对区位基尼系数赋予每个地区相同权重，而后者赋予总产业规模较小地区以更大的比重。相对区位基尼系数并不一定是度量产业集聚的最好选择，绝对区位基尼系数更具合理性。因此，本书选取绝对区位基尼系数来衡量京津冀城市群各产业就业人口的区际分布差异，公式如下：

$$G^s = \frac{1}{2(n-1)}\sum_{i=1}^{n}\sum_{j=1}^{n}|x_i^s - x_j^s| \quad (4-2)$$

其中，$x_i^s$ 和 $x_j^s$ 分别为地区 $i$ 和地区 $j$ 的 $s$ 产业在全国所占比重；$G^s$ 分布在 0 ~ 1 间。当 $G=0$ 时，该产业在区域内的分布最为均匀，当 $G=1$ 时，该产业在区域内的集中分布在一个地区。

京津冀三省市各产业的区位基尼系数，如表 4 - 8 所示。从空间集聚程度的变动趋势来看，第一产业、第二产业分布的空间集聚程度整体呈现下降趋势，第三产业的空间集聚变动趋势各有不同。

表 4 - 8　京津冀地区区位基尼系数对比

| | 行业 | 2003 年 | 2017 年 | 变化 |
|---|---|---|---|---|
| 第一产业 | 农、林、牧、渔业 | 0.85 | 0.89 | 上升 |
| 第二产业 | 采矿业 | 0.65 | 0.51 | 下降 |
| | 制造业 | 0.20 | 0.12 | 下降 |
| | 电力、燃气及水的生产和供应业 | 0.50 | 0.46 | 下降 |
| | 建筑业 | 0.60 | 0.36 | 下降 |
| 第三产业 | 交通运输、仓储和邮政业 | 0.43 | 0.44 | 基本持平 |
| | 信息传输、计算机服务和软件业 | 0.72 | 0.78 | 上升 |
| | 批发和零售业 | 0.60 | 0.45 | 下降 |
| | 住宿、餐饮业 | 0.79 | 0.55 | 下降 |
| | 金融业 | 0.28 | 0.43 | 上升 |
| | 房地产业 | 0.75 | 0.54 | 下降 |
| | 租赁和商业服务业 | 0.80 | 0.72 | 下降 |
| | 科学研究、技术服务和地质勘查业 | 0.67 | 0.58 | 下降 |
| | 水利、环境和公共设施管理业 | 0.19 | 0.29 | 上升 |
| | 居民服务、修理和其他服务业 | 0.76 | 0.44 | 下降 |
| | 教育 | 0.44 | 0.45 | 基本持平 |
| | 卫生、社会保障和社会福利业 | 0.27 | 0.35 | 上升 |
| | 文化、体育、娱乐业 | 0.56 | 0.62 | 上升 |
| | 公共管理和社会组织 | 0.44 | 0.47 | 基本持平 |

资料来源：《中国统计年鉴》（2004，2018）。

（一）第一产业

从表 4 - 8 可知，基尼系数的结果表明农林牧渔业在空间上趋于集中布局。2003 年农林牧渔业的区位基尼系数达到 0.85，表明其分布十分集中，而 2017 年其区位基尼系数继续上升至 0.89，基尼系数高是第一产业不断向河北集聚所致。从京津冀地区三次产业增加值的内部占比看（见表 4 - 9），自 1995 年以来，第一产业主要集中分布于河北，且从发展趋势看，河北的占比已经逐年提高至 90% 以上。

（二）第二产业

从表 4 - 8 可以看出，2003 ~ 2018 年，京津冀城市群第二产业及其子行业的区位基尼系数在变小，其在空间上趋于分散布局。其中，制造业最为分散且趋于更加分散的布局，区位基尼系数从 2003 年的 0.20 降为 2018 年的 0.12。采矿业对地区资源禀赋依赖较大，因而分布相对集中，但有分散趋势，其基尼系数从

**表4-9　京津冀三次产业增加值内部占比**　　单位:%

| | 地区 | 1995年 | 2000年 | 2005年 | 2010年 | 2018年 | 份额差（1995~2018年） |
|---|---|---|---|---|---|---|---|
| 第一产业 | 北京 | 9.44 | 8.11 | 5.54 | 4.39 | 3.37 | -6.07 |
| | 天津 | 7.95 | 7.54 | 7.02 | 5.14 | 5.73 | -2.22 |
| | 河北 | 82.60 | 84.35 | 87.44 | 90.47 | 90.90 | 8.30 |
| 第二产业 | 北京 | 25.97 | 23.42 | 21.48 | 17.89 | 17.15 | -8.82 |
| | 天津 | 20.85 | 19.58 | 22.63 | 25.56 | 28.75 | 7.90 |
| | 河北 | 53.18 | 57.00 | 55.88 | 56.55 | 54.09 | 0.92 |
| 第三产业 | 北京 | 38.75 | 45.36 | 49.27 | 48.27 | 46.57 | 7.82 |
| | 天津 | 17.30 | 16.92 | 16.83 | 19.30 | 22.50 | 5.20 |
| | 河北 | 43.94 | 37.73 | 33.90 | 32.43 | 30.92 | -13.02 |

资料来源：历年《中国统计年鉴》。

2003年的0.65降为2018年的0.51。电力、燃气及水的生产和供应业主要集中于北京、天津、邯郸、唐山、保定和石家庄，近10年来有一定分散，但变幅不大，基尼系数从2003年的0.5降为2018年的0.46。建筑业空间分散趋势明显，其基尼系数从2003年的0.6降至2018年的0.36，2003年建筑业就业人口集中于北京市和河北省的比例分别为65.77%和26.23%，截至2018年，该比例北京降幅最大，降至26.56%，天津和保定提升较快，2018年该比例分别为18.78%和17.16%，其中，北京份额下降和天津份额上升是建筑业空间分散的主因。

（三）第三产业

表4-8表明，第三产业整体趋于分散布局，但其子行业的变化差异相对较大。2003年分布最为集中的行业是租赁和商业服务业，其基尼系数达到0.80；其次是住宿、餐饮业，居民服务、修理和其他服务业，房地产业，信息传输、计算机服务和软件业和科学研究、技术服务和地质勘查业，这些行业的区位基尼系数均在0.65以上，表现为明显的空间集中性。截至2018年，空间集中性发生了一定变化，分布最为集中的行业是信息传输、计算机服务和软件业，主要是北京该行业就业人员的增加；其次是租赁和商业服务业，其余行业的空间基尼系数均在0.65以下。但总体而言，第三产业的区位基尼系数较高，主要是因为该产业就业人员大多集中在北京市之故。

2003~2018年，区位基尼系数变小、在空间上分布趋于分散的产业依次是批发和零售业，住宿、餐饮业，房地产业，租赁和商业服务业，科学研究、技术服务和地质勘查业，居民服务、修理和其他服务业。这些行业大部分与居民生活较为密切，经济发展惠及居民，居民的生活水平提高，自然会产生更多的需求。区位基尼系数变大、在空间分布上趋于集聚的产业依次有信息传输、计算机服务和软件业，金融业，水利、环境和公共设施管理业，卫生、社会保障和社会福利业，文化、体育、娱乐业。这些行业大部分为第三产业中高等级行业，在北京天津发展更为有利，并且根据之前的产业转移的结论，北京正是这些行业的产业迁入地，因此这些行业表现出集聚尤其是集聚在北京的状况。除此之外，交通运输、仓储和邮政业，教育，公共管理和社会组织基本持平，这三个行业以政府管理为主，因而变动不大。

总体来看，近 10 年来京津冀地区第三产业的众多子行业在空间上呈现不断分散的趋势。空间基尼系数在 0.65 以上的行业由 6 个下降为 2 个，空间基尼系数上升的行业大多为在空间上较为分散的行业。

## 二、京津冀城市群的产业分工特征

产业分工状况采用区位熵来衡量。区位熵也叫专门化率，在区域经济的分析中多用于测度某产业部门的专业化程度，更多用于测度地区的主导产业。区位熵方法最早由哈盖特（P. Haggett）提出，其表达式如下：

$$LQ_{ij} = \frac{q_{ij}/q_j}{q_i/q} \tag{4-3}$$

其中，$LQ_{ij}$为区位熵，$q_{ij}$表示地区 $j$ 行业 $i$ 的产值或就业人数，$q_j$表示地区 $j$ 各行业产值或就业人数，$q_i$表示行业 $i$ 在所属较大区域产值或就业人数，$q$ 表示所属较大区域全部行业产值或就业人数。一般来说，区位熵大于 1，表明该地区该产业具有比较优势，专业化水平较高；区位熵等于 1，表明该地区该产业无明显的优势；区位熵小于 1，表明该地区该产业处于比较劣势，专业化水平较低。

通过计算 2003 年、2004 年、2013 年和 2017 年北京、天津、河北三地区以及河北 11 个地级市的主要行业区位熵，可发现三地主导产业有明显差异，区域内部的错位发展和产业分工较为明显。

### （一）第一产业

由表 4－10 可知，京津二市第一产业总体无比较优势，二市一省中河北相对占优。2003 年，北京第二产业的区位熵为 0.20，随着北京大量的农村剩余劳动力发生转移，其区位熵进一步下降至 2017 年的 0.10；河北农业优势明显，且有进一步增强之势。从河北内部看，河北 11 个地市第一产业均具有显著的竞争优势，且多数地市的区位熵随时间有不同程度的提升。事实上，京津冀三地以及河北各地市的第一产业对各自经济贡献总体呈下降趋势，之所以出现其区位熵提升现象，主要是因为河北及其地市第一产业占各自地区产值份额在考察期内下降速率较之京津二市慢的缘故。

表 4－10　2004 年和 2017 年京津冀城市群第一产业产值区位熵对比

| 年份 | 北京 | 天津 | 河北 | 石家庄 | 唐山 | 秦皇岛 | 邯郸 | 邢台 | 保定 | 张家口 | 承德 | 沧州 | 廊坊 | 衡水 |
|---|---|---|---|---|---|---|---|---|---|---|---|---|---|---|
| 2004 | 0.20 | 0.40 | 1.70 | 1.56 | 1.47 | 1.67 | 1.67 | 1.97 | 1.59 | 1.17 | 1.96 | 1.83 | 2.05 | 1.80 |
| 2017 | 0.10 | 0.24 | 2.13 | 1.59 | 1.84 | 2.84 | 2.43 | 2.68 | 2.29 | 3.54 | 3.22 | 1.70 | 1.42 | 2.53 |

资料来源：各年《北京统计年鉴》《天津统计年鉴》《河北经济年鉴》以及河北各地市统计年鉴。

（二）第二产业

由表 4－11 可知，京津冀城市群中天津、河北的第二产业具有明显优势。2004 年，北京第二产业区位熵为 0.63，随着北京制造业转移政策的实施，其区位熵进一步下降至 2017 年的 0.51；天津区位熵变化不大，而河北则进一步上升。具体到河北各地市，石家庄、唐山、邯郸、保定、沧州、廊坊、衡水的第二产业比较优势均有不同程度的提升，而秦皇岛、邢台相对优势下降明显，其中秦皇岛下降至 2017 年的 0.92。

表 4－11　2004 年和 2017 年京津冀城市群第二产业产值区位熵对比

| 年份 | 北京 | 天津 | 河北 | 石家庄 | 唐山 | 秦皇岛 | 邯郸 | 邢台 | 保定 | 张家口 | 承德 | 沧州 | 廊坊 | 衡水 |
|---|---|---|---|---|---|---|---|---|---|---|---|---|---|---|
| 2004 | 0.63 | 1.19 | 1.17 | 1.08 | 1.26 | 1.13 | 1.12 | 1.20 | 1.00 | 0.93 | 1.26 | 1.29 | 1.11 | 1.08 |
| 2017 | 0.51 | 1.20 | 1.27 | 1.21 | 1.45 | 0.92 | 1.26 | 1.24 | 1.33 | 0.99 | 1.22 | 1.32 | 1.18 | 1.26 |

资料来源：各年《北京统计年鉴》《天津统计年鉴》《河北经济年鉴》以及河北各地市统计年鉴。

京津冀城市群 2003 年和 2017 年第二产业细分行业就业人数区位熵如表 4－12 所示。采矿业受到资源禀赋影响较大，主要集中于河北，而北京、天津的采矿业就业人口少。具体到河北内部，唐山、邯郸、邢台、张家口、承德采矿业始终处于优势地位。随着沧州石油气的开采，2003～2017 年沧州的采矿业也发展迅速。

表 4－12　2003 年和 2017 年京津冀城市群第二产业就业人数区位熵对比

| 产业 | 年份 | 北京 | 天津 | 河北 | 石家庄 | 唐山 | 秦皇岛 | 邯郸 | 邢台 | 保定 | 张家口 | 承德 | 沧州 | 廊坊 | 衡水 |
|---|---|---|---|---|---|---|---|---|---|---|---|---|---|---|---|
| 采矿业 | 2003 | 0.08 | 0.84 | 1.19 | 0.12 | 3.09 | 0.23 | 3.22 | 1.70 | 0.09 | 1.16 | 1.25 | 0.39 | 0.01 | 0.00 |
| | 2017 | 0.33 | 0.41 | 1.30 | 0.16 | 2.91 | 0.50 | 1.10 | 1.67 | 0.02 | 1.98 | 0.88 | 0.61 | 0.00 | 0.00 |
| 制造业 | 2003 | 0.70 | 1.45 | 0.92 | 1.21 | 1.06 | 0.96 | 0.83 | 0.68 | 0.81 | 1.03 | 0.74 | 0.65 | 0.69 | 0.81 |
| | 2017 | 0.59 | 1.42 | 0.77 | 1.33 | 0.91 | 1.47 | 1.25 | 1.02 | 0.83 | 1.00 | 1.00 | 1.23 | 1.44 | 1.08 |
| 电力、燃气及水的生产和供应业 | 2003 | 0.21 | 0.71 | 1.29 | 0.96 | 1.32 | 1.36 | 1.58 | 1.83 | 1.40 | 1.16 | 0.98 | 1.19 | 1.00 | 1.44 |
| | 2017 | 0.58 | 0.47 | 1.64 | 1.47 | 1.21 | 1.60 | 0.65 | 2.17 | 0.93 | 3.04 | 1.86 | 2.26 | 1.18 | 2.34 |
| 建筑业 | 2003 | 1.51 | 0.67 | 0.86 | 0.79 | 0.63 | 0.73 | 0.97 | 0.42 | 1.61 | 0.68 | 0.46 | 1.41 | 0.62 | 0.37 |
| | 2017 | 0.63 | 0.90 | 0.87 | 0.99 | 0.61 | 0.58 | 0.97 | 0.97 | 2.06 | 0.74 | 1.30 | 0.88 | 0.88 | 1.36 |

资料来源：《中国城市统计年鉴》（2004，2018）。

天津的制造业基础雄厚，北京制造业、河北的制造业并不具备比较优势，京津冀城市群制造业竞争优势均呈下降趋势。具体到河北内部，只有廊坊的制造业表现突出，区位熵由0.69上升至1.44；石家庄、唐山、张家口2003年区位熵大于1，而2017年则失去比较优势；河北其余各市的专业化水平均呈现不同程度的下降。

河北的电气、燃气及水的生产和供应业优势明显，且河北各地市区位熵均大于1或近似于1，2003～2017年整体呈现增长趋势。受经济发展形势和产业结构调整的影响，北京建筑业由比较优势转变为比较劣势，天津、河北也表现出不具备竞争优势。

（三）第三产业

从就业人数区位熵看，由表4－13可知，北京第三产业具有明显的比较优势，而河北第三产业专业化程度较低。2004～2017年，京津冀二市一省区位熵变化不大。具体而言，秦皇岛服务业发展较快，其区位熵有一定提升，而张家口明显下降，由1.03下降至0.78。

**表4－13　2004年和2017年京津冀城市群第三产业就业人数区位熵对比**

| 年份 | 北京 | 天津 | 河北 | 石家庄 | 唐山 | 秦皇岛 | 邯郸 | 邢台 | 保定 | 张家口 | 承德 | 沧州 | 廊坊 | 衡水 |
|---|---|---|---|---|---|---|---|---|---|---|---|---|---|---|
| 2004 | 1.49 | 0.93 | 0.72 | 0.83 | 0.67 | 0.75 | 0.77 | 0.63 | 0.89 | 1.03 | 0.58 | 0.58 | 0.70 | 0.78 |
| 2017 | 1.40 | 0.94 | 0.72 | 0.81 | 0.63 | 0.89 | 0.70 | 0.69 | 0.67 | 0.78 | 0.66 | 0.73 | 0.85 | 0.70 |

资料来源：各年《北京统计年鉴》《天津统计年鉴》《河北经济年鉴》及河北各地市统计年鉴。

京津冀城市群各城市2003年和2017年第三产业就业人数区位熵如表4－14所示。北京服务业的集聚优势最为显著，且服务体系日趋完备，服务业高端化发展明显。2017年，区位熵较高的行业有交通运输、仓储和邮政业，信息传输、计算机服务和软件业，批发和零售业，住宿、餐饮业，金融业，房地产业，租赁和商业服务业，科学研究、技术服务和地质勘查业，以及文化、体育、娱乐业。标志着北京的现代服务体系完备，高端服务业占据优势地位。其中，2003～2017年，交通运输、仓储和邮政业，信息传输、计算机服务和软件业，金融业，文化、体育、娱乐业四大行业区位熵提升最为明显，分别提高了0.18、0.32、0.41和0.31，现代高端服务业优势显现。下降比较明显的是居民服务、修理和其他服务业，公共管理和社会组织，表明北京2014年起加大疏解非首都功能取得明显成效，一些较低端的服务业及相关组织迁出显著。

表 4 – 14　2003 年和 2017 年京津冀城市群第三产业就业人口数区位熵对比

| 行业 | 年份 | 北京 | 天津 | 河北 | 石家庄 | 唐山 | 秦皇岛 | 邯郸 | 邢台 | 保定 | 张家口 | 承德 | 沧州 | 廊坊 | 衡水 |
|---|---|---|---|---|---|---|---|---|---|---|---|---|---|---|---|
| 交通运输、仓储和邮政业 | 2003 | 1.09 | 1.09 | 0.83 | 0.99 | 0.80 | 2.08 | 0.66 | 0.54 | 0.59 | 0.69 | 0.82 | 0.68 | 0.75 | 0.89 |
| | 2017 | 1.27 | 0.84 | 0.75 | 1.24 | 0.94 | 1.59 | 0.65 | 0.35 | 0.35 | 0.71 | 0.61 | 0.62 | 0.36 | 0.72 |
| 信息传输、计算机服务和软件业 | 2003 | 1.52 | 0.48 | 0.46 | 0.43 | 0.33 | 0.41 | 0.29 | 0.45 | 0.51 | 0.51 | 0.71 | 0.61 | 0.48 | 0.80 |
| | 2017 | 1.84 | 0.31 | 0.29 | 0.45 | 0.17 | 0.39 | 0.17 | 0.21 | 0.19 | 0.32 | 0.31 | 0.19 | 0.69 | 0.32 |
| 批发和零售业 | 2003 | 1.29 | 0.66 | 0.71 | 0.79 | 0.46 | 0.50 | 0.80 | 0.81 | 0.68 | 0.87 | 0.77 | 0.73 | 0.59 | 0.99 |
| | 2017 | 1.40 | 0.85 | 0.59 | 0.83 | 0.67 | 0.45 | 0.46 | 0.54 | 0.46 | 0.64 | 0.50 | 0.53 | 0.40 | 0.91 |
| 住宿、餐饮业 | 2003 | 1.64 | 0.51 | 0.27 | 0.46 | 0.18 | 0.25 | 0.16 | 0.28 | 0.22 | 0.26 | 0.42 | 0.23 | 0.26 | 0.25 |
| | 2017 | 1.60 | 0.73 | 0.40 | 0.51 | 0.24 | 0.58 | 0.30 | 0.33 | 0.30 | 0.71 | 0.85 | 0.30 | 0.38 | 0.34 |
| 金融业 | 2003 | 0.75 | 1.02 | 1.36 | 1.23 | 1.25 | 1.79 | 1.09 | 1.68 | 1.35 | 1.16 | 1.34 | 1.49 | 1.45 | 1.91 |
| | 2017 | 1.16 | 0.79 | 0.90 | 1.05 | 0.84 | 1.07 | 0.71 | 0.76 | 0.73 | 0.87 | 1.60 | 1.02 | 0.66 | 1.05 |
| 房地产业 | 2003 | 1.61 | 0.57 | 0.29 | 0.25 | 0.25 | 0.40 | 0.22 | 0.19 | 0.22 | 0.45 | 0.22 | 0.22 | 0.76 | 0.34 |
| | 2017 | 1.54 | 0.71 | 0.48 | 0.47 | 0.51 | 0.70 | 0.37 | 0.48 | 0.32 | 0.75 | 0.31 | 0.35 | 0.96 | 0.41 |
| 租赁和商业服务业 | 2003 | 1.66 | 0.63 | 0.21 | 0.27 | 0.23 | 0.26 | 0.16 | 0.17 | 0.17 | 0.19 | 0.25 | 0.16 | 0.15 | 0.22 |
| | 2017 | 1.73 | 0.47 | 0.35 | 0.55 | 0.29 | 0.28 | 0.35 | 0.14 | 0.14 | 0.28 | 0.25 | 0.94 | 0.37 | 0.14 |
| 科学研究、技术服务和地质勘查业 | 2003 | 1.47 | 0.78 | 0.42 | 0.64 | 0.14 | 0.45 | 0.35 | 0.34 | 0.75 | 0.28 | 0.31 | 0.20 | 0.58 | 0.27 |
| | 2017 | 1.53 | 0.77 | 0.46 | 0.78 | 0.18 | 0.35 | 0.28 | 0.24 | 0.90 | 0.44 | 0.41 | 0.16 | 0.55 | 0.19 |
| 水利、环境和公共设施管理业 | 2003 | 0.69 | 1.40 | 1.29 | 1.55 | 1.61 | 2.00 | 1.33 | 0.94 | 0.93 | 1.14 | 1.09 | 1.02 | 1.28 | 0.79 |
| | 2017 | 0.86 | 0.92 | 1.20 | 1.36 | 1.25 | 1.45 | 1.36 | 1.34 | 0.55 | 2.04 | 1.56 | 1.17 | 0.86 | 1.01 |
| 居民服务、修理和其他服务业 | 2003 | 1.55 | 1.17 | 0.15 | 0.27 | 0.09 | 0.26 | 0.14 | 0.10 | 0.09 | 0.19 | 0.18 | 0.05 | 0.15 | 0.06 |
| | 2017 | 0.89 | 2.87 | 0.27 | 0.26 | 0.15 | 0.16 | 0.18 | 0.10 | 0.15 | 0.88 | 1.39 | 0.20 | 0.15 | 0.05 |
| 教育 | 2003 | 0.49 | 0.93 | 1.75 | 1.49 | 1.29 | 1.45 | 1.49 | 2.28 | 2.10 | 1.51 | 1.93 | 2.13 | 2.61 | 2.27 |
| | 2017 | 0.68 | 0.68 | 1.54 | 1.46 | 1.16 | 1.37 | 1.63 | 1.86 | 1.37 | 1.71 | 1.70 | 1.88 | 1.44 | 2.11 |
| 卫生、社会保障和社会福利业 | 2003 | 0.72 | 1.10 | 1.36 | 1.23 | 1.18 | 1.56 | 1.14 | 1.46 | 1.39 | 1.35 | 1.78 | 1.49 | 1.62 | 1.51 |
| | 2017 | 0.82 | 0.77 | 1.32 | 1.31 | 1.15 | 1.52 | 1.33 | 1.54 | 1.06 | 1.58 | 1.70 | 1.52 | 1.08 | 1.55 |
| 文化、体育、娱乐业 | 2003 | 1.24 | 0.80 | 0.74 | 1.22 | 0.50 | 1.02 | 0.56 | 0.57 | 0.66 | 0.54 | 0.85 | 0.56 | 0.99 | 0.48 |
| | 2017 | 1.55 | 0.49 | 0.57 | 1.05 | 0.44 | 1.04 | 0.44 | 0.33 | 0.28 | 0.63 | 0.82 | 0.56 | 0.28 | 0.48 |
| 公共管理和社会组织 | 2003 | 0.50 | 0.91 | 1.75 | 1.47 | 1.17 | 1.46 | 1.56 | 2.14 | 1.90 | 1.93 | 2.09 | 2.24 | 2.53 | 2.25 |
| | 2017 | 0.69 | 0.64 | 1.54 | 1.27 | 1.26 | 1.64 | 1.46 | 2.00 | 1.23 | 2.30 | 2.00 | 1.76 | 1.69 | 1.71 |

资料来源：《中国城市统计年鉴》（2004，2018）。

近年来，天津的发展也促进其产业结构不断升级，第三产业发展势头较好。

天津的居民服务、修理和其他服务业是比较优势最为突出的产业，也是区位熵提升最大的产业，从 2003 年的 1.17 提升到 2017 年的 2.87。与之形成鲜明对比的是，一些传统优势行业如交通运输、仓储和邮政业，金融业，水利、环境和公共设施管理业以及卫生、社会保障和社会福利业的优势正在丧失，区位熵已在 1 以下。这些传统上具有重要地位的行业优势下降可能与高端服务业向北京集聚和一般性服务业向河北地市迁移有关。

河北具有优势的服务行业有水利、环境和公共设施管理业，教育，卫生、社会保障和社会福利业，公共管理和社会组织，但从时间发展看，这些行业的优势都有不同程度的下降。除此之外，其他行业均不具优势。特别是之前具有一定优势的金融业，随着时间的发展丧失了其在京津冀中的重要地位。具体到河北内部各地市，石家庄作为河北省省会和交通枢纽，在服务业上表现突出，2017 年在服务业 14 个行业中的 7 个行业具有比较优势，比较突出的是教育，卫生、社会保障和社会福利业，交通运输、仓储和邮政业。唐山有 2 个行业具有一定优势，较突出的是水利、环境和公共设施管理业，公共管理和社会组织。秦皇岛有 5 个相对优势行业，较为突出的是交通运输、仓储和邮政业，水利、环境和公共设施管理业，教育，卫生、社会保障和社会福利业，公共管理和社会组织等行业。邯郸有 2 个相对优势行业，公共管理和社会组织水利、环境和公共设施管理业较突出。邢台、保定、张家口、承德、沧州、廊坊和衡水分别有 4 个、3 个、4 个、5 个、5 个、3 个和 5 个优势行业。由于临近和受制于京津二市，河北在高端服务领域普遍优势较低。

总之，北京服务业的集聚优势最为显著，已经初步形成完备的服务业布局，知识性和服务型特征显著；天津制造业基础雄厚，可以看出天津的产业结构虽然已经开始逐步向服务业倾斜，但制造业仍然具有重要地位；河北的支柱产业仍然以能源导向型产业为主，同时随着产业结构调整的深入推进，生产性服务业和公共服务业的发展成果显著，而生活服务业发展相对滞后。

## 第三节　京津冀城市群各市偏离—份额分析

本节采用偏离—份额法分析京津冀三地以及 13 个地级以上城市经济增长的构成和产业区域转移效应。

### 一、偏离—份额分析模型计算原理及数据来源

偏离—份额分析法（Shift - Share Method，SSM）最初由美国经济学家 Daniel

和 Creamer D. 提出，Dunn E. S. 总结完善成为较普遍采用的形式，Thirlwall A. P. 、Esteban - Marquillas J. M. 、Nazzra，Zaccomer G. P. 、Pamela M 和 Hewing 不断拓展，形成了当今成熟的分析方法。偏离—份额分析法将区域经济增长变量划分为三个分量，即区域增长份额分量、产业结构偏离份额分量和区位偏离份额分量。其中，区域增长份额分量指一个地区的某一部门规模如按照全国的结构比例分配，并按全国整体的产值增长速度所应当发生的变化量，也就是区域标准化的产业部门如按全国的平均增长率发展所产生的变化量。产业结构偏离份额分量是一个地区的某一部门比重与全国相对应部门比重的差异引起的这一地区的该部门增长相对于全国标准所产生的偏差，区位偏离份额分量指一个地区的某一部门增长速度与全国相对应部门增长速度的差别引起的偏差。经典的偏离—份额分析模型公式为：

$$\Delta X_{ij} = X'_{ij} - X_{ij} = X_{ij}r + X_{ij}\ (r_i - r)\ + X_{ij}\ (r_{ij} - r_i) \tag{4-4}$$

其中，区域增长份额分量 $r = \frac{\sum_{i=1}^{s}\sum_{j=1}^{R}(X'_{ij} - X_{ij})}{\sum_{i=1}^{s}\sum_{j=1}^{R}X_{ij}}$，产业结构偏离份额分量 $r_i = \frac{\sum_{j=1}^{R}(X'_{ij} - X_{ij})}{\sum_{j=1}^{R}X_{ij}}$，区位偏离份额分量 $r_{ij} = \frac{X'_{ij} - X_{ij}}{X_{ij}}$；$X_{ij}$为 $j$ 地区 $i$ 产业经济变量的初始值；$X'_{ij}$为 $j$ 地区 $i$ 产业经济变量的期末值。第一项表示全国整体对经济的作用；第二项表示一个地区的产业结构对经济的影响；第三项称为竞争效应，表示产业空间竞争效应对经济增长的贡献。

从京津冀城市群看，等式右边第一项表示京津冀城市群经济整体的作用，若京津冀城市群的经济在所分析的时间段内表现为增长，则所有地区该分量都为正，反之则为负；第二项表示京津冀城市群的产业结构剔除了京津冀城市群总体经济效应以后的影响，若某产业在此时间段内保持正的增长，并且增长率超过了区域经济的增长率，则所有地区的该产业的分量都为正，反之若产业增长率低于区域增长率或产业增长率为负，则结构分量值为负；第三项竞争效应，表示每个地区各产业空间竞争效应对经济增长的贡献，不同城市在不同产业上的竞争优势不同，对经济增长的贡献多少也就不同。本节选取京津冀一省二市及河北 11 个地级市的细分行业 GDP 作研究对象，使用了北京、天津、河北及河北 11 个地级市统计年鉴的相关数据，并以 2004 年作为报告基期，将 2017 年作为报告期。数据以 2001 年为基准进行平减。

## 二、基于偏离—份额分析法的各地区产业转移效应分析

下面分别对京津冀各省市进行偏离份额分析。按照结构分量和竞争分量的不同，可把各地制造业细分行业分为四类：A 类，结构因素、竞争力因素均 >0；B 类，结构因素 <0，竞争力因素 >0；C 类，结构因素、竞争力因素均 <0；D 类，结构因素 >0，竞争力因素 <0。

A 类行业表明：一是该行业增长速度快于京津冀城市群各行业的平均增长速度；二是该行业具有产业竞争力优势。B 类行业表明：一是该行业增长速度慢于京津冀城市群各行业的平均增长速度；二是该行业具有产业竞争力优势。C 类行业表明：一是该行业增长速度慢于京津冀城市群各行业的平均增长速度；二是该行业产业竞争力处于劣势。D 类行业表明：一是该行业增长速度慢于京津冀城市群各行业的平均增长速度；二是该行业产业竞争力处于劣势。

### （一）京津冀三省市

#### 1. 北京市

由表 4－15 可知，北京市 GDP 呈现增长态势且显著依赖于第三产业，第二产业次之，第一产业的影响十分有限。如图 4－6 所示，第一、第二产业（代号分别为 A 和 B）处于第三象限，即二者增长速度慢于京津冀地区经济的平均增长速度，并且不具结构优势，竞争力也处于劣势。第三产业增长快于京津冀地区经济的平均增速，但竞争力略处于劣势地位。具体深入到其结构内部，既具有结构优势又具有竞争优势的行业仅有信息传输、软件和信息技术服务业。仅具有结构优势的行业有六个，包括批发和零售业，金融业，房地产业，租赁和商务服务业、科学研究、技术服务业以及水利、环境和公共设施管理业。结构上处于劣势的行业有七个，包括交通运输、仓储和邮政业，住宿和餐饮业，居民服务、修理和其他服务业，教育，卫生和社会工作，文化、体育和娱乐业，公共管理、社会保障和社会组织。仅具有竞争优势的行业有三个，即教育，卫生和社会工作，公共管理、社会保障和社会组织。值得指出的是，北京第三产业中有 10 个行业未能形成竞争优势，其中最为突出的前四个行业分别是金融业、房地产业、租赁和商务服务业和交通运输、仓储和邮政业。

**表 4－15　2005～2017 年北京市 GDP 偏离份额分析**

| 产业 | 产值变化量 | 区域分量 | 结构分量 | 竞争分量 |
|---|---|---|---|---|
| 第一产业 | 16 | 173 | －93 | －64 |
| 第二产业 | 1729 | 2712 | －236 | －746 |
| 第三产业 | 7974 | 6891 | 1240 | －157 |

续表

| 产业 | 产值变化量 | 区域分量 | 结构分量 | 竞争分量 |
|---|---|---|---|---|
| 批发和零售业 | 1173 | 990 | 213 | -29 |
| 交通运输、仓储和邮政业 | 341 | 601 | -137 | -124 |
| 住宿和餐饮业 | 105 | 275 | -74 | -95 |
| 信息传输、软件和信息技术服务业 | 1068 | 757 | 89 | 223 |
| 金融业 | 1734 | 1202 | 998 | -466 |
| 房地产业 | 539 | 734 | 29 | -224 |
| 租赁和商务服务业 | 959 | 466 | 665 | -171 |
| 科学研究、技术服务业 | 932 | 466 | 522 | -55 |
| 水利、环境和公共设施管理业 | 65 | 58 | 8 | -2 |
| 居民服务、修理和其他服务业 | 35 | 134 | -2 | -97 |
| 教育 | 362 | 450 | -101 | 13 |
| 卫生和社会工作 | 236 | 178 | -47 | 104 |
| 文化、体育和娱乐业 | 202 | 240 | -23 | -16 |
| 公共管理、社会保障和社会组织 | 222 | 339 | -123 | 6 |

资料来源：《北京统计年鉴》（2006~2018）。

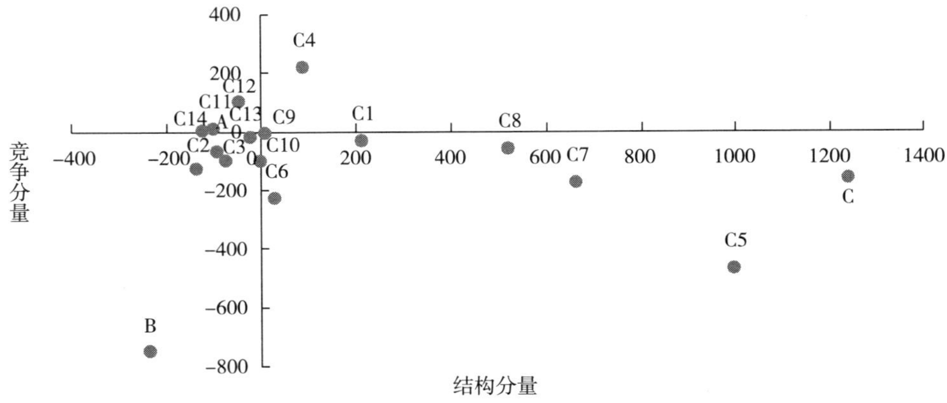


**图 4-6　北京市 GDP 偏离—份额分析**

注：行业从 A、B、C 分别为第一产业、第二产业、第三产业，C1~C14 分别为批发和零售业，交通运输、仓储和邮政业，住宿和餐饮业，信息传输、软件和信息技术服务业，金融业，房地产业，租赁和商务服务业，科学研究、技术服务业，水利、环境和公共设施管理业，居民服务、修理和其他服务业，教育，卫生和社会工作，文化、体育和娱乐业，公共管理、社会保障和社会组织，下同。

资料来源：《北京统计年鉴》（2006~2018）。

2. 天津市

由表4－16可知，天津GDP呈现增长态势且主要依赖于第二、第三产业，第一产业的影响十分有限。如图4－7所示，第一产业处于第三象限，即该产业增长速度慢于京津冀地区经济的平均增长速度，并且竞争力处于劣势；第二产业处于第二象限，虽然不具结构优势，但竞争优势明显，且竞争分量远大于结构分量，二者之和可解释第二产业增加值的35%，说明天津第二产业具有显著的竞争优势，并弥补了其在结构上的不足。第三产业处于第一象限，即该产业不仅增长快于京津冀地区经济的平均增速，而且竞争力处于十分明显的优势地位。具体到内部结构，既有结构优势又有竞争优势的行业有六个，包括批发和零售业，金融业，房地产业，租赁和商务服务业，科学研究、技术服务业，水利、环境和公共设施管理业。仅有结构优势的行业只有信息传输、软件和信息技术服务业。仅有竞争优势的行业有七个，包括交通运输、仓储和邮政业，住宿和餐饮业，居民服务、修理和其他服务业，教育，卫生和社会工作，文化、体育和娱乐业，公共管理、社会保障和社会组织。结构分量与竞争分量之和对天津第三产业贡献最大的是批发和零售业，金融业，租赁和商务服务业，科学研究、技术服务业，这四个行业也是天津最具发展潜力、最有前景的服务行业。

**表4－16　天津市GDP偏离—份额分析**

| 产业 | 产值变化量 | 区域分量 | 结构分量 | 竞争分量 |
|---|---|---|---|---|
| 第一产业 | 43 | 177 | －95 | －38 |
| 第二产业 | 4072 | 2627 | －229 | 1674 |
| 第三产业 | 4323 | 2222 | 400 | 1701 |
| 批发和零售业 | 1048 | 627 | 135 | 286 |
| 交通运输、仓储和邮政业 | 305 | 375 | －85 | 15 |
| 住宿和餐饮业 | 112 | 95 | －26 | 42 |
| 信息传输、软件和信息技术服务业 | 96 | 110 | 13 | －26 |
| 金融业 | 893 | 231 | 191 | 471 |
| 房地产业 | 295 | 179 | 7 | 109 |
| 租赁和商务服务业 | 430 | 45 | 65 | 320 |
| 科学研究、技术服务业 | 386 | 106 | 119 | 161 |
| 水利、环境和公共设施管理业 | 94 | 31 | 4 | 58 |
| 居民服务、修理和其他服务业 | 216 | 103 | －1 | 114 |
| 教育 | 151 | 130 | －29 | 51 |
| 卫生和社会工作 | 77 | 66 | －17 | 29 |

续表

| 产业 | 产值变化量 | 区域分量 | 结构分量 | 竞争分量 |
|---|---|---|---|---|
| 文化、体育和娱乐业 | 49 | 22 | -2 | 29 |
| 公共管理、社会保障和社会组织 | 170 | 103 | -37 | 105 |

资料来源：《天津统计年鉴》（2006～2018）。

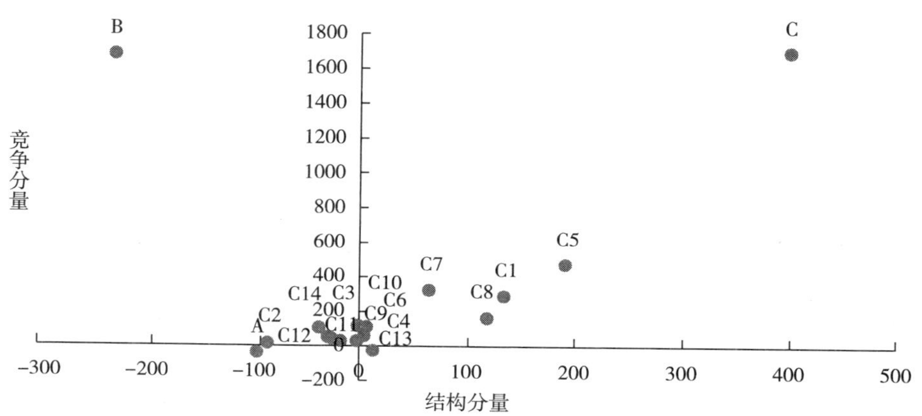


**图4-7　天津市GDP偏离—份额分析**

资料来源：《天津统计年鉴》（2006～2018）。

3. 河北省

由表4-17可知，河北GDP呈现增长态势且显著依赖于第二产业，第三产业次之，第一产业虽然排名最末但影响力远大于京津。如图4-8所示，第一产业处于第二象限，即该产业增长速度慢于京津冀地区经济的平均增长速度，但相比京津二市河北第一产业具有一定优势；第二产业位于第三象限，即河北不仅产业结构处于劣势，产业增速低于京津冀地区经济的平均增长速度，而且处于显著的竞争劣势。第三产业位于第四象限，该产业增长快于京津冀地区经济的平均增速，但是竞争力明显处于劣势地位。具体结构而言，既具有产业结构优势又具有竞争优势的行业仅有房地产一个行业，而且该行业在河北第三产业中地位低下，对产业贡献率低。仅具结构优势的行业有信息传输、软件和信息技术服务业，金融业，租赁和商务服务业，科学研究，技术服务业，水利、环境和公共设施管理业。仅具竞争优势的行业只有交通运输、仓储和邮政业，住宿和餐饮业两个行业。因此，河北第三产业及其内部行业尚处于发展之中，与京津相比距离较大，同时也表明河北具有从京津承接转移服务业的很大潜力。

表 4-17 河北省 GDP 偏离—份额分析

| 产业 | 产值变化量 | 区域分量 | 结构分量 | 竞争分量 |
|---|---|---|---|---|
| 第一产业 | 1169 | 2308 | -1241 | 103 |
| 第二产业 | 6303 | 7920 | -690 | -928 |
| 第三产业 | 4655 | 5253 | 945 | -1544 |
| 批发和零售业 | 981 | 1020 | 219 | -257 |
| 交通运输、仓储和邮政业 | 937 | 1073 | -244 | 108 |
| 住宿和餐饮业 | 255 | 277 | -75 | 53 |
| 信息传输、软件和信息技术服务业 | 133 | 295 | 34 | -196 |
| 金融业 | 646 | 356 | 295 | -5 |
| 房地产业 | 532 | 402 | 16 | 115 |
| 租赁和商务服务业 | 152 | 124 | 177 | -148 |
| 科学研究、技术服务业 | 183 | 136 | 152 | -105 |
| 水利、环境和公共设施管理业 | 48 | 91 | 13 | -56 |
| 居民服务、修理和其他服务业 | 217 | 237 | -3 | -17 |
| 教育 | 197 | 336 | -75 | -63 |
| 卫生和社会工作 | 139 | 368 | -97 | -133 |
| 文化、体育和娱乐业 | 35 | 54 | -5 | -14 |
| 公共管理、社会保障和社会组织 | 198 | 485 | -176 | -111 |

资料来源：《河北经济年鉴》（2006～2018）。

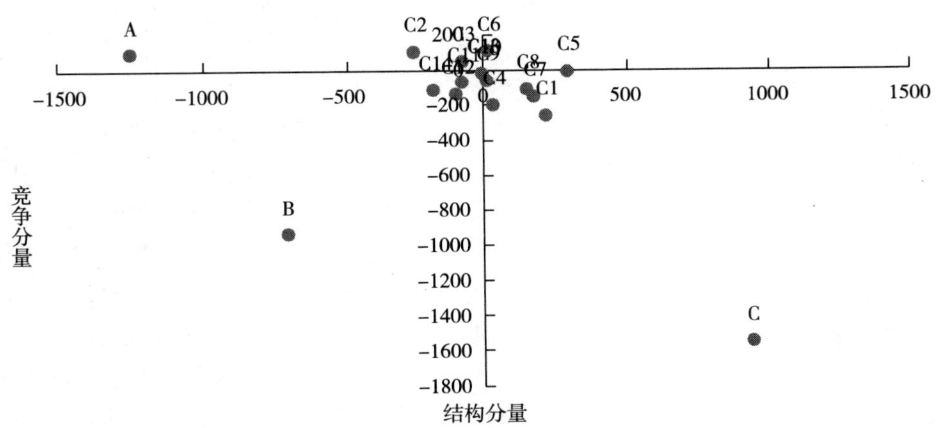


图 4-8 河北省 GDP 偏离—份额分析

资料来源：《河北经济年鉴》（2006～2018）。

（二）河北各地市

京津冀各地市的空间竞争效应对各行业经济增长的贡献主要体现在竞争分量上。竞争分量体现了各个地区在各行业中竞争力的强弱和行业发展管理能力的差异，若该地区有发展该行业的优势，这一分量就为正；反之则为负。因此，这里仅对河北11个地级市各行业竞争分量进行比较分析。

如表4－18所示，河北作为一个区域整体，其第一产业虽然不具结构优势，但具有一定竞争优势，第二产业结构优势和竞争优势都不具备，第三产业具有结构优势，但竞争分量为负，表明其相对京津二市处于竞争劣势，三次产业的结构分量和竞争分量在其内部各地市则表现各异。其中，第一产业没有一个城市具有结构和竞争双重优势，且所有地市第一产业都不具结构优势。不具有结构优势但具有竞争优势的是张家口、沧州、廊坊、承德和唐山等传统上农业比较发达和具有一定优势的地区。如张家口多样化的地理、地貌特征和气候差异特点，为不同农作物生产提供了良好的生长条件，张家口可充分利用自己的优势条件大力发展食品加工业，另外4个城市也各具自身农业特色优势。第一产业既不具结构优势也不具竞争优势的地市是保定、邢台和衡水，其结构分量和竞争分量都为负。第二产业没有一个城市兼有结构优势和竞争优势，且所有城市都不具有结构优势。第二产业具有竞争优势的地市包括唐山、张家口、沧州、廊坊和承德，而石家庄、邯郸、保定、秦皇岛、邢台和衡水的竞争分量为负，处于竞争劣势。第三产业仅有廊坊和承德表现了既有结构优势又有相对竞争优势，所有地市都具有结构优势，除廊坊和承德外，所有其他地市的竞争分量均为负，表明河北多数地市服务业在京津冀大背景下处于劣势，这可能与河北整体处于工业化中期阶段有关。

**表4－18　京津冀各地市偏离—份额分析结构与竞争分量**

| 产业 | 河北 | | 石家庄 | | 唐山 | | 邯郸 | | 张家口 | | 保定 | |
|---|---|---|---|---|---|---|---|---|---|---|---|---|
| | 结构分量 | 竞争分量 | 结构分量 | 竞争分量 | 结构分量 | 竞争分量 | 结构分量 | 竞争分量 | 结构分量 | 竞争分量 | 结构分量 | 竞争分量 |
| 第一产业 | －1241 | 103 | －209 | －49 | －193 | 32 | －127 | －118 | －53 | 189 | －161 | －112 |
| 第二产业 | －690 | －927 | －117 | －242 | －134 | 305 | －69 | －858 | －29 | 626 | －80 | －797 |
| 第三产业 | 945 | －1543 | 200 | －333 | 160 | －71 | 103 | －228 | 44 | －48 | 94 | －215 |
| 批发和零售业 | 219 | －257 | 46 | －41 | 47 | －61 | 32 | －60 | 11 | －21 | 19 | －10 |
| 交通运输、仓储和邮政业 | －244 | 108 | －54 | －5 | －64 | 181 | －5 | －6 | －11 | 3 | －15 | －11 |
| 住宿和餐饮业 | －75 | 53 | －14 | －8 | －9 | 8 | －29 | 29 | －3 | 13 | －5 | 11 |
| 信息传输、软件和信息技术服务业 | 34 | －196 | 6 | －35 | 4 | －27 | 2 | 5 | 2 | －10 | 4 | －32 |
| 金融业 | 295 | －5 | 77 | 0 | 42 | 23 | 19 | 12 | 8 | 26 | 29 | －12 |

续表

| 产业 | 河北 | | 石家庄 | | 唐山 | | 邯郸 | | 张家口 | | 保定 | |
|---|---|---|---|---|---|---|---|---|---|---|---|---|
| | 结构分量 | 竞争分量 | 结构分量 | 竞争分量 | 结构分量 | 竞争分量 | 结构分量 | 竞争分量 | 结构分量 | 竞争分量 | 结构分量 | 竞争分量 |
| 房地产业 | 16 | 115 | 2 | 66 | 3 | -17 | 1 | 14 | 1 | -3 | 2 | 14 |
| 租赁和商务服务业 | 177 | -148 | 82 | -118 | 16 | -1 | 31 | -47 | 5 | -4 | 11 | -16 |
| 科学研究、技术服务业 | 152 | -105 | 35 | -39 | 4 | 4 | 4 | -1 | 2 | -2 | 42 | -37 |
| 水利、环境和公共设施管理业 | 13 | -56 | 1 | -4 | 1 | -1 | 1 | 0 | 0 | 0 | 1 | -3 |
| 居民服务、修理和其他服务业 | -3 | -17 | 0 | 12 | 0 | -4 | 0 | 0 | 0 | -11 | 0 | -4 |
| 教育 | -75 | -63 | -16 | -11 | -10 | -14 | -13 | -24 | -4 | 1 | -10 | -8 |
| 卫生和社会工作 | -97 | -133 | -29 | -72 | -15 | -30 | -7 | -7 | -2 | 6 | -10 | -4 |
| 文化、体育和娱乐业 | -5 | -14 | -2 | -7 | 0 | -1 | 0 | 3 | 0 | -1 | 0 | -4 |
| 公共管理、社会保障和社会组织 | -176 | -111 | -29 | 23 | -14 | 22 | -29 | -48 | -11 | 3 | -28 | -45 |

| 产业 | 沧州 | | 秦皇岛 | | 邢台 | | 廊坊 | | 承德 | | 衡水 | |
|---|---|---|---|---|---|---|---|---|---|---|---|---|
| | 结构分量 | 竞争分量 | 结构分量 | 竞争分量 | 结构分量 | 竞争分量 | 结构分量 | 竞争分量 | 结构分量 | 竞争分量 | 结构分量 | 竞争分量 |
| 第一产业 | -112 | 91 | -43 | 90 | -102 | -33 | -84 | 68 | -50 | 53 | -76 | -26 |
| 第二产业 | -57 | 156 | -27 | -53 | -53 | -422 | -48 | 360 | -22 | 381 | -37 | -231 |
| 第三产业 | 114 | -276 | 68 | -228 | 55 | -113 | 48 | 194 | 31 | 18 | 59 | -313 |
| 批发和零售业 | 21 | -20 | 14 | -31 | 13 | -9 | 8 | -23 | 5 | 4 | 13 | -22 |
| 交通运输、仓储和邮政业 | -28 | 43 | -28 | -71 | -17 | -44 | -4 | 39 | -9 | 4 | -11 | -42 |
| 住宿和餐饮业 | -9 | -13 | -8 | -19 | -3 | -3 | -10 | 42 | -3 | 1 | -5 | -15 |
| 信息传输、软件和信息技术服务业 | 6 | -54 | 2 | -9 | 2 | -10 | 2 | -1 | 1 | -3 | 3 | -27 |
| 金融业 | 34 | -39 | 14 | 6 | 17 | -3 | 22 | 27 | 10 | 31 | 22 | -30 |
| 房地产业 | 2 | -19 | 1 | 10 | 1 | -4 | 2 | 79 | 1 | -2 | 1 | -13 |
| 租赁和商务服务业 | 11 | 25 | 13 | -12 | 3 | 2 | 6 | 18 | 5 | -4 | 17 | -30 |
| 科学研究、技术服务业 | 2 | 9 | 3 | -1 | 3 | -3 | 27 | -8 | 1 | 4 | 1 | 0 |
| 水利、环境和公共设施管理业 | 0 | -1 | 0 | 3 | 0 | 1 | 0 | 0 | 1 | -7 | 0 | -1 |
| 居民服务、修理和其他服务业 | 0 | 3 | 0 | -8 | 0 | 26 | 0 | 22 | 0 | 9 | -1 | -49 |
| 教育 | -8 | 0 | -4 | -1 | -7 | -13 | -4 | 5 | -3 | 4 | -8 | -31 |
| 卫生和社会工作 | -9 | 4 | -3 | 0 | -2 | 8 | -2 | 7 | -2 | 7 | -2 | -2 |
| 文化、体育和娱乐业 | -1 | -2 | 0 | 1 | 0 | 0 | 0 | 2 | 0 | 2 | 0 | -4 |
| 公共管理、社会保障和社会组织 | -40 | -81 | -13 | -17 | -13 | -3 | -11 | -4 | -9 | 2 | -8 | -10 |

资料来源：《河北经济年鉴》（2006～2016）以及河北各地级市统计年鉴。

具体到各地市和第三产业内部，石家庄有七个行业有结构优势，并在房地产，居民服务、修理和其他服务业，公共管理、社会保障和社会组织上具有一定竞争优势；唐山有七个行业具有结构优势，并在交通运输、仓储和邮政业，住宿和餐饮业，金融业，科学研究、技术服务业，公共管理、社会保障和社会组织上具有一定竞争优势；邯郸在住宿和餐饮业，信息传输、软件和信息技术服务业，金融业，房地产业，文化、体育和娱乐业上表现了一定竞争优势；张家口有六个行业具有微弱结构优势，在交通运输、仓储和邮政业，住宿和餐饮业，金融业，教育，卫生，社会工作，公共管理、社会保障和社会组织上具有一定竞争力；保定在七个行业具有一定结构优势，并在住宿和餐饮业和房地产业上有一定竞争力；沧州有六个行业具有一定结构优势，并在交通运输、仓储和邮政业，租赁和商务服务业，科学研究、技术服务业，居民服务、修理和其他服务业，卫生和社会工作方面具有一定竞争优势；秦皇岛有六个行业具有较弱的结构优势，在金融业，房地产业，水利、环境和公共设施管理业方面较有竞争优势；邢台有六个行业具有微弱结构优势，在租赁和商务服务业，居民服务、修理和其他服务业，卫生和社会工作上具有一定竞争优势；廊坊是河北服务业发展较好和具有竞争优势的城市，在六个行业具有一定结构优势，并在多个行业都表现出较好的竞争优势，包括交通运输、仓储和邮政业，住宿和餐饮业，金融业，房地产业，租赁和商务服务业，居民服务、修理和其他服务业，教育，卫生和社会工作，文化、体育和娱乐业方面；承德也是河北服务业发展具有一定竞争优势的城市，有七个行业具有微弱结构优势，在批发和零售业、交通运输、仓储和邮政业，住宿和餐饮业，金融业，科学研究、技术服务业，居民服务、修理和其他服务业，教育，卫生和社会工作、文化、体育和娱乐业和公共管理、社会保障和社会组织等多个行业中都表现了较好的竞争优势；衡水有六个行业具有微弱结构优势，但几乎没有任何服务行业表现有竞争优势，各行业在京津冀大背景下基本处于相对劣势状态。

综上所述，天津各产业发展情况相对北京、河北更具活力，发展态势良好；北京虽然总体具有结构优势，但其各产业发展的竞争分量均为负值，竞争优势表现欠佳，尤其金融业、科技研究、技术服务等产业上竞争优势有待提升，否则难以与其科技创新中心定位相匹配。天津第二产业结构欠佳，但竞争优势明显，其第三产业结构和竞争上都有优势，其服务业尤其是多数现代服务业表现出良好的发展活力，竞争优势明显。河北农业虽然结构上不利，但表现了较好的竞争优势，第二产业结构和竞争力都不具优势，服务业有一定结构优势，但竞争优势缺乏。河北各地市表现不一，但除少数地区（廊坊和承德）在第二、第三产业上表现了较好的结构和竞争优势外，其他各地市要么处于结构劣势，要么处于竞争劣势，或者二者都居劣势。总体而言，河北亟须优化产业结构，提升产业竞争水平。

## 第四节　小结

本章主要梳理了整个京津冀城市群各大产业以及部分细分行业的空间结构和转移状况。京津冀城市群 GDP 总额占国家 GDP 总额比重较高，其经济发展对国家经济影响巨大。京津冀城市群内部产业结构以第三产业为主，第二产业其次，第一产业比重最低。其中，北京的第三产业占比最高，发展最快，呈现出后工业经济“服务主导、科技引领”的高端趋势。天津第三产业占比已近 60%，产业服务化趋势明显，但第二产业发展动力十足，且呈现重工业化和高新化的特点。河北第一产业仍占一定比重，第二产业占主导，以资金、资源密集型产业为主，战略性新兴产业正在增长，仍旧处于产业结构升级的阶段。

若产业分工是地区比较优势的体现，那么产业转移则是比较优势不断作用的结果，最终影响到产业集聚。从产业分工看，三地的产业空间格局并非一日形成。比如天津的工业，早在清末就在不断积累，当时一批民族资产阶级者在天津投资兴办了许多民族工业，尽管大多是轻工业，但也为天津后来的工业发展打下了基础。而北京，从明清两代的古都到新中国的首都，始终代表国家形象，直到新中国成立前都未对工业发展引起重视。并且新中国成立后以大生产来建设北京的思想最终被证明不符合北京首都的形象，不符合北京未来的发展方向，其真正的比较优势所在应当是第三产业。河北则拥有许多矿产资源，尤其在唐山，这成为其工业水平领先于河北整体工业发展的原因。

京津冀城市群内部的产业转移则依靠着三地各自的比较优势，不断将这一优势强化，从而形成集聚。北京更具有服务业发展的优势，尤其是高端服务业，产业转移的方向也正如此，北京转入的行业中最多的为高端服务业。天津本身具有良好的工业基础，同时又是一个处于工业化后期的城市，既对工业有吸引力，也对现代服务业有吸引力。因此在天津，既有工业的集聚，尤其是新兴工业的转入，又有现代服务业的集聚。河北始终作为京津冀内部主要的工业的集聚地和产业转移承接地，继续发挥着原有的比较优势。

政策因素是京津冀产业空间结构变化的重要推动之一。北京是最典型的例子，从建设大工业北京到发展服务业，均有政策作为导向。现在对京津冀发展的指导性规划包括《京津冀十三五规划纲要》和《京津冀协同发展规划纲要》，都

已为京津冀城市群的发展做出了部署。北京要成为“四个中心”城市，疏解非首都功能，这就意味着天津和河北还将承接北京转出的部分产业；天津将打造成为全国先进制造研发基地，不断升级其制造业产业结构；河北将成为产业转型升级试验区，借助北京非首都功能疏解实现产业结构升级。

总体来说，京津冀现阶段服务业集聚在北京和天津，并且继续向这两地转移；工业集聚在天津和河北，并且也继续向这两地转移。京津冀的产业空间格局还将继续发生变化。

# 第五章　京津冀城市群制造业转移与空间结构演进

《京津冀协同发展规划纲要》和《“十三五”时期京津冀国民经济和社会发展规划》的出台，标志着京津冀协同发展上升为国家重大区域发展战略。根据上述规划，北京需要疏解非首都功能，京津冀三地都要打破“一亩三分地”利益藩篱，进行产业分工协作协同发展，京津冀产业转移问题成为研究热点。制造业作为工业的重要组成部分，是我国国民经济的支柱产业，其发展与转移一直备受关注。京津冀城市群作为我国重要的制造业基地，与珠三角、长三角共同撑起中国制造业的半壁江山，研究京津冀城市群制造业的布局与转移，对京津冀城市群的发展具有重要的现实意义。

## 第一节　京津冀城市群制造业转移的总体空间特征

京津冀的产业转移向来被学者所关注和重视，本节首先对研究京津冀城市群产业转移的文献进行回顾，接下来对制造业总体转移的特征及其细分行业的转移特征进行探究。

### 一、京津冀城市群制造业转移的文献回顾

根据对现有文献的梳理和归纳，我国学者对京津产业转移的研究主要集中于以下几个方面：

第一，京津冀产业转移现状、特征和趋势。张贵等（2014）认为，北京正逐步将劳动密集型和资源密集型行业转移到河北与天津，环京津地区成为产业转移

的主要承接地，构建区域产业生态系统是区际产业转移的趋势。① 孙久文和姚鹏（2015）从新经济地理学的视角分析了京津冀一体化对制造业空间格局的影响，指出北京的制造业产业转出、天津与河北制造业的产业互转都是客观存在的，但天津与河北存在一定程度上的竞争，天津本身的优势使河北处于劣势。②

第二，京津冀产业转移的行业选择。鲁金萍等（2015）通过产业梯度系数等指标模型对京津冀三地的产业进行了比较分析，明确了三地产业转移的重点行业。③

第三，京津冀产业转移的路径选择。学者们分别从提升河北产业承接能力④、建立区际利益协调机制⑤和优化产业空间布局⑥等方面对京津冀产业转移提出了具体政策建议。

## 二、京津冀制造业转移的整体特征

利用中国工业企业数据库，对制造业工业总产值的数据分析京津冀城市群各省市制造业的发展和变化。表 5 - 1 为各省市制造业总产值的绝对值和占比情况，其中总产值的绝对值以 2001 年价格作为基年的不变价计算得出。

**表 5 - 1 京津冀省地级单位制造业总产值及份额变化**

| | | 制造业总产值（亿元） | | 制造业总产值份额（%） | | | |
|---|---|---|---|---|---|---|---|
| | | 2001 年 | 2012 年 | 年增长率 | 2001 年 | 2012 年 | 2001 ~ 2012 年 |
| 北京 | 北京 | 25412.5 | 49073.22 | 6.17 | 30.47 | 19.93 | - 10.54 |
| | 城六区 | 16439.75 | 14564.86 | - 1.09 | 19.71 | 5.92 | - 13.80 |
| | 城市发展新区 | 6173.391 | 31211.86 | 15.87 | 10.11 | 12.68 | 2.57 |
| | 生态涵养发展区 | 2799.36 | 3296.5 | 1.50 | 0.65 | 1.34 | 0.69 |

① 张贵，王树强，刘沙，贾尚键．基于产业对接与转移的京津冀协同发展研究［J］．经济与管理，2014（4）：14 - 20.

② 孙久文，姚鹏．京津冀产业空间转移、地区专业化与协同发展［J］．南开学报，2015（1）：81 - 89.

③ 鲁金萍，刘玉，杨振武，孙久文．京津冀区域制造业产业转移研究［J］．科技管理研究，2015（11）：86 - 94.

④ 刘邦凡，彭建交，王燕．提升河北承接京津产业转移能力的政策建议［J］．中国行政管理，2015（3）：156 - 159.

⑤ 齐子翔．京津冀产业区际转移利益协调机制研究［J］．工业技术经济，2014（10）：3 - 13.

⑥ 陈耀，陈梓，侯小菲．京津冀一体化背景下的产业格局重塑［J］．天津师范大学学报，2014（6）：1 - 6.

续表

| | | 制造业总产值（亿元） | | 制造业总产值份额（%） | | | |
|---|---|---|---|---|---|---|---|
| | | 2001 年 | 2012 年 | 年增长率 | 2001 年 | 2012 年 | 2001～2012 年 |
| 天津 | 天津 | 37840.45 | 66250.81 | 5.22 | 31.90 | 26.91 | -4.99 |
| | 天津市区 | 5147.863 | 6487.382 | 2.12 | 6.17 | 2.64 | -3.54 |
| | 滨海新区 | 20745.43 | 18900.98 | -0.84 | 11.40 | 7.68 | -3.73 |
| | 天津郊区县 | 11947.16 | 40862.45 | 11.83 | 14.33 | 16.60 | 2.27 |
| 河北 | 河北 | 31380.89 | 131127.5 | 13.88 | 37.63 | 53.16 | 15.53 |
| | 石家庄 | 7855.653 | 26665.3 | 11.75 | 9.42 | 10.83 | 1.41 |
| | 唐山 | 5442.587 | 31422.56 | 17.28 | 6.53 | 12.66 | 6.13 |
| | 秦皇岛 | 1496.639 | 5166.227 | 11.92 | 1.79 | 2.10 | 0.30 |
| | 邯郸 | 2701.905 | 18613.72 | 19.18 | 3.24 | 7.56 | 4.32 |
| | 邢台 | 2104.844 | 7191.539 | 11.82 | 2.52 | 2.92 | 0.40 |
| | 保定 | 3190.912 | 11107.42 | 12.01 | 3.83 | 4.51 | 0.69 |
| | 张家口 | 1243.375 | 3147.021 | 8.81 | 1.49 | 1.28 | -0.21 |
| | 承德 | 926.8713 | 4065.75 | 14.39 | 1.11 | 1.65 | 0.54 |
| | 沧州 | 2490.89 | 12102.39 | 15.45 | 2.99 | 4.92 | 1.93 |
| | 廊坊 | 1825.634 | 8283.101 | 14.74 | 2.19 | 3.36 | 1.18 |
| | 衡水 | 2101.583 | 3362.452 | 4.37 | 2.52 | 1.37 | -1.15 |

注：①城六区包括东城区、西城区、朝阳区、海淀区、丰台区、石景山区；城市发展新区包括通州区、顺义区、大兴区以及昌平区、房山区；生态涵养发展区包括门头沟区、平谷区、怀柔区、密云区、延庆区；天津市区包括和平区、河西区、南开区、河东区、河北区和红桥区；天津郊区县包括东丽区、西青区、津南区、北辰区、武清区、宝坻区、静海区、宁河区和蓟县。下同。②由于中国工业企业数据库公开的最新数据仅到 2012 年，故本书涉及该数据库的数据以 2012 年为界。

资料来源：2001 年、2012 年工业企业数据库。

从京津冀三省市总量来看，虽然北京和天津的制造业总产值都有增加，但增速低于河北的水平，最终结果是京津冀范围内北京和天津的制造业产值份额减少以及河北的增加。可能是在京津冀范围之内，河北承接了北京和天津的一部分制造业的转移。

从各个地市（城区）看，北京市城六区的制造业产值是下降的，但城市发展新区的制造业发展速度很快，并且在份额上也有一定增长；生态涵养发展区制造业增长速度缓慢，但份额也是增加的。北京的制造业份额从 2001～2012 年下降了 10.54%，而城六区则下降 13.80%，说明制造业不仅仅由城六区向北京市外转移，还发生了北京市内的转移，主要由城六区转移至城市发展新区。天津市辖区和滨海新区的制造业产值一个增长，一个下降，但份额表现的结果都同为下

降；天津郊区县的制造业增速很快，份额也有明显增长。这表明一定程度上天津市的制造业是由天津市辖区和滨海新区转向天津郊区县，但北京和天津的制造业更多是向外进行转移。

河北除了衡水和张家口外，其他地市的制造业都保持着10%以上的增速；但份额变化明显的仅有唐山和邯郸，可大致判断这两地是京津转移制造业的主要承接地，其他地市的制造业体量较小。张家口、衡水因为增速过小出现了制造业份额的下降。从份额的绝对值来看，虽然2001～2012年京津冀城市群制造业份额发生了很大变化，但仍主要集中于京津唐地区以及冀中南地区。

总之，从制造业的工业总产值来看，北京的产业结构调整政策效果显著，河北制造业发展速度最快、体量最大，这种变化与北京退出一般性制造业和河北鼓励支持制造业发展的政策不无关系。具体到地市层面，北京的制造业主要集中于城市发展新区，天津集中于郊区县和滨海新区，河北的制造业集中于冀中南地区。

## 三、京津冀城市群制造业细分行业的分布及转移

京津冀城市群制造业整体上的区域转移表现为北京、天津向河北冀中南地区转移，北京市中心向城市发展新区转移，天津由中心向郊区县转移，体现了相对显著且路径明确的产业转移特征。因此，有必要将制造业各细分行业做进一步观察和分析，力求在更细致的视角对制造业区域转移有更深刻的认识。

### （一）京津冀城市群制造业细分行业转移程度

本章引用结构变动系数的方法作为衡量区域内制造业不同行业区域转移程度的指标，以对区域内制造业转移进行更为细致的描述。公式如下：

$$R_i = \sum |x_{it} - x_{i0}| \tag{5-1}$$

其中，$R_i$为$i$行业结构变动系数，该系数越大表示该行业结构变动越剧烈，反之则反；$x_{it}$为某地末期$i$行业工业总产值占京津冀城市群$i$行业工业总产值的比重；$x_{i0}$为基期$i$行业工业总产值占京津冀城市群$i$行业工业总产值的比重。本节中末期即2012年，基期即2003年。

如图5－1所示，2003～2012年，制造业在京津冀区域内转移程度最大的五个行业分别是黑色金属冶炼及压延加工业，通信设备、计算机及其他电子设备制造业，交通运输设备制造业，化学原料及化学制品制造业，石油加工、炼焦及核燃料加工业。转移程度最大的行业主要集中于技术密集型制造业和资本密集型制造业，而劳动密集型制造业的转移则相对较少。

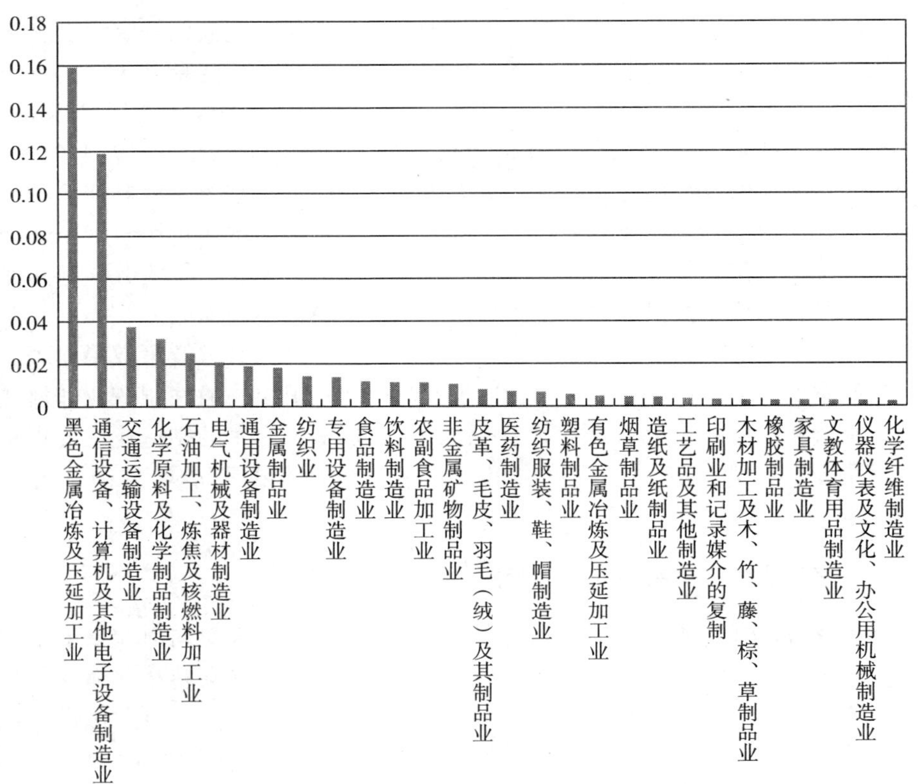


**图 5－1　2003～2012 年京津冀区域制造业各行业结构变动系数**

资料来源：2003～2012 年工业企业数据库。

### （二）京津冀城市群各省制造业细分行业转移

#### 1. 依据生产要素的制造业行业类型划分方法

本节选取的制造业行业代码为 13～42 的所有行业大类，为了便于分析，本部分将制造业分为以下三个类型。

第一，劳动密集型制造业。包括农副食品加工业（13），食品制造业（14），饮料制造业（15），烟草制品业（16），纺织业（17），纺织服装、鞋、帽制造业（18），皮革、毛皮、羽毛（绒）及其制品业（19），木材加工及木、竹、藤、棕、草制品业（20），家具制造业（21），造纸及纸制品业（22），印刷业和记录媒介复制（23），文教体育用品制造业（24），橡胶制品业（29），塑料制品业（30），工艺品及其他制造业（42）等行业大类。

第二，资本密集型制造业。包括石油加工、炼焦及核燃料加工业（25），非金属矿物制品业（31），黑色金属冶炼及压延加工业（32），有色金属冶炼及压

延加工业（33），金属制品业（34），通用设备制造业（35），专用设备制造业（36），仪器仪表及文化、办公用机械制造业（41）。

第三，技术密集型制造业。包括化学原料及化学制品制造业（26），医药制造业（27），化学纤维制造业（28），交通运输设备制造业（37），电气机械及器材制造业（39），通信设备、计算机及其他电子设备制造业（40）。

需要说明的一点是，以上行业由于划分标准不同，有些行业内部，由于产品之间还存在较大的差异，故不能代表整个行业的所有特征，这就是某些行业似乎是应该向郊区转移，但仍滞留在中心城区的原因。因此，本书侧重行业转移与扩散规律，而非完整意义上的企业规律。

2. 京津冀城市群制造业细分行业的省级区域分布

（1）劳动密集型行业。如图 5－2 所示，无论是从工业总产值来看，还是人均产值来看，河北省相比于京津二市具有较大的优势。北京、天津二市的劳动密集型制造业工业总产值及人均产值体量相近，变动趋势也呈现一定的一致性。2003～2012 年，河北劳动密集型制造业发展势头良好，其工业总产值进一步拉大了与京津二市的差距。2003 年三省市的人均产值相仿，2012 年河北人均产值已经明显高于北京和天津。从京津冀三省市各自劳动密集型制造业的发展趋势来看，2003～2009 年大体呈现增长态势，2010 年下降明显，但是 2010～2012 年恢

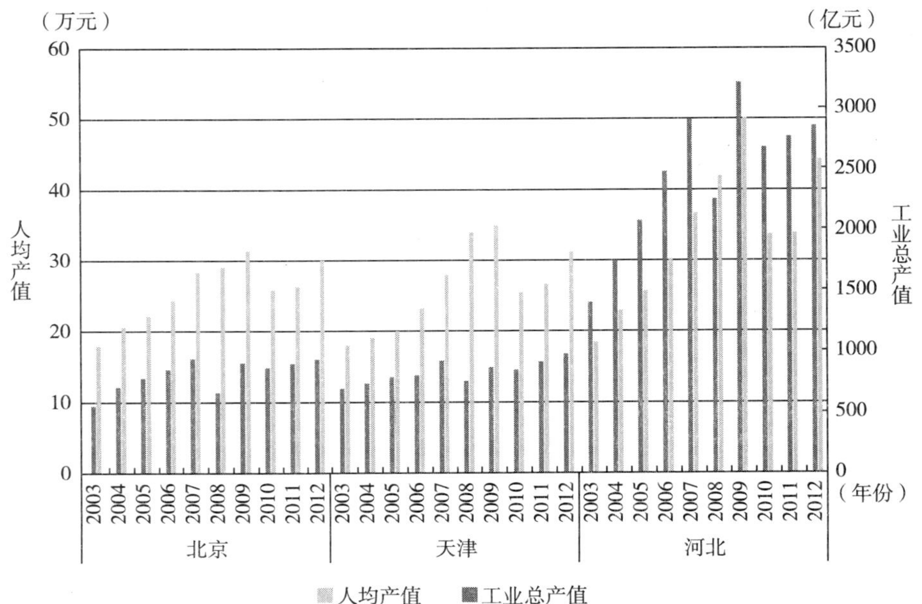


**图 5－2　京津冀城市群劳动密集型制造业**

资料来源：2003～2012 年工业企业数据库。

复增长态势。从增长幅度来看，2003～2012 年，北京、天津增长幅度较小，而河北则增长一倍以上。总之，河北省劳动力资源丰富，产业基础好，不仅在劳动密集型制造业的工业总产值上具有优势，而且其生产效率也高于京津二市。

（2）资本密集型制造业。如图 5－3 所示，河北资本密集型制造业无论体量还是效率均具有一定优势，天津生产效率高于北京和河北。从工业总产值来看，河北明显高于京津二市，天津次之，北京最末。河北自然资源丰富，是资本密集型制造业的主要分布地；天津虽然总量上不及河北，但其 2003～2012 年增长幅度在一倍以上；北京大体呈现先增长后下降的趋势。从生产效率看，资本密集型制造业总体高于劳动密集型制造业，2003 年，河北生产效率明显低于京津两市，经过 10 年的发展河北已经显著高于北京，并与天津拉近了距离，而天津始终具有明显的生产率优势。总之，天津与河北在资本密集型制造业上具有一定优势，而北京由于工业化后期不断推出一般性制造业，其资本密集型制造业不再具有竞争优势。

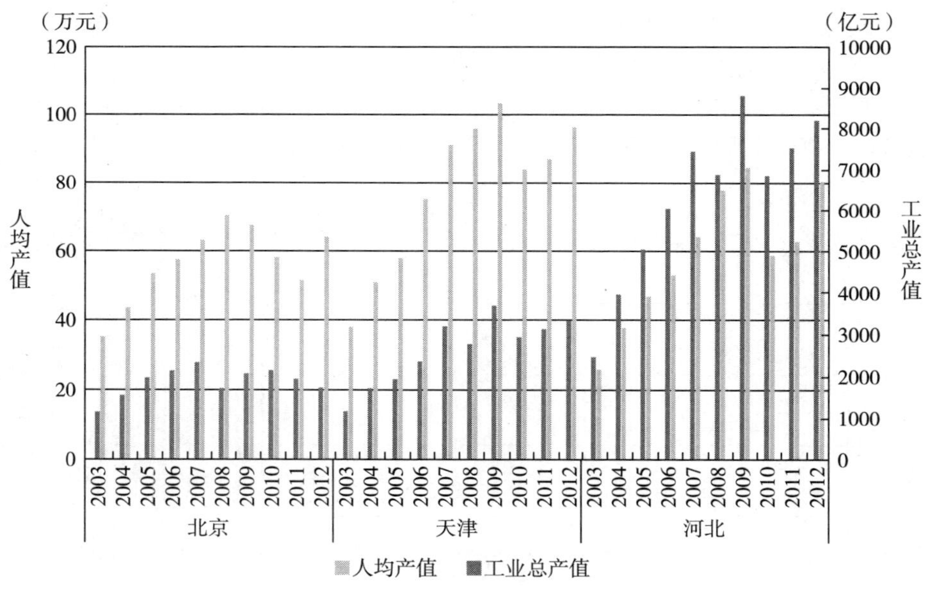


**图 5－3　京津冀城市群资本密集型制造业**

资料来源：2003～2012 年工业企业数据库。

（3）技术密集型制造业。京津冀城市群技术密集型制造业发展情况如图 5－4 所示。北京在京津冀城市群具有较大的优势，天津次之，河北最弱。从工业总产值看，北京、天津显著高于河北，而北京领先天津的幅度不大；从趋势上看，京津二市从 2010 年以来工业总产值呈现明显的下降趋势，河北则大体稳定。从

生产效率看，北京、天津优势明显，但发展趋势与工业总产值类似，2009～2012年京津二市均大体呈现下降趋势；河北的生产率2003～2012年经历了先逐步上升，至2009年达到峰值之后稍有下降。总之，京津冀城市群技术密集型制造业的产值和生产率都大体经历了先上升后下降的过程。

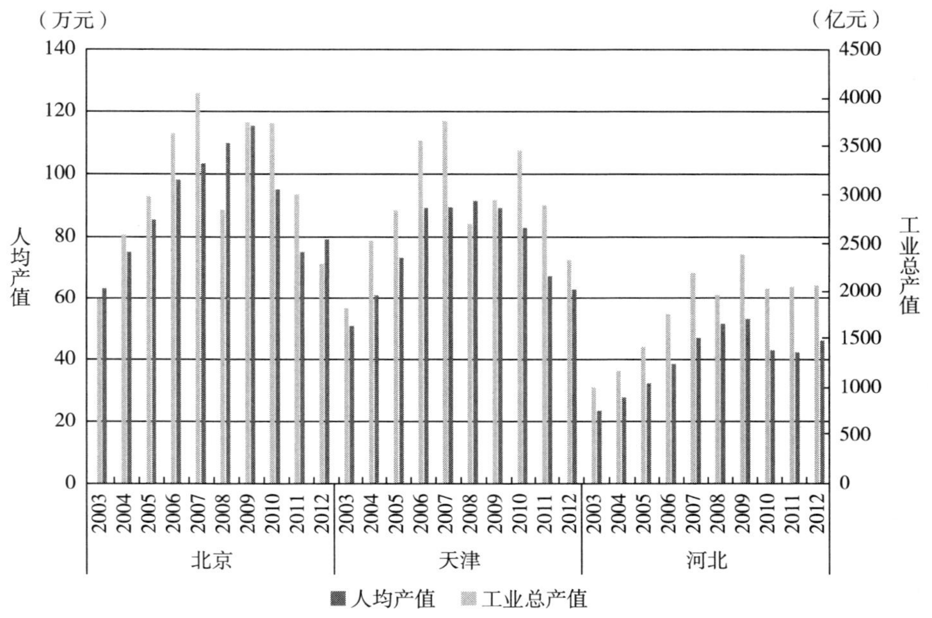


**图5－4　京津冀区域技术密集型制造业**

资料来源：2003～2012年工业企业数据库。

综上所述，京津冀城市群制造业大体呈现北京在技术密集型制造业上具有显著优势，天津兼顾资本密集型和技术密集型，河北则兼顾劳动密集型产业与资本密集型产业的产业梯度格局特征。从发展趋势来看，劳动密集型和资本密集型产业发展态势良好，而技术密集型制造业后期整体呈现下降趋势。京津冀三地各类产业空间发展梯度的差异为其产业分工协作和产业转移方向提供了现实条件。

### （三）京津冀城市群各地市制造业细分行业的区域分布

#### 1. 北京市

（1）劳动密集型制造业。从总产值来看，2003年北京工业总产值大于50亿元的行业有农副食品加工业、食品制造业、饮料制造业、纺织业和纺织服装、鞋、帽制造业，而2012年为农副食品加工业、食品制造业、饮料制造业、烟草制造业、纺织服装、鞋、帽制造业、造纸及纸制品业和印刷业和记录媒介复制。

其中，农副食品加工业、饮料制造业、纺织业、纺织服装、鞋、帽制造业、造纸及纸制品业和印刷业和记录媒介复制主要分布在城市发展新区，而烟草制品业则全部位于城六区，食品制造业较多分布于城六区和生态涵养发展区。

从增长率来看，城六区大部分劳动密集型制造业负增长，但烟草制造业和工艺品及其他制造业增长率达到两位数；城市发展新区大部分劳动密集型制造业均为正增长，且农副食品加工业、食品制造业、造纸及纸制品业等多个制造业增长率达到两位数以上；生态涵养发展区的各个劳动密集型制造业体量较小且增速较慢，尤其是饮料制造业和纺织业下降较快。

（2）资本密集型制造业。从总产值来看，大部分资本密集型产业的工业总产值大于劳动密集型产业，说明北京相对劳动密集型产业，更倚重于资本密集型制造业。资本密集型各产业主要分布于城六区和城市发展新区，生态涵养区各行业产值较低。具体而言，黑色金属冶炼及压延加工业、通用设备制造业和仪器仪表及文化、办公用机械制造主要分布于城六区，石油加工、炼焦及核燃料加工业、非金属矿物制品业、金属制品业则主要分布于城市发展新区。

从增长率来看，除黑色金属冶炼及压延加工业和通用设备制造业外，北京其他资本密集型制造业呈现正增长，且增长率大多在5%以上。黑色金属冶炼及压延加工业的下降，主要是由于该行业主要分布于城六区，且城六区不断退出“三高”产业而使该产业呈负增长，但该产业在城市发展新区有较快增长，在生态涵养区也有一定发展。通用设备制造业则是因为北京各地区该产业均出现负增长。城市发展新区各行业平均增速较快，8个资本密集型行业中有3个行业增长率为两位数，金属制品业和专用设备制造业增长率在7%以上，且其产值高，增幅较大。

（3）技术密集型制造业。从总产值来看，除化学纤维制造业外，北京各技术密集型制造业工业总产值普遍高于劳动密集型和资本密集型产业。具体而言，北京化学纤维制造业产值很低，其余五个技术密集型制造业对北京而言比较重要，且大多分布于城市发展新区，城六区次之，而生态涵养发展区则分布较少。通信设备、计算机及其他电子设备制造业的分布在此十年间变动较大，主要布局地由城六区转变为城市发展新区。

从增长率来看，北京技术密集型制造业总体呈现正增长，细分行业各有不同。化学原料及化学制品制造业、通信设备、计算机及其他电子设备制造业为负增长，表明这些行业呈转出态势，其中化学原料及化学制品制造业主要表现为城市发展新区该产业的产值下降，而通信设备、计算机及其他电子设备制造业则主要由城六区该产业产值下降所带来，城市发展新区通信产业下降较慢。北京交通运输设备制造业虽然整体呈现增长态势，但城六区该产业的产值有大幅下滑，而城市发展新区增速高达14.24%，生态涵养发展区虽然总产值相对较低，但增速

高达24.46%（见表5－2），可以看出该产业在北京市中心向郊区转移的趋势。从其他产业来看，城市发展新区的发展速度显著快于城六区，这也与北京疏解产业的政策有关。

**表5－2　北京市制造业总产值和增长率**　　单位：亿元，%

| | | 北京 | | | 城六区 | | | 城市发展新区 | | | 生态涵养发展区 | | |
|---|---|---|---|---|---|---|---|---|---|---|---|---|---|
| | | 2003年 | 2012年 | 增长率 | 2003年 | 2012年 | 增长率 | 2003年 | 2012年 | 增长率 | 2003年 | 2012年 | 增长率 |
| 劳动密集型 | (1) | 83.0 | 177.1 | 8.78 | 21.8 | 35.4 | 5.51 | 46.5 | 117.3 | 10.82 | 14.7 | 24.4 | 5.83 |
| | (2) | 70.7 | 118.2 | 5.88 | 27.6 | 26.5 | －0.45 | 18.6 | 52.6 | 12.25 | 24.5 | 39.1 | 5.33 |
| | (3) | 80.2 | 128.8 | 5.41 | 4.2 | 1.1 | －14.24 | 49.8 | 115.3 | 9.77 | 26.1 | 12.4 | －7.90 |
| | (4) | 14.5 | 102.6 | 24.33 | 13.6 | 102.6 | 25.14 | 0.8 | 0.0 | 0.00 | 0.0 | 0.0 | 0.00 |
| | (5) | 57.6 | 44.3 | －2.86 | 16.6 | 11.5 | －4.02 | 27.2 | 23.5 | －1.60 | 13.8 | 9.4 | －4.21 |
| | (6) | 55.5 | 63.6 | 1.53 | 10.7 | 13.0 | 2.15 | 24.7 | 33.6 | 3.49 | 20.1 | 17.0 | －1.84 |
| | (7) | 4.0 | 8.4 | 8.70 | 1.1 | 2.0 | 7.48 | 2.7 | 6.2 | 9.80 | 0.2 | 0.1 | －6.40 |
| | (8) | 8.8 | 11.1 | 2.64 | 5.3 | 5.7 | 0.80 | 2.8 | 4.9 | 6.40 | 0.6 | 0.4 | －3.71 |
| | (9) | 16.9 | 36.8 | 9.06 | 8.6 | 8.5 | －0.14 | 6.5 | 26.4 | 16.77 | 1.7 | 1.9 | 1.07 |
| | (10) | 27.3 | 53.3 | 7.72 | 14.7 | 4.8 | －11.68 | 6.7 | 42.2 | 22.72 | 5.9 | 6.3 | 0.79 |
| | (11) | 47.3 | 66.5 | 3.86 | 24.7 | 21.6 | －1.48 | 17.6 | 42.9 | 10.40 | 5.0 | 2.0 | －9.86 |
| | (12) | 10.3 | 6.9 | －4.40 | 4.5 | 1.5 | －11.22 | 4.8 | 5.2 | 0.98 | 1.1 | 0.1 | －19.86 |
| | (13) | 9.3 | 14.9 | 5.44 | 6.8 | 3.3 | －7.81 | 1.5 | 10.9 | 24.66 | 0.9 | 0.8 | －2.29 |
| | (14) | 33.4 | 44.2 | 3.16 | 7.9 | 9.8 | 2.41 | 16.1 | 26.2 | 5.52 | 9.4 | 8.2 | －1.42 |
| | (15) | 7.2 | 31.3 | 17.78 | 1.8 | 24.5 | 33.37 | 4.3 | 5.4 | 2.52 | 1.0 | 1.4 | 3.48 |
| 资本密集型 | (16) | 208.1 | 541.3 | 11.21 | 32.0 | 96.6 | 13.04 | 175.7 | 444.5 | 10.86 | 0.3 | 0.2 | －2.80 |
| | (17) | 123.1 | 246.6 | 8.03 | 68.1 | 92.5 | 3.46 | 40.8 | 134.7 | 14.19 | 14.2 | 19.4 | 3.54 |
| | (18) | 374.7 | 360.7 | －0.42 | 362.5 | 294.4 | －2.28 | 12.2 | 63.1 | 20.01 | 0.0 | 3.1 | — |
| | (19) | 28.0 | 50.4 | 6.73 | 16.8 | 30.3 | 6.76 | 9.5 | 13.6 | 4.05 | 1.7 | 6.4 | 16.25 |
| | (20) | 71.9 | 120.4 | 5.89 | 19.5 | 24.9 | 2.77 | 36.7 | 68.2 | 7.11 | 15.7 | 27.3 | 6.34 |
| | (21) | 109.2 | 63.0 | －5.93 | 61.6 | 33.5 | －6.54 | 38.7 | 26.8 | －4.01 | 8.8 | 2.6 | －12.56 |
| | (22) | 128.6 | 212.8 | 5.76 | 55.6 | 83.1 | 4.57 | 63.3 | 120.0 | 7.36 | 9.6 | 9.6 | 0.01 |
| | (23) | 82.5 | 126.1 | 4.82 | 48.3 | 82.6 | 6.14 | 31.4 | 40.8 | 2.93 | 2.8 | 2.7 | －0.27 |
| 技术密集型 | (24) | 268.2 | 190.0 | －3.75 | 87.2 | 79.7 | －1.00 | 170.3 | 102.8 | －5.45 | 10.7 | 7.6 | －3.72 |
| | (25) | 90.0 | 223.6 | 10.65 | 47.8 | 72.2 | 4.69 | 33.4 | 144.7 | 17.67 | 8.7 | 6.6 | －2.95 |
| | (26) | 1.1 | 3.0 | 12.11 | 0.0 | 0.6 | 0.00 | 1.1 | 2.1 | 7.88 | 0.0 | 0.2 | 0.00 |
| | (27) | 452.0 | 1203 | 11.49 | 126.8 | 66.5 | －6.93 | 309.9 | 1027 | 14.24 | 15.3 | 109.5 | 24.46 |

续表

| | | 北京 | | | 城六区 | | | 城市发展新区 | | | 生态涵养发展区 | | |
|---|---|---|---|---|---|---|---|---|---|---|---|---|---|
| | | 2003 年 | 2012 年 | 增长率 | 2003 年 | 2012 年 | 增长率 | 2003 年 | 2012 年 | 增长率 | 2003 年 | 2012 年 | 增长率 |
| 技术密集型 | (28) | 144.8 | 241.2 | 5.84 | 73.2 | 110.3 | 4.66 | 60.1 | 123.0 | 8.28 | 11.5 | 7.9 | -4.04 |
| | (29) | 937.2 | 417.2 | -8.60 | 578.9 | 117.4 | -16.24 | 350.1 | 297.1 | -1.81 | 8.1 | 2.6 | -11.76 |

注：(1) 农副食品加工业；(2) 食品制造业；(3) 饮料制造业；(4) 烟草制品业；(5) 纺织业；(6) 纺织服装、鞋、帽制造业；(7) 皮革、毛皮、羽毛（绒）及其制品业；(8) 木材加工及木、竹、藤、棕、草制品业；(9) 家具制造业；(10) 造纸及纸制品业；(11) 印刷业和记录媒介复制；(12) 文教体育用品制造业；(13) 橡胶制品业；(14) 塑料制品业；(15) 工艺品及其他制造业；(16) 石油加工、炼焦及核燃料加工业；(17) 非金属矿物制品业；(18) 黑色金属冶炼及压延加工业；(19) 有色金属冶炼及压延加工业；(20) 金属制品业；(21) 通用设备制造业；(22) 专用设备制造业；(23) 仪器仪表及文化、办公用机械制造业；(24) 化学原料及化学制品制造业；(25) 医药制造业；(26) 化学纤维制造业；(27) 交通运输设备制造业；(28) 电气机械及器材制造业；(29) 通信设备、计算机及其他电子设备制造业。

资料来源：2003 年、2012 年工业企业数据库。

2. 天津市

(1) 劳动密集型制造业。从总产值来看，2003 年天津工业总产值达到 50 亿元及以上的行业有农副食品加工业，食品制造业，饮料制造业，纺织业，纺织服装、鞋、帽制造业，橡胶制品业，塑料制品业六个行业，而 2012 年饮料制造业和纺织业下降为 50 亿元以下，造纸及纸制品业则由 37.7 亿元大幅上涨至 59.6 亿元。天津劳动密集型制造业主要分布于郊区县，滨海新区次之，天津市区则分布较少。

从增长率来看，总体上天津劳动密集型制造业呈增长态势，但其内部各行业表现不一。天津有六个劳动密集型制造业呈负增长，有九个行业呈正增长。增长最快的是食品制造业和农副产品加工业，其次是烟草制品业、纺织服装、鞋、帽制造业、塑料制品业和造纸及纸制品业等，下滑最快的是饮料制造业、纺织业、羽毛（绒）及其制品业和文教体育用品制造业等行业。天津市区多数劳动密集型制造业呈负增长，尤其是纺织、印刷、塑料制品业等污染较大的行业，以两位数的增长率下降，显然天津推动了这些行业从市区向外转移。滨海新区主要劳动密集型产业为农副食品加工业、食品制造业、饮料制造业、塑料制品业，其中饮料制造业下降速度较快，而其他三个制造业均以 5% 以上的速度增长，农副食品加工业不仅产值最大，而且增速高达 13%；天津郊区县大部分劳动密集型产业呈现正增长，各个行业具体情况不同。饮料制品业、皮革、毛皮、羽毛（绒）及其制品业下降较快，而食品制造业、印刷等产业增速则高达 15% 以上。整体而言，天津劳动密集型制造业 2003 ~ 2012 年实现了较大增长，但其内部空间格局发展变化，市区份额降低，而滨海新区和郊区县份额增加，反映了产业从中心

向外围转移扩散的特征。

（2）资本密集型制造业。从总产值来看，大部分资本密集型产业的工业总产值大于劳动密集型产业，说明天津市相对劳动密集型产业，更倚重于资本密集型制造业。从各行业的分布来看，专用设备制造业、仪器仪表及文化、办公用机械制造业2003年主要分布于天津市区，而2012年前者主要分布地变为滨海新区及天津郊区县，后者主要分布地变为天津郊区县，反映了这些行业郊区化转移趋势。石油加工、炼焦及核燃料加工业主要分布于滨海新区，10年来分布地区变化不大；黑色金属冶炼及压延加工业主要分布于天津郊区县，天津市区次之；非金属矿物制品业、金属制品业、有色金属等产业则始终主要分布于天津郊区县。整体上天津的资本密集型产业空间格局上比较清晰。

从增长率来看，天津各资本密集型产业大多呈现较快速度的增长态势。天津市区除黑色金属和有色金属相关产业呈现正增长外，其他产业均有较大幅度的下降；滨海新区所有资本密集型产业呈现正增长，石油加工、炼焦及核燃料加工业产值高因而增幅较大，专用设备制造业基本实现了从无到有的发展，黑色金属和有色金属相关产业以两位数的速度增长；天津郊区县资本密集型产业不仅增速快，且由于各产业期初总产值较高，因而增幅也最大，其中黑色金属冶炼及压延加工业增幅达到1000亿元以上，年增长率也高达20%以上。

（3）技术密集型制造业。从总产值来看，除化学纤维制造业外，天津各技术密集型制造业工业总产值均高于100亿元，其中交通运输、通信设备相关产业是工业总产值最高的两大产业。具体而言，化学原料及化学制品制造业、电气机械及器材制造业主要分布于天津郊区县；医药制造业2003年主要分布于天津市区和天津郊区县，2012年主要分布地变为滨海新区和天津郊区县；交通运输设备2003年主要分布地为天津郊区县，而2012年滨海新区已经发展成为该产业最主要的分布地，天津郊区县略低于滨海新区；通信设备制造业2003年主要分布于滨海新区，天津郊区县次之，2012年该产业在滨海新区的分布较少。

从增长率来看，天津技术密集型制造业总体呈现正增长，细分行业各有不同。化学纤维制造业、通信设备、计算机及其他电子设备制造业为负增长，其中前者主要表现为滨海新区和天津郊区县的产值下降，但该产业本身产值较低，因而影响不大，而后者则主要由滨海新区该产业产值下降所带来，天津郊区县的通信产业反而有小幅增长。除上述两个产业外，天津其他产业均呈现正增长，但是最具有影响力的产业是交通运输设备制造业，其产值较高且增速高达14.55%。具体而言，天津市区交通运输设备制造业产值变动不大，天津滨海新区产值增幅超过500亿元，增长率达到近40%，天津郊区县增幅近200亿元，增长率为6.81%。如表5－3所示。

表5-3 天津市制造业总产值和增长率 单位：亿元，%

| | | 天津市 | | | 天津市区 | | | 天津滨海新区 | | | 天津郊区县 | | |
|---|---|---|---|---|---|---|---|---|---|---|---|---|---|
| | | 2003年 | 2012年 | 增长率 | 2003年 | 2012年 | 增长率 | 2003年 | 2012年 | 增长率 | 2003年 | 2012年 | 增长率 |
| 劳动密集型 | (1) | 107.5 | 207.6 | 7.59 | 8.5 | 15.3 | 6.80 | 42.0 | 126.4 | 13.02 | 57.0 | 65.9 | 1.62 |
| | (2) | 58.8 | 177.0 | 13.03 | 6.4 | 1.2 | -16.90 | 24.6 | 43.5 | 6.55 | 27.8 | 132.3 | 18.94 |
| | (3) | 50.0 | 27.3 | -6.48 | 4.0 | 11.1 | 12.08 | 17.6 | 5.7 | -11.71 | 28.3 | 10.5 | -10.46 |
| | (4) | 8.6 | 14.3 | 5.81 | 0.0 | 0.0 | 0.00 | 0.0 | 0.0 | 0.00 | 8.6 | 14.3 | 5.81 |
| | (5) | 75.6 | 47.8 | -4.97 | 20.9 | 2.6 | -20.70 | 8.0 | 7.5 | -0.71 | 46.7 | 37.7 | -2.36 |
| | (6) | 77.8 | 123.7 | 5.29 | 10.8 | 4.1 | -10.24 | 5.8 | 5.2 | -1.12 | 61.2 | 114.4 | 7.19 |
| | (7) | 29.9 | 14.5 | -7.71 | 2.1 | 1.8 | -1.81 | 1.2 | 1.3 | 1.01 | 26.7 | 11.5 | -8.95 |
| | (8) | 14.1 | 16.0 | 1.45 | 0.4 | 3.1 | 24.53 | 2.7 | 1.9 | -3.52 | 11.0 | 11.0 | 0.05 |
| | (9) | 36.9 | 30.1 | -2.25 | 1.7 | 0.0 | 0.00 | 9.3 | 10.0 | 0.80 | 26.0 | 20.1 | -2.80 |
| | (10) | 37.7 | 59.6 | 5.24 | 3.2 | 2.1 | -4.77 | 6.8 | 10.8 | 5.28 | 27.6 | 46.8 | 6.02 |
| | (11) | 19.9 | 27.8 | 3.78 | 12.0 | 3.6 | -12.63 | 3.5 | 6.8 | 7.57 | 4.4 | 17.4 | 16.61 |
| | (12) | 27.6 | 15.2 | -6.40 | 4.1 | 2.6 | -4.96 | 12.8 | 2.6 | -16.43 | 10.7 | 10.1 | -0.64 |
| | (13) | 50.7 | 71.1 | 3.83 | 5.5 | 4.3 | -2.68 | 3.6 | 1.7 | -8.30 | 41.5 | 65.1 | 5.13 |
| | (14) | 71.8 | 118.8 | 5.76 | 6.9 | 1.9 | -13.57 | 16.9 | 27.2 | 5.44 | 48.0 | 89.8 | 7.21 |
| | (15) | 28.5 | 27.7 | -0.33 | 6.3 | 3.3 | -6.97 | 0.5 | 1.2 | 11.42 | 21.7 | 23.2 | 0.71 |
| 资本密集型 | (16) | 200.8 | 353.3 | 6.48 | 0.0 | 0.0 | 0.00 | 182.9 | 320.6 | 6.43 | 17.9 | 32.7 | 6.92 |
| | (17) | 64.1 | 157.6 | 10.51 | 14.0 | 1.1 | -24.44 | 15.8 | 30.3 | 7.47 | 34.2 | 126.1 | 15.61 |
| | (18) | 428.4 | 1977 | 18.53 | 148.9 | 410.6 | 11.93 | 13.0 | 69.4 | 20.45 | 266.4 | 1497 | 21.15 |
| | (19) | 53.8 | 118.2 | 9.14 | 3.3 | 5.6 | 6.09 | 4.0 | 10.9 | 11.82 | 46.5 | 101.7 | 9.08 |
| | (20) | 161.0 | 191.8 | 1.97 | 14.3 | 4.1 | -13.01 | 28.4 | 36.4 | 2.79 | 118.2 | 151.3 | 2.78 |
| | (21) | 129.6 | 125.5 | -0.36 | 44.1 | 2.5 | -27.22 | 22.5 | 44.8 | 7.95 | 63.1 | 78.2 | 2.42 |
| | (22) | 68.3 | 301.3 | 17.93 | 36.9 | 22.9 | -5.15 | 2.0 | 138.6 | 59.73 | 29.4 | 139.9 | 18.93 |
| | (23) | 39.8 | 86.8 | 9.05 | 21.4 | 11.9 | -6.28 | 6.9 | 13.7 | 7.91 | 11.5 | 61.2 | 20.39 |
| 技术密集型 | (24) | 145.2 | 182.4 | 2.56 | 14.3 | 12.4 | -1.57 | 3.6 | 1.7 | -8.30 | 127.2 | 168.3 | 3.15 |
| | (25) | 106.6 | 189.2 | 6.57 | 43.5 | 28.3 | -4.68 | 17.7 | 63.8 | 15.31 | 45.4 | 97.1 | 8.81 |
| | (26) | 9.2 | 2.9 | -11.93 | 0.3 | 0.0 | -18.18 | 3.5 | 1.3 | -10.07 | 5.5 | 1.6 | -13.01 |

续表

| | | 天津市 | | | 天津市区 | | | 天津滨海新区 | | | 天津郊区县 | | |
|---|---|---|---|---|---|---|---|---|---|---|---|---|---|
| | | 2003 年 | 2012 年 | 增长率 | 2003 年 | 2012 年 | 增长率 | 2003 年 | 2012 年 | 增长率 | 2003 年 | 2012 年 | 增长率 |
| 技术密集型 | (27) | 313.4 | 1064 | 14.55 | 46.1 | 47.5 | 0.33 | 30.2 | 587.9 | 39.08 | 237.1 | 429.0 | 6.81 |
| | (28) | 195.2 | 238.9 | 2.27 | 27.7 | 6.8 | -14.43 | 32.5 | 27.8 | -1.73 | 135.0 | 204.3 | 4.71 |
| | (29) | 882.7 | 410.8 | -8.15 | 78.7 | 38.1 | -7.74 | 488.2 | 45.2 | -23.23 | 315.8 | 327.4 | 0.40 |

注：(1) 农副食品加工业；(2) 食品制造业；(3) 饮料制造业；(4) 烟草制品业；(5) 纺织业；(6) 纺织服装、鞋、帽制造业；(7) 皮革、毛皮、羽毛（绒）及其制品业；(8) 木材加工及木、竹、藤、棕、草制品业；(9) 家具制造业；(10) 造纸及纸制品业；(11) 印刷业和记录媒介复制；(12) 文教体育用品制造业；(13) 橡胶制品业；(14) 塑料制品业；(15) 工艺品及其他制造业；(16) 石油加工、炼焦及核燃料加工业；(17) 非金属矿物制品业；(18) 黑色金属冶炼及压延加工业；(19) 有色金属冶炼及压延加工业；(20) 金属制品业；(21) 通用设备制造业；(22) 专用设备制造业；(23) 仪器仪表及文化、办公用机械制造业；(24) 化学原料及化学制品制造业；(25) 医药制造业；(26) 化学纤维制造业；(27) 交通运输设备制造业；(28) 电气机械及器材制造业；(29) 通信设备、计算机及其他电子设备制造业。

资料来源：2003 年、2012 年工业企业数据库。

3. 河北省

(1) 劳动密集型制造业。如表 5-4 所示，从总产值看，2003 年总产值在 50 亿元以上的行业有农副食品加工业，食品制造业，饮料制造业，纺织业，纺织服装、鞋、帽制造业，皮革、毛皮、羽毛（绒）及其制品业，造纸及纸制品业和塑料制品业；2012 年总产值在 50 亿元以上的行业新增了木材加工及木、竹、藤、棕、草制品业，家具制造业，印刷业和记录媒介复制，橡胶制品业。从增长率来看，河北除饮料制品业以外，其余劳动密集型产业均呈正增长，其中农副食品加工等 5 个产业以两位数的增长率增长。从其与京津二市的份额比较看，河北是劳动密集型产业的转入地。

(2) 资本密集型制造业。从总产值来看，除仪器仪表及文化、办公用机械制造业外，河北资本密集型产业总产值均在 100 亿元以上，其中黑色金属冶炼及压延加工业是河北工业总产值最大的产业。从增长率来看，石油加工、炼焦及核燃料加工业、非金属矿物制品业、黑色金属冶炼及压延加工业不仅总产值相对较高，而且增长率也位居资本密集型制造业的前三位，均以两位数的增长率增长，因而增幅也较大。河北属于资本密集型产业转入地。

(3) 技术密集型制造业。从总产值来看，化学原料及化学制品制造业，医药制造业，交通运输设备制造业，电气机械及器材制造业是河北技术密集型的主要产业，而化学纤维制造业和通信设备、计算机及其他电子设备制造业的产值远低于上述四个产业。从增长率看，河北技术密集型产业普遍低于资本密集型产业，但各行业均呈现正增长。化学原料及化学制品制造业，医药制造业，交通运

**表 5－4　2003 年和 2012 年河北及其各地市制造业总产值和增长率**

单位：亿元,%

| | | 河北 | | | 石家庄 | | | 唐山 | | | 秦皇岛 | | |
|---|---|---|---|---|---|---|---|---|---|---|---|---|---|
| | | 2003 年 | 2012 年 | 增长率 | 2003 年 | 2012 年 | 增长率 | 2003 年 | 2012 年 | 增长率 | 2003 年 | 2012 年 | 增长率 |
| 劳动密集型 | 农副食品加工业 | 277.9 | 768.6 | 11.97 | 65.4 | 247.1 | 15.92 | 15.8 | 34.7 | 9.10 | 62.1 | 134.9 | 9.00 |
| | 食品制造业 | 147.9 | 261.4 | 6.54 | 69.8 | 44.1 | －4.98 | 15.4 | 28.5 | 7.10 | 2.1 | 2.5 | 2.01 |
| | 饮料制造业 | 107.6 | 68.3 | －4.92 | 10.2 | 26.1 | 10.98 | 16.0 | 10.3 | －4.73 | 10.1 | 0.1 | －43.48 |
| | 烟草制品业 | 41.5 | 48.3 | 1.72 | 13.7 | 0.4 | －32.37 | 0.0 | 0.0 | 0.00 | 0.0 | 0.0 | 0.00 |
| | 纺织业 | 279.5 | 530.5 | 7.38 | 76.0 | 215.0 | 12.25 | 9.0 | 6.4 | －3.62 | 1.8 | 5.2 | 12.26 |
| | 纺织服装、鞋、帽制造业 | 72.3 | 143.3 | 7.90 | 19.0 | 60.2 | 13.65 | 6.8 | 5.3 | －2.70 | 1.4 | 2.5 | 6.53 |
| | 皮革、毛皮、羽毛（绒）及其制品业 | 118.3 | 354.8 | 12.98 | 89.8 | 277.2 | 13.34 | 0.3 | 0.0 | 0.00 | 0.4 | 0.7 | 6.84 |
| | 木材加工及木、竹、藤、棕、草制品业 | 35.4 | 109.4 | 13.35 | 19.7 | 73.4 | 15.71 | 1.5 | 0.8 | －7.31 | 0.8 | 1.3 | 5.73 |
| | 家具制造业 | 24.9 | 60.4 | 10.36 | 8.3 | 17.3 | 8.46 | 3.0 | 5.1 | 6.11 | 0.1 | 0.0 | －3.12 |
| | 造纸及纸制品业 | 108.1 | 208.4 | 7.56 | 21.9 | 54.2 | 10.60 | 27.0 | 35.7 | 3.14 | 5.3 | 6.7 | 2.57 |
| | 印刷业和记录媒介复制 | 23.4 | 62.5 | 11.52 | 10.9 | 18.7 | 6.14 | 2.1 | 6.3 | 12.90 | 0.3 | 0.4 | 4.32 |
| | 文教体育用品制造业 | 6.0 | 7.8 | 2.82 | 0.3 | 0.1 | －11.42 | 0.0 | 0.4 | 0.00 | 0.0 | 0.1 | 0.00 |
| | 橡胶制品业 | 48.0 | 95.0 | 7.87 | 5.6 | 19.5 | 14.86 | 6.5 | 10.0 | 4.98 | 1.3 | 0.0 | 0.00 |
| | 塑料制品业 | 87.9 | 94.9 | 0.85 | 21.2 | 31.7 | 4.58 | 8.8 | 2.3 | －13.70 | 2.4 | 1.4 | －5.52 |
| | 工艺品及其他制造业 | 19.3 | 44.1 | 9.62 | 3.5 | 25.5 | 24.62 | 1.8 | 0.6 | －12.32 | 0.3 | 0.3 | 2.55 |
| 资本密集型 | 石油加工、炼焦及核燃料加工业 | 219.0 | 853.8 | 16.32 | 78.5 | 142.7 | 6.87 | 8.3 | 118.3 | 34.28 | 0.0 | 16.0 | 0.00 |
| | 非金属矿物制品业 | 281.5 | 728.5 | 11.14 | 67.2 | 245.3 | 15.47 | 69.8 | 185.2 | 11.45 | 33.4 | 45.6 | 3.52 |
| | 黑色金属冶炼及压延加工业 | 1442 | 5375 | 15.74 | 84.7 | 319.7 | 15.90 | 669.4 | 2319 | 14.81 | 29.2 | 148.8 | 19.82 |
| | 有色金属冶炼及压延加工业 | 95.1 | 162.0 | 6.10 | 14.6 | 7.7 | －6.86 | 2.5 | 13.7 | 20.98 | 12.5 | 4.1 | －11.63 |

续表

| | | 河北 | | | 石家庄 | | | 唐山 | | | 秦皇岛 | | |
|---|---|---|---|---|---|---|---|---|---|---|---|---|---|
| | | 2003 年 | 2012 年 | 增长率 | 2003 年 | 2012 年 | 增长率 | 2003 年 | 2012 年 | 增长率 | 2003 年 | 2012 年 | 增长率 |
| 资本密集型 | 金属制品业 | 153. 5 | 489. 4 | 13. 75 | 22. 1 | 67. 4 | 13. 20 | 23. 2 | 123. 3 | 20. 38 | 4. 3 | 11. 1 | 11. 26 |
| | 通用设备制造业 | 133. 1 | 293. 5 | 9. 19 | 35. 7 | 95. 7 | 11. 58 | 18. 3 | 30. 4 | 5. 79 | 4. 2 | 5. 2 | 2. 41 |
| | 专用设备制造业 | 114. 1 | 260. 9 | 9. 62 | 22. 6 | 51. 8 | 9. 64 | 13. 9 | 34. 8 | 10. 76 | 8. 4 | 14. 3 | 6. 10 |
| | 仪器仪表及文化、办公用机械制造业 | 11. 2 | 26. 4 | 9. 96 | 1. 7 | 4. 4 | 11. 11 | 0. 7 | 3. 6 | 20. 24 | 0. 1 | 0. 5 | 25. 62 |
| 技术密集型 | 化学原料及化学制品制造业 | 345. 9 | 742. 9 | 8. 86 | 116. 5 | 296. 1 | 10. 92 | 33. 3 | 72. 2 | 8. 99 | 16. 4 | 22. 4 | 3. 55 |
| | 医药制造业 | 180. 3 | 279. 4 | 4. 99 | 142. 0 | 203. 9 | 4. 10 | 6. 7 | 8. 8 | 3. 21 | 1. 5 | 1. 8 | 1. 58 |
| | 化学纤维制造业 | 29. 7 | 31. 1 | 0. 52 | 9. 7 | 14. 9 | 4. 90 | 5. 8 | 0. 9 | -19. 17 | 4. 5 | 0. 5 | -20. 96 |
| | 交通运输设备制造业 | 227. 2 | 667. 3 | 12. 72 | 24. 7 | 44. 8 | 6. 85 | 27. 3 | 75. 4 | 11. 94 | 26. 2 | 78. 2 | 12. 92 |
| | 电气机械及器材制造业 | 154. 3 | 272. 4 | 6. 52 | 16. 8 | 40. 2 | 10. 14 | 6. 4 | 5. 3 | -2. 08 | 8. 0 | 9. 9 | 2. 38 |
| | 通信设备、计算机及其他电子设备制造业 | 50. 3 | 71. 4 | 3. 97 | 28. 8 | 21. 8 | -3. 05 | 1. 5 | 4. 2 | 11. 93 | 0. 3 | 2. 1 | 22. 86 |

| | | 邯郸 | | | 邢台 | | | 保定 | | | 张家口 | | |
|---|---|---|---|---|---|---|---|---|---|---|---|---|---|
| | | 2003 年 | 2012 年 | 增长率 | 2003 年 | 2012 年 | 增长率 | 2003 年 | 2012 年 | 增长率 | 2003 年 | 2012 年 | 增长率 |
| 劳动密集型 | 农副食品加工业 | 13. 2 | 90. 0 | 23. 77 | 17. 5 | 46. 8 | 11. 55 | 10. 4 | 14. 8 | 3. 98 | 3. 5 | 8. 0 | 9. 56 |
| | 食品制造业 | 1. 7 | 21. 0 | 32. 38 | 25. 8 | 37. 0 | 4. 05 | 6. 3 | 33. 4 | 20. 44 | 4. 4 | 20. 5 | 18. 74 |
| | 饮料制造业 | 2. 2 | 0. 7 | -11. 59 | 0. 7 | 0. 1 | -24. 84 | 8. 1 | 6. 9 | -1. 76 | 8. 7 | 1. 7 | -16. 81 |
| | 烟草制品业 | 0. 0 | 0. 0 | 0. 00 | 0. 0 | 0. 0 | 0. 00 | 8. 0 | 10. 8 | 3. 42 | 19. 8 | 37. 1 | 7. 23 |
| | 纺织业 | 28. 3 | 55. 2 | 7. 69 | 63. 7 | 92. 9 | 4. 28 | 63. 2 | 113. 9 | 6. 76 | 0. 9 | 0. 7 | -2. 11 |
| | 纺织服装、鞋、帽制造业 | 4. 0 | 15. 7 | 16. 44 | 6. 1 | 12. 7 | 8. 41 | 12. 1 | 26. 4 | 9. 03 | 0. 0 | 0. 1 | 0. 00 |
| | 皮革、毛皮、羽毛（绒）及其制品业 | 0. 5 | 0. 9 | 6. 95 | 1. 0 | 5. 5 | 20. 58 | 7. 8 | 6. 8 | -1. 54 | 0. 4 | 1. 7 | 18. 17 |
| | 木材加工及木、竹、藤、棕、草制品业 | 1. 7 | 7. 0 | 16. 72 | 0. 2 | 0. 0 | 0. 00 | 2. 1 | 4. 5 | 8. 93 | 0. 0 | 2. 1 | 0. 00 |

续表

| | | 邯郸 | | | 邢台 | | | 保定 | | | 张家口 | | |
|---|---|---|---|---|---|---|---|---|---|---|---|---|---|
| | | 2003年 | 2012年 | 增长率 | 2003年 | 2012年 | 增长率 | 2003年 | 2012年 | 增长率 | 2003年 | 2012年 | 增长率 |
| 劳动密集型 | 家具制造业 | 1.7 | 6.9 | 17.01 | 1.3 | 1.9 | 4.52 | 0.7 | 0.9 | 2.12 | 0.0 | 0.2 | 102.78 |
| | 造纸及纸制品业 | 4.2 | 7.0 | 5.89 | 7.5 | 2.0 | -13.65 | 25.8 | 73.7 | 12.36 | 0.7 | 0.9 | 2.92 |
| | 印刷业和记录媒介复制 | 0.3 | 1.7 | 19.50 | 0.1 | 3.8 | 50.82 | 3.0 | 11.6 | 16.22 | 1.0 | 1.5 | 4.40 |
| | 文教体育用品制造业 | 0.0 | 0.6 | 0.00 | 0.1 | 1.3 | 30.56 | 1.8 | 1.5 | -1.78 | 0.1 | 0.0 | 0.00 |
| | 橡胶制品业 | 0.0 | 0.2 | 0.00 | 7.4 | 11.6 | 5.09 | 6.4 | 16.8 | 11.34 | 0.5 | 0.3 | -5.84 |
| | 塑料制品业 | 2.9 | 4.2 | 4.17 | 1.9 | 1.0 | -6.82 | 31.6 | 22.1 | -3.93 | 0.3 | 0.4 | 2.20 |
| | 工艺品及其他制造业 | 0.0 | 1.2 | 44.05 | 2.5 | 1.5 | -5.49 | 1.6 | 5.5 | 14.90 | 0.5 | 0.2 | -7.89 |
| 资本密集型 | 石油加工、炼焦及核燃料加工业 | 5.9 | 95.2 | 36.18 | 2.3 | 90.0 | 50.30 | 0.2 | 32.1 | 73.65 | 0.0 | 0.4 | 0.00 |
| | 非金属矿物制品业 | 18.0 | 45.1 | 10.71 | 22.2 | 55.4 | 10.68 | 12.9 | 36.2 | 12.20 | 5.9 | 9.9 | 6.00 |
| | 黑色金属冶炼及压延加工业 | 304.2 | 1370 | 18.20 | 82.9 | 230.0 | 12.00 | 3.9 | 31.0 | 25.77 | 69.1 | 171.5 | 10.62 |
| | 有色金属冶炼及压延加工业 | 4.8 | 10.6 | 9.13 | 2.0 | 15.2 | 25.24 | 44.8 | 76.6 | 6.13 | 3.7 | 0.0 | 0.00 |
| | 金属制品业 | 0.8 | 4.3 | 20.29 | 4.2 | 3.7 | -1.18 | 17.9 | 23.1 | 2.84 | 1.2 | 2.7 | 9.47 |
| | 通用设备制造业 | 6.1 | 21.6 | 15.00 | 6.9 | 4.6 | -4.50 | 22.9 | 22.3 | -0.33 | 3.6 | 16.0 | 18.05 |
| | 专用设备制造业 | 10.6 | 13.8 | 3.03 | 7.8 | 26.5 | 14.57 | 4.5 | 14.6 | 13.83 | 20.4 | 7.4 | -10.69 |
| | 仪器仪表及文化、办公用机械制造业 | 2.1 | 1.0 | -7.56 | 0.1 | 0.0 | 0.00 | 2.7 | 6.2 | 9.86 | 0.1 | 0.0 | -5.92 |
| 技术密集型 | 化学原料及化学制品制造业 | 12.8 | 45.6 | 15.16 | 8.1 | 45.7 | 21.16 | 26.0 | 37.0 | 3.99 | 12.8 | 23.8 | 7.13 |
| | 医药制造业 | 2.0 | 15.0 | 25.14 | 7.1 | 10.5 | 4.42 | 5.1 | 14.1 | 11.94 | 6.8 | 4.2 | -5.27 |
| | 化学纤维制造业 | 0.4 | 4.8 | 30.46 | 0.1 | 1.4 | 39.99 | 7.0 | 7.6 | 0.98 | 0.0 | 0.0 | 0.00 |
| | 交通运输设备制造业 | 1.2 | 10.8 | 28.17 | 4.0 | 16.4 | 16.84 | 109.0 | 289.9 | 11.48 | 1.0 | 1.3 | 2.06 |
| | 电气机械及器材制造业 | 1.8 | 9.8 | 20.75 | 28.1 | 1.6 | -27.35 | 30.8 | 168.3 | 20.76 | 0.7 | 1.6 | 9.29 |
| | 通信设备、计算机及其他电子设备制造业 | 0.0 | 0.7 | 175.34 | 2.1 | 0.0 | 0.00 | 1.1 | 2.2 | 8.09 | 0.0 | 0.5 | 0.00 |

续表

| | | 承德 | | | 沧州 | | | 廊坊 | | | 衡水 | | |
|---|---|---|---|---|---|---|---|---|---|---|---|---|---|
| | | 2003 年 | 2012 年 | 增长率 | 2003 年 | 2012 年 | 增长率 | 2003 年 | 2012 年 | 增长率 | 2003 年 | 2012 年 | 增长率 |
| 劳动密集型 | 农副食品加工业 | 4.3 | 18.2 | 17.49 | 19.1 | 60.7 | 13.69 | 52.7 | 88.1 | 5.87 | 13.8 | 25.3 | 7.00 |
| | 食品制造业 | 4.8 | 10.4 | 9.06 | 4.7 | 9.2 | 7.62 | 12.4 | 49.1 | 16.53 | 0.6 | 5.8 | 29.26 |
| | 饮料制造业 | 19.8 | 13.3 | -4.33 | 3.2 | 7.9 | 10.47 | 2.0 | 0.1 | -28.20 | 26.5 | 1.2 | -28.84 |
| | 烟草制品业 | 0.0 | 0.0 | 0.00 | 0.0 | 0.0 | 0.00 | 0.0 | 0.0 | 0.00 | 0.0 | 0.0 | 0.00 |
| | 纺织业 | 0.3 | 0.8 | 10.69 | 16.0 | 28.1 | 6.47 | 5.5 | 3.7 | -4.48 | 14.7 | 8.5 | -5.88 |
| | 纺织服装、鞋、帽制造业 | 16.3 | 3.1 | -16.85 | 1.5 | 5.5 | 15.27 | 2.5 | 8.5 | 14.88 | 2.5 | 3.1 | 2.52 |
| | 皮革、毛皮、羽毛（绒）及其制品业 | 0.1 | 0.0 | 0.00 | 9.4 | 51.0 | 20.71 | 1.1 | 1.2 | 0.93 | 7.4 | 9.7 | 3.15 |
| | 木材加工及木、竹、藤、棕、草制品业 | 0.3 | 0.5 | 7.91 | 0.6 | 1.6 | 11.10 | 5.4 | 16.2 | 12.99 | 3.0 | 2.0 | -4.70 |
| | 家具制造业 | 0.2 | 0.0 | -14.11 | 0.4 | 4.5 | 31.27 | 5.6 | 19.4 | 14.92 | 3.7 | 4.1 | 1.25 |
| | 造纸及纸制品业 | 0.1 | 0.1 | -0.48 | 6.3 | 6.7 | 0.59 | 6.8 | 20.9 | 13.23 | 2.4 | 0.6 | -14.76 |
| | 印刷业和记录媒介复制 | 0.0 | 0.3 | 24.95 | 0.2 | 0.3 | 2.96 | 5.0 | 17.6 | 15.03 | 0.4 | 0.3 | -4.36 |
| | 文教体育用品制造业 | 0.2 | 0.0 | 0.00 | 0.8 | 1.7 | 8.79 | 1.4 | 2.0 | 3.97 | 1.3 | 0.1 | -26.31 |
| | 橡胶制品业 | 1.5 | 0.0 | 0.00 | 3.6 | 4.0 | 1.30 | 2.3 | 2.6 | 1.40 | 13.0 | 30.0 | 9.70 |
| | 塑料制品业 | 0.1 | 0.8 | 24.27 | 7.5 | 12.2 | 5.65 | 7.0 | 14.4 | 8.33 | 4.2 | 4.4 | 0.36 |
| | 工艺品及其他制造业 | 0.2 | 0.7 | 16.97 | 3.7 | 5.0 | 3.64 | 3.1 | 0.6 | -16.78 | 2.1 | 3.0 | 3.99 |

续表

| | | 承德 | | | 沧州 | | | 廊坊 | | | 衡水 | | |
|---|---|---|---|---|---|---|---|---|---|---|---|---|---|
| | | 2003 年 | 2012 年 | 增长率 | 2003 年 | 2012 年 | 增长率 | 2003 年 | 2012 年 | 增长率 | 2003 年 | 2012 年 | 增长率 |
| 资本密集型 | 石油加工、炼焦及核燃料加工业 | 0.0 | 0.0 | 0.00 | 123.6 | 358.6 | 12.56 | 0.2 | 0.5 | 12.85 | 0.0 | 0.0 | 0.00 |
| | 非金属矿物制品业 | 5.7 | 7.7 | 3.47 | 14.8 | 28.6 | 7.58 | 15.8 | 42.0 | 11.47 | 15.8 | 27.5 | 6.32 |
| | 黑色金属冶炼及压延加工业 | 81.7 | 314.4 | 16.16 | 34.1 | 104.8 | 13.27 | 60.1 | 298.0 | 19.48 | 23.0 | 67.3 | 12.67 |
| | 有色金属冶炼及压延加工业 | 2.3 | 6.1 | 11.33 | 2.8 | 9.4 | 14.37 | 3.2 | 15.8 | 19.45 | 1.9 | 2.8 | 4.35 |
| | 金属制品业 | 0.4 | 4.0 | 29.82 | 31.7 | 177.5 | 21.10 | 15.3 | 43.8 | 12.36 | 32.5 | 28.5 | -1.42 |
| | 通用设备制造业 | 4.2 | 3.7 | -1.50 | 11.0 | 73.9 | 23.52 | 12.7 | 13.7 | 0.80 | 7.3 | 6.6 | -1.22 |
| | 专用设备制造业 | 0.3 | 0.7 | 8.50 | 7.9 | 50.4 | 22.86 | 12.3 | 21.1 | 6.21 | 5.4 | 25.5 | 18.81 |
| | 仪器仪表及文化、办公用机械制造业 | 0.9 | 0.2 | -16.74 | 1.6 | 4.3 | 11.47 | 0.6 | 5.1 | 27.71 | 0.8 | 1.2 | 3.61 |
| 技术密集型 | 化学原料及化学制品制造业 | 3.8 | 5.0 | 2.89 | 52.2 | 88.1 | 5.98 | 17.0 | 47.0 | 11.98 | 47.1 | 60.1 | 2.75 |
| | 医药制造业 | 4.0 | 7.0 | 6.41 | 1.8 | 6.6 | 15.83 | 2.1 | 5.6 | 11.75 | 1.2 | 1.9 | 4.55 |
| | 化学纤维制造业 | 0.0 | 0.0 | 0.00 | 1.1 | 0.4 | -11.21 | 0.3 | 0.6 | 9.26 | 0.9 | 0.0 | 0.00 |
| | 交通运输设备制造业 | 0.2 | 2.3 | 28.21 | 9.9 | 58.8 | 21.84 | 20.2 | 75.7 | 15.79 | 3.3 | 13.8 | 17.09 |
| | 电气机械及器材制造业 | 0.5 | 7.2 | 35.37 | 34.8 | 21.8 | -5.04 | 8.6 | 3.8 | -8.54 | 17.9 | 2.9 | -18.30 |
| | 通信设备、计算机及其他电子设备制造业 | 0.0 | 0.0 | 0.00 | 10.2 | 28.5 | 12.09 | 6.2 | 11.1 | 6.72 | 0.0 | 0.2 | 0.00 |

资料来源：2003 年、2012 年工业企业数据库。

输设备制造业，电气机械及器材制造业不仅产值高而且增长率均高于5%，而其他两个产业的增长率也较低。

4. 河北各地市

（1）石家庄。石家庄是河北政治、经济、文化中心，冀中南地区中心城市。2003 年，石家庄产值排名前 10 的行业中劳动密集型、资本密集型和技术密集型产业数量分别为 4 个、4 个和 2 个，2012 年数量与 2003 年相同，不过具体行业有所变动，各行业排名也有细微变动。具体而言，食品制造业以 -4.98% 的速度负增长，排名由 2003 年的第 7 位下降到 2012 年的第 16 位，而木材加工及木、竹、藤、棕、草制品业增速高达 15% 以上，由 2003 年的第 17 位上升至 2012 年的第 10 位；黑色金属冶炼及压延加工业，化学原料及化学制品制造业，皮革、毛皮、羽毛（绒）及其制品业，农副食品加工业，非金属矿物制品业和纺织业增长率均在 10% 以上，而 2003 年排名第 1 位的医药制造业虽然呈现正增长，但增速远低于其他行业，因此 2012 年下降为第 7 名。2012 年，石家庄有 8 个行业工业生产总值在 100 亿元以上，各行业产值差额并不大。如表 5 -5 所示。

**表 5 -5　石家庄工业总产值前 10 位制造业行业**　　单位：亿元，%

| 排名 | 2003 年产值前 10 位 | | 2012 年产值前 10 位 | | 2003 年 | 2012 年 | 增长率 |
|---|---|---|---|---|---|---|---|
| | 类别 | 行业 | 类别 | 行业 | | | |
| 1 | 技术 | 医药制造业 | 资本 | 黑色金属冶炼及压延加工业 | 84.7 | 319.7 | 15.9 |
| 2 | 技术 | 化学原料及化学制品制造业 | 技术 | 化学原料及化学制品制造业 | 116.5 | 296.1 | 10.9 |
| 3 | 劳动 | 皮革、毛皮、羽毛（绒）及其制品业 | 劳动 | 皮革、毛皮、羽毛（绒）及其制品业 | 89.8 | 277.2 | 13.3 |
| 4 | 资本 | 黑色金属冶炼及压延加工业 | 劳动 | 农副食品加工业 | 65.4 | 247.1 | 15.9 |
| 5 | 资本 | 石油加工、炼焦及核燃料加工业 | 资本 | 非金属矿物制品业 | 67.2 | 245.3 | 15.5 |
| 6 | 劳动 | 纺织业 | 劳动 | 纺织业 | 76.0 | 215.0 | 12.3 |
| 7 | 劳动 | 食品制造业 | 技术 | 医药制造业 | 142.0 | 203.9 | 4.1 |
| 8 | 资本 | 非金属矿物制品业 | 资本 | 石油加工、炼焦及核燃料加工业 | 78.5 | 142.7 | 6.9 |
| 9 | 劳动 | 农副食品加工业 | 资本 | 通用设备制造业 | 35.7 | 95.7 | 11.6 |
| 10 | 资本 | 通用设备制造业 | 劳动 | 木材加工及木、竹、藤、棕、草制品业 | 19.7 | 73.4 | 15.7 |

资料来源：2003 年、2012 年工业企业数据库。

（2）唐山。唐山是建成东北亚地区经济合作的窗口城市、环渤海地区的新型工业化基地、首都经济圈的重要支点和京津唐区域中心城市，该市工业发达。2003 年，唐山产值排名前 10 的行业中劳动密集型、资本密集型和技术密集型产业数量分别为 4 个、4 个和 2 个，2012 年分别为 2 个、6 个和 2 个。可见 2012 年唐山的制造业结构有所改进，劳动密集型产业的比重较低，排名前 4 的行业均为资本密集型产业且增速均达到了 10% 以上，技术密集型产业中的交通运输设备制造业和化学原料及化学制品制造业也有较快速的发展。唐山与石家庄不同，黑色金属冶炼及压延加工业的产值为其他产业的 10 倍以上，是唐山最重要的支柱产业，这一格局 10 年来没有改变，并得到了强化。如表 5－6 所示。

**表 5－6　唐山工业总产值前 10 位制造业行业**　　单位：亿元，%

| 排名 | 2003 年产值前 10 位 | | 2012 年产值前 10 位 | | 2003 年 | 2012 年 | 增长率 |
|---|---|---|---|---|---|---|---|
| | 类别 | 行业 | 类别 | 行业 | | | |
| 1 | 资本 | 黑色金属冶炼及压延加工业 | 资本 | 黑色金属冶炼及压延加工业 | 669.4 | 2319.8 | 14.81 |
| 2 | 资本 | 非金属矿物制品业 | 资本 | 非金属矿物制品业 | 69.8 | 185.2 | 11.45 |
| 3 | 技术 | 化学原料及化学制品制造业 | 资本 | 金属制品业 | 23.2 | 123.3 | 20.38 |
| 4 | 技术 | 交通运输设备制造业 | 资本 | 石油加工、炼焦及核燃料加工业 | 8.3 | 118.3 | 34.28 |
| 5 | 劳动 | 造纸及纸制品业 | 技术 | 交通运输设备制造业 | 27.3 | 75.4 | 11.94 |
| 6 | 资本 | 金属制品业 | 技术 | 化学原料及化学制品制造业 | 33.3 | 72.2 | 8.99 |
| 7 | 资本 | 通用设备制造业 | 劳动 | 造纸及纸制品业 | 27 | 35.7 | 3.14 |
| 8 | 劳动 | 饮料制造业 | 资本 | 专用设备制造业 | 13.9 | 34.8 | 10.76 |
| 9 | 劳动 | 农副食品加工业 | 劳动 | 农副食品加工业 | 15.8 | 34.7 | 9.10 |
| 10 | 劳动 | 食品制造业 | 资本 | 通用设备制造业 | 18.3 | 30.4 | 5.79 |

资料来源：2003 年、2012 年工业企业数据库。

（3）秦皇岛。秦皇岛是滨海旅游、休闲、度假胜地，国家历史文化名城，国家级能源输出港和北方综合型枢纽港口城市，京津冀先进制造业基地和高新技术产业基地，高等教育集聚区。2003 年，秦皇岛产值排名前 10 的行业中劳动密集型、资本密集型和技术密集型产业数量分别为 3 个、4 个和 3 个，2012 年分别为 2 个、5 个和 3 个。2003 年，秦皇岛产值排名前 5 的产业分别是农副食品加工业、非金属矿物制品业、黑色金属冶炼及压延加工业、交通运输设备制造业和化学原料及化学制品制造业，2012 年，前 5 名行业只有排名顺序上的变动。其中，黑色金属冶炼及压延加工业、农副食品加工业和交通运输设备制造业增长率分别达到19.82%、9.00%和12.92%，而非金属矿物制品业和化学原料及化学制品制造业虽然正增长但是增速相对较慢。如表5－7所示。

**表5－7 秦皇岛工业总产值前10位制造业行业** 单位：亿元,%

| 排名 | 2003年产值前10位 | | 2012年产值前10位 | | 2003年 | 2012年 | 增长率 |
|---|---|---|---|---|---|---|---|
| | 类别 | 行业 | 类别 | 行业 | | | |
| 1 | 劳动 | 农副食品加工业 | 资本 | 黑色金属冶炼及压延加工业 | 29.2 | 148.8 | 19.82 |
| 2 | 资本 | 非金属矿物制品业 | 劳动 | 农副食品加工业 | 62.1 | 134.9 | 9.00 |
| 3 | 资本 | 黑色金属冶炼及压延加工业 | 技术 | 交通运输设备制造业 | 26.2 | 78.2 | 12.92 |
| 4 | 技术 | 交通运输设备制造业 | 资本 | 非金属矿物制品业 | 33.4 | 45.6 | 3.52 |
| 5 | 技术 | 化学原料及化学制品制造业 | 技术 | 化学原料及化学制品制造业 | 16.4 | 22.4 | 3.55 |
| 6 | 资本 | 有色金属冶炼及压延加工业 | 资本 | 石油加工、炼焦及核燃料加工业 | 0 | 16 | — |
| 7 | 劳动 | 饮料制造业 | 资本 | 专用设备制造业 | 8.4 | 14.3 | 6.1 |
| 8 | 资本 | 专用设备制造业 | 资本 | 金属制品业 | 4.3 | 11.1 | 11.26 |
| 9 | 技术 | 电气机械及器材制造业 | 技术 | 电气机械及器材制造业 | 8 | 9.9 | 2.38 |
| 10 | 劳动 | 造纸及纸制品业 | 劳动 | 造纸及纸制品业 | 5.3 | 6.7 | 2.57 |

资料来源：2003年、2012年工业企业数据库。

（4）邯郸。邯郸是冀南中心城市和晋冀鲁豫四省交界区区域中心城市，传统产业（钢铁、煤炭、电力、建材）转型升级基地、现代装备制造工业基地和现代农业基地。2003年邯郸产值排名前10的行业中劳动密集型、资本密集型和技术密集型产业数量分别为3个、6个和1个，2012年分别为4个、4个和2个。与唐山类似，邯郸对黑色金属冶炼及压延加工业依赖大，不仅增速达到近20%且产值达到排名第2位行业的10倍以上。2018年，邯郸装备制造业增加值285.5亿元，增长17.0%，占规模以上工业的16.6%，比上年提高1.1个百分点；高新技术产业增加值246.6亿元，增长17.5%，增速快于全市工业13个百分点。[①] 如表5－8所示。

① 邯郸市统计局国家统计局邯郸调查队．邯郸市2018年国民经济和社会发展统计公报［EB/OL］．http：//www.hdbs.cn/pcjd/p/17955.html.

表 5－8 邯郸工业总产值前 10 位制造业行业 单位：%

| 排名 | 2003 年产值前 10 位 | | 2012 年产值前 10 位 | | 2003 年 | 2012 年 | 增长率 |
|---|---|---|---|---|---|---|---|
| | 类别 | 行业 | 类别 | 行业 | | | |
| 1 | 资本 | 黑色金属冶炼及压延加工业 | 资本 | 黑色金属冶炼及压延加工业 | 304.2 | 1370.5 | 18.2 |
| 2 | 劳动 | 纺织业 | 资本 | 石油加工、炼焦及核燃料加工业 | 5.9 | 95.2 | 36.2 |
| 3 | 资本 | 非金属矿物制品业 | 劳动 | 农副食品加工业 | 13.2 | 90.0 | 23.8 |
| 4 | 劳动 | 农副食品加工业 | 劳动 | 纺织业 | 28.3 | 55.2 | 7.7 |
| 5 | 技术 | 化学原料及化学制品制造业 | 技术 | 化学原料及化学制品制造业 | 12.8 | 45.6 | 15.2 |
| 6 | 资本 | 专用设备制造业 | 资本 | 非金属矿物制品业 | 18.0 | 45.1 | 10.7 |
| 7 | 资本 | 通用设备制造业 | 资本 | 通用设备制造业 | 6.1 | 21.6 | 15.0 |
| 8 | 资本 | 石油加工、炼焦及核燃料加工业 | 劳动 | 食品制造业 | 1.7 | 21.0 | 32.4 |
| 9 | 资本 | 有色金属冶炼及压延加工业 | 劳动 | 纺织服装、鞋、帽制造业 | 4.0 | 15.7 | 16.4 |
| 10 | 劳动 | 造纸及纸制品业 | 技术 | 医药制造业 | 2.0 | 15.0 | 25.1 |

资料来源：2003 年、2012 年工业企业数据库。

（5）邢台。邢台是国家新能源产业基地、产业转型升级示范区和冀中南物流枢纽城市。2003 年，邢台产值排名前 10 的行业中劳动密集型、资本密集型和技术密集型产业数量分别为 5 个、3 个和 2 个，2012 年分别为 3 个、5 个和 2 个。邢台最主要的两个产业是黑色金属冶炼及压延加工业和纺织业，前者增长率明显高于后者，所以在 2012 年的产值已经大幅领先于纺织业。2012 年排名前 10 的产业中，除纺织业和食品制造业外，其他产业增长率均在 10% 以上。2018 年，邢台钢铁深加工、煤化工、装备制造、食品医药、纺织服装、新型建材和新能源七大优势产业合计完成增加值 575.6 亿元，比上年增长 7.8%；占全市规模以上工业增加值的比重为 64.2%。[①] 如表 5－9 所示。

表 5－9 邢台工业总产值前 10 位制造业行业 单位：亿元，%

| 排名 | 2003 年产值前 10 位 | | 2012 年产值前 10 位 | | 2003 年 | 2012 年 | 增长率 |
|---|---|---|---|---|---|---|---|
| | 类别 | 行业 | 类别 | 行业 | | | |
| 1 | 资本 | 黑色金属冶炼及压延加工业 | 资本 | 黑色金属冶炼及压延加工业 | 82.9 | 230.0 | 12.0 |

① 邢台市统计局国家统计局邢台调查队．邢台市 2018 年国民经济和社会发展统计公报［EB/OL］．http：//www.hebei.gov.cn/hebei/11937442/10756595/10756641/14579924/index.html.

续表

| 排名 | 2003 年产值前 10 位 | | 2012 年产值前 10 位 | | 2003 年 | 2012 年 | 增长率 |
|---|---|---|---|---|---|---|---|
| | 类别 | 行业 | 类别 | 行业 | | | |
| 2 | 劳动 | 纺织业 | 劳动 | 纺织业 | 63.7 | 92.9 | 4.3 |
| 3 | 技术 | 电气机械及器材制造业 | 资本 | 石油加工、炼焦及核燃料加工业 | 2.3 | 90.0 | 50.3 |
| 4 | 劳动 | 食品制造业 | 资本 | 非金属矿物制品业 | 22.2 | 55.4 | 10.7 |
| 5 | 资本 | 非金属矿物制品业 | 劳动 | 农副食品加工业 | 17.5 | 46.8 | 11.6 |
| 6 | 劳动 | 农副食品加工业 | 技术 | 化学原料及化学制品制造业 | 8.1 | 45.7 | 21.2 |
| 7 | 技术 | 化学原料及化学制品制造业 | 劳动 | 食品制造业 | 25.8 | 37.0 | 4.1 |
| 8 | 资本 | 专用设备制造业 | 资本 | 专用设备制造业 | 7.8 | 26.5 | 14.6 |
| 9 | 劳动 | 造纸及纸制品业 | 技术 | 交通运输设备制造业 | 4.0 | 16.4 | 16.8 |
| 10 | 劳动 | 橡胶制品业 | 资本 | 有色金属冶炼及压延加工业 | 2.0 | 15.2 | 25.2 |

资料来源：2003 年、2012 年工业企业数据库。

（6）保定。保定作为畿辅节点城市，与廊坊一同作为首都功能疏解的集中承载地和京津产业转移的重要承载地，与京津形成京津冀城市群的重要节点。2003 年，保定产值排名前 10 的行业中劳动密集型、资本密集型和技术密集型产业数量分别为 3 个、4 个和 3 个，2012 年分别为 3 个、4 个和 3 个。保定最主要的支柱产业是交通运输设备制造业，它是河北汽车工业产业链较完善的城市，已经具备了整车、发动机、蓄电池、车轮毂、车架、变速器、底盘、车灯等完整产业链。2012 年，电气机械及器材制造业、纺织业分列第 2、3 位且产值在百亿元以上，也是保定较为重要的支柱产业。2018 年，保定规模以上工业中，汽车、新能源、纺织、食品和建材五大主导行业完成增加值 720.6 亿元，增长 5.1%，占规模以上工业的比重为 67.9%，比上年提高 2.3 个百分点。其中，汽车及零部件业增加值增长 13.4%，新能源及输变电业下降 5.3%，纺织服装业下降 8.6%，食品业增长 1.6%，建材业增长 3.5%。[①] 如表 5 - 10 所示。

① 保定市统计局．保定市 2018 年国民经济和社会发展统计公报［EB/OL］．http：//www.bd.gov.cn/zwgkcontent - 888888008 - 160571.html.

表 5-10　保定工业总产值前 10 位制造业行业　　单位：亿元，%

| 排名 | 2003 年产值前 10 位 | | 2012 年产值前 10 位 | | 2003 年 | 2012 年 | 增长率 |
|---|---|---|---|---|---|---|---|
| | 类别 | 行业 | 类别 | 行业 | | | |
| 1 | 技术 | 交通运输设备制造业 | 技术 | 交通运输设备制造业 | 109.0 | 289.9 | 11.5 |
| 2 | 劳动 | 纺织业 | 技术 | 电气机械及器材制造业 | 30.8 | 168.3 | 20.8 |
| 3 | 资本 | 有色金属冶炼及压延加工业 | 劳动 | 纺织业 | 63.2 | 113.9 | 6.8 |
| 4 | 劳动 | 塑料制品业 | 资本 | 有色金属冶炼及压延加工业 | 44.8 | 76.6 | 6.1 |
| 5 | 技术 | 电气机械及器材制造业 | 劳动 | 造纸及纸制品业 | 25.8 | 73.7 | 12.4 |
| 6 | 技术 | 化学原料及化学制品制造业 | 技术 | 化学原料及化学制品制造业 | 26.0 | 37.0 | 4.0 |
| 7 | 劳动 | 造纸及纸制品业 | 资本 | 非金属矿物制品业 | 12.9 | 36.2 | 12.2 |
| 8 | 资本 | 通用设备制造业 | 劳动 | 食品制造业 | 6.3 | 33.4 | 20.4 |
| 9 | 资本 | 金属制品业 | 资本 | 石油加工、炼焦及核燃料加工业 | 0.2 | 32.1 | 73.6 |
| 10 | 资本 | 非金属矿物制品业 | 资本 | 黑色金属冶炼及压延加工业 | 3.9 | 31.0 | 25.8 |

资料来源：2003 年、2012 年工业企业数据库。

（7）张家口。张家口可发展为国家可再生能源示范区、国际休闲运动旅游区和奥运新城。2003 年，张家口产值排名前 10 的行业中劳动密集型、资本密集型和技术密集型产业数量分别为 3 个、5 个和 2 个，2012 年数量与 2003 年相同。2003～2012 年，产值第 1 位的是黑色金属冶炼及压延加工业，并且其产值远高于其他产业。由于要发挥张家口的生态优势，按照河北发展战略，张家口从 2016 年开始，五年内关闭取缔市域范围内所有矿山企业（指有采矿权或探矿权），基本实现"无矿市"的目标要求。为此，张家口积极发展高端产业，同时建立低端产业特别是矿山企业有序退出的长效机制，综合运用市场、法律、行政等手段，倒逼矿山企业有序退出。2018 年，专用设备制造业快速增长，累计实现主营业务收入 74.4 亿元，同比增长 19.8%；装备制造业累计实现主营业务收入 283.0 亿元，同比增长 90.4%。与此同时，煤炭业主营业务收入同比下降 31.5%，4 家煤炭生产企业中，1 家停产，冀中能源张家口矿业已关闭停产，开滦蔚州矿业减产；化学原料及化学制品制造业主营业务收入同比下降 21.3%，有色金属矿采选业主营业务收入同比下降 20.5%。① 如表 5-11 所示。

① 张家口市统计局．2018 年张家口市规模以上工业效益运行情况［EB/OL］．http：//tjj.zjk.gov.cn/message.asp？AticleId=1230.

表5-11　张家口工业总产值前10位制造业行业　　单位：亿元，%

| 排名 | 2003年产值前10位 | | 2012年产值前10位 | | 2003年 | 2012年 | 增长率 |
|---|---|---|---|---|---|---|---|
| | 类别 | 行业 | 类别 | 行业 | | | |
| 1 | 资本 | 黑色金属冶炼及压延加工业 | 资本 | 黑色金属冶炼及压延加工业 | 69.1 | 171.5 | 10.6 |
| 2 | 资本 | 专用设备制造业 | 劳动 | 烟草制品业 | 19.8 | 37.1 | 7.2 |
| 3 | 劳动 | 烟草制品业 | 技术 | 化学原料及化学制品制造业 | 12.8 | 23.8 | 7.1 |
| 4 | 技术 | 化学原料及化学制品制造业 | 劳动 | 食品制造业 | 4.4 | 20.5 | 18.7 |
| 5 | 劳动 | 饮料制造业 | 资本 | 通用设备制造业 | 3.6 | 16.0 | 18.1 |
| 6 | 技术 | 医药制造业 | 资本 | 非金属矿物制品业 | 5.9 | 9.9 | 6.0 |
| 7 | 资本 | 非金属矿物制品业 | 劳动 | 农副食品加工业 | 3.5 | 8.0 | 9.6 |
| 8 | 劳动 | 食品制造业 | 资本 | 专用设备制造业 | 20.4 | 7.4 | -10.7 |
| 9 | 资本 | 有色金属冶炼及压延加工业 | 技术 | 医药制造业 | 6.8 | 4.2 | -5.3 |
| 10 | 资本 | 通用设备制造业 | 资本 | 金属制品业 | 1.2 | 2.7 | 9.5 |

资料来源：2003年、2012年工业企业数据库。

（8）承德。承德与张家口同属冀西北生态涵养区，可发展为国家绿色发展先行区、国家绿色数据中心和国际旅游城市。2003年，承德产值排名前10的行业中劳动密集型、资本密集型和技术密集型产业数量分别为5个、3个和2个，2012年分别为3个、4个和3个。2003~2012年，承德产值第一位的是黑色金属冶炼及压延加工业，并且其产值远高于其他产业，增速也高达16.2%（见表5-12）。承德是河北省矿产资源大市之一。全市共发现矿产98种，已探明储量的矿种55种，已开发利用的50种，全市探明矿产地181处，累计探明固体矿产储量35亿吨，保有储量30亿吨，远景资源储量达100亿吨以上，人均占有保有储量838吨。2018年，采矿业增加值下降2.8%，88家黑色金属矿采选业增加值下降2.6%，5家黑色金属冶炼及压延业增加值下降3.4%，食品制造业增加值增长9.8%，农副食品加工业增加值下降1.9%，酒和饮料制造业增加值增长10.5%，电力生产和供应业增加值增长5.6%，装备制造业增加值增长5.1%，医药工业增加值下降3.3%，煤炭开采和洗选业、石油加工炼焦和核燃料加工业、化学原料和化学制品制造业、非金属矿物制品业、黑色金属冶炼和压延加工业、电力热力生产和供应业六大高耗能行业增加值增长2.7%。92家高新技术产业企业实现增加值增长16.3%，其中新能源增加值占比高达52.2%。①

① 承德市统计局国家统计局承德调查队．承德市2018年国民经济和社会发展统计公报［EB/OL］．http：//www.tjcn.org/tjgb/03hb/35761.html.

表5－12 承德工业总产值前10位制造业行业 单位：亿元,%

| 排名 | 2003年产值前10位 | | 2012年产值前10位 | | 2003年 | 2012年 | 增长率 |
|---|---|---|---|---|---|---|---|
| | 类别 | 行业 | 类别 | 行业 | | | |
| 1 | 资本 | 黑色金属冶炼及压延加工业 | 资本 | 黑色金属冶炼及压延加工业 | 81.7 | 314.4 | 16.2 |
| 2 | 劳动 | 烟草制品业 | 劳动 | 农副食品加工业 | 4.3 | 18.2 | 17.5 |
| 3 | 劳动 | 饮料制造业 | 劳动 | 饮料制造业 | 19.8 | 13.3 | -4.3 |
| 4 | 劳动 | 纺织服装、鞋、帽制造业 | 劳动 | 食品制造业 | 4.8 | 10.4 | 9.1 |
| 5 | 资本 | 非金属矿物制品业 | 资本 | 非金属矿物制品业 | 5.7 | 7.7 | 3.5 |
| 6 | 劳动 | 食品制造业 | 技术 | 电气机械及器材制造业 | 0.5 | 7.2 | 35.4 |
| 7 | 劳动 | 农副食品加工业 | 技术 | 医药制造业 | 4.0 | 7.0 | 6.4 |
| 8 | 资本 | 通用设备制造业 | 资本 | 有色金属冶炼及压延加工业 | 2.3 | 6.1 | 11.3 |
| 9 | 技术 | 医药制造业 | 技术 | 化学原料及化学制品制造业 | 3.8 | 5.0 | 2.9 |
| 10 | 技术 | 化学原料及化学制品制造业 | 资本 | 金属制品业 | 0.4 | 4.0 | 29.8 |

资料来源：2003年、2012年工业企业数据库。

（9）沧州。沧州是交通枢纽、港口城市，可发展成为环渤海地区重要沿海开放城市和京津冀城市群重要产业支撑基地。2003年，沧州产值排名前10的行业中劳动密集型、资本密集型和技术密集型产业数量分别为2个、5个和3个，2012年分别为2个、6个和2个，结构变化不大。2003～2012年，沧州产值第一位的是石油加工、炼焦及核燃料加工业，并且其产值远高于其他产业，增速也高达12.6%。沧州土地贫瘠苦咸，发展落后，主要靠石油化工产业发展。面对经济新常态，沧州需要打破依靠矿产发展的思维定式，致力于打造高新技术产业硬实力。2018年，工业经济结构进一步优化，全市战略新兴产业、高新技术产业、装备制造业增加值同比分别增长8.9%、13%、5.6%；投资结构进一步优化，全市装备制造业、服务业、高新技术产业投资同比增长11.1%、14.9%、22.6%；能源生产结构进一步优化，全市风力、太阳能等新能源发电继续保持快速增长，风力、太阳能等新能源发电企业已达10家，发电量增长18.3%，高于规上工业全部发电量增速17.6个百分点。① 如表5－13所示。

（10）廊坊。廊坊具有“京津走廊”区位优势，利用京冀共建北京新机场和临空经济区的有利时机，以生态、智能、休闲、商务为发展方向，大力发展现代服务业和战略性新兴产业以及与北京关联度高的产业，着力建设创新型城市，成为京津冀城市群核心区的重要节点城市，建成京津冀协同发展的先行区和示范区。

① 沧州市统计局国家统计局沧州调查队．沧州市2018年国民经济和社会发展统计公报［EB/OL］．http：//www.tj.cangzhou.gov.cn/zwgk/gggq/610883.shtml.

表5-13 沧州工业总产值前10位制造业行业 单位：亿元,%

| 排名 | 2003年产值前10位 | | 2012年产值前10位 | | 2003年 | 2012年 | 增长率 |
|---|---|---|---|---|---|---|---|
| | 类别 | 行业 | 类别 | 行业 | | | |
| 1 | 资本 | 石油加工、炼焦及核燃料加工业 | 资本 | 石油加工、炼焦及核燃料加工业 | 123.6 | 358.6 | 12.6 |
| 2 | 技术 | 化学原料及化学制品制造业 | 资本 | 金属制品业 | 31.7 | 177.5 | 21.1 |
| 3 | 技术 | 电气机械及器材制造业 | 资本 | 黑色金属冶炼及压延加工业 | 34.1 | 104.8 | 13.3 |
| 4 | 资本 | 黑色金属冶炼及压延加工业 | 技术 | 化学原料及化学制品制造业 | 52.2 | 88.1 | 6.0 |
| 5 | 资本 | 金属制品业 | 资本 | 通用设备制造业 | 11.0 | 73.9 | 23.5 |
| 6 | 劳动 | 农副食品加工业 | 劳动 | 农副食品加工业 | 19.1 | 60.7 | 13.7 |
| 7 | 劳动 | 纺织业 | 技术 | 交通运输设备制造业 | 9.9 | 58.8 | 21.8 |
| 8 | 资本 | 非金属矿物制品业 | 劳动 | 皮革、毛皮、羽毛（绒）及其制品业 | 9.4 | 51.0 | 20.7 |
| 9 | 资本 | 通用设备制造业 | 资本 | 专用设备制造业 | 7.9 | 50.4 | 22.9 |
| 10 | 技术 | 通信设备、计算机及其他电子设备制造业 | 资本 | 非金属矿物制品业 | 14.8 | 28.6 | 7.6 |

资料来源：2003年、2012年工业企业数据库。

2003年廊坊产值排名前10的行业中劳动密集型、资本密集型和技术密集型产业数量分别为2个、5个和3个，2012年分别为4个、4个和2个。2003～2012年，廊坊产值第1位的是黑色金属冶炼及压延加工业，并且其产值远高于其他产业，增长速度近20%。近数年来，廊坊产业结构高端化趋势明显，2017年，规模以上工业行业中，计算机通信及其他电子设备制造业、农副食品加工业、电力热力生产和供应业三个行业支撑作用较强，共拉动全市规模以上工业增加值增长3.0个百分点；规模以上高新技术产业实现增加值215.3亿元，同比增长9.9%，增速高于规模以上工业7.3个百分点，占规模以上工业比重达到26.2%。① 如表5-14所示。

（11）衡水。衡水可发展成为冀中南综合物流枢纽、安全食品和优质农产品生产加工配送基地、生态宜居的滨湖园林城市。2003年，衡水产值排名前10的行业中劳动密集型、资本密集型和技术密集型产业数量分别为2个、5个和3个，2012年分别为4个、4个和2个。衡水前5名产业变动不大，2012年黑色金属冶炼及压延加工业排名第1位，但其产值与其他产业的产值相差不大。近年来，衡

① 廊坊市统计局国家统计局廊坊调查队．廊坊市2017年国民经济和社会发展统计公报［EB/OL］．http：//www.lf.gov.cn/Item/77368.aspx.

表 5－14 廊坊工业总产值前 10 位制造业行业　　单位：亿元，%

| 排名 | 2003 年产值前 10 位 | | 2012 年产值前 10 位 | | 2003 年 | 2012 年 | 增长率 |
|---|---|---|---|---|---|---|---|
| | 类别 | 行业 | 类别 | 行业 | | | |
| 1 | 资本 | 黑色金属冶炼及压延加工业 | 资本 | 黑色金属冶炼及压延加工业 | 60.1 | 298.0 | 19.5 |
| 2 | 劳动 | 农副食品加工业 | 劳动 | 农副食品加工业 | 52.7 | 88.1 | 5.9 |
| 3 | 技术 | 交通运输设备制造业 | 技术 | 交通运输设备制造业 | 20.2 | 75.7 | 15.8 |
| 4 | 技术 | 化学原料及化学制品制造业 | 劳动 | 食品制造业 | 12.4 | 49.1 | 16.5 |
| 5 | 资本 | 非金属矿物制品业 | 技术 | 化学原料及化学制品制造业 | 17.0 | 47.0 | 12.0 |
| 6 | 资本 | 金属制品业 | 资本 | 金属制品业 | 15.3 | 43.8 | 12.4 |
| 7 | 资本 | 通用设备制造业 | 资本 | 非金属矿物制品业 | 15.8 | 42.0 | 11.5 |
| 8 | 劳动 | 食品制造业 | 资本 | 专用设备制造业 | 12.3 | 21.1 | 6.2 |
| 9 | 资本 | 专用设备制造业 | 劳动 | 造纸及纸制品业 | 6.8 | 20.9 | 13.2 |
| 10 | 技术 | 电气机械及器材制造业 | 劳动 | 家具制造业 | 5.6 | 19.4 | 14.9 |

资料来源：2003 年、2012 年工业企业数据库。

水产业升级明显，新动能加快发展。2018 年，衡水规模以上工业战略新兴产业增加值比上年增长 11.3%；高新技术产业增加值增长 8.4%，其中新材料、航空航天、新能源领域分别增长 32.4%、30.0%、25.4%，高新技术产业占规模以上工业增加值的比重为 21.4%；高新技术产业投资增长 38.4%，其中新能源投资增长 2.2 倍，环保产业投资增长 97.6%，高端技术装备制造投资增长 78.5%。[①] 如表 5－15 所示。

表 5－15 衡水市工业总产值前 10 位制造业行业　　单位：亿元，%

| 排名 | 2003 年产值前 10 位 | | 2012 年产值前 10 位 | | 2003 年 | 2012 年 | 增长率 |
|---|---|---|---|---|---|---|---|
| | 类别 | 行业 | 类别 | 行业 | | | |
| 1 | 技术 | 化学原料及化学制品制造业 | 资本 | 黑色金属冶炼及压延加工业 | 23.0 | 67.3 | 12.7 |
| 2 | 资本 | 金属制品业 | 技术 | 化学原料及化学制品制造业 | 47.1 | 60.1 | 2.8 |
| 3 | 劳动 | 饮料制造业 | 劳动 | 橡胶制品业 | 13.0 | 30.0 | 9.7 |
| 4 | 资本 | 黑色金属冶炼及压延加工业 | 资本 | 金属制品业 | 32.5 | 28.5 | -1.4 |
| 5 | 技术 | 电气机械及器材制造业 | 资本 | 非金属矿物制品业 | 15.8 | 27.5 | 6.3 |
| 6 | 资本 | 非金属矿物制品业 | 资本 | 专用设备制造业 | 5.4 | 25.5 | 18.8 |

① 衡水市统计局国家统计局衡水调查队．衡水市 2018 年国民经济和社会发展统计公报［EB/OL］．http：//tjj. hengshui. gov. cn/art/2019/3/22/art_ 4816_ 142111. html.

续表

| 排名 | 2003 产值前 10 位 | | 2012 产值前 10 位 | | 2003 年 | 2012 年 | 增长率 |
|---|---|---|---|---|---|---|---|
| | 类别 | 行业 | 类别 | 行业 | | | |
| 7 | 劳动 | 纺织业 | 劳动 | 农副食品加工业 | 13.8 | 25.3 | 7.0 |
| 8 | 劳动 | 农副食品加工业 | 技术 | 交通运输设备制造业 | 3.3 | 13.8 | 17.1 |
| 9 | 劳动 | 橡胶制品业 | 劳动 | 皮革、毛皮、羽毛（绒）及其制品业 | 7.4 | 9.7 | 3.2 |
| 10 | 劳动 | 皮革、毛皮、羽毛（绒）及其制品业 | 劳动 | 纺织业 | 14.7 | 8.5 | -5.9 |

资料来源：2003 年、2012 年工业企业数据库。

### （四）京津冀城市群制造业重点产业的县域分布与转移

#### 1. 劳动密集型制造业

为了更进一步分析京津冀区域制造业转移的基本特征，我们利用总产值在区县层面上 2003 ~2012 年份额的变化，对京津冀城市群县域制造业细分行业转移情况进行分析。

2003 年，京津冀城市群劳动密集型制造业主要分布于京津地区以及石家庄等地区，具体而言，天津的滨海新区、北辰区、武清区、宝坻区，北京的顺义、朝阳、大兴、怀柔，以及河北辛集市、石家庄市新华区，都是劳动密集型份额较高的地区。从 2003 ~2012 年劳动密集型的制造业份额变化可以看出，劳动密集型制造业在京津冀区域内部的转移情况。主要的转入地是北京的大兴区、海淀区、通州区，天津的武清区、东丽区，河北石家庄的藁城、赵县、正定县、辛集市等以及河北邯郸的大名县、曲周县；主要的转出地是北京的怀柔区、顺义区、平谷区、西城区，天津的蓟县、北辰区、河西区、滨海新区、河东区等区县，河北石家庄市新华区、长安区等。

综上所述，劳动密集型制造业的转移特征，为从京津走廊向冀中南地区的河北腹地转移，并向河北北部各地区分散，北京呈现向南部远郊区县转移的特点，天津则向远郊区县转移。

2012 年京津冀城市群纺织业最集中的地方是石家庄，工业总产值达到 285 亿元，排名第 2 ~6 位的是保定、邢台、邯郸、天津和北京，工业总产值分别为 151 亿元、123 亿元、73 亿元、63 亿元和 59 亿元。具体而言，石家庄的正定、晋州、藁城、栾城、赵县、深泽、长安区，保定的高阳、蠡县、安国，以及邢台的清河，都是纺织业产值份额较高的地区。从 2003 ~2012 年纺织业产值份额变化可以看出纺织业产值在京津冀区域内部的转移情况。产值份额增加的前 10 位县级行政区分别是石家庄的正定、晋州、藁城、栾城、赵县、深泽、元氏，以及保定的高阳和安国。产值份额下降的前 10 位县级行政区分别是石家庄的长安区，保定的蠡县，邢台的清河、桥东，邯郸的丛台区，天津的武清区、河东区和西青区，北京的昌平区、朝阳区。2003～2012 年，京津冀城市群纺织业进一步向石家庄、保定、邯郸等地集聚，京津二市份额下降明显。因此，从产值份额变动可以推断出，纺织业可能主要由京津二市向河北石家庄等地转移，河北石家庄、保定、邢台、邯郸等地市内部也存在一定的产业转移现象，表现为从市区向郊区转移趋势。如图 5－5 所示。

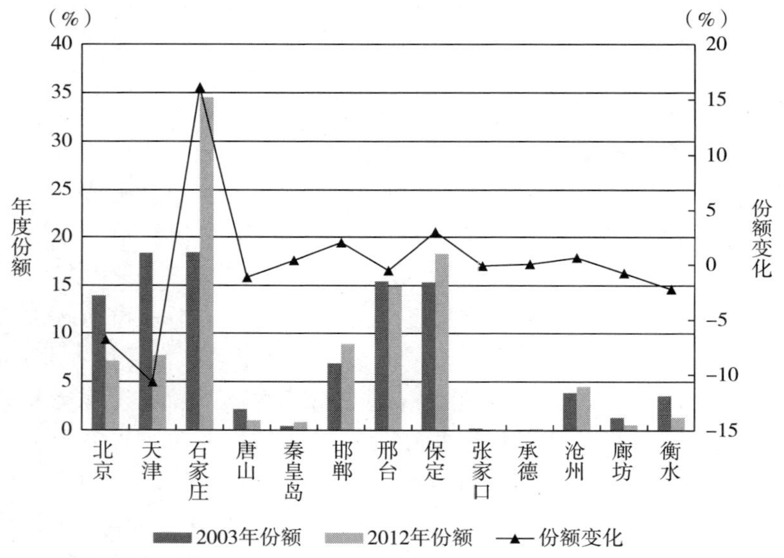


**图 5－5　京津冀各市纺织业工业总产值占比及份额变化情况**

资料来源：2003～2012 年工业企业数据库。

可见 2012 年纺织服装、鞋、帽制造业产值份额以及 2003～2012 年纺织服装、鞋、帽制造业产值份额变化的情况。具体而言，天津的武清区、宝坻区、西青区，保定的容城县，北京的顺义区、大兴区、密云县，石家庄的藁城市、辛集市，以及邢台的宁晋县，都是服务业产值份额较高的地区。从 2003～2012 年纺织服装、鞋、帽制造业产值份额变化可以看出纺织服装、鞋、帽制造业产值在京津冀区域内部的转移情况。产值份额增加的前 10 位县级行政区分别是天津的武清区、西青区，石家庄的辛集市、藁城市、栾城县、元氏县、正定县，邯郸的广

平县、魏县，以及保定的容城县。产值份额下降的前 10 位县级行政区分别是河北的承德县，天津的蓟县、宝坻区、南开区、宁河县、汉沽区，北京的平谷区、密云县、顺义区、昌平区。如图 5－6 所示，2003～2012 年京津冀城市群纺织服装、鞋、帽制造业主要由北京向外转出，而石家庄、保定、邯郸等地市是主要转入地，天津内部各地区也可能存在产业相互转移的情况。

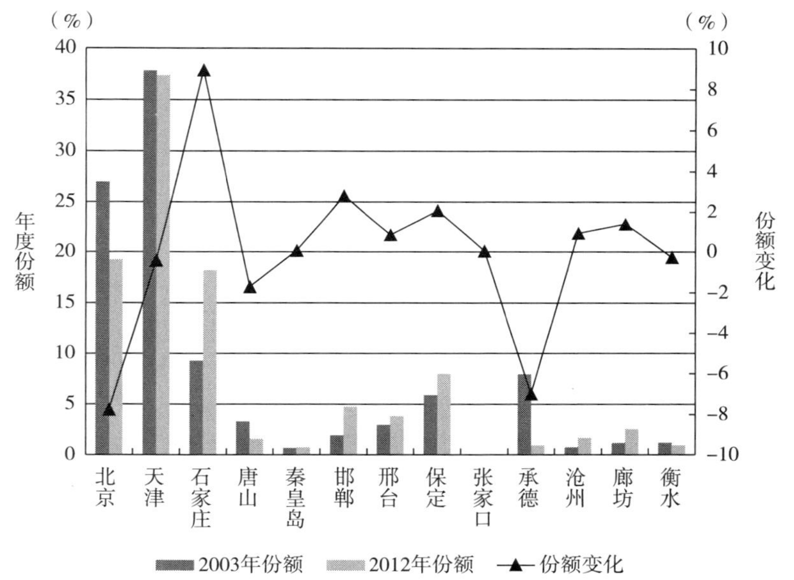


**图 5－6　京津冀各市纺织服装、鞋、帽制造业工业总产值占比及份额变化情况**

资料来源：2003～2012 年工业企业数据库。

2. 资本密集型制造业

2003 年，京津冀城市群资本密集型制造业主要分布于京津唐地区。从资本密集型制造业的转移情况来看，河北唐山的丰润区、迁安市、乐亭县，河北邯郸的武安市、涉县、邯郸县、永年县，河北承德的宽城满族自治县，河北沧州的盐山县、黄骅市是主要的产业转出地；北京城六区、天津市区及滨海新区，是资本密集型制造业的主要转出地。总之，同前文结论相类似，北京是资本密集型制造业的主要转出地，并逐渐向天津和河北各地区扩散。

2012 年，京津冀城市群黑色金属冶炼及压延加工业最集中的地方是唐山，工业总产值份额高达 30% 以上并始终维持首位，排名第 2～4 位的是天津、邯郸和北京。具体而言，邯郸的武安市、复兴区，唐山的丰南区、丰润区、路北区、迁安市，天津的东丽区、静海县、河东区，以及北京的石景山区，都是黑色金属冶炼及压延加工业产值份额较高的地区。从 2003 ~ 2012 年黑色金属冶炼及压延加工业产值份额变化可以看出其在京津冀区域内部的转移情况。产值份额增加的前 10 位县级行政区分别是天津市的东丽区、静海县、津南区，邯郸的武安市、涉县，唐山的迁安市、静海县、丰润区、丰南区，以及石家庄的平山县、霸州市。产值份额下降的前 10 位县级行政区分别是北京的石景山区、丰台区、昌平区，石家庄的长安区、藁城市，邯郸的复兴区，秦皇岛的海港区，邢台的桥西区，廊坊的大厂回族自治县，以及唐山的路南区。如图 5 - 7 所示，2003 ~ 2012 年间京津冀城市群黑色金属冶炼及压延加工业进一步向唐山、天津和邯郸集聚，北京份额下降明显。因此，从产值份额变动我们可以推断出，黑色金属冶炼及压延加工业可能主要由北京向天津以及河北唐山、邯郸等地市转移，河北唐山、邯郸等地市内部也存在一定的产业转移现象。

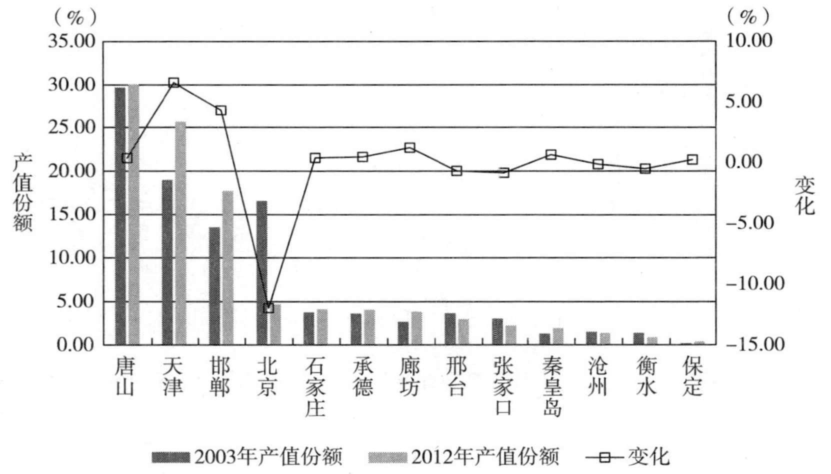


**图 5 - 7　京津冀各市黑色金属冶炼及压延加工业工业总产值占比及份额变化情况**

资料来源：2003 ~ 2012 年工业企业数据库。

3. 技术密集型制造业

2003 年，京津冀城市群技术密集型制造业主要分布于京津及其周边地区，主要是北京的城市功能拓展区及城市发展新区、天津市中心城区及滨海新区、河北石家庄的长安区、桥西区、河北保定的新市区、南市区。从转移情况来看，北京城市发展新区以及河北保定是技术密集型的最主要转入地，北京的中心城区、天津市中心城区是技术密集型制造业的主要转出地。综合来看，技术密集型制造业的转移程度较低，呈现向京津及其周边地区集聚并向河北各地区分散转移的

趋势。

图 5－8 是 2012 年交通运输设备制造业产值份额以及 2003～2012 年交通运输设备制造业产值份额变化的情况。2012 年，京津冀城市群交通运输设备制造业最集中的地方是北京市和天津市，二者工业总产值份额合计高达 75%，河北省的保定市也是份额较高的地区。具体而言，天津的滨海新区、西青区、东丽区、北辰区，北京的顺区、昌平区、大兴区、平谷区，保定市南市区，以及秦皇岛山海关区，都是交通运输设备制造业产值份额较高的地区。从 2003～2012 年交通运输设备制造业产值份额变化可以看出该产业在京津冀区域内部的转移情况。产值份额增加的前 10 位县级行政区分别是天津的塘沽区、东丽区、北辰区，北京市的顺义区、平谷区、通州区，保定的南市区、定州市、涿州市，以及秦皇岛的山海关区。产值份额下降的前 10 位区县分别是北京的朝阳区、丰台区，天津市西青区、河西区、蓟县，保定的新市区、高碑店市、定兴县，石家庄的新华区，唐山的乐亭县。2003～2012 年，京津冀城市群交通运输设备制造业在地市层级上份额变动不大，北京、保定产值份额有所下降，而天津有所上升。从产值份额变动我们可以推断出，天津、北京、保定等地市内部应该存在一定的产业转移。

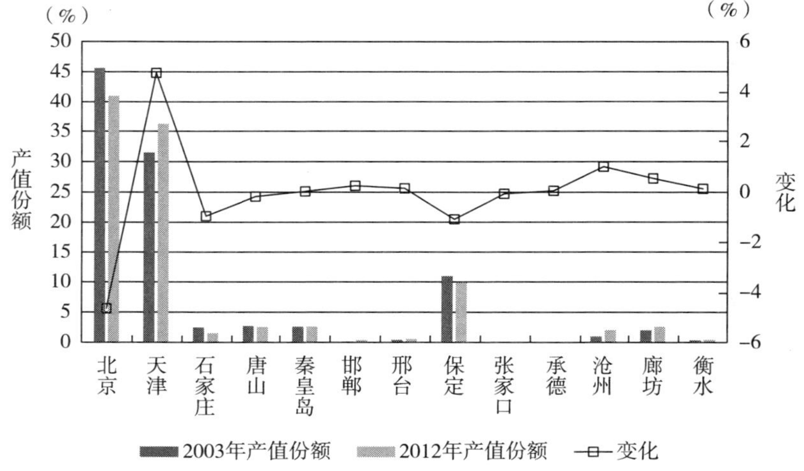


**图 5－8　京津冀各市交通运输设备制造业工业总产值占比情况**

资料来源：2003～2012 年工业企业数据库。

## 第二节 制造业细分行业的空间集聚与分工

随着区域内分工的不断变化，京津冀城市群制造业逐步形成了北京以资本密集型和技术密集型产业为主导，天津劳动、资本、技术密集型三者兼顾，河北各市以劳动密集型产业和资本密集型产业为主的产业梯度格局特征。本节对京津冀城市群制造业的集聚与分工进行分析和总结。

### 一、京津冀城市群制造业集聚状况

以下是京津冀城市群在地级层面的空间基尼系数计算结果，省级包含二市一省，地级包括北京的3个功能区、天津的3个功能区以及河北的11个地级市。

如表5－16所示，从空间基尼系数的绝对值看，劳动、资本和技术三种要素密集产业都有较高的空间集聚度，相对而言，技术密集型行业的分布最为集中（平均系数为0.7），劳动密集型行业次之（平均系数为0.68），资本密集型行业相对较低（平均系数0.61）。具体来看，劳动密集型制造业中的烟草制品业，皮革、毛皮、羽毛（绒）及其制品业，属于集中布局且呈现集中布局加强的趋势，两者空间基尼系数都在0.9以上，呈高度集聚；饮料制造业，纺织业，木材加工及木、竹、藤、棕、草制品业，橡胶制品业2003年分布较为分散，2012年趋于集中布局。资本密集型行业中，仪器仪表及文化、办公用机械制造业始终比较集中，由前文可知其主要集中于北京，石油加工、炼焦及核燃料加工业的集聚程度明显下降，但依然呈集聚态势。资本密集型行业的集聚分布，是因为京津二地相对于河北具有明显的技术优势，京津是技术密集型行业的主要集聚地。总体来看，2003～2012年，京津冀三地三类产业各行业多数呈进一步集聚分布态势，只有少数行业集聚度稍有下降。

**表5－16 京津冀城市群制造业细分行业空间基尼系数**

| 产业类别 | 行业 | 城市空间基尼系数 | | |
|---|---|---|---|---|
| | | 2003年 | 2012年 | 差额 |
| 劳动密集型 | 农副食品加工业 | 0.437 | 0.483 | 0.046 |
| | 食品制造业 | 0.527 | 0.463 | －0.064 |
| | 饮料制造业 | 0.504 | 0.740 | 0.236 |
| | 烟草制品业 | 0.801 | 0.925 | 0.124 |

续表

| 产业类别 | 行业 | 城市空间基尼系数 | | |
|---|---|---|---|---|
| | | 2003 年 | 2012 年 | 差额 |
| 劳动密集型 | 纺织业 | 0. 536 | 0. 710 | 0. 173 |
| | 纺织服装、鞋、帽制造业 | 0. 572 | 0. 652 | 0. 080 |
| | 皮革、毛皮、羽毛（绒）及其制品业 | 0. 847 | 0. 905 | 0. 058 |
| | 木材加工及木、竹、藤、棕、草制品业 | 0. 663 | 0. 755 | 0. 093 |
| | 家具制造业 | 0. 642 | 0. 610 | -0. 032 |
| | 造纸及纸制品业 | 0. 498 | 0. 635 | 0. 137 |
| | 印刷业和记录媒介的复制 | 0. 668 | 0. 632 | -0. 036 |
| | 文教体育用品制造业 | 0. 715 | 0. 670 | -0. 045 |
| | 橡胶制品业 | 0. 613 | 0. 701 | 0. 088 |
| | 塑料制品业 | 0. 559 | 0. 655 | 0. 096 |
| | 工艺品及其他制造业 | 0. 631 | 0. 688 | 0. 057 |
| 资本密集型 | 石油加工、炼焦及核燃料加工业 | 0. 802 | 0. 692 | -0. 110 |
| | 非金属矿物制品业 | 0. 416 | 0. 536 | 0. 120 |
| | 黑色金属冶炼及压延加工业 | 0. 650 | 0. 655 | 0. 005 |
| | 有色金属冶炼及压延加工业 | 0. 618 | 0. 609 | -0. 009 |
| | 金属制品业 | 0. 537 | 0. 600 | 0. 063 |
| | 通用设备制造业 | 0. 496 | 0. 548 | 0. 052 |
| | 专用设备制造业 | 0. 524 | 0. 537 | 0. 013 |
| | 仪器仪表及文化、办公用机械制造业 | 0. 770 | 0. 764 | -0. 006 |
| 技术密集型 | 化学原料及化学制品制造业 | 0. 552 | 0. 521 | -0. 031 |
| | 医药制造业 | 0. 694 | 0. 690 | -0. 004 |
| | 化学纤维制造业 | 0. 681 | 0. 749 | 0. 068 |
| | 交通运输设备制造业 | 0. 714 | 0. 713 | -0. 001 |
| | 电气机械及器材制造业 | 0. 578 | 0. 710 | 0. 133 |
| | 通信设备、计算机及其他电子设备制造业 | 0. 812 | 0. 820 | 0. 008 |

资料来源：2003 年、2012 年中国工业企业数据库。

## 二、京津冀城市群制造业的分工格局

### （一）指标选取和数据说明

通过对产业同构测度的相关文献的梳理和总结，发现对产业同构的测度存在五种方法：分别为产业结构相似指数法、产业分工指数法、结构差异度指数法、区位熵法、Landesmann 和 Szekely 的结构差异度指数法。考虑到单独使用一种可能会造成偏颇，因此，在下文进行测度时，同时运用区域分工指数与区位熵法，以提高测量结果的准确性。

1. 区域分工指数

区域分工指数由保罗·克鲁格曼首先提出，常用于衡量地区间产业结构差异或区域分工（Krugman，1991①；鲁金萍等，2015②）。表达式如下：

$$S_{ij} = \sum_{k=1}^{n} \left| \frac{Q_{ik}}{Q_i} - \frac{Q_{ik}}{Q_j} \right| \tag{5-2}$$

其中，$n$ 为行业个数，下标 $i$ 和 $j$ 表示区域，$k$ 表示行业，$Q_{ik}$ 和 $Q_{jk}$ 表示 $i$ 和 $j$ 地区行业 $k$ 的产值，$Q_i$ 和 $Q_j$ 是两地区的工业总产值，$S_{ij}$ 为区域分工指数，且 $0 \leq S_{ij} \leq 2$。若 $S_{ij}=0$，则表明区域 $j$ 和区域 $k$ 具有完全相同的产业结构；若 $S_{ij}=2$，则表明两个地区产业结构完全不同。$S_{ij}$ 用于衡量产业的区域分工程度，指标值越高，两地区产业差异程度越大；指数值越低，两地区产业同构性越大。所以，该指数可从分工的角度来考察区域间的产业同构性。

2. 区位熵

区位熵也叫专门化率，最早由哈盖特（1961）③ 提出，用来反映某一产业部门在特定区域中的专业化和相对集中程度。其表达式如下：

$$LQ_{ij} = \frac{q_{ij}/q_j}{q_i/q} \tag{5-3}$$

其中，$LQ_{ij}$ 为区位熵，$q_{ij}$ 表示地区 $j$ 行业 $i$ 的产值，$q_j$ 表示地区 $j$ 各行业总产值，$q_i$ 表示行业 $i$ 在所属较大区域总产值，$q$ 表示所属较大区域全部行业总产值。一般来说，区位熵大于 1，表明该地区该产业具有比较优势，具有较强的竞争力；区位熵等于 1，表明该地区该产业无明显的优势；区位熵小于 1，表明该地区该产业处于比较劣势，竞争力较弱。

需要说明的是，本书计算的并非是全国区位熵，而是京津冀城市群的区域区位熵。具体而言，在本书的计算过程中，$q_i$ 表示行业 $i$ 京津冀城市群的总产值，$q$ 表示京津冀城市群制造业行业总产值。

---

① Krugman P. Increasing Returns and Economic Geography ［J］. Journal of Political Economy，1991，99（3）：483－499.

② 鲁金萍，刘玉，杨振武，孙久文．京津冀区域制造业产业转移研究［J］．科技管理研究，2015（11）：86－94.

③ Haggett P. Land Use and Sediment Yield in An Old Plantation Tract of the Serra do Mar，Brazil ［J］. Geographic Journal，1961（127）：50－62.

3. 数据说明

本书的数据来源是中国工业企业数据库，其统计数据是基于国家统计局进行的“规模以上工业统计报表统计”取得的资料整理而成。具体而言，本书根据《国民经济行业分类》（2002 年修订版）中行业的大类代码对北京、天津和河北的数据进行整理，并在此基础上进行指标计算与分析。

（二）测量结果

1. 区域分工指数

这里基于工业二位代码的行业计算了 1999 年、2003 年、2007 年和 2012 年的京津冀区域分工指数，计算结果如图 5－9 所示。

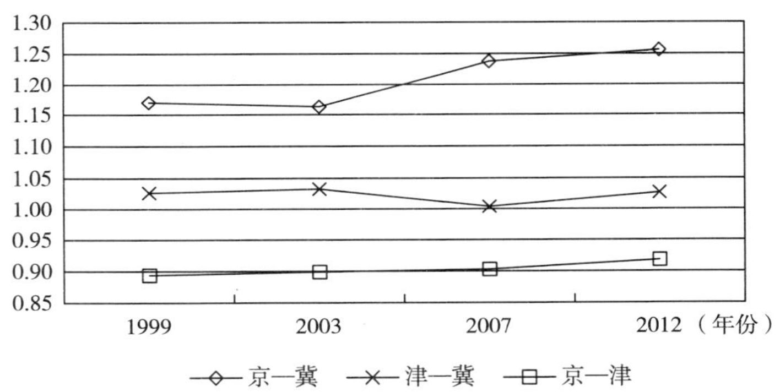


**图 5－9　京津冀区域工业分工指数**

资料来源：1999 年、2003 年、2007 年、2012 年工业企业数据库。

由图 5－9 可知，从整体上看，京津冀区域工业结构差异波动并不大。其中，北京—河北分工指数大于 1 且呈现上升趋势，表明二者分工明确并且存在差异进一步扩大的趋势；天津—河北之间区域分工指数略大于 1，且总体呈现先下降后上升的趋势，但波动很小，表明二者间并不存在明显的产业同构；北京—天津虽然指数略有上升，但绝对值小于 1，说明北京、天津二者在一定程度上存在产业同构，上升趋势表明京津产业结构有不断分异趋势，尽管缓慢。

2. 区域区位熵

本节选取了京津冀二市一省 2003 年和 2012 年制造业 29 个细分行业产值数据，计算各行业在京津冀城市群制造业的区位熵大小，如表 5－17 所示。如果计算结果大于 1，说明该行业在省（市）所占的比重高于该行业占京津冀城市群制造业总产值的比重，说明该省（市）该行业在该地区有较高的聚集程度和专业化水平，为该地区的优势产业。

**表 5－17　2003 年、2012 年京津冀城市群制造业区位熵统计**

| 地区 | 优势行业个数 | 劳动密集型制造业 | 资本密集型制造业 | 技术密集型制造业 |
|---|---|---|---|---|
| 北京 | 2003 年（7 个） | 饮料制造业（1.12）；印刷业和记录媒介的复制（1.99） | 石油加工、炼焦及核燃料加工业（1.12）；专用设备制造业（1.40）；仪器仪表及文化、办公用机械制造业（2.34） | 交通运输设备制造业（1.54）；通信设备、计算机及其他电子设备制造业（1.69） |
|  | 2012 年（15 个） | 食品制造业（1.06）；饮料制造业（2.86）；烟草制造业（3.10）；家具制造业（1.44）；印刷业和记录媒介的复制（2.43）；文教体育用品制造业（1.15）；工艺品及其他制造业（1.53） | 石油加工、炼焦及核燃料加工（1.54）；非金属矿物制品业（1.09）；专用设备制造业（1.37）；仪器仪表及文化、办公用机械制造业（2.65） | 医药制造业（1.66）；交通运输设备制造业（2.04）；电气机械及器材制造业（1.60）；通信设备、计算机及其他电子设备制造业（2.31） |
| 天津 | 2003 年（14 个） | 纺织服装、鞋、帽制造业（1.24）；家具制造业（1.55）；文教体育用品制造业（2.05）；橡胶制品业（1.55）；塑料制品业（1.23）；工艺品及其他制造业（1.72） | 石油加工、炼焦及核燃料加工业（1.06）；有色金属冶炼及压延加工业（1.01）；金属制品业（1.38）；通用设备制造业（1.15） | 化学原料及化学制品制造业（1.11）；交通运输设备制造业（1.04）；电气机械及器材制造业（1.30）；通信设备、计算机及其他电子设备制造业（1.56） |
|  | 2012 年（12 个） | 食品制造业（1.18）；纺织服装、鞋、帽制造业（1.39）；文教体育用品制造业（1.90）；橡胶制品业（1.46）；塑料制品业（1.71） | 有色金属冶炼及压延加工业（1.33）；专用设备制造业（1.45）；仪器仪表及文化、办公用机械制造业（1.34） | 化学原料及化学制品制造业（1.17）；交通运输设备制造业（1.35）；电器机械及奇才制造业（1.18）；通信设备、计算机及其他电子设备制造业（1.70） |
| 河北 | 2003 年（15 个） | 农副食品加工业（1.47）；食品制造业（1.32）；饮料制造业（1.14）；烟草制品业（1.59）；纺织业（1.69）；皮革、毛皮、羽毛（绒）及其制品业（1.93）；木材加工及木、竹、藤、棕、草制品业（1.51）；造纸及纸制品业（1.55）；橡胶制品业（1.10）；塑料制品业（1.13） | 非金属矿物制品业（1.49）；黑色金属冶炼及压延加工业（1.60）；有色金属冶炼及压延加工业（1.33） | 医药制造业（1.19）；化学纤维制造业（1.85） |

续表

| 地区 | 优势行业个数 | 劳动密集型制造业 | 资本密集型制造业 | 技术密集型制造业 |
|---|---|---|---|---|
| 河北 | 2012 年（11 个） | 农副食品加工业（1.25）；纺织业（1.60）；皮革、毛皮、羽毛（绒）及其制品业（1.77）；木材加工及木、竹、藤、棕、草制品业（1.51）；造纸及纸制品业（1.22） | 非金属矿物制品业（1.21）；黑色金属冶炼及压延加工业（1.31）；金属制品业（1.15）；通用设备制造业（1.14） | 化学原料及化学制品制造业（1.03）；化学纤维制造业（1.58） |

资料来源：2003 年、2012 年中国工业企业数据库。

根据表 5－17，北京、天津二市的比较优势主要集中于资本密集型制造业和技术密集型制造业，河北的比较优势主要集中于劳动密集型制造业。区位熵的结果也验证了工业区域分工指数的结果，北京、天津部分行业的比较优势交叉，有一定程度的同质竞争。北京的饮料制造业、烟草制造业的区位熵均有大幅度上升，这可视为两个行业向北京集聚转移的结果。从发展趋势来看，北京优势行业十年间增加一倍多，从 2003 年的 7 个增至 2012 年的 15 个，主要表现在技术密集型和劳动密集型行业的增加；天津优势行业数稳中有降；河北则减少了 4 个，主要是劳动密集型行业减少。各地优势行业数量的变化表明行业发生了空间集聚变动和迁移。

综合上述区域分工系数和区位熵及其变动看，北京、天津与河北之间的产业分工和空间梯度明显，在制造业层面基本上呈现北京兼顾资本密集型产业和技术密集型产业，天津则是劳动密集型产业、资本密集型产业和技术密集型产业三者兼具，而河北兼具劳动密集型产业和资本密集型产业的产业梯度格局特征。

## 第三节　制造业区域转移效应分析

### 一、偏离—份额分析模型

根据第四章，偏离—份额分析模型公式如下：

$$\Delta X_{ij} = X'_{ij} - X_{ij} = X_{ij}r + X_{ij}(r_i - r) + X_{ij}(r_{ij} - r_i) \tag{5-4}$$

其中，区域增长份额分量 $r=\frac{\sum_{i=1}^{s}\sum_{j=1}^{R}(X'_{ij}-X_{ij})}{\sum_{i=1}^{s}\sum_{j=1}^{R}X_{ij}}$，产业结构偏离份额分量 $r_i=\frac{\sum_{j=1}^{R}(X'_{ij}-X_{ij})}{\sum_{j=1}^{R}X_{ij}}$，区位偏离份额分量 $r_{ij}=\frac{X'_{ij}-X_{ij}}{X_{ij}}$；$X_{ij}$为 $j$ 地区 $i$ 产业经济变量的初始值；$X'_{ij}$为 $j$ 地区 $i$ 产业经济变量的期末值。

以下分析使用工业企业数据库 2003～2012 年京津冀各市的就业人口数据，对二市一省以及河北 11 个地级市制造业的 29 个行业进行偏离—份额分析，试图分解影响京津冀城市群制造业从业人员流动的因素，分析各种因素所带来的效应。

## 二、基于偏离—份额分析法的制造业细分行业转移效应分析

### （一）京津冀地区各省市

偏离—份额分析结果如表 5－18 所示，京津冀三省市各类行业从业人数总体变动趋势较为一致，2003～2008 年普遍呈现下降趋势，而 2008～2012 年普遍呈现增长态势。

**表 5－18 京津冀三类行业从业人口偏离—份额分析结果**

| 地区 | | 2003～2008 年 | | | | 2008～2012 年 | | | |
|---|---|---|---|---|---|---|---|---|---|
| | 产业类型 | 变化量 | 区域分量 | 结构分量 | 竞争分量 | 变化量 | 区域分量 | 结构分量 | 竞争分量 |
| 北京 | 劳动密集型 | －79442 | －51715 | －37749 | 10023 | 73634 | 48979 | 23140 | 1515 |
| | 资本密集型 | －26263 | －45638 | 14932 | 4442 | 74435 | 52848 | －38766 | 60353 |
| | 技术密集型 | －27166 | －48710 | 22502 | －958 | 35307 | 56595 | －24925 | 3637 |
| 天津 | 劳动密集型 | －91386 | －53617 | －34836 | －2933 | 162552 | 48799 | 17233 | 96520 |
| | 资本密集型 | －55482 | －58774 | 31718 | －28427 | 13232 | 63304 | －28961 | －21111 |
| | 技术密集型 | －75955 | －63477 | 24394 | －36872 | 63119 | 64850 | －23688 | 21956 |
| 河北 | 劳动密集型 | －224657 | －130370 | －87197 | －7090 | 106558 | 118118 | 87632 | －99192 |
| | 资本密集型 | －63106 | －161765 | 74674 | 23984 | 133707 | 193903 | －20954 | －39242 |
| | 技术密集型 | －47921 | －69476 | －15117 | 36672 | 66083 | 78709 | 15028 | －27654 |

资料来源：2003～2008 年、2018～2012 年中国工业企业数据库。

2003～2008 年，京津冀三省市劳动密集型制造业从业人数负增长均主要由区域分量和结构分量所导致，不过北京相较于津冀呈现出对劳动力的巨大吸引力，其竞争分量为正值，而天津和河北则为负；资本密集型制造业则与劳动密集

型不同，京津冀各省市产业结构较为合理，京津冀制造业总体发展状况较差是导致该产业人口从业人数的下降的主因，而从竞争分量看，河北竞争优势较大而天津则没有体现出应有的竞争优势；从技术密集型制造业看，北京、天津产业布局比较合理，但天津竞争力较差，而河北虽然产业布局较差，但反而具有较大的竞争优势。

2008～2012 年，京津冀地区制造业整体发展态势逆转，因而各省市区域分量均为正值。就劳动密集型制造业而言，三省市产业结构相比于前一时期有较大优化，且北京和天津都表现了较大的竞争优势，但河北作为劳动力资源丰富的制造业大省，却没有充分利用好劳动力资源，因而呈现竞争劣势；从资本密集型制造业看，北京相较于津冀具有显著的竞争优势；从技术密集型制造业来看，北京、天津由于具有丰富的高等教育资源以及科研机构，其竞争优势较为明显，而河北虽然结构相对合理，但相较于京津二市处于竞争劣势。

总体而言，北京在三类产业均呈现出竞争优势，在资本密集型制造业产业竞争力优势最为显著；天津劳动密集型制造业和技术密集型制造业优势显著；河北在三类制造业均处于竞争劣势。如表 5－18 所示。

按照结构分量和竞争分量的不同，可把各地制造业细分行业分为四类：

A 类：结构因素、竞争力因素均 >0；B 类：结构因素 <0，竞争力因素 >0；C 类：结构因素、竞争力因素均 <0；D 类：结构因素 >0，竞争力因素 <0。

A 类行业表明：第一，该行业增长速度快于京津冀城市群各行业的平均增长速度；第二，该行业具有产业竞争力优势。B 类行业表明：第一，该行业增长速度慢于京津冀城市群各行业的平均增长速度；第二，该行业具有产业竞争力优势。C 类行业表明：第一，该行业增长速度慢于京津冀城市群各行业的平均增长速度；第二，该行业产业竞争力处于劣势。D 类行业表明：第一，该行业增长速度慢于京津冀城市群各行业的平均增长速度；第二，该行业产业竞争力处于劣势。

1. 北京

2003～2008 年，北京市 A 类行业有 4 个，B 类行业有 12 个，C 类行业有 5 个，D 类行业有 6 个，如图 5－10 所示。北京产业结构因素具备优势的行业有 10 个，具有竞争力优势的行业有 16 个。A 类行业中，通用设备制造业和通信设备、计算机及其他电子设备制造业无论是行业增长速度还是产业竞争力水平都表现十分突出，远超于其他行业。B 类行业中，纺织业和纺织服装、鞋、帽制造业具有较大的竞争力优势，但后者发展速度大大慢于京津冀城市群平均水平。D 类行业中石油加工、炼焦及核燃料加工业、金属制品业和电气机械及器材制造业虽然处于竞争力劣势，但结构因素优势明显，可以弥补各产业的竞争劣势。北京大部分行业结构分量和竞争分量之和 <0，说明北京大部分制造业在此阶段发展受制于结构因素或竞争力因素。

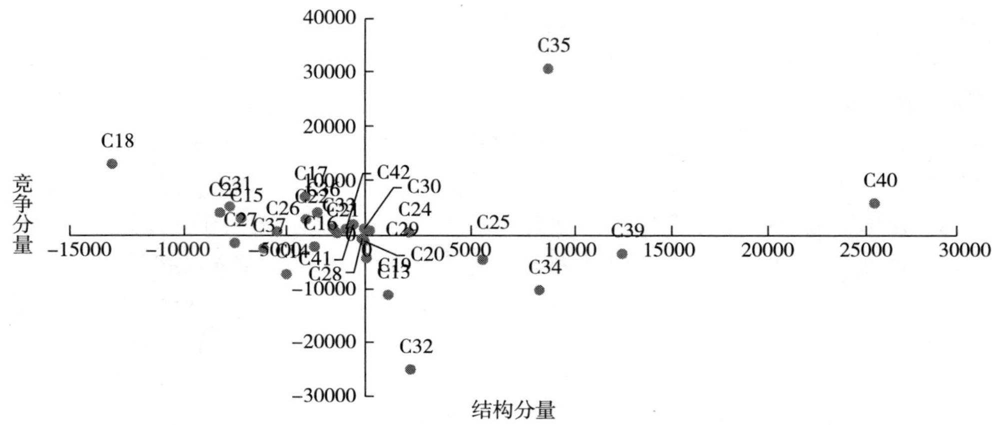

图 5-10　2003~2008 年北京市偏离—份额分析结果

注：图中行业分别为农副食品加工业（C13）、食品制造业（C14）、饮料制造业（C15）、烟草制品业（C16）、纺织业（C17）、纺织服装、鞋、帽制造业（C18）、皮革、毛皮、羽毛（绒）及其制品业（C19）、木材加工及木、竹、藤、棕、草制品业（C20）、家具制造业（C21）、造纸及纸制品业（C22）、印刷业和记录媒介的复制（C23）、文教体育用品制造业（C24）、石油加工、炼焦及核燃料加工业（C25）、化学原料及化学制品制造业（C26）、医药制造业（C27）、化学纤维制造业（C28）、橡胶制品业（C29）、塑料制品业（C30）、非金属矿物制品业（C31）、黑色金属冶炼及压延加工业（C32）、有色金属冶炼及压延加工业（C33）、金属制品业（C34）、通用设备制造业（C35）、专用设备制造业（C36）、交通运输设备制造业（C37）、电气机械及器材制造业（C39）、通信设备、计算机及其他电子设备制造业（C40）、仪器仪表及文化、办公用机械制造业（C41）、工艺品及其他制造业（C42），下同。

资料来源：2003~2008 年中国工业企业数据库。

2008~2012 年，北京 A 类行业有 8 个，B 类行业有 9 个，C 类行业有 4 个，D 类行业有 8 个，如图 5-11 所示。北京产业结构因素具备优势的行业有 16 个，具有竞争力优势的行业有 17 个。A 类行业中，纺织业、化学原料及化学制品制造业结构因素以及黑色金属冶炼及压延加工业竞争力因素优势明显。B 类、C 类行业中，大部分行业结构分量和竞争分量之和 <0，说明北京大部分制造业在此阶段发展受制于结构因素或竞争力因素或二者的合力。D 类行业虽然处于竞争力劣势，但纺织服装、鞋、帽制造业和仪器仪表及文化、办公用机械制造业结构因素优势明显，可以弥补该产业的竞争劣势。

2. 天津

2003~2008 年，天津 A 类行业有 4 个，B 类行业有 7 个，C 类行业有 12 个，D 类行业有 6 个，如图 5-12 所示。天津产业结构因素具备优势的行业有 10 个，具有竞争力优势的行业有 11 个。A 类行业中，金属制品业和通用设备制造业无

论是行业增长速度还是产业竞争力水平都表现十分突出，远超于其他行业。B类、C类行业中，大部分行业结构分量和竞争分量之和 <0，说明天津大部分制造业在此阶段发展受制于结构因素或竞争力因素。其中，纺织服装、鞋、帽制造业，医药制造业，交通运输设备制造业结构因素和产业竞争力劣势较为显著。D类行业中通信设备、计算机及其他电子设备制造业结构因素优势明显，弥补了该产业的竞争劣势；黑色金属冶炼及压延加工业虽然具有一定的结构因素优势，但是竞争劣势明显。

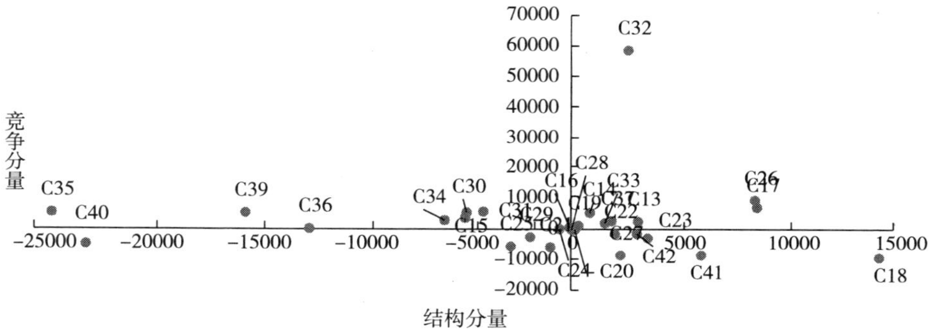


**图 5-11　2008～2012 年北京市偏离—份额分析结果**

资料来源：2008～2012 年中国工业企业数据库。

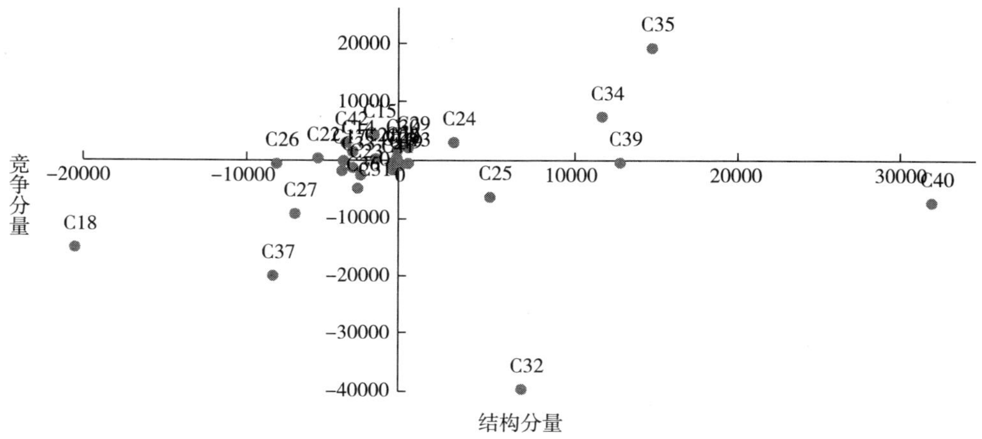


**图 5-12　2003～2012 年天津市偏离—份额分析结果**

资料来源：2003～2012 年工业企业数据库。

2008～2012 年，天津 A 类行业有 13 个，B 类行业有 9 个，C 类行业有 3 个，D 类行业有 3 个，如图 5－13 所示。天津产业结构因素具备优势的行业有 16 个，具有竞争力优势的行业有 21 个。A 类行业数量增长较快，其中纺织服装、鞋、帽制造业和化学原料及化学制品制造业等产业无论是行业增长速度还是产业竞争力水平都表现十分突出，远超于其他行业。B 类行业中，大部分行业结构分量和竞争分量之和＜0，电气机械及器材制造业、金属制品业、专用设备制造业和塑料制品业在此阶段发展尤其受制于结构因素。D 类行业中黑色金属冶炼及压延加工业、交通运输设备制造业虽然结构因素优势明显，但处于较显著的竞争力劣势。

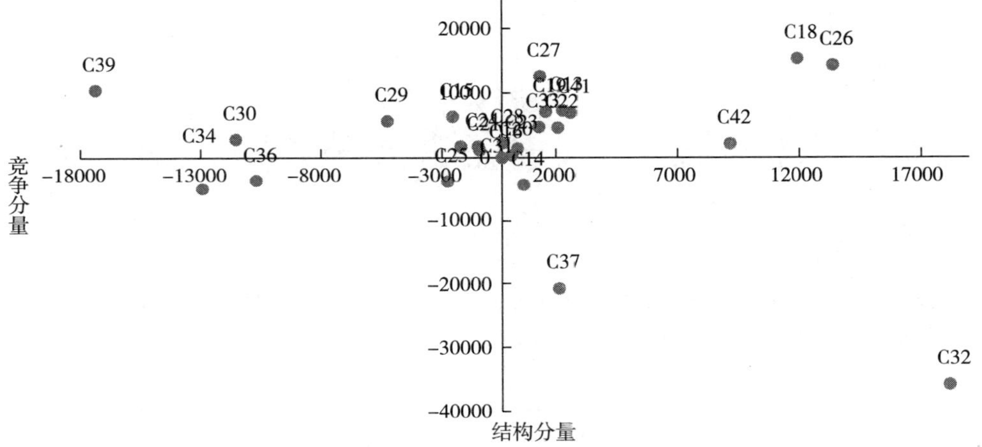


**图 5－13　2003～2012 年天津偏离—份额分析结果**

资料来源：2003～2012 年中国工业企业数据库。

3. 河北

2003～2008 年，河北 A 类行业有 7 个，B 类行业有 8 个，C 类行业有 11 个，D 类行业有 3 个，如图 5－14 所示。河北产业结构因素具备优势的行业有 10 个，具有竞争力优势的行业有 15 个。A 类行业中，黑色金属冶炼及压延加工业无论是行业增长速度还是产业竞争力水平都表现十分突出，远超于其他行业；金属制品业和电气机械及器材制造业虽然竞争优势不明显，但其结构因素优势显著。B 类、C 类行业中，大部分行业结构分量和竞争分量之和＜0，说明河北大部分制造业在此阶段发展受制于结构因素或竞争力因素。其中，纺织业，非金属矿物制品业，造纸及纸制品业，化学原料及化学制品制造业结构因素劣势较为显著。D 类行业中通用设备制造业表现突出，结构因素优势明显，但竞争劣势也较为显著。

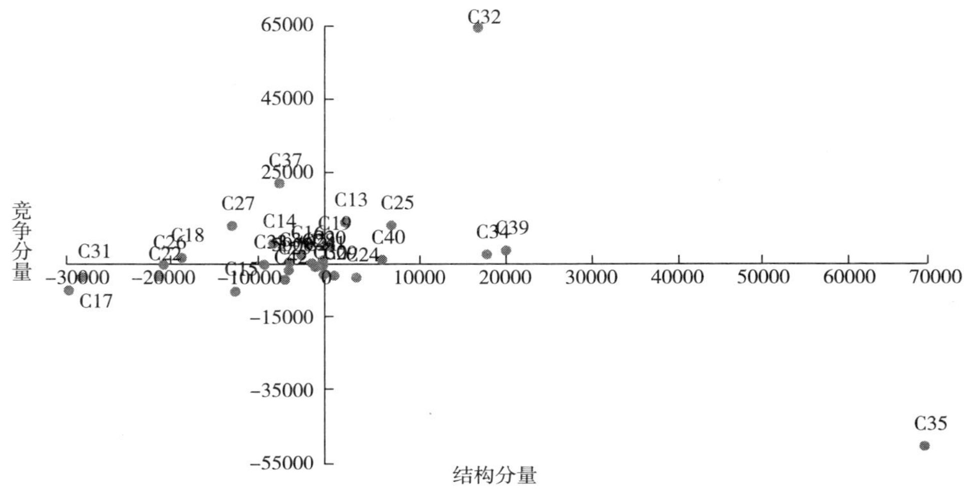


**图 5-14 2003~2012 年河北偏离—份额分析结果（一）**

资料来源：2003~2012 年中国工业企业数据库。

2003~2008 年，河北 A 类行业有 3 个，B 类行业有 5 个，C 类行业有 8 个，D 类行业有 13 个，如图 5-15 所示。河北产业结构因素具备优势的行业有 16 个，具有竞争力优势的行业有 8 个。A 类行业中，交通运输设备制造业，远超于其他行业；金属制品业和电气机械及器材制造业竞争力水平优势十分明显。B 类、C 类行业中，大部分行业结构分量和竞争分量之和<0，说明河北大部分制造业在此阶段发展仍受制于结构因素或竞争力因素。其中，通用设备制造业、电气机械及器材制造业的结构因素和竞争力水平劣势均十分显著。D 类行业中纺织业和化学原料及化学制品制造业结构因素优势明显，但竞争劣势也较为显著；黑色金属冶炼及压延加工业虽然处于竞争力劣势，但结构因素的优势较为显著。

（二）京津冀城市群各地市

京津冀各省市的空间竞争效应对各行业经济增长的贡献主要体现在竞争分量上。竞争分量是体现各个地区在各行业竞争力的量，若该地区有发展该行业的优势，这一分量就为正，反之则为负。表 5-18 列出了京津冀二市一省以及河北 11 个地级市各行业竞争分量，由于京津冀各省市的区域分量符号均相同，且前文已经对京津冀城市群各产业的情况进行分析，因此这里只对各省市的竞争分量进行比较分析。

由表 5-18 可得出如下结论：

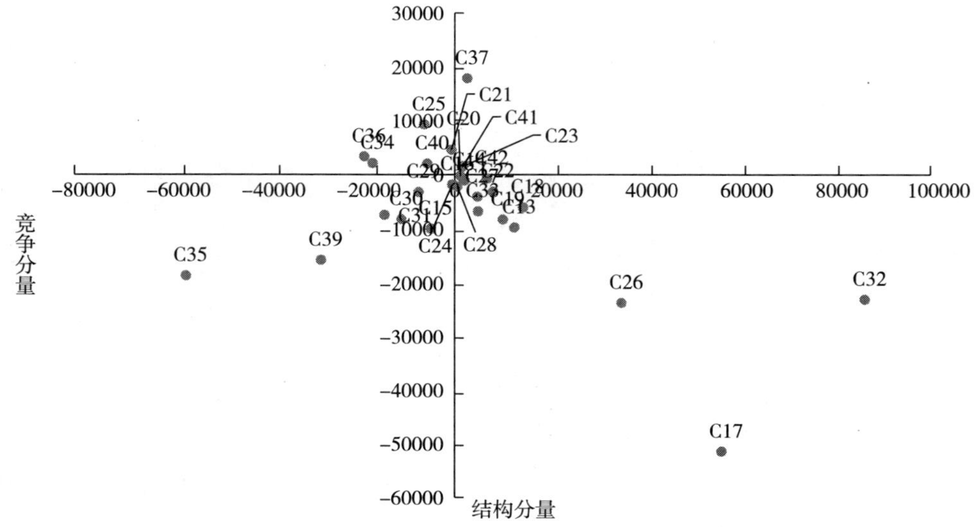


**图 5－15　2003～2012 年河北偏离—份额分析结果（二）**

资料来源：2003～2012 年中国工业企业数据库。

第一，北京。在两个时段内北京制造业总体具有竞争优势，且 2008～2012 年竞争优势明显增强，具体表现为城六区制造业由处于竞争劣势转向具有竞争优势，而城市发展新区竞争优势转为竞争劣势，生态涵养区的行业竞争优势保持平稳。从内部行业来看，表现各有不同，北京从竞争劣势转向竞争优势的行业主要有农副食品加工业（C13）、食品制造业（C14）、烟草制品业（C16）、皮革、毛皮、羽毛（绒）及其制品业（C19）、黑色金属冶炼及压延加工业（C32）、金属制品业（C34）、交通运输设备制造业（C37）和电气机械及器材制造业（C39）；从竞争优势转为竞争劣势的行业主要有纺织服装、鞋、帽制造业（C18）、家具制造业（C21）、造纸及纸制品业（C22）、印刷业和记录媒介的复制（C23）、橡胶制品业（C29）、通信设备、计算机及其他电子设备制造业（C40）、办公用机械制造业（C41）和工艺品及其他制造业（C42）；竞争优势急剧下滑的行业有通用设备制造业（C35）和专用设备制造业（C36）；竞争力加剧恶化的是石油加工、炼焦及核燃料加工业（C25）和医药制造业（C27）；竞争优势进一步强化的行业包括饮料制造业（C15）、化学原料及化学制品制造业（C26）、塑料制品业（C30）、非金属矿物制品业（C31）和有色金属冶炼及压延加工业（C33）。具体到内部各功能区，行业竞争优劣势变化也有不同，城六区有 12 个行业从竞争劣势转为竞争优势，有 5 个行业从竞争优势转为竞争劣势，有一个行业竞争力进一步恶化，有 8 个行业的竞争优势得到强化。城市发展新区有 5 个行业从竞争劣势转为竞争优势，同时有 14 个行业从竞争优势转为竞争劣势，主要是劳动密集型

行业，也有少部分技术密集型行业，有 3 个行业竞争力进一步恶化，有 2 个行业竞争优势得到强化。生态涵养区有 8 个行业从竞争劣势转为竞争优势，同时有 5 个行业从竞争优势转为竞争劣势，有 4 个行业竞争优势下滑，有 1 个行业竞争力恶化，有 4 个行业竞争优势强化。

第二，天津。2003～2008 年处于竞争劣势，而 2008～2012 年竞争力水平实现了向竞争优势的转换并具有显著提高的竞争分量，具体表现为天津区制造业竞争优势显著增强，而天津滨海新区和天津郊区县在 2008～2012 年竞争劣势明显。从内部行业看，天津有 13 个行业从竞争劣势转为竞争优势，包括农副食品加工业（C13）、纺织业（C17）、纺织服装、鞋、帽制造业（C18）、皮革、毛皮、羽毛（绒）及其制品业（C19）、木材加工及木、竹、藤、棕、草制品业（C20）、印刷业和记录媒介的复制（C23）、化学原料及化学制品制造业（C26）、医药制造业（C27）、非金属矿物制品业（C31）、有色金属冶炼及压延加工业（C33）、电气机械及器材制造业（C39）、通信设备、计算机及其他电子设备制造业（C40）和仪器仪表及文化、办公用机械制造业（C41）；有 2 个行业从竞争优势逆转为竞争劣势，包括食品制造业（C14）和金属制品业（C34）；有 3 个行业竞争优势下滑，包括文教体育用品制造业（C24）、通用设备制造业（C35）和工艺品及其他制造业（C42）；有一个行业竞争力恶化，即交通运输设备制造业（C37）；有 6 个行业的竞争优势得到强化，包括饮料制造业（C15）、家具制造业（C21）、造纸及纸制品业（C22）、化学纤维制造业（C28）、橡胶制品业（C29）和塑料制品业（C30）。具体到天津各区域也有不同表现，天津各区两个时期向竞争优势方向发展表现良好，有 14 个行业从竞争劣势转向竞争优势，有 12 个行业的竞争优势进一步得到强化，仅有一个行业竞争力恶化。滨海新区行业整体从竞争优势转向竞争劣势，其中从竞争劣势转为竞争优势的有 5 个行业，从竞争优势转向竞争劣势的有 8 个行业，优势退化的有 3 个行业，竞争力进一步恶化的高达 9 个，竞争优势得到强化的仅 2 个行业。对于天津郊区县，有 8 个行业从竞争劣势转为竞争优势，有 3 个行业从竞争优势转为竞争劣势，有 2 个行业竞争优势下滑，有 3 个行业竞争力恶化，有 7 个行业竞争优势得到强化。

第三，河北。2003～2008 年处于竞争劣势，2008～2012 年产业竞争力进一步恶化。具体到行业内部，从竞争劣势转为竞争优势的行业有 3 个，分别为家具制造业（C21）、印刷业和记录媒介的复制（C23）和仪器仪表及文化、办公用机械制造业（C41）；从竞争优势逆转为竞争劣势的有 10 个行业，包括农副食品加工业（C13）、食品制造业（C14）、烟草制品业（C16）、纺织服装、鞋、帽制造业（C18）、皮革、毛皮、羽毛（绒）及其制品业（C19）、木材加工及木、竹、藤、棕、草制品业（C20）、医药制造业（C27）、化学纤维制造业（C28）、黑色金属冶炼及压延加工业（C32）和电气机械及器材制造业（C39）；竞争优势下滑的有3个行业，包括石油加工、炼焦及核燃料加工业（C25）、金属制品业（C34）和交通运输设备制造业（C37）；行业竞争能力恶化的有7个行业，包括饮料制造业（C15）、纺织业（C17）、化学原料及化学制品制造业（C26）、橡胶制品业（C29）、塑料制品业（C30）、非金属矿物制品业（C31）、有色金属冶炼及压延加工业（C33）；竞争优势得到强化的仅有两个行业，即专用设备制造业（C36）和通信设备、计算机及其他电子设备制造业（C40）。具体到内部各地市，行业表现又有差异。

省会石家庄总体从竞争优势跌入竞争劣势，其中，有10个行业由竞争劣势转为竞争优势，同时也有10个行业从竞争优势转为竞争劣势，有1个行业竞争优势下滑，有3个行业竞争力恶化，有1个行业竞争优势得到加强。

工业重镇唐山总体来讲，其产业竞争力在两个时期变化不大，维持较低的竞争优势，具体到行业内部，有8个行业从竞争劣势转为竞争优势，同时有7个行业失去竞争优势而转为竞争劣势，有3个行业竞争优势下滑，有2个行业竞争力恶化，有3个行业竞争优势得到强化。

海港城市秦皇岛的行业竞争优势稳中有降，其中，有8个行业从竞争劣势转为竞争优势，有6个行业失去竞争优势跌入竞争劣势，有3个行业竞争优势下滑，有3个行业竞争力进一步恶化，有3个行业竞争优势得到强化。

钢铁重镇邯郸行业从竞争劣势转为微弱竞争优势，其中，有8个行业从竞争劣势转为竞争优势，有9个行业从竞争优势跌入竞争劣势，有2个行业竞争优势下滑，有2个行业竞争力恶化，有2个行业竞争优势得到强化。

邢台整体上失去产业竞争优势，跌入竞争劣势，其中，有9个行业从竞争劣势转为竞争优势，有9个行业失去竞争优势而落入竞争劣势，有1个行业优势下滑，有3个行业竞争劣势进一步恶化，有3个行业竞争优势得到了加强。

近畿之地保定总体上由产业竞争优势落入竞争劣势，且跌落幅度较大，其中，纺织服装、鞋、帽制造业（C18）、电气机械及器材制造业（C39）、工艺品及其他制造业（C42）和化学纤维制造业（C28）行业的大幅跌落是造成总体失去行业竞争优势的主要因素；从具体行业情况看，有10个行业从竞争劣势转为竞争优势，有10个行业从竞争优势转为竞争劣势，有3个行业竞争优势下滑，有1个行业竞争劣势恶化，有5个行业竞争优势增强。

生态屏障地区张家口总体上行业竞争劣势有恶化趋势，主要是化学原料及化学制品制造业（C26）、食品制造业（C14）、饮料制造业（C15）和烟草制品业（C16）这四个行业竞争优势失去并大幅跌入竞争劣势或竞争劣势大幅恶化所致。具体到行业，张家口有2个行业由竞争劣势转为竞争优势，有5个行业由竞争优势跌入竞争劣势，有3个行业优势下滑，有7个行业处于竞争力恶化趋势。

生态屏障地区承德总体上行业竞争劣势有一定改善，主要得益于纺织服装、鞋、帽制造业（C18）竞争劣势大幅降低，以及非金属矿物制品业（C31）和通用设备制造业（C35）行业大幅降低竞争劣势并转为竞争优势。具体到行业上，有 14 个行业从竞争劣势转为竞争优势，有 5 个行业从竞争优势转为竞争劣势，有 1 个行业竞争优势下滑，有 3 个行业竞争劣势恶化。

港口城市沧州总体上行业竞争力恶化，从竞争优势转为竞争劣势，主要因素是纺织服装、鞋、帽制造业（C18）、化学原料及化学制品制造业（C26）、橡胶制品业（C29）、非金属矿物制品业（C31）和黑色金属冶炼及压延加工业（C32）行业从竞争优势大幅跌入竞争劣势，以及纺织业（C17）和工艺品及其他制造业（C42）的竞争劣势进一步大幅恶化。具体到各行业，有 7 个行业从竞争劣势转为竞争优势，有 10 个行业从竞争优势转为竞争劣势，有 4 个行业竞争优势下滑，有 3 个行业竞争劣势恶化，仅有 1 个行业竞争优势增强。

近畿城市廊坊总体上行业竞争力恶化，从竞争优势转为竞争劣势，主要因素是农副食品加工业（C13）、食品制造业（C14）、木材加工及木、竹、藤、棕、草制品业（C20）、印刷业和记录媒介的复制（C23）和化学原料及化学制品制造业（C26）这 5 个行业从竞争优势大幅跌入竞争劣势，以及纺织业（C17）和工艺品及其他制造业（C42）竞争劣势急剧恶化。具体行业上，有 4 个行业从竞争劣势转为竞争优势，有 9 个行业从竞争优势跌落到竞争劣势，有 6 个行业竞争优势下滑，有 3 个行业竞争力进一步恶化，仅有 1 个行业竞争优势得到强化。

衡水总体上产业竞争力大幅恶化，主要因素是文教体育用品制造业（C24）、医药制造业（C27）、橡胶制品业（C29）、塑料制品业（C30）和黑色金属冶炼及压延加工业（C32）等行业从竞争优势大幅跌入竞争劣势，以及农副食品加工业（C13）、纺织业（C17）和化学原料及化学制品制造业（C26）等行业竞争劣势大幅恶化。从行业来讲，有 4 个行业从竞争劣势转为竞争优势，有 7 个行业从竞争优势落入竞争劣势，有 1 个行业竞争优势下跌，有 5 个行业竞争劣势进一步恶化，有 3 个行业竞争优势得到增强。如表 5 - 19 所示。

**表 5 - 19　京津冀各地偏离份额分析竞争分量**

| 行业 | 2003 ~ 2008 年 | | | | 2008 ~ 2012 年 | | | |
|---|---|---|---|---|---|---|---|---|
| | 北京 | 城六区 | 城市发展新区 | 生态涵养区 | 北京 | 城六区 | 城市发展新区 | 生态涵养区 |
| C13 | -11011 | -1755 | -9984 | 727 | 2421 | 932 | 2415 | -925 |
| C14 | -7206 | -1783 | -3209 | -2215 | 5272 | 7881 | -3319 | 710 |
| C15 | 3195 | 975 | -1079 | 3299 | 3597 | 1036 | 1012 | 1550 |
| C16 | -2045 | -2045 | 0 | 0 | 624 | -56 | 0 | 0 |
| C17 | 7274 | 1309 | 4370 | 1595 | 6943 | 12789 | -8027 | 2181 |

续表

| 行业 | 2003～2008 年 | | | | 2008～2012 年 | | | |
|---|---|---|---|---|---|---|---|---|
| | 北京 | 城六区 | 城市发展新区 | 生态涵养区 | 北京 | 城六区 | 城市发展新区 | 生态涵养区 |
| C18 | 13309 | 1955 | 6347 | 5006 | -9405 | -1627 | -10567 | 2789 |
| C19 | -4158 | -501 | -3551 | -106 | 1142 | 182 | 847 | 113 |
| C20 | -996 | -196 | -790 | -10 | -206 | -897 | 335 | 356 |
| C21 | 464 | 843 | -358 | -22 | -5786 | -426 | -5343 | -18 |
| C22 | 2982 | 956 | 1174 | 852 | -1566 | -489 | -1807 | 731 |
| C23 | 4235 | 1268 | 2736 | 231 | -2889 | 7194 | -11322 | 1239 |
| C24 | 596 | -333 | 469 | 460 | 68 | 2308 | -2388 | 147 |
| C25 | -4421 | -2917 | -1427 | -77 | -5611 | 3526 | -9211 | 0 |
| C26 | 755 | 2653 | -1849 | -49 | 9273 | -1901 | 10730 | 444 |
| C27 | -1387 | 880 | -2172 | -95 | -8585 | 838 | -8595 | -828 |
| C28 | -614 | -251 | -291 | -72 | -140 | -24 | -90 | -25 |
| C29 | 939 | -348 | 833 | 454 | -2556 | 1926 | -4120 | -363 |
| C30 | 1256 | 26 | 1278 | -48 | 5327 | 2081 | 2628 | 617 |
| C31 | 5382 | 1743 | 4213 | -573 | 5612 | 2581 | -516 | 3547 |
| C32 | -24926 | -23281 | -959 | -686 | 58610 | 56306 | 2304 | 0 |
| C33 | 1362 | -177 | 1437 | 102 | 1968 | 1412 | 1147 | -591 |
| C34 | -10114 | -1574 | -7216 | -1324 | 2821 | 2277 | -1500 | 2044 |
| C35 | 30813 | 9401 | 19079 | 2333 | 5320 | 11379 | -8503 | 2444 |
| C36 | 4297 | -249 | 1830 | 2715 | 225 | 10284 | -7180 | -2879 |
| C37 | -2417 | -289 | 2443 | -4571 | 2651 | 32748 | -27366 | -2731 |
| C39 | -3352 | -4487 | 1841 | -706 | 5254 | 6343 | -2836 | 1747 |
| C40 | 6056 | 400 | 2069 | 3588 | -4816 | 23388 | -28236 | 32 |
| C41 | 2051 | 1426 | 224 | 401 | -8592 | -4325 | -2688 | -1579 |
| C42 | 1190 | 135 | 995 | 60 | -1471 | 748 | -2294 | 75 |
| 合计 | 13507 | -16217 | 18454 | 11270 | 65505 | 178413 | -124488 | 10826 |

| 行业 | 2003～2008 年 | | | | 2008～2012 年 | | | |
|---|---|---|---|---|---|---|---|---|
| | 天津 | 天津市区 | 滨海新区 | 天津郊区县 | 天津 | 天津市区 | 滨海新区 | 天津郊区县 |
| C13 | -543 | -479 | -334 | 269 | 7301 | 3554 | -3124 | 6871 |
| C14 | 1523 | 334 | 3182 | -1993 | -4246 | 4878 | -4624 | -4499 |
| C15 | 4365 | -233 | 2749 | 1848 | 6357 | 1335 | 534 | 4488 |
| C16 | -391 | 0 | 0 | -391 | 0 | 0 | 0 | 0 |

续表

| 行业 | 2003～2008年 | | | | 2008～2012年 | | | |
|---|---|---|---|---|---|---|---|---|
| | 天津 | 天津市区 | 滨海新区 | 天津郊区县 | 天津 | 天津市区 | 滨海新区 | 天津郊区县 |
| C17 | －55 | 795 | 939 | －1788 | 44445 | 26936 | 988 | 16521 |
| C18 | －15064 | 1167 | －376 | －15855 | 15390 | 5620 | 130 | 9640 |
| C19 | －873 | 358 | －334 | －897 | 7126 | 373 | 6 | 6746 |
| C20 | －26 | －581 | 551 | 5 | 393 | 810 | －661 | 244 |
| C21 | 269 | 0 | －542 | 809 | 1187 | 1922 | －2409 | 1674 |
| C22 | 365 | －51 | －211 | 626 | 4647 | 1798 | 947 | 1903 |
| C23 | －2548 | 307 | 114 | －2969 | 1459 | 3320 | －864 | －996 |
| C24 | 3080 | －495 | 519 | 3055 | 1723 | 2631 | －643 | －264 |
| C25 | －6270 | 0 | －4437 | －1833 | －3686 | 0 | －5012 | 1325 |
| C26 | －558 | －910 | 1510 | －1158 | 14339 | 5805 | 2539 | 5995 |
| C27 | －9181 | 1952 | －1552 | －9582 | 12628 | 10369 | －2765 | 5023 |
| C28 | 376 | －2 | －81 | 459 | 2323 | 273 | 1563 | 487 |
| C29 | 2225 | 171 | 1032 | 1022 | 5721 | 2085 | 350 | 3286 |
| C30 | 1692 | 315 | 2654 | －1277 | 2865 | 2978 | 672 | －784 |
| C31 | －1772 | －179 | 699 | －2293 | 1768 | 5172 | －2709 | －695 |
| C32 | －39588 | －2469 | －50 | －37069 | －35655 | －8538 | －2343 | －24774 |
| C33 | －1253 | －226 | －162 | －865 | 4754 | 1756 | －384 | 3381 |
| C34 | 7493 | 1141 | －800 | 7153 | －4964 | 9904 | －2836 | －12032 |
| C35 | 19401 | 9549 | 2277 | 7574 | 13294 | 12661 | －692 | 1325 |
| C36 | －4803 | 696 | －7757 | 2258 | －3592 | 14745 | －3276 | －15061 |
| C37 | －19923 | －4524 | －3151 | －12248 | －20581 | 16314 | －25364 | －11531 |
| C39 | －371 | －650 | 5695 | －5416 | 10493 | 11463 | －2377 | 1408 |
| C40 | －7215 | －333 | 9127 | －16008 | 2755 | 21535 | －1584 | －17196 |
| C41 | －1636 | －987 | －232 | －417 | 6971 | 5837 | 1685 | －552 |
| C42 | 3049 | －171 | 475 | 2745 | 2153 | 727 | －1246 | 2672 |
| 合计 | －68232 | 4494 | 11507 | －84235 | 97365 | 166263 | －53501 | －15397 |

| 行业 | 2003～2008年 | | | | 2008～2012年 | | | |
|---|---|---|---|---|---|---|---|---|
| | 河北 | 石家庄 | 唐山 | 秦皇岛 | 河北 | 石家庄 | 唐山 | 秦皇岛 |
| C13 | 11555 | 1224 | 4698 | －1429 | －9721 | 2915 | －5193 | 3878 |
| C14 | 5683 | －2659 | －1785 | 75 | －1026 | 1056 | 733 | －261 |
| C15 | －7560 | －311 | －2629 | －435 | －9954 | －710 | －368 | －1360 |

续表

| 行业 | 2003~2008年 | | | | 2008~2012年 | | | |
|---|---|---|---|---|---|---|---|---|
| | 河北 | 石家庄 | 唐山 | 秦皇岛 | 河北 | 石家庄 | 唐山 | 秦皇岛 |
| C16 | 2436 | 1265 | 0 | 0 | -1781 | -2304 | 0 | 0 |
| C17 | -7219 | 4318 | -2703 | -1160 | -51389 | -25388 | -1373 | -1888 |
| C18 | 1755 | 3058 | -3154 | 225 | -5986 | 843 | -1227 | 1193 |
| C19 | 5031 | 2560 | 48 | -303 | -8268 | -2510 | -675 | -84 |
| C20 | 1022 | -759 | -354 | 266 | -187 | 628 | 425 | 122 |
| C21 | -732 | -1015 | 1148 | -226 | 4599 | 109 | 144 | 0 |
| C22 | -3346 | -1715 | 2331 | -427 | -3081 | 1172 | -4567 | 748 |
| C23 | -1687 | -1707 | -159 | -161 | 1431 | 1371 | 802 | 226 |
| C24 | -3675 | -1222 | 0 | 0 | -1791 | 0 | 0 | 43 |
| C25 | 10691 | -4258 | 5198 | 0 | 9297 | -173 | 3637 | 207 |
| C26 | -197 | 5288 | -5423 | -1228 | -23612 | -11348 | 8290 | 805 |
| C27 | 10568 | 7399 | -276 | 24 | -4042 | -1324 | -500 | 46 |
| C28 | 237 | 2121 | -1536 | -885 | -2183 | -810 | 271 | -53 |
| C29 | -3164 | -153 | -1935 | -303 | -3165 | 967 | -1 | -1192 |
| C30 | -2948 | -166 | 1544 | -147 | -8192 | -2621 | -3631 | -102 |
| C31 | -3610 | 3065 | 10820 | -7315 | -7380 | -1087 | -6879 | 3062 |
| C32 | 64514 | 6201 | 37624 | 3142 | -22955 | -8940 | -11753 | 971 |
| C33 | -109 | -423 | 1512 | 1366 | -6722 | -2240 | -1680 | -2942 |
| C34 | 2621 | 4456 | 1003 | -357 | 2144 | -689 | 2280 | 80 |
| C35 | -50213 | -24385 | -4654 | 633 | -18614 | -4927 | 604 | -1379 |
| C36 | 506 | -4487 | 7350 | 3372 | 3367 | 1605 | 273 | -492 |
| C37 | 22341 | -1880 | -760 | 4524 | 17930 | -828 | 3435 | -879 |
| C39 | 3722 | -2775 | -303 | 1637 | -15747 | 931 | -768 | -105 |
| C40 | 1158 | -2684 | 287 | 417 | 2060 | 455 | 743 | 656 |
| C41 | -415 | 1228 | 86 | -32 | 1621 | -478 | 672 | 0 |
| C42 | -4239 | -371 | -2896 | 97 | -682 | 1338 | 927 | 76 |
| 合计 | 54725 | -8788 | 45086 | 1372 | -164027 | -52989 | -15379 | 1377 |

| 行业 | 2003~2008年 | | | | 2008~2012年 | | | |
|---|---|---|---|---|---|---|---|---|
| | 邯郸 | 邢台 | 保定 | 张家口 | 邯郸 | 邢台 | 保定 | 张家口 |
| C13 | 1423 | 2042 | 422 | -101 | -1842 | -1461 | -2193 | -233 |
| C14 | -134 | -211 | 1845 | 1558 | 587 | -2746 | 1053 | -576 |

续表

| 行业 | 2003～2008年 | | | | 2008～2012年 | | | |
|---|---|---|---|---|---|---|---|---|
| | 邯郸 | 邢台 | 保定 | 张家口 | 邯郸 | 邢台 | 保定 | 张家口 |
| C15 | 459 | -299 | 218 | -718 | -1832 | -731 | -1384 | -3043 |
| C16 | 0 | 0 | -553 | 1724 | 0 | 0 | 0 | -639 |
| C17 | -3472 | 6029 | -3581 | -2561 | -10914 | -6760 | 4769 | -487 |
| C18 | 672 | 681 | 5050 | 0 | -1309 | 1055 | -6684 | 0 |
| C19 | 97 | 1871 | 2310 | -9 | 150 | -778 | -6123 | -169 |
| C20 | 42 | -184 | -744 | 0 | -111 | -259 | 121 | 0 |
| C21 | -275 | -932 | 4 | 64 | 927 | 1732 | 50 | 1 |
| C22 | -573 | -2150 | 1235 | -337 | -426 | -1325 | 1960 | -51 |
| C23 | -225 | -307 | 168 | -580 | -187 | 642 | 2 | -141 |
| C24 | 0 | -54 | -963 | -95 | 0 | 0 | 84 | -108 |
| C25 | 5118 | 7328 | 1902 | 0 | 3714 | -546 | 236 | 0 |
| C26 | -2011 | 2625 | -2588 | 358 | -2535 | 11 | -2703 | -3765 |
| C27 | 341 | 768 | 1628 | -690 | -8 | -713 | -109 | -369 |
| C28 | -83 | -19 | 1579 | 0 | 302 | 0 | -1644 | 0 |
| C29 | -1086 | -837 | -128 | -263 | -31 | 889 | 67 | -422 |
| C30 | 430 | -81 | -5980 | -301 | -854 | -52 | 1758 | -14 |
| C31 | -10643 | 2782 | 1202 | -2142 | 5941 | -715 | -2193 | -1850 |
| C32 | 14800 | -4905 | -1374 | -2582 | 8865 | 8519 | 39 | -7617 |
| C33 | -535 | 358 | -334 | -2762 | 750 | 562 | 69 | -261 |
| C34 | 1172 | -1299 | -879 | -1013 | -634 | 575 | 235 | 395 |
| C35 | -4873 | 1115 | -13928 | -2893 | -1762 | -5112 | -3524 | 193 |
| C36 | -2548 | -546 | 433 | -8488 | 1358 | 1478 | 1469 | -3125 |
| C37 | 290 | 1619 | 7522 | -682 | 837 | 2302 | 10218 | -1261 |
| C39 | -1904 | 663 | 16215 | -1183 | 570 | -7371 | -5877 | -435 |
| C40 | 406 | -112 | -458 | 199 | -150 | 0 | 720 | 38 |
| C41 | 73 | -343 | 42 | -123 | -2162 | 0 | -109 | 0 |
| C42 | -3 | -326 | 1849 | -176 | 1030 | 25 | -2403 | 0 |
| 合计 | -3043 | 15276 | 12115 | -23795 | 276 | -10780 | -12096 | -23940 |

| 行业 | 2003～2008年 | | | | 2008～2012年 | | | |
|---|---|---|---|---|---|---|---|---|
| | 承德 | 沧州 | 廊坊 | 衡水 | 承德 | 沧州 | 廊坊 | 衡水 |
| C13 | 2664 | 1459 | 238 | -1085 | -1956 | -550 | -1630 | -1458 |
| C14 | 1039 | 1026 | 3026 | 1903 | 132 | 284 | -1459 | 171 |

续表

| 行业 | 2003～2008 年 | | | | 2008～2012 年 | | | |
|---|---|---|---|---|---|---|---|---|
| | 承德 | 沧州 | 廊坊 | 衡水 | 承德 | 沧州 | 廊坊 | 衡水 |
| C15 | -636 | -466 | -375 | -2368 | -926 | 923 | -244 | -277 |
| C16 | 0 | 0 | 0 | 0 | 0 | 0 | 0 | 0 |
| C17 | -680 | -1467 | -978 | -963 | 0 | -3174 | -415 | -6352 |
| C18 | -5778 | 2069 | -266 | -801 | -640 | -1062 | 94 | 1544 |
| C19 | -34 | -341 | -34 | -1133 | 0 | 3090 | -373 | -795 |
| C20 | 77 | -239 | 3576 | -658 | -39 | 134 | -1655 | 183 |
| C21 | -226 | 59 | -43 | 708 | 0 | 1195 | 822 | -508 |
| C22 | -28 | -1367 | 686 | -1000 | 0 | -875 | 248 | -8 |
| C23 | -34 | -231 | 1667 | -119 | -6 | -74 | -857 | -347 |
| C24 | -551 | 78 | -888 | 0 | -111 | -207 | -816 | -2560 |
| C25 | 0 | -4603 | -30 | 0 | 0 | 2233 | -29 | 0 |
| C26 | 234 | 803 | 2703 | -959 | -751 | -3212 | -2900 | -5504 |
| C27 | -488 | -77 | 229 | 1708 | 467 | 118 | 159 | -1810 |
| C28 | 0 | 153 | -41 | -1053 | 0 | -653 | 74 | 0 |
| C29 | -946 | 611 | -1530 | 3406 | 0 | -1385 | 301 | -2360 |
| C30 | -17 | -9 | 373 | 1406 | 299 | -1912 | -65 | -997 |
| C31 | -3839 | 2686 | 985 | -1212 | 493 | -4234 | 199 | -117 |
| C32 | 4037 | 617 | 5040 | 1914 | -7783 | -2727 | 1866 | -4394 |
| C33 | -456 | 342 | 578 | 244 | -735 | -256 | 411 | -400 |
| C34 | -455 | 9393 | -1083 | -8316 | 488 | 2403 | 809 | -3798 |
| C35 | -7788 | 7549 | 189 | -1178 | 195 | 2593 | -3123 | -2374 |
| C36 | -89 | 5218 | 69 | 224 | 198 | -407 | -533 | 1543 |
| C37 | -43 | 3937 | 6679 | 1134 | 59 | 1415 | 1055 | 1577 |
| C39 | -829 | -2373 | -1074 | -4352 | 761 | -17 | -1537 | -1899 |
| C40 | -72 | 1224 | 1790 | 0 | 0 | -191 | -676 | 465 |
| C41 | -135 | -1196 | 17 | -32 | -409 | 1309 | 2777 | -244 |
| C42 | -126 | -83 | -820 | -1385 | 0 | -3675 | -1269 | 2208 |
| 合计 | -15202 | 24772 | 20683 | -13968 | -10266 | -8911 | -8766 | -28509 |

资料来源：2003～2012 年工业企业数据库。

## 第四节　京津冀城市群制造业转移存在的问题与政策建议

本章分析了京津冀城市群制造业细分行业的分布和转移特征。从制造业的分布与发展来看，大体呈现北京在技术密集型制造业上具有显著优势，天津兼顾资本密集型和技术密集型，河北则兼顾劳动密集型产业与资本密集型产业的产业梯度格局特征。从发展趋势看，劳动密集型和资本密集型产业发展态势良好，而技术密集型制造业整体呈现下降趋势。从制造业的转移看，劳动密集型制造业的转移特征为从京津走廊向冀中南地区的河北腹地转移，并向河北北部各地区分散，北京呈现向南部远郊区县转移的特点，天津则向远郊区县转移；资本密集型与劳动密集型产业类似，北京是资本密集型制造业的主要转出地，并逐渐向天津和河北各地区扩散；技术密集型制造业的转移程度较低，呈现向京津及其周边地区集聚并向河北各地区分散转移的趋势。从偏离份额分析的结果看，北京的三类产业均呈现出竞争优势，在资本密集型制造业产业竞争力优势最为显著；天津劳动密集型制造业和技术密集型制造业优势显著；河北的制造业的结构较为合理，但均处于竞争劣势。

从以上结果可知，虽然已经有一些制造业由北京向外转出，但仍然存在许多问题。比如，北京部分制造业始终具有一定的竞争优势，而河北制造业始终处于竞争劣势，不能很好地承接京津地区转出的产业。下面对京津冀城市群产业转移的问题进行进一步分析和总结。

### 一、产业转移的动力与阻力

产业转移最主要的动力是区域间的生产要素禀赋差异，产业永不停歇地向着具有生产禀赋优势的地区迁移。产业政策、人才供给、市场环境、基础设施等因素作用于生产要素，进而对产业转移产生影响。为了更形象地说明区际产业转移的动力机制，根据许德友（2015）① 可以将产业转移的力量分为四种类型：分别是发达地区转出产业的推力和留住产业的拉力，欠发达地区承接产业的引力和不利条件造成的斥力。

产业能否顺利转移取决于四种力量的角力。虽然北京工资成本高，同时又有环保管制、土地约束以及相关政策推动，但北京的拉力更强，其良好的投资环

① 许德友．当前中国区际产业转移及其特征——基于三个维度的分析［J］．城市与环境研究，2015（3）：67－81.

境、完善的服务设施、充足的人才供给等因素抑制了产业的转移。同时，河北等地尚未形成具有足够规模的产业集群，配套设施不足、软环境较差等因素成为河北难以承接北京转出产业的限制条件。不仅如此，虽然河北具有充足的劳动力，但综合考虑到效率、新建厂房的投入以及风险，很多企业因为“区位黏性”被“黏”在北京。

宏观层面的产业转移在微观层面表现为企业的迁移行为。企业进行投资选择时，毕竟考虑不同地区因要素价格梯度差所形成的“硬优势”，也会比较因专业服务、产业配套等因素形成的“软优势”。北京、天津的产业集群是非常典型的“软优势”，而河北各地级市受规模、人口等因素限制，难以形成较大规模的产业集群，就形成了产业空间转移的阻力，这可以称为集群黏性。这不仅是企业能否转出的阻力，而且是转出之后承接地相关产业能否进入良性循环的关键因素。

## 二、京津冀城市群制造业转移面临的难题

### （一）缺少长效的协调沟通机制

河北作为京津冀地区相对处于弱势地位的经济体，其治下各市县有很强的承接产业转移意愿。河北不少县市区多次前往北京寻找企业对接，大多无功而返。由于北京对污染企业实施就地关停退出的严格限制，使得尽管河北各地对接部门热情很高，但转移出京的企业依然不多。北京制造业转移缓慢的一个重要原因是，双方仍缺少通畅化、常态化的协调和对接，使得至今为止实现转移的企业数量十分有限。虽然国务院有关部门和三省市政府出台了京津冀协同发展的各项政策措施，已经为京津冀协同发展奠定了一定的基础，但具体到政策的落实、监督，仍需要长效的协调共同机制来保驾护航。

### （二）河北承接能力不足

北京、天津是京津冀地区发展的主要引擎，而河北与之相比则实力较弱。改革开放以来，京津冀各省市以相对独立发展为主。各省市经济基础不同、所得到的国家政策支持不同、自身所具有的要素优势不同，各自重点发展的行业不同，这些因素共同造成了目前京津冀各省市经济发展水平不同、产业结构差距较大的现实。京津冀区域发展水平的参差不齐，进而影响了省市之间合作进展。尤其是河北与京、津两市的产业断崖情况较为严重，承接来自两市产业转移的能力不足。

### （三）转出企业难以存活

企业转移到河北之后，能否存活下去和能否得到更进一步的发展，是一个十分重要的问题。这关系到整个京津冀城市群产业转移和承接的成败。如果是

在市场完全自发下形成的产业转移和承接，这并不足以成为真正的问题，因为是企业在市场条件下进行自我选择；但京津冀城市群的产业转移有很大程度的行政干预，因而如果政策或规划不合理，或者难以确保实施的效果，京津冀城市群产业转移的效率也会受到影响。为了更好地承接北京的产业，河北需要注重完善基础设施和做好产业链配套。不仅如此，当地政府还需要促进形成配套的生活功能。首钢搬迁后，企业员工就遇到了缺乏教育、医疗、文化等生活配套服务的问题。[①] 如果不增强河北承接产业的软实力，则京津冀协同发展前景堪忧。

（四）污染行业的转移问题

为了深入贯彻落实《京津冀协同发展规划纲要》及北京市贯彻意见，有序疏解北京非首都功能，加快构建高精尖经济结构，北京发布了《北京市新增产业的禁止和限制目录（2014 年版）》，此后多次进行修订，目前最新版是形成了《北京市新增产业的禁止和限制目录（2018 年版）》。河北为深入贯彻落实国家京津冀协同发展战略定位，加快构建河北“高精尖”经济结构，切实推动京津冀协同发展，也发布了《河北省新增限制和淘汰类产业目录（2015 年版）》。从文件中可以看出，北京在全市范围内对多数制造业行业的新建和扩建设定了限制条件，在城六区范围内全面禁止制造业的新建和扩建；除中关村国家自主创新示范区外的生态涵养发展区内全面禁止制造业的新建和扩建。可见北京旨在限制一般制造业发展和致力于构建高精尖经济结构。河北的文件中，也对造纸、炼焦、炼铁、有色金属等制造业行业的新建和扩建加以限制。因此，有些污染较高或产能过剩的产业即使北京想转出，河北也未必愿意全盘接受。特别是一些社会责任重大的国企，往往陷入一种“死不得、活不了”的困境，对于这类企业而言，是转移还是淘汰，成为产业转移中的最大问题。

## 三、政策建议

（一）建立起长效的沟通机制

京津冀协同发展目前已经建立了由国务院副总理负责的京津冀协同发展领导小组和相应办公室（未来可考虑成立国家层面的京津冀协同发展委员会），是为推动京津冀各方面各领域协同发展的权威性协调机构，为京津冀地区协同发展进行顶层设计和统筹协调建立了组织领导机制。有了国家层面的权威性协同发展机构，一定程度上可以打破京津冀三地在政治经济上具有严重的不对等性和经济协作、合作受市场控制力弱的不足，但仍需理顺长效的协同发展机制。然而，京津

① 北京制造业转移陷入蜗行牛步：企业出京意愿不强［EB/OL］. http：//finance. sina. com. cn/china/dfjj/20140715/ 015219701104. shtml.

冀城市群的协调对话、统一行动的长效机制尚不完善。刘敏和王海平（2014）通过对世界六大城市群协调发展规律进行梳理和归纳发现，各大城市群除了具有规范完整的协调机构之外，还建立了具有层次性和互补性的协调机制。[①] 京津冀城市群可以借鉴相关经验，在京津冀协同发展领导小组的协调下，定期召开省（市）级、地市级、各地主要部门领导参与的协调沟通协商会议，同时要重视行业协会、企业等非政府组织的参与。建立起上下打通、左右连接的协调网络。真正建立起京津冀城市群全领域协同发展的长效沟通机制。

（二）加快区域中心城市建设

北京、天津作为京津冀协同发展的主要引擎，其发展水平远远高于河北各市。由于京津冀核心城市过大，而河北城市发展缓慢，因而河北存在承接京津产业转移的巨大能力落差，一方面，京津需要转移的产业河北各市因能级落差大而无法承接而分享产业转移承接“红利”；另一方面，导致京津尤其是北京的部分功能疏解效率不高。河北应加快大城市及区域中心的建设，特别是要重点支持河北几个大城市的发展，比如以石家庄、唐山、保定、邯郸、沧州等城市作为北京产业的主要转入地，再进一步辐射其他中小城市。

（三）合理重新分配产业转移关联区域间利益

许德友（2015）认为[②]，苏北成功承接苏南产业的关键在于，“南北园区共建”使承接地和转出地都能获得好处。这表明合理的激励机制可以提高各地政府参与的积极性，同时可以激活企业的动力。一旦产业转移的承接地能迅速形成规模效应和集群效应，就可能让转移的企业在风险较小的情况下享受到政策的优惠。应放弃“零和博弈”的观念，产业转出地和承接地只要处理好竞争和合作的关系，可以实现互利共赢。

（四）政府搭台，企业唱戏

产业转移的确需要政府的统一规划和布局，但最终是通过微观企业的搬迁来实现的。如果地方政府承诺难以兑现的优惠政策来招商引资，由于产业配套不足或企业无法形成集群优势，企业最终难逃倒闭或者另迁他处的命运，从而造成了极大的资源浪费。因此，虽然在当前的制度条件下政府干预和政策促进不可避免，但是政府应注重“造环境”和“降成本”，尤其是欠发达地区，应做好承接企业的产业链配套、基础设施配套，尽可能吸引符合当地定位和承接能力的产业落户，不能盲目地掩盖真实的产业承接条件。为此，可建立披露京津冀协同发展

① 刘敏，王海平．京津冀协同发展体制机制研究——基于世界六大城市群的经验借鉴［J］．现代管理科学，2014（12）：67－69.

② 许德友．当前中国区际产业转移及其特征——基于三个维度的分析［J］．城市与环境研究，2015（3）：67－81.

相关信息的网站。现有的关于京津冀协调与合作的信息网站都不完善，需要建立一个实时、有效、全面、权威的网站来为京津冀城市群的协同发展提供服务。政府搭好台，企业自然会遵循市场规律，为实现企业利益最大化而做出合理的选择。从而为京津冀城市群产业转移与承接建立起政府搭建平台沟通、市场主体企业推动的机制。

## 本章附录

**附表 5－1　2003 年京津冀城市群制造业区位熵**

| | 行业名称 | 北京 | 天津 | 河北 | 石家庄 | 唐山 | 秦皇岛 | 邯郸 | 邢台 | 保定 | 张家口 | 承德 | 沧州 | 廊坊 | 衡水 |
|---|---|---|---|---|---|---|---|---|---|---|---|---|---|---|---|
| 劳动力密集型制造业 | 农副食品加工业 | 0.62 | 0.75 | 1.47 | 1.52 | 0.41 | 6.72 | 0.78 | 1.43 | 0.56 | 0.54 | 0.72 | 1.18 | 4.71 | 1.32 |
| | 食品制造业 | 0.90 | 0.69 | 1.32 | 2.73 | 0.66 | 0.38 | 0.17 | 3.54 | 0.56 | 1.13 | 1.35 | 0.49 | 1.86 | 0.09 |
| | 饮料制造业 | 1.12 | 0.69 | 1.14 | 0.47 | 0.81 | 2.16 | 0.26 | 0.11 | 0.86 | 2.64 | 6.57 | 0.39 | 0.36 | 5.22 |
| | 烟草制品业 | 0.75 | 0.44 | 1.59 | 2.33 | 0.00 | 0.00 | 0.00 | 0.00 | 3.13 | 22.40 | 0.00 | 0.00 | 0.00 | 0.00 |
| | 纺织业 | 0.47 | 0.60 | 1.69 | 2.01 | 0.26 | 0.23 | 1.91 | 5.90 | 3.85 | 0.15 | 0.06 | 1.12 | 0.56 | 1.92 |
| | 纺织服装、鞋、帽制造业 | 0.94 | 1.24 | 0.87 | 1.01 | 0.40 | 0.34 | 0.54 | 1.14 | 1.48 | 0.00 | 6.24 | 0.22 | 0.50 | 0.52 |
| | 皮革、毛皮、羽毛（绒）及其制品业 | 0.10 | 0.65 | 1.93 | 6.48 | 0.02 | 0.12 | 0.09 | 0.26 | 1.30 | 0.18 | 0.08 | 1.79 | 0.31 | 2.09 |
| | 木材加工及木、竹、藤、棕、草制品业 | 0.51 | 0.80 | 1.51 | 3.73 | 0.31 | 0.69 | 0.84 | 0.15 | 0.91 | 0.00 | 0.37 | 0.32 | 3.90 | 2.26 |
| | 家具制造业 | 0.72 | 1.55 | 0.79 | 1.17 | 0.46 | 0.03 | 0.60 | 0.63 | 0.24 | 0.00 | 0.18 | 0.14 | 2.98 | 2.01 |
| | 造纸及纸制品业 | 0.53 | 0.72 | 1.55 | 1.39 | 1.89 | 1.56 | 0.68 | 1.68 | 3.78 | 0.28 | 0.07 | 1.07 | 1.66 | 0.59 |
| | 印刷业和记录媒介的复制 | 1.99 | 0.62 | 0.64 | 1.13 | 0.24 | 0.15 | 0.09 | 0.03 | 0.72 | 0.68 | 0.03 | 0.07 | 1.99 | 0.19 |
| | 文教体育用品制造业 | 0.83 | 2.05 | 0.34 | 0.07 | 0.00 | 0.00 | 0.00 | 0.10 | 1.03 | 0.19 | 0.34 | 0.53 | 1.32 | 1.29 |
| | 橡胶制品业 | 0.30 | 1.55 | 1.10 | 0.57 | 0.72 | 0.59 | 0.00 | 2.64 | 1.49 | 0.36 | 1.07 | 0.97 | 0.90 | 5.21 |
| | 塑料制品业 | 0.59 | 1.23 | 1.13 | 1.21 | 0.55 | 0.63 | 0.43 | 0.38 | 4.15 | 0.12 | 0.04 | 1.13 | 1.53 | 0.94 |
| | 工艺品及其他制造业 | 0.44 | 1.72 | 0.87 | 0.70 | 0.40 | 0.26 | 0.02 | 1.78 | 0.72 | 0.63 | 0.24 | 1.94 | 2.42 | 1.65 |

续表

| | 行业名称 | 北京 | 天津 | 河北 | 石家庄 | 唐山 | 秦皇岛 | 邯郸 | 邢台 | 保定 | 张家口 | 承德 | 沧州 | 廊坊 | 衡水 |
|---|---|---|---|---|---|---|---|---|---|---|---|---|---|---|---|
| 资本密集型制造业 | 石油加工、炼焦及核燃料加工业 | 1.12 | 1.06 | 0.87 | 1.38 | 0.16 | 0.00 | 0.26 | 0.14 | 0.01 | 0.00 | 0.00 | 5.75 | 0.01 | 0.00 |
| | 非金属矿物制品业 | 0.88 | 0.45 | 1.49 | 1.57 | 1.80 | 3.63 | 1.08 | 1.83 | 0.69 | 0.91 | 0.96 | 0.92 | 1.42 | 1.56 |
| | 黑色金属冶炼及压延加工业 | 0.56 | 0.63 | 1.60 | 0.41 | 3.60 | 0.66 | 3.79 | 1.42 | 0.04 | 2.24 | 2.89 | 0.44 | 1.12 | 0.60 |
| | 有色金属冶炼及压延加工业 | 0.54 | 1.01 | 1.33 | 0.91 | 0.17 | 3.59 | 0.77 | 0.44 | 6.42 | 1.51 | 1.04 | 0.46 | 0.76 | 0.46 |
| | 金属制品业 | 0.63 | 1.38 | 0.99 | 0.63 | 0.73 | 0.56 | 0.06 | 0.42 | 1.18 | 0.23 | 0.08 | 2.40 | 1.67 | 3.63 |
| | 通用设备制造业 | 0.99 | 1.15 | 0.89 | 1.05 | 0.59 | 0.57 | 0.46 | 0.72 | 1.56 | 0.70 | 0.90 | 0.86 | 1.44 | 0.94 |
| | 专用设备制造业 | 1.40 | 0.73 | 0.91 | 0.80 | 0.54 | 1.37 | 0.95 | 0.97 | 0.37 | 4.79 | 0.09 | 0.74 | 1.66 | 0.75 |
| | 仪器仪表及文化、办公用机械制造业 | 2.10 | 0.97 | 0.21 | 0.14 | 0.06 | 0.03 | 0.43 | 0.04 | 0.50 | 0.04 | 0.50 | 0.35 | 0.17 | 0.27 |
| 技术密集型制造业 | 化学原料及化学制品制造业 | 0.97 | 1.11 | 0.94 | 1.37 | 0.43 | 0.90 | 0.39 | 0.34 | 0.71 | 1.00 | 0.33 | 1.63 | 0.77 | 2.47 |
| | 医药制造业 | 0.91 | 0.90 | 1.19 | 3.98 | 0.21 | 0.20 | 0.14 | 0.70 | 0.33 | 1.26 | 0.81 | 0.13 | 0.22 | 0.14 |
| | 化学纤维制造业 | 0.09 | 0.76 | 1.85 | 2.64 | 1.73 | 5.73 | 0.31 | 0.07 | 4.37 | 0.00 | 0.00 | 0.81 | 0.27 | 1.33 |
| | 交通运输设备制造业 | 1.54 | 1.04 | 0.57 | 0.27 | 0.33 | 1.35 | 0.03 | 0.16 | 2.78 | 0.08 | 0.02 | 0.29 | 0.86 | 0.14 |
| | 电气机械及器材制造业 | 0.98 | 1.30 | 0.79 | 0.37 | 0.16 | 0.82 | 0.10 | 2.17 | 1.57 | 0.11 | 0.08 | 2.04 | 0.72 | 1.89 |
| | 通信设备、计算机及其他电子设备制造业 | 1.69 | 1.56 | 0.07 | 0.17 | 0.01 | 0.01 | 0.00 | 0.04 | 0.01 | 0.00 | 0.00 | 0.16 | 0.14 | 0.00 |

资料来源：2003 年工业企业数据库。

附表 5-2　2012 年京津冀城市群制造业区位熵

| | 行业名称 | 北京 | 天津 | 河北 | 石家庄 | 唐山 | 秦皇岛 | 邯郸 | 邢台 | 保定 | 张家口 | 承德 | 沧州 | 廊坊 | 衡水 |
|---|---|---|---|---|---|---|---|---|---|---|---|---|---|---|---|
| 劳动力密集型制造业 | 农副食品加工业 | 0.62 | 0.60 | 1.47 | 1.88 | 0.48 | 5.85 | 1.14 | 1.42 | 0.40 | 0.76 | 0.33 | 1.10 | 3.41 | 1.57 |
| | 食品制造业 | 0.89 | 0.59 | 1.32 | 2.46 | 0.83 | 0.23 | 0.31 | 2.29 | 1.03 | 2.15 | 0.95 | 0.16 | 2.93 | 0.54 |
| | 饮料制造业 | 1.19 | 0.85 | 0.98 | 0.71 | 0.52 | 1.65 | 0.21 | 0.07 | 1.16 | 2.64 | 6.38 | 1.26 | 0.47 | 2.83 |
| | 烟草制品业 | 0.64 | 0.43 | 1.57 | 2.65 | 0.00 | 0.00 | 0.00 | 0.00 | 2.81 | 27.00 | 0.00 | 0.00 | 0.00 | 0.00 |
| | 纺织业 | 0.37 | 0.37 | 1.76 | 2.92 | 0.16 | 0.22 | 1.39 | 5.98 | 4.31 | 0.15 | 0.17 | 0.93 | 0.41 | 1.50 |
| | 纺织服装、鞋、帽制造业 | 1.13 | 0.85 | 1.02 | 2.09 | 0.42 | 0.11 | 0.68 | 1.55 | 2.26 | 0.00 | 0.55 | 0.27 | 0.62 | 0.60 |
| | 皮革、毛皮、羽毛（绒）及其制品业 | 0.07 | 0.27 | 2.00 | 6.97 | 0.03 | 0.18 | 0.01 | 0.47 | 1.09 | 0.45 | 0.00 | 3.67 | 0.13 | 1.44 |
| | 木材加工及木、竹、藤、棕、草制品业 | 0.43 | 0.40 | 1.71 | 5.12 | 0.02 | 0.42 | 0.83 | 0.08 | 0.74 | 0.00 | 0.33 | 0.27 | 4.80 | 1.78 |
| | 家具制造业 | 1.21 | 0.86 | 0.97 | 1.73 | 0.27 | 0.00 | 0.45 | 0.60 | 0.14 | 0.00 | 0.05 | 0.57 | 4.63 | 1.71 |
| | 造纸及纸制品业 | 0.72 | 0.54 | 1.45 | 1.82 | 1.44 | 1.07 | 0.62 | 0.56 | 4.97 | 0.26 | 0.00 | 0.66 | 1.34 | 0.14 |
| | 印刷业和记录媒介的复制 | 1.97 | 0.52 | 0.74 | 1.25 | 0.43 | 0.08 | 0.04 | 0.02 | 1.33 | 0.40 | 0.00 | 0.03 | 3.31 | 0.14 |
| | 文教体育用品制造业 | 0.96 | 1.91 | 0.46 | 0.02 | 0.00 | 0.14 | 0.00 | 0.00 | 0.89 | 0.15 | 0.34 | 0.50 | 3.03 | 3.04 |
| | 橡胶制品业 | 0.33 | 1.23 | 1.24 | 1.01 | 0.53 | 0.36 | 0.10 | 2.47 | 3.01 | 0.15 | 0.16 | 0.77 | 0.60 | 11.02 |
| | 塑料制品业 | 0.55 | 1.25 | 1.10 | 1.55 | 0.43 | 0.66 | 0.77 | 0.63 | 2.80 | 0.08 | 0.03 | 1.25 | 1.67 | 1.50 |
| | 工艺品及其他制造业 | 2.13 | 0.89 | 0.41 | 0.47 | 0.15 | 0.10 | 0.01 | 0.20 | 0.38 | 0.11 | 0.06 | 1.03 | 1.27 | 1.32 |

续表

| | 行业名称 | 北京 | 天津 | 河北 | 石家庄 | 唐山 | 秦皇岛 | 邯郸 | 邢台 | 保定 | 张家口 | 承德 | 沧州 | 廊坊 | 衡水 |
|---|---|---|---|---|---|---|---|---|---|---|---|---|---|---|---|
| 资本密集型制造业 | 石油加工、炼焦及核燃料加工业 | 1.20 | 0.96 | 0.90 | 0.96 | 0.49 | 0.31 | 0.88 | 1.18 | 0.25 | 0.04 | 0.00 | 4.27 | 0.03 | 0.00 |
| | 非金属矿物制品业 | 0.86 | 0.42 | 1.44 | 2.04 | 1.61 | 2.68 | 0.59 | 1.45 | 0.62 | 0.86 | 0.65 | 1.04 | 1.84 | 1.45 |
| | 黑色金属冶炼及压延加工业 | 0.31 | 0.79 | 1.53 | 0.47 | 2.91 | 1.19 | 2.94 | 1.27 | 0.13 | 1.98 | 3.06 | 0.38 | 1.08 | 0.76 |
| | 有色金属冶炼及压延加工业 | 0.55 | 1.33 | 1.05 | 0.45 | 0.11 | 2.67 | 0.06 | 0.86 | 5.79 | 0.71 | 2.26 | 0.35 | 1.44 | 0.79 |
| | 金属制品业 | 0.72 | 1.19 | 1.04 | 1.01 | 1.01 | 0.79 | 0.06 | 0.17 | 0.77 | 0.18 | 0.14 | 3.13 | 1.46 | 3.33 |
| | 通用设备制造业 | 1.03 | 1.17 | 0.88 | 1.12 | 0.46 | 0.59 | 0.71 | 0.60 | 1.73 | 0.64 | 0.52 | 1.33 | 0.84 | 0.95 |
| | 专用设备制造业 | 1.36 | 0.80 | 0.92 | 0.85 | 0.46 | 1.43 | 0.44 | 1.21 | 0.41 | 3.82 | 0.16 | 1.79 | 1.54 | 0.67 |
| | 仪器仪表及文化、办公用机械制造业 | 2.34 | 0.99 | 0.23 | 0.22 | 0.07 | 0.00 | 0.35 | 0.00 | 0.48 | 0.00 | 0.49 | 0.49 | 0.25 | 0.30 |
| 技术密集型制造业 | 化学原料及化学制品制造业 | 0.69 | 0.98 | 1.19 | 2.05 | 0.60 | 0.71 | 0.61 | 1.78 | 0.69 | 1.28 | 0.28 | 1.45 | 0.93 | 3.44 |
| | 医药制造业 | 1.13 | 0.95 | 0.96 | 3.38 | 0.15 | 0.07 | 0.29 | 0.58 | 0.40 | 0.79 | 0.71 | 0.16 | 0.29 | 0.67 |
| | 化学纤维制造业 | 0.30 | 0.24 | 1.88 | 3.85 | 0.38 | 7.50 | 1.10 | 0.00 | 5.32 | 0.00 | 0.00 | 0.32 | 0.17 | 0.00 |
| | 交通运输设备制造业 | 1.52 | 1.39 | 0.45 | 0.24 | 0.17 | 1.12 | 0.06 | 0.22 | 2.19 | 0.31 | 0.03 | 0.43 | 0.66 | 0.25 |
| | 电气机械及器材制造业 | 0.88 | 1.33 | 0.86 | 0.51 | 0.19 | 0.96 | 0.05 | 1.42 | 3.53 | 0.10 | 0.22 | 1.49 | 1.25 | 1.16 |
| | 通信设备、计算机及其他电子设备制造业 | 2.13 | 1.48 | 0.04 | 0.05 | 0.01 | 0.00 | 0.00 | 0.00 | 0.01 | 0.00 | 0.00 | 0.23 | 0.15 | 0.00 |

资料来源：2012 年工业企业数据库。

附表 5-3　北京市细分行业从业人口偏离—份额分析结果

| 行业 | | 2003~2008 年 | | | | 2008~2012 年 | | | |
|---|---|---|---|---|---|---|---|---|---|
| | | 变化量 | 区域分量 | 结构分量 | 竞争分量 | 变化量 | 区域分量 | 结构分量 | 竞争分量 |
| 劳动密集型制造业 | 农副食品加工业 | -15399 | -5558 | 1170 | -11011 | 9311 | 3758 | 3133 | 2421 |
| | 食品制造业 | -17651 | -6471 | -3974 | -7206 | 10599 | 4435 | 892 | 5272 |
| | 饮料制造业 | -7898 | -4800 | -6293 | 3195 | 3118 | 4432 | -4911 | 3597 |
| | 烟草制品业 | -5705 | -1107 | -2553 | -2045 | 730 | 169 | -63 | 624 |
| | 纺织业 | 332 | -3928 | -3014 | 7274 | 20741 | 5117 | 8680 | 6943 |
| | 纺织服装、鞋、帽制造业 | -10202 | -10683 | -12828 | 13309 | 16443 | 11480 | 14367 | -9405 |
| | 皮革、毛皮、羽毛（绒）及其制品业 | -5247 | -1159 | 70 | -4158 | 1842 | 337 | 363 | 1142 |
| | 木材加工及木、竹、藤、棕、草制品业 | -1752 | -708 | -48 | -996 | 505 | 525 | 186 | -206 |
| | 家具制造业 | 4076 | -3135 | -1404 | 464 | -3611 | 3132 | -957 | -5786 |
| | 造纸及纸制品业 | -1835 | -1830 | -2986 | 2982 | 2442 | 1948 | 2060 | -1566 |
| | 印刷业和记录媒介的复制 | -9980 | -6857 | -7358 | 4235 | 7310 | 6616 | 3583 | -2889 |
| | 文教体育用品制造业 | 2111 | -724 | 2239 | 596 | 925 | 1393 | -535 | 68 |
| | 橡胶制品业 | -134 | -1299 | 225 | 939 | -2806 | 1638 | -1889 | -2556 |
| | 塑料制品业 | -1493 | -2718 | -31 | 1256 | 3642 | 3163 | -4848 | 5327 |
| | 工艺品及其他制造业 | -513 | -739 | -964 | 1190 | 2443 | 836 | 3078 | -1471 |

续表

| 行业 | | 2003~2008年 | | | | 2008~2012年 | | | |
|---|---|---|---|---|---|---|---|---|---|
| | | 变化量 | 区域分量 | 结构分量 | 竞争分量 | 变化量 | 区域分量 | 结构分量 | 竞争分量 |
| 资本密集型制造业 | 石油加工、炼焦及核燃料加工业 | -1615 | -3151 | 5958 | -4421 | -4716 | 3693 | -2798 | -5611 |
| | 非金属矿物制品业 | -12833 | -11359 | -6856 | 5382 | 13311 | 11771 | -4072 | 5612 |
| | 黑色金属冶炼及压延加工业 | -29437 | -6817 | 2307 | -24926 | 63568 | 2294 | 2664 | 58610 |
| | 有色金属冶炼及压延加工业 | -1270 | -1027 | -1605 | 1362 | 4599 | 1040 | 1591 | 1968 |
| | 金属制品业 | -7722 | -6440 | 8832 | -10114 | 3532 | 6575 | -5864 | 2821 |
| | 通用设备制造业 | 37142 | -2962 | 9291 | 30813 | -6896 | 11957 | -24174 | 5320 |
| | 专用设备制造业 | -7577 | -9470 | -2404 | 4297 | -1450 | 10498 | -12173 | 225 |
| | 仪器仪表及文化、办公用机械制造业 | -2951 | -4412 | -589 | 2051 | 2487 | 5019 | 6060 | -8592 |
| 技术密集型制造业 | 化学原料及化学制品制造业 | -10346 | -6652 | -4449 | 755 | 24123 | 6272 | 8578 | 9273 |
| | 医药制造业 | -15762 | -7767 | -6608 | -1387 | 249 | 6516 | 2319 | -8585 |
| | 化学纤维制造业 | -1046 | -279 | -154 | -614 | 19 | 129 | 30 | -140 |
| | 交通运输设备制造业 | -23428 | -15869 | -5141 | -2417 | 19793 | 15238 | 1904 | 2651 |
| | 电气机械及器材制造业 | 3556 | -6114 | 13022 | -3352 | -1276 | 8633 | -15163 | 5254 |
| | 通信设备、计算机及其他电子设备制造业 | 19860 | -12028 | 25832 | 6056 | -7601 | 19808 | -22593 | -4816 |

资料来源：2003年、2008年、2012年工业企业数据库。

**附表 5-4　天津市细分行业从业人口偏离—份额分析结果**

| 行业 | | 2003～2008 年 | | | | 2008～2012 年 | | | |
|---|---|---|---|---|---|---|---|---|---|
| | | 变化量 | 区域分量 | 结构分量 | 竞争分量 | 变化量 | 区域分量 | 结构分量 | 竞争分量 |
| 劳动密集型制造业 | 农副食品加工业 | -2776 | -2828 | 595 | -543 | 12843 | 3023 | 2520 | 7301 |
| | 食品制造业 | -5777 | -4522 | -2778 | 1523 | 1206 | 4540 | 913 | -4246 |
| | 饮料制造业 | 1756 | -1129 | -1480 | 4365 | 6158 | 1835 | -2034 | 6357 |
| | 烟草制品业 | -899 | -154 | -354 | -391 | 0 | 0 | 0 | 0 |
| | 纺织业 | -7737 | -4346 | -3336 | -55 | 54917 | 3884 | 6588 | 44445 |
| | 纺织服装、鞋、帽制造业 | -51006 | -16331 | -19611 | -15064 | 37404 | 9778 | 12236 | 15390 |
| | 皮革、毛皮、羽毛（绒）及其制品业 | -2516 | -1749 | 106 | -873 | 10643 | 1694 | 1823 | 7126 |
| | 木材加工及木、竹、藤、棕、草制品业 | -1237 | -1135 | -76 | -26 | 1999 | 1186 | 420 | 393 |
| | 家具制造业 | -4171 | -3067 | -1373 | 269 | 3286 | 3023 | -924 | 1187 |
| | 造纸及纸制品业 | -7526 | -2998 | -4892 | 365 | 9171 | 2199 | 2325 | 4647 |
| | 印刷业和记录媒介的复制 | -6963 | -2130 | -2285 | -2548 | 3319 | 1207 | 654 | 1459 |
| | 文教体育用品制造业 | 5341 | -1080 | 3341 | 3080 | 3299 | 2559 | -984 | 1723 |
| | 橡胶制品业 | -486 | -3280 | 569 | 2225 | 5094 | 4106 | -4733 | 5721 |
| | 塑料制品业 | -4808 | -6425 | -74 | 1692 | -968 | 7197 | -11030 | 2865 |
| | 工艺品及其他制造业 | -2581 | -2442 | -3188 | 3049 | 14181 | 2570 | 9459 | 2153 |

续表

| 行业 | | 2003～2008 年 | | | | 2008～2012 年 | | | |
|---|---|---|---|---|---|---|---|---|---|
| | | 变化量 | 区域分量 | 结构分量 | 竞争分量 | 变化量 | 区域分量 | 结构分量 | 竞争分量 |
| 资本密集型制造业 | 石油加工、炼焦及核燃料加工业 | -3652 | -2939 | 5557 | -6270 | -2966 | 2973 | -2253 | -3686 |
| | 非金属矿物制品业 | -10876 | -5677 | -3427 | -1772 | 4975 | 4904 | -1697 | 1768 |
| | 黑色金属冶炼及压延加工业 | -54227 | -22125 | 7486 | -39588 | 35 | 16511 | 19179 | -35655 |
| | 有色金属冶炼及压延加工业 | -5799 | -1773 | -2773 | -1253 | 7295 | 1004 | 1537 | 4754 |
| | 金属制品业 | 10833 | -8991 | 12330 | 7493 | -3458 | 13925 | -12419 | -4964 |
| | 通用设备制造业 | 29871 | -4899 | 15370 | 19401 | 166 | 12850 | -25978 | 13294 |
| | 专用设备制造业 | -17021 | -9745 | -2474 | -4803 | -4992 | 8779 | -10179 | -3592 |
| | 仪器仪表及文化、办公用机械制造业 | -4611 | -2625 | -351 | -1636 | 12177 | 2359 | 2848 | 6971 |
| 技术密集型制造业 | 化学原料及化学制品制造业 | -19016 | -11061 | -7397 | -558 | 38088 | 10031 | 13718 | 14339 |
| | 医药制造业 | -22837 | -7379 | -6277 | -9181 | 18679 | 4463 | 1588 | 12628 |
| | 化学纤维制造业 | 72 | -196 | -108 | 376 | 2653 | 268 | 62 | 2323 |
| | 交通运输设备制造业 | -51000 | -23472 | -7605 | -19923 | 736 | 18950 | 2368 | -20581 |
| | 电气机械及器材制造业 | 6763 | -6314 | 13448 | -371 | 3237 | 9594 | -16850 | 10493 |
| | 通信设备、计算机及其他电子设备制造业 | 10063 | -15055 | 32333 | -7215 | -274 | 21545 | -24574 | 2755 |

资料来源：2003 年、2008 年、2012 年工业企业数据库。

附表 5-5　河北省细分行业从业人口偏离—份额分析结果

| 行业 | | 2003~2008年 | | | | 2008~2012年 | | | |
|---|---|---|---|---|---|---|---|---|---|
| | | 变化量 | 区域分量 | 结构分量 | 竞争分量 | 变化量 | 区域分量 | 结构分量 | 竞争分量 |
| 劳动密集型制造业 | 农副食品加工业 | 2649 | -11281 | 2375 | 11555 | 17911 | 15070 | 12563 | -9721 |
| | 食品制造业 | -9987 | -9708 | -5963 | 5683 | 11315 | 10275 | 2065 | -1026 |
| | 饮料制造业 | -25885 | -7930 | -10395 | -7560 | -10441 | 4502 | -4989 | -9954 |
| | 烟草制品业 | -1452 | -1176 | -2712 | 2436 | -1030 | 1191 | -441 | -1781 |
| | 纺织业 | -75683 | -38735 | -29728 | -7219 | 37949 | 33134 | 56204 | -51389 |
| | 纺织服装、鞋、帽制造业 | -28709 | -13842 | -16622 | 1755 | 19851 | 11476 | 14361 | -5986 |
| | 皮革、毛皮、羽毛（绒）及其制品业 | -2238 | -7739 | 470 | 5031 | 11345 | 9448 | 10164 | -8268 |
| | 木材加工及木、竹、藤、棕、草制品业 | -2238 | -3054 | -206 | 1022 | 4460 | 3431 | 1216 | -187 |
| | 家具制造业 | -4184 | -2384 | -1068 | -732 | 6088 | 2143 | -655 | 4599 |
| | 造纸及纸制品业 | -34427 | -11811 | -19270 | -3346 | 12578 | 7611 | 8049 | -3081 |
| | 印刷业和记录媒介的复制 | -9773 | -3901 | -4185 | -1687 | 5846 | 2864 | 1551 | 1431 |
| | 文教体育用品制造业 | -1168 | -1197 | 3705 | -3675 | -1002 | 1281 | -493 | -1791 |
| | 橡胶制品业 | -8588 | -6563 | 1139 | -3164 | -4165 | 6543 | -7543 | -3165 |
| | 塑料制品业 | -10523 | -7488 | -87 | -2948 | -12084 | 7307 | -11199 | -8192 |
| | 工艺品及其他制造业 | -12451 | -3562 | -4650 | -4239 | 7937 | 1841 | 6777 | -682 |

续表

| 行业 | | 2003～2008 年 | | | | 2008～2012 年 | | | |
|---|---|---|---|---|---|---|---|---|---|
| | | 变化量 | 区域分量 | 结构分量 | 竞争分量 | 变化量 | 区域分量 | 结构分量 | 竞争分量 |
| 资本密集型制造业 | 石油加工、炼焦及核燃料加工业 | 14345 | -4103 | 7757 | 10691 | 11337 | 8418 | -6378 | 9297 |
| | 非金属矿物制品业 | -78516 | -46712 | -28194 | -3610 | 20584 | 42756 | -14792 | -7380 |
| | 黑色金属冶炼及压延加工业 | 29577 | -52803 | 17866 | 64514 | 137669 | 74309 | 86315 | -22955 |
| | 有色金属冶炼及压延加工业 | -11614 | -4488 | -7017 | -109 | 1410 | 3214 | 4918 | -6722 |
| | 金属制品业 | 7727 | -13747 | 18854 | 2621 | 4237 | 19352 | -17259 | 2144 |
| | 通用设备制造业 | -2720 | -22224 | 69718 | -50213 | -47165 | 27946 | -56496 | -18614 |
| | 专用设备制造业 | -19770 | -16171 | -4105 | 506 | 747 | 16428 | -19048 | 3367 |
| | 仪器仪表及文化、办公用机械制造业 | -2135 | -1517 | -203 | -415 | 4888 | 1480 | 1787 | 1621 |
| 技术密集型制造业 | 化学原料及化学制品制造业 | -46958 | -28022 | -18739 | -197 | 37189 | 25681 | 35119 | -23612 |
| | 医药制造业 | -12835 | -12646 | -10758 | 10568 | 14158 | 13423 | 4777 | -4042 |
| | 化学纤维制造业 | -3800 | -2604 | -1433 | 237 | 913 | 2510 | 586 | -2183 |
| | 交通运输设备制造业 | 760 | -16300 | -5281 | 22341 | 41667 | 21101 | 2636 | 17930 |
| | 电气机械及器材制造业 | 14912 | -9904 | 21094 | 3722 | -27844 | 15994 | -28090 | -15747 |
| | 通信设备、计算机及其他电子设备制造业 | 4727 | -3110 | 6678 | 1158 | 1353 | 5031 | -5739 | 2060 |

资料来源：2003 年、2008 年、2012 年工业企业数据库。

# 第六章　京津冀城市群装备制造业转移与空间结构变动

装备制造业是为国民经济各行业提供技术装备的战略性产业。2015 年 5 月，我国发布了“中国制造 2025”，将装备制造业作为重点发展领域，为装备制造业发展描绘了一张蓝图。根据《京津冀协同发展规划纲要》，北京的产业转移将给河北产业带来重组和转型升级的契机。产业转型升级作为京津冀协同发展的三个重点领域之一，河北借此把部分装备制造业发展为高端装备制造业将对京津冀的协同发展起到重要的支撑作用。

## 第一节　装备制造业转移与空间结构变动特征

国际上并无“装备制造业”这一概念，这一词是中国根据自身工业状况，发展需要，为国家安全和工业化水平的提高而提出的要着重发展的工业行业。准确地说，装备制造业是为国民经济进行简单再生产和扩大再生产提供生产技术装备的工业的总称，即“生产机器的机器制造业”。本书按照国民经济行业分类（2002 年）口径对装备制造业进行分类，具体分类结果如下：金属制品业（C34）、普通机械制造业（C35）、专用机械制造业（C36）、交通运输设备制造业（C37）、电气机械及器材制造业（C39）、通信设备、计算机及其他电子设备制造业（C40）、仪器仪表及办公用机械制造业（C41）。

### 一、装备制造业总体发展特征

从企业数量看，京津冀城市群装备制造业企业总数略有上升，北京企业数量下降明显，河北则大幅上升。具体而言，京津冀城市群装备制造业企业数量由 2006 年的 8510 家上升为 2017 年的 8919 家。北京企业数量下降明显，由 2006 年

的2949家下降为2017年的1635家；天津企业数量下降也较为明显，由2006年的2784家下降为2017年的2050家；河北则从2006年的2777家迅速增长至2017年的5234家。2006年京津冀三地企业数量占比分别为35%、33%和33%，2017年为18%、23%和59%。如图6－1所示。

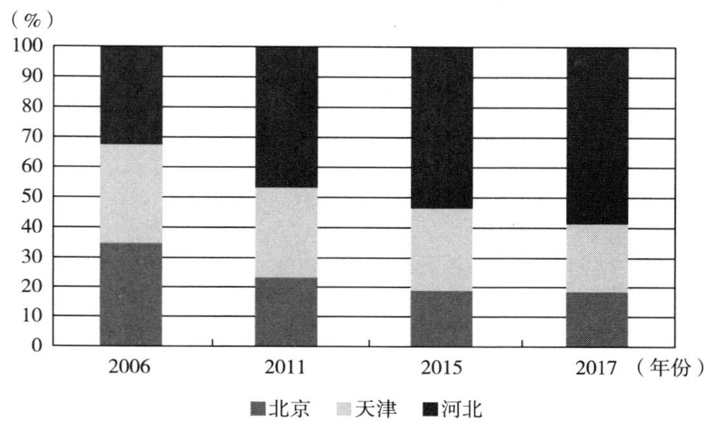


**图6－1　京津冀各省市装备制造业企业数量占比**

资料来源：《北京统计年鉴》《天津统计年鉴》《河北经济年鉴》（2007～2018）。

从工业总产值来看，京津冀地区装备制造业主要由京津二市向河北转移。具体而言，北京产值份额逐年下降，由2005年的43.3%下降至2017年的31.7%（见图6－2）；天津产值份额变化不大，由2005年的38.7%下降至2017年的34.7%；河北则由2005年的18.0%逐年增加至33.8%。2005～2017年，整个京津冀地区装备制造业增速达到8.4%，其中京津冀二市一省分别为5.63%、7.36%和14.27%。

综上所述，可做出如下推测：一是从产业布局看，装备制造业（见表6－1）从主要分布于京津二市转变为主要分布于河北、天津；二是从发展趋势看，2005～2011年，天津装备制造业发展态势稳定，北京装备制造业产值占比逐渐缩小，河北发展态势良好，2011～2017年则呈现相对均衡的发展趋势；三是从企业规模来看，京津冀地区装备制造业规模逐年增加，北京企业规模最大，天津略次之，河北规模普遍较小；四是从企业规模发展趋势看，近几年，京津二市企业规模显著扩大，而河北规模扩大速度大幅放缓，甚至略有下降。

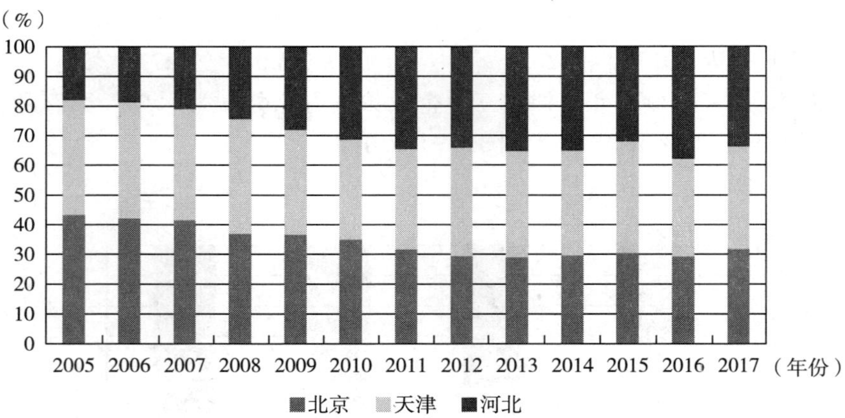


**图 6-2　京津冀各省市装备制造业产值占比**

资料来源：《北京统计年鉴》《天津统计年鉴》《河北经济年鉴》(2006~2018)。

**表 6-1　装备制造业企业平均产值**　　单位：亿元

| 年份 | 北京 | 天津 | 河北 | 京津冀 |
|---|---|---|---|---|
| 2006 | 1.39 | 1.37 | 0.66 | 1.14 |
| 2007 | 1.50 | 1.41 | 0.76 | 1.22 |
| 2008 | 1.24 | — | 0.92 | 1.78 |
| 2009 | 1.41 | — | 0.88 | 1.73 |
| 2010 | 1.64 | — | 1.09 | 2.00 |
| 2011 | 2.88 | 2.41 | 1.58 | 2.13 |
| 2012 | 2.91 | 2.67 | 1.63 | 2.24 |
| 2013 | 3.31 | 2.91 | 1.67 | 2.37 |
| 2014 | 3.44 | 2.99 | 1.60 | 2.36 |
| 2015 | 4.91 | 4.13 | 2.16 | 3.22 |
| 2016 | 3.91 | 3.00 | 1.67 | 2.43 |
| 2017 | 3.96 | 3.43 | 1.32 | 2.29 |

注：产值数据以 2001 年为基期进行平减。

资料来源：《北京统计年鉴》《天津统计年鉴》《河北经济年鉴》(2007~2018)。

## 二、装备制造业细分行业发展特征

通信设备、计算机及其他电子设备制造业发展明显滞后于其他产业，金属制品业、交通运输设备制造业以及专用设备制造业发展较快。如图 6-3 所示，

2005 年各行业占比由高到低依次为通信设备、计算机及其他电子设备制造业，交通运输设备制造业，电气机械及器材制造业，通用设备制造业，金属制品业，专用设备制造业，仪器仪表及文化、办公用机械制造业；2017 年交通运输设备制造业上升至第 1 位，通信设备、计算机及其他电子设备制造业份额由 41.96% 大幅下降至 10.95%。2005 ~ 2017 年，通用设备制造业和通信设备、计算机及其他电子设备制造业增速分别为 8.75% 和 -3.08%，其他 5 个行业增速均在 10% 以上，其中仪器仪表及文化、办公用机械制造业增速达到最高 18.18%，金属制品业次之，为 14.23%，交通运输制造业为 12.02%。从增长的绝对量上看，交通运输产业由于基期产值最高，因此贡献最大，金属制品业次之，电气机械及器材制造业排名第 3 位。

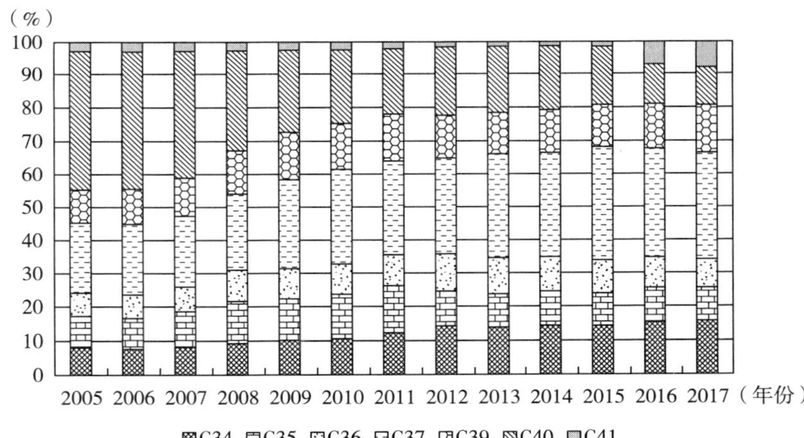


**图 6-3　京津冀城市群装备制造业各行业占比**

注：C36 ~ C40 行业分别为金属制品业，通用设备制造业，专用设备制造业，交通运输设备制造业，电气机械及器材制造业，通信设备、计算机及其他电子设备制造业，仪器仪表及文化、办公用机械制造业，下同。

资料来源：《北京统计年鉴》《天津统计年鉴》《河北经济年鉴》（2006 ~ 2018）。

1. 金属制品业

金属制品业主要集中于河北，天津次之，北京份额较低。由表 6-2 可知，金属制品业作为装备制造业中增速最快的行业，其增长主要由河北金属制品业带动。从增速看，河北金属制品业不仅产值最高，而且年均增速高达 16.96%；天津次之，达到 13.23%，北京仅为 5.09%。从发展趋势来看，北京产值份额逐年下降，由 2005 年的 17.95% 下降至 2017 年的 6.60%；天津由 36.19% 下降至

32.56%；河北由45.86%大幅上升至60.85%。金属制品业在河北各地市的分布如图6－4所示。2017年排名前5位的城市分别是沧州、唐山、石家庄、邯郸和衡水。其中，衡水和保定份额下降显著，沧州、唐山和邯郸增幅较大。

**表6－2 京津冀各省市金属制品业工业总产值及份额变化**

| 年份 | 绝对值（亿元） | | | | 份额（%） | | |
|---|---|---|---|---|---|---|---|
| | 北京 | 天津 | 河北 | 京津冀 | 北京 | 天津 | 河北 |
| 2005 | 113 | 227 | 288 | 628 | 17.95 | 36.19 | 45.86 |
| 2006 | 134 | 251 | 362 | 747 | 17.98 | 33.61 | 48.41 |
| 2007 | 171 | 304 | 427 | 902 | 18.96 | 33.73 | 47.32 |
| 2008 | 176 | 366 | 552 | 1095 | 16.09 | 33.45 | 50.46 |
| 2009 | 155 | 439 | 707 | 1302 | 11.94 | 33.76 | 54.30 |
| 2010 | 190 | 553 | 898 | 1642 | 11.59 | 33.71 | 54.70 |
| 2011 | 194 | 642 | 1249 | 2085 | 9.32 | 30.80 | 59.88 |
| 2012 | 225 | 778 | 1553 | 2556 | 8.82 | 30.44 | 60.74 |
| 2013 | 221 | 849 | 1792 | 2862 | 7.71 | 29.68 | 62.61 |
| 2014 | 221 | 901 | 1982 | 3104 | 7.11 | 29.04 | 63.86 |
| 2015 | 208 | 1003 | 1706 | 2917 | 7.14 | 34.36 | 58.49 |
| 2016 | 195 | 1004 | 2221 | 3420 | 5.71 | 29.37 | 64.93 |
| 2017 | 205 | 1010 | 1888 | 3103 | 6.60 | 32.56 | 60.85 |
| 平均增长率（%） | 5.09 | 13.23 | 16.96 | 14.23 | — | — | — |

资料来源：《北京统计年鉴》《天津统计年鉴》《河北经济年鉴》（2006～2018）。

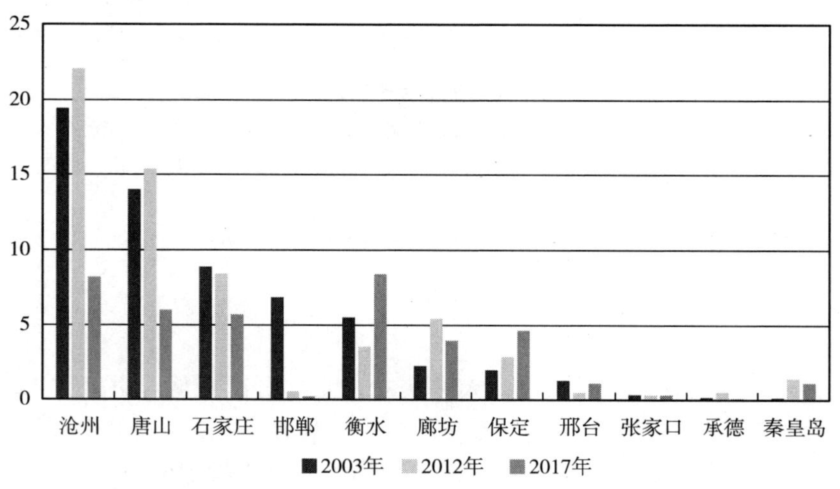


**图6－4 河北各地市金属制品业工业总产值份额**

资料来源：2003～2012年工业企业数据库，石家庄等11个地级市2017年统计年鉴。

2. 通用设备制造业

通用设备制造业主要集中于河北，天津次之，北京份额较低。由表 6－3 可知，通用设备制造业增速为8.75%，河北和天津是京津冀地区该产业增长的双引擎，北京则发展较慢。从发展趋势来看，北京产值份额逐年下降，由 2005 年的 31.55%下降至 2017 年的 19.01%；天津由 30.95%上升至 45.38%；河北由 37.49%略微下降至 35.61%。通用设备制造业在河北各地市的分布如图 6－5 所示。2017 年排名前 5 位的城市分别是石家庄、邯郸、沧州、廊坊和保定，与 2012 年相比石家庄和沧州有明显的份额下降，邯郸增幅较大。

**表 6－3　京津冀各省市通用设备制造业工业总产值及份额变化**

| 年份 | 绝对值（亿元） | | | | 份额（%） | | |
|---|---|---|---|---|---|---|---|
| | 北京 | 天津 | 河北 | 京津冀 | 北京 | 天津 | 河北 |
| 2005 | 223 | 219 | 265 | 708 | 31.55 | 30.95 | 37.49 |
| 2006 | 271 | 261 | 338 | 870 | 31.19 | 29.94 | 38.88 |
| 2007 | 308 | 375 | 452 | 1135 | 27.12 | 33.07 | 39.81 |
| 2008 | 342 | 550 | 555 | 1448 | 23.63 | 38.00 | 38.37 |
| 2009 | 318 | 534 | 689 | 1542 | 20.64 | 34.67 | 44.69 |
| 2010 | 446 | 594 | 966 | 2007 | 22.24 | 29.60 | 48.16 |
| 2011 | 462 | 663 | 1243 | 2368 | 19.53 | 27.99 | 52.49 |
| 2012 | 395 | 625 | 820 | 1840 | 21.49 | 33.96 | 44.55 |
| 2013 | 380 | 712 | 924 | 2016 | 18.84 | 35.34 | 45.82 |
| 2014 | 397 | 785 | 1006 | 2187 | 18.13 | 35.89 | 45.98 |
| 2015 | 347 | 844 | 766 | 1956 | 17.72 | 43.13 | 39.15 |
| 2016 | 341 | 860 | 1082 | 2283 | 14.95 | 37.65 | 47.41 |
| 2017 | 368 | 879 | 690 | 1937 | 19.01 | 45.38 | 35.61 |
| 平均增长率（%） | 4.26 | 12.28 | 8.29 | 8.75 | — | — | — |

资料来源：《北京统计年鉴》《天津统计年鉴》《河北经济年鉴》（2006～2018）。

3. 专用设备制造业

专用设备制造业布局变动很大，2003 年主要分布于北京，河北次之，天津最末；2017 年主要分布于河北，天津次之，北京最末。由表 6－4 可知，专用设备制造业增速为 10.31%，天津专用设备制造业增速高达 14.09%；河北次之，增速为 12.19%；北京则发展较慢，增速仅为 4.76%。从发展趋势来看，北京产值份额逐年下降，由 2005 年的 41.33%下降至 2016 年的 17.15%最低，2017 年

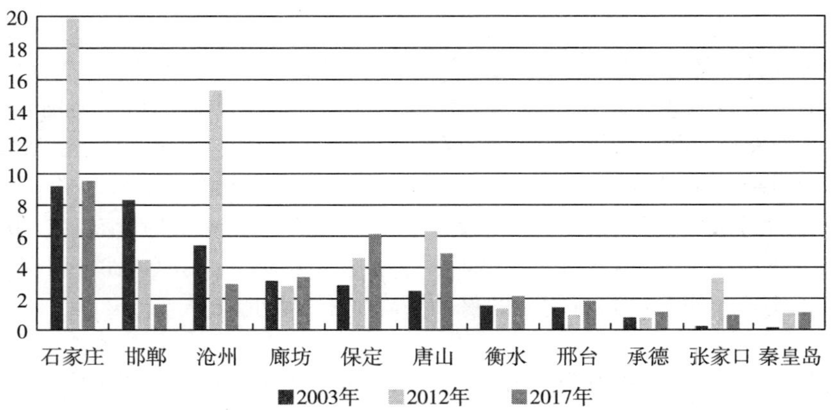


**图 6-5　河北地区各地市通用设备制造业工业总产值份额**

资料来源：2003~2012 年中国工业企业数据库，石家庄等 11 个地级市 2017 年统计年鉴。

略微扩大至 22.25%；天津由 21.62% 上升至 32.38%；河北由 37.06% 上升至 45.36%。专用设备制造业在河北各地市的分布如图 6-6 所示。2017 年排名前 5 位的城市分别是沧州、石家庄、邯郸、唐山和邢台。其中沧州增幅最大。

**表 6-4　京津冀各省市专用设备制造业工业总产值及份额变化**

| 年份 | 绝对值（亿元） | | | | 份额（%） | | |
|---|---|---|---|---|---|---|---|
| | 北京 | 天津 | 河北 | 京津冀 | 北京 | 天津 | 河北 |
| 2005 | 219 | 114 | 196 | 529 | 41.33 | 21.62 | 37.06 |
| 2006 | 279 | 135 | 264 | 679 | 41.15 | 19.91 | 38.94 |
| 2007 | 294 | 181 | 333 | 808 | 36.35 | 22.43 | 41.21 |
| 2008 | 363 | 384 | 366 | 1113 | 32.62 | 34.48 | 32.89 |
| 2009 | 356 | 400 | 421 | 1176 | 30.28 | 33.96 | 35.76 |
| 2010 | 409 | 411 | 608 | 1428 | 28.67 | 28.76 | 42.57 |
| 2011 | 437 | 468 | 696 | 1602 | 27.30 | 29.23 | 43.47 |
| 2012 | 385 | 761 | 890 | 2036 | 18.89 | 37.37 | 43.73 |
| 2013 | 452 | 868 | 950 | 2270 | 19.89 | 38.24 | 41.86 |
| 2014 | 425 | 817 | 1027 | 2270 | 18.73 | 36.01 | 45.26 |
| 2015 | 386 | 764 | 913 | 2064 | 18.72 | 37.03 | 44.26 |
| 2016 | 357 | 650 | 1072 | 2079 | 17.15 | 31.28 | 51.56 |
| 2017 | 382 | 556 | 779 | 1717 | 22.25 | 32.38 | 45.36 |
| 平均增长率（%） | 4.76 | 14.09 | 12.19 | 10.31 | — | — | — |

资料来源：《北京统计年鉴》《天津统计年鉴》《河北经济年鉴》（2006~2018）。

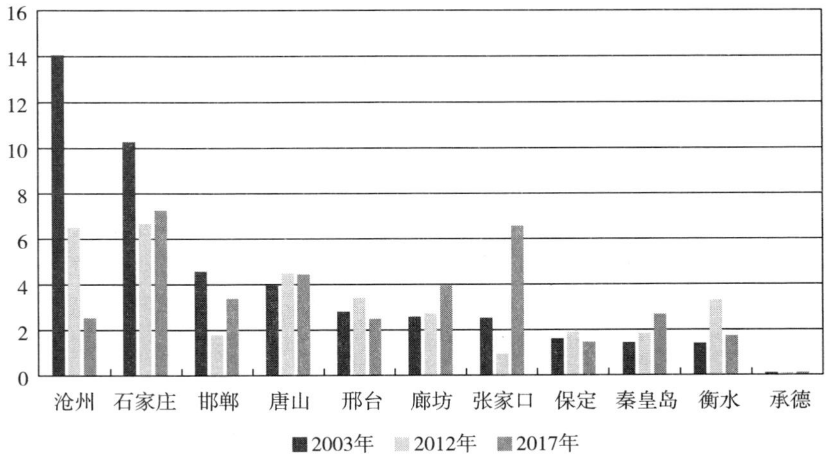


**图 6-6　河北地区各地市专用设备制造业工业总产值份额**

资料来源：2003~2012 年工业企业数据库，石家庄等 11 个地级市 2017 年统计年鉴。

4. 交通运输设备制造业

交通运输设备制造业主要集中于北京，天津次之，河北最末。由表 6-5 可知，从增速来看，交通运输设备制造业增速为 12.02%，河北增速高达 15.70%；北京次之，增速为 13.09%；天津增速 6.69%。从发展趋势来看，2016 年到 2017 年整体产值下降，2005~2017 年，北京产值份额略有上升，但幅度不大；天津产值份额下降较大，由 33.66% 下降到 18.76%；河北由 19.35% 上升至 28.55%。交通运输设备制造业在河北各地市的分布如图 6-7 所示。保定始终排第一名且远远领先于河北其他地市，它是河北汽车工业产业链较完善的城市，已经具备了整车、发动机、蓄电池、车轮毂、车架、变速器、底盘、车灯等完整产业链；沧州、唐山、廊坊、石家庄、邢台产值份额依次递减，分列第 2~6 名，其他地市则占比较低。

**表 6-5　京津冀各省市交通运输设备制造业工业总产值及份额变化**

| 年份 | 绝对值（亿元） | | | | 份额（%） | | |
|---|---|---|---|---|---|---|---|
| | 北京 | 天津 | 河北 | 京津冀 | 北京 | 天津 | 河北 |
| 2005 | 770 | 552 | 317 | 1639 | 46.99 | 33.66 | 19.35 |
| 2006 | 931 | 743 | 391 | 2065 | 45.09 | 35.96 | 18.95 |
| 2007 | 936 | 924 | 479 | 2339 | 40.03 | 39.49 | 20.49 |
| 2008 | 964 | 1127 | 606 | 2698 | 35.74 | 41.79 | 22.47 |

续表

| 年份 | 绝对值（亿元） | | | | 份额（%） | | |
|---|---|---|---|---|---|---|---|
| | 北京 | 天津 | 河北 | 京津冀 | 北京 | 天津 | 河北 |
| 2009 | 1401 | 1261 | 765 | 3427 | 40.87 | 36.80 | 22.33 |
| 2010 | 1775 | 1568 | 1072 | 4416 | 40.20 | 35.52 | 24.28 |
| 2011 | 1930 | 1648 | 1259 | 4837 | 39.90 | 34.08 | 26.02 |
| 2012 | 2052 | 1753 | 1408 | 5212 | 39.36 | 33.63 | 27.01 |
| 2013 | 2594 | 1928 | 1969 | 6490 | 39.97 | 29.70 | 30.33 |
| 2014 | 2902 | 2143 | 1796 | 6840 | 42.42 | 31.32 | 26.26 |
| 2015 | 3031 | 2397 | 1591 | 7019 | 43.19 | 34.15 | 22.67 |
| 2016 | 3596 | 1692 | 2102 | 7390 | 48.66 | 22.90 | 28.44 |
| 2017 | 3370 | 1200 | 1826 | 6396 | 52.69 | 18.76 | 28.55 |
| 平均增长率（%） | 13.09 | 6.69 | 15.70 | 12.02 | — | — | — |

资料来源：《北京统计年鉴》《天津统计年鉴》《河北经济年鉴》（2006～2018）。

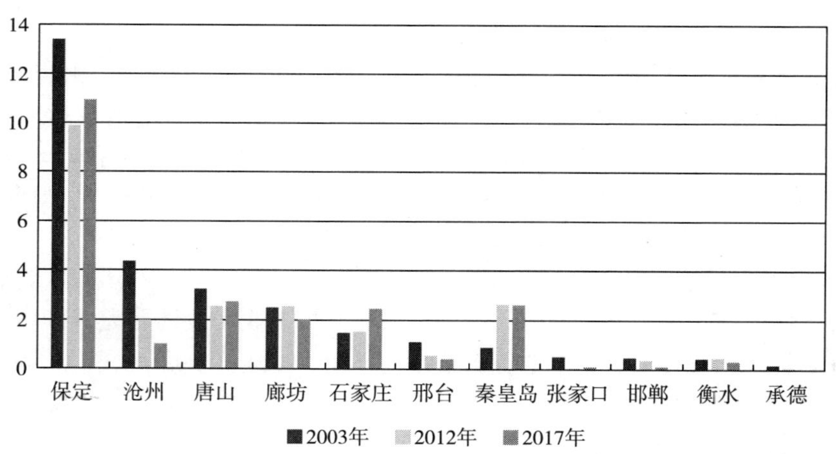


**图 6－7　河北地区各地市交通运输设备制造业工业总产值份额**

资料来源：2003～2012 年中国工业企业数据库，石家庄等 11 个地级市 2017 年统计年鉴。

5. 电气机械及器材制造业

电气机械及器材制造业分布变动较大，2005 年天津排名第 1 位，河北次之，北京最末，2017 年则主要分布于河北，天津次之。由表 6－6 可知，从增速看，电气机械及器材制造业增速为 11.34%，河北增速达 14.83%；天津和北京在 11% 和 7% 左右。从发展趋势来看，北京下降幅度较大，天津下降幅度较小；河

北由32.32%迅速上升至46.79%。电气机械及器材制造业在河北各地市的分布如图6-8所示。2017年，石家庄电气机械及器材制造业份额最高，邢台、保定分列第2、第3位。保定自2012年以来下降幅度较大。

**表6-6　京津冀各省市电气机械及器材制造业工业总产值及份额变化**

| 年份 | 绝对值（亿元） | | | | 份额（%） | | |
|---|---|---|---|---|---|---|---|
| | 北京 | 天津 | 河北 | 京津冀 | 北京 | 天津 | 河北 |
| 2005 | 209 | 314 | 250 | 774 | 27.05 | 40.63 | 32.32 |
| 2006 | 242 | 423 | 375 | 1040 | 23.26 | 40.72 | 36.02 |
| 2007 | 295 | 480 | 495 | 1271 | 23.25 | 37.77 | 38.98 |
| 2008 | 324 | 600 | 635 | 1558 | 20.77 | 38.48 | 40.75 |
| 2009 | 502 | 525 | 808 | 1834 | 27.37 | 28.60 | 44.03 |
| 2010 | 570 | 541 | 1021 | 2132 | 26.73 | 25.38 | 47.90 |
| 2011 | 599 | 629 | 1147 | 2376 | 25.23 | 26.49 | 48.28 |
| 2012 | 505 | 640 | 1137 | 2282 | 22.12 | 28.05 | 49.83 |
| 2013 | 525 | 733 | 1293 | 2550 | 20.57 | 28.74 | 50.70 |
| 2014 | 531 | 816 | 1426 | 2774 | 19.15 | 29.42 | 51.43 |
| 2015 | 558 | 792 | 1228 | 2579 | 21.66 | 30.71 | 47.63 |
| 2016 | 473 | 905 | 1593 | 2971 | 15.91 | 30.47 | 53.62 |
| 2017 | 456 | 1039 | 1315 | 2810 | 16.24 | 36.97 | 46.79 |
| 平均增长率（%） | 6.71 | 10.47 | 14.83 | 11.34 | — | — | — |

资料来源：《北京统计年鉴》《天津统计年鉴》《河北经济年鉴》（2005~2018）。

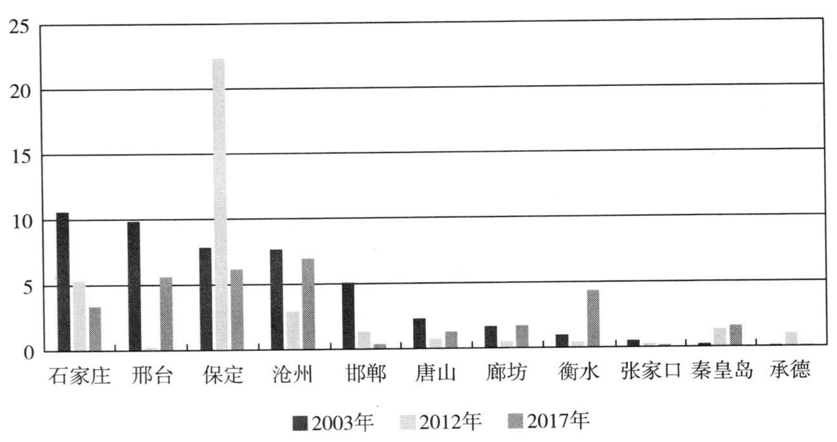


**图6-8　河北地区各地市电气机械及器材制造业工业总产值份额**

资料来源：2003~2012年中国工业企业数据库，石家庄等11个地级市2017年统计年鉴。

6. 通信设备、计算机及其他电子设备制造业

通信设备、计算机及其他电子设备制造业主要分布于京津二市，河北份额较小。由表6－7可知，从增速看，电气机械及器材制造业增速为－3.08%，是装备制造业中唯一增速为负的行业。河北增速高达15.34%，但天津、北京增速均为负值，由于河北产值份额较低，因此不足以对该产业在京津冀地区的发展产生重大影响。从发展趋势来看，北京产值份额上升了16个百分点左右；天津自2013年急剧下降到19.11%；河北由1.65%迅速上升至13.35%。通信设备、计算机及其他电子设备制造业在河北各地市的分布如图6－9所示。2017年通信设备、计算机及其他电子设备制造业主要分布于廊坊、石家庄和沧州。其中，廊坊增幅最大，自2012年来，实现了对石家庄和沧州的反超。

表6－7　京津冀各省市通信设备、计算机及其他电子设备制造业工业总产值及份额变化

| 年份 | 绝对值（亿元） | | | | 份额（%） | | |
|---|---|---|---|---|---|---|---|
| | 北京 | 天津 | 河北 | 京津冀 | 北京 | 天津 | 河北 |
| 2005 | 1672 | 1523 | 54 | 3249 | 51.47 | 46.87 | 1.65 |
| 2006 | 2073 | 1898 | 68 | 4039 | 51.33 | 46.98 | 1.69 |
| 2007 | 2358 | 1754 | 83 | 4195 | 56.21 | 41.81 | 1.98 |
| 2008 | 1995 | 1438 | 116 | 3548 | 56.22 | 40.52 | 3.27 |
| 2009 | 1764 | 1251 | 154 | 3169 | 55.67 | 39.46 | 4.87 |
| 2010 | 1817 | 1403 | 225 | 3445 | 52.74 | 40.73 | 6.53 |
| 2011 | 1567 | 1581 | 240 | 3388 | 46.25 | 46.68 | 7.07 |
| 2012 | 1549 | 1928 | 269 | 3746 | 41.35 | 51.48 | 7.17 |
| 2013 | 1629 | 2233 | 294 | 4156 | 39.18 | 53.73 | 7.08 |
| 2014 | 1746 | 2134 | 335 | 4215 | 41.43 | 50.63 | 7.94 |
| 2015 | 1499 | 1837 | 313 | 3649 | 41.08 | 50.35 | 8.58 |
| 2016 | 1407 | 884 | 378 | 2669 | 52.71 | 33.11 | 14.18 |
| 2017 | 1508 | 427 | 298 | 2232 | 67.54 | 19.11 | 13.35 |
| 平均增长率（%） | －0.86 | －10.06 | 15.34 | －3.08 | — | — | — |

资料来源：《北京统计年鉴》《天津统计年鉴》《河北经济年鉴》（2005～2018）。

7. 仪器仪表及文化、办公用机械制造业

仪器仪表及文化、办公用机械制造业主要分布在北京，天津、河北份额相对较小。由表6－8可知，从增速来看，电气机械及器材制造业增速为18.18%，天津增速高达31.83%，河北次之为14.29%，北京增速较低仅为1.79%。从发展趋

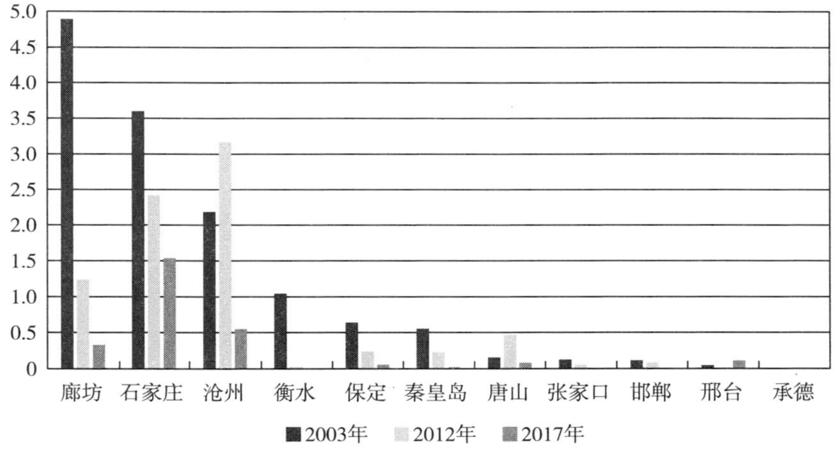


**图6-9 河北地区各地市通信设备、计算机及其他电子设备制造业工业总产值份额**

资料来源：2003~2012年中国工业企业数据库，石家庄等11个地级市2017年统计年鉴。

势来看，北京产值份额急剧下降了将近60个百分点；天津产值份额迅速上升至首位；河北的产值份额由8.75%迅速上升至2014年的21.34%后又下降至5.85%。仪器仪表及文化、办公用机械制造业产值较其他装备制造业较小，因此产值波动和份额波动较为明显。仪器仪表及文化、办公用机械制造业在河北各地市的分布如图6-10所示。2017年，仪器仪表及文化、办公用机械制造业排名前5位的城市分别是石家庄、沧州、唐山、廊坊和邯郸。其中石家庄增幅最大，而沧州、唐山、廊坊虽然位于第2~4位，但自2012年以来份额下降明显。

**表6-8 京津冀各省市仪器仪表及文化、办公用机械制造业工业总产值及份额变化**

| 年份 | 绝对值（亿元） | | | | 份额（%） | | |
|---|---|---|---|---|---|---|---|
| | 北京 | 天津 | 河北 | 京津冀 | 北京 | 天津 | 河北 |
| 2005 | 149 | 48 | 19 | 216 | 68.99 | 22.26 | 8.75 |
| 2006 | 171 | 96 | 25 | 291 | 58.64 | 32.91 | 8.45 |
| 2007 | 191 | 87 | 32 | 311 | 61.48 | 28.11 | 10.41 |
| 2008 | 177 | 98 | 39 | 313 | 56.44 | 31.16 | 12.39 |
| 2009 | 173 | 100 | 47 | 321 | 53.94 | 31.28 | 14.78 |
| 2010 | 186 | 123 | 60 | 369 | 50.40 | 33.34 | 16.26 |
| 2011 | 187 | 101 | 65 | 353 | 53.01 | 28.67 | 18.32 |

续表

| 年份 | 绝对值（亿元） | | | | 份额（%） | | |
|---|---|---|---|---|---|---|---|
| | 北京 | 天津 | 河北 | 京津冀 | 北京 | 天津 | 河北 |
| 2012 | 169 | 50 | 54 | 273 | 61.81 | 18.49 | 19.70 |
| 2013 | 181 | 46 | 62 | 288 | 62.76 | 15.82 | 21.43 |
| 2014 | 185 | 43 | 62 | 290 | 63.77 | 14.89 | 21.34 |
| 2015 | 183 | 61 | 51 | 295 | 62.09 | 20.78 | 17.13 |
| 2016 | 178 | 1346 | 77 | 1601 | 11.09 | 84.09 | 4.82 |
| 2017 | 184 | 1325 | 94 | 1603 | 11.50 | 82.64 | 5.85 |
| 平均增长率（%） | 1.79 | 31.83 | 14.29 | 18.18 | | | |

资料来源：《北京统计年鉴》《天津统计年鉴》《河北经济年鉴》（2005～2018）。

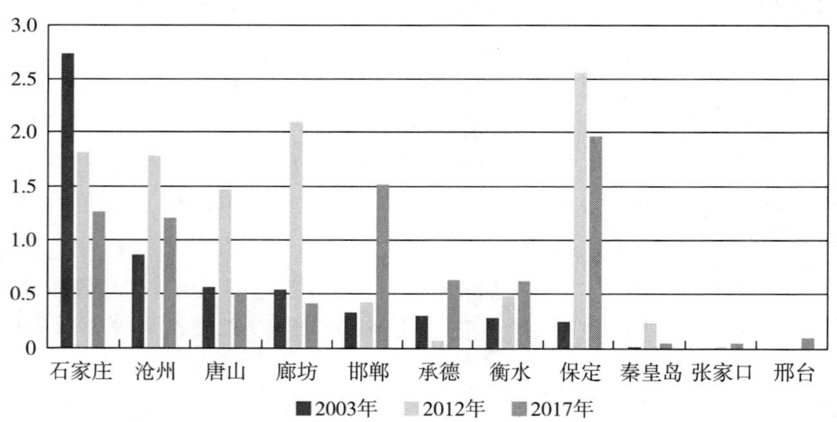


**图 6－10 河北地区各地市仪器仪表及文化、办公用机械制造业工业总产值份额**

资料来源：2003～2012 年中国工业企业数据库，石家庄等 11 个地级市 2017 年统计年鉴。

综上所述，装备制造业 7 类产业的分布与转移特征各有不同。从产业分布来看，北京在交通运输设备制造业和仪器仪表及文化、办公用机械制造业优势较大；天津在通信设备、计算机及其他电子设备制造业完成了对北京的反超，排名首位；河北在金属制品业、通用设备制造业、专用设备制造业和电气机械及器材制造业排名首位。从产业转移看，河北各产业发展较快，而北京、天津大多有所下降，可以推测存在产业由京津向河北诸市转移的情况。

# 第二节　装备制造业内部行业的空间集聚与趋势

本节对京津冀城市群的装备制造业产业集聚变化和产业分工变化进行测度，试图探究各个产业的集聚程度和变化，以及是什么样的分工变化影响到了产业集聚状况变化。

## 一、京津冀城市群装备制造业的产业集聚分析

在测度京津冀城市群装备制造业行业的空间集聚程度时，使用区位基尼系数来衡量京津冀城市群各产业分布的空间特征。

根据第四章的讨论，空间基尼系数（区位基尼系数）的具体公式如下：

$$G = \frac{1}{2\mu}\sum_{j=1}^{n}\sum_{i=1}^{n}|x_j - x_i|/n(n-1) \tag{6-1}$$

其中，$G$ 为测度产业的空间基尼系数，$\mu$ 为均值；$|x_j - x_i|$ 为一堆样本的收入差的绝对值，$n$ 为样本数量。

空间基尼系数有绝对空间基尼系数和相对空间基尼系数之分，由于绝对空间基尼系数赋予每个空间单元相同的权重，而后者赋予总产业规模较小单元以更大权重，前者能更好地度量产业集聚，因此，这里以绝对空间基尼系数来衡量京津冀城市群各产业就业人口的空间分布差异，公式如下：

$$G^s = \frac{1}{2(n-1)}\sum_{i=1}^{n}\sum_{j=1}^{n}|x_i^s - x_j^s| \tag{6-2}$$

其中，$x_i^s$ 和 $x_j^s$ 分别为地区 $i$ 和地区 $j$ 的 $s$ 产业在全国所占比重；绝对空间基尼系数 $G^s$ 分布在 0～1。当 $G^s=0$ 时，该产业在区域内的分布最为均匀，当 $G^s=1$ 时，该产业在区域内集中分布在一个地区。

京津冀城市群各装备制造业的空间基尼系数如表 6－9 所示。空间集聚程度始终较高的产业有交通运输设备制造业，通信设备、计算机及其他电子设备制造业，仪器仪表及文化、办公用机械制造业。具体而言，交通运输设备制造业主要分布于京津二市以及河北保定；通信设备、计算机及其他电子设备制造业主要分布于北京和天津；仪器仪表产业主要分布于北京。电气机械及器材制造业集聚程度增加较快，从省级层面主要由京津向河北转移，而河北内部主要集中于保定。金属制品业、通用设备制造业和专用设备制造业略有增长，但增幅不大。

表 6－9　京津冀城市群装备制造业空间基尼系数对比

| 行业 | 2003 年 | 2012 年 | 差额 |
|---|---|---|---|
| 金属制品业 | 0.537 | 0.600 | 0.063 |
| 通用设备制造业 | 0.496 | 0.548 | 0.052 |
| 专用设备制造业 | 0.524 | 0.537 | 0.013 |
| 交通运输设备制造业 | 0.714 | 0.713 | －0.001 |
| 电气机械及器材制造业 | 0.578 | 0.710 | 0.133 |
| 通信设备、计算机及其他电子设备制造业 | 0.812 | 0.820 | 0.008 |
| 仪器仪表及文化、办公用机械制造业 | 0.770 | 0.764 | －0.006 |

资料来源：2003～2012 年中国工业企业数据库。

## 二、京津冀城市群装备制造业的产业分工特征

根据第四章讨论，产业分工状况可采用区位熵来衡量。区位熵计算公式如下：

$$LQ_{ij}=\frac{q_{ij}/q_j}{q_i/q} \tag{6-3}$$

其中，$LQ_{ij}$为区位熵，$q_{ij}$表示地区 $j$ 行业 $i$ 的就业人数，$q_j$ 表示地区 $j$ 各行业就业人数，$q_i$ 表示行业 $i$ 在所属较大区域就业人数，$q$ 表示所属较大区域全部行业就业人数。一般来说，区位熵大于 1，表明该地区该产业具有比较优势，专业化水平较高；区位熵等于 1，表明该地区该产业无明显的优势；区位熵小于 1，表明该地区该产业处于比较劣势，专业化水平较低。需要说明的是，本书以京津冀城市群为参照区位熵。具体而言，在本书的计算过程中，$q_i$ 表示行业 $i$ 京津冀城市群的总产值，$q$ 表示京津冀城市群制造业行业总产值。

区位熵计算结果如表 6－10 所示。北京在专用设备制造业，交通运输设备制造业，电气机械及器材制造业，通信设备、计算机及其他电子设备制造业，仪器仪表及文化、办公用机械制造业具有比较优势；天津在金属制品业，通用设备制造业，交通运输设备制造业，通信设备、计算机及其他电子设备制造业上具有比较优势；而河北仅在金属制品业在 2012 年具有比较优势。河北各地市情况不同，石家庄的通用设备制造业具有一定优势，金属制品业发展十分迅速；唐山、张家口、承德、沧州的金属制品业区位熵 2003 年均小于 1，2012 年均大于 1，其中，承德在通用设备制造业也具有一定的比较优势；秦皇岛和廊坊在专用设备制造业和交通运输设备制造业专业化程度较高；邯郸和衡水的装备制造业发展较弱；邢台、保定表现突出，在 5 个行业具有比较优势。

表 6-10 京津冀城市群装备制造业区位熵

| 行业代码 | 年份 | 北京 | 天津 | 河北 | 石家庄 | 唐山 | 秦皇岛 | 邯郸 | 邢台 | 保定 | 张家口 | 承德 | 沧州 | 廊坊 | 衡水 |
|---|---|---|---|---|---|---|---|---|---|---|---|---|---|---|---|
| C34 | 2003 | 0.63 | 1.38 | 0.99 | 0.63 | 0.73 | 0.56 | 0.06 | 0.63 | 1.38 | 0.99 | 0.63 | 0.73 | 0.56 | 0.06 |
| | 2012 | 0.72 | 1.19 | 1.04 | 1.01 | 1.01 | 0.79 | 0.06 | 0.72 | 1.19 | 1.04 | 1.01 | 1.01 | 0.79 | 0.06 |
| C35 | 2003 | 0.99 | 1.15 | 0.89 | 1.05 | 0.59 | 0.57 | 0.46 | 0.99 | 1.15 | 0.89 | 1.05 | 0.59 | 0.57 | 0.46 |
| | 2012 | 1.03 | 1.17 | 0.88 | 1.12 | 0.46 | 0.59 | 0.71 | 1.03 | 1.17 | 0.88 | 1.12 | 0.46 | 0.59 | 0.71 |
| C36 | 2003 | 1.40 | 0.73 | 0.91 | 0.80 | 0.54 | 1.37 | 0.95 | 1.40 | 0.73 | 0.91 | 0.08 | 0.54 | 1.37 | 0.95 |
| | 2012 | 1.36 | 0.8 | 0.92 | 0.85 | 0.46 | 1.43 | 0.44 | 1.36 | 0.8 | 0.92 | 0.85 | 0.46 | 1.43 | 0.44 |
| C37 | 2003 | 1.54 | 1.04 | 0.57 | 0.27 | 0.33 | 1.35 | 0.03 | 1.54 | 1.04 | 0.57 | 0.27 | 0.33 | 1.35 | 0.03 |
| | 2012 | 1.52 | 1.39 | 0.45 | 0.24 | 0.17 | 1.12 | 0.06 | 1.52 | 1.39 | 0.45 | 0.24 | 0.17 | 1.12 | 0.06 |
| C39 | 2003 | 0.98 | 1.30 | 0.79 | 0.37 | 0.16 | 0.82 | 0.10 | 0.98 | 1.30 | 0.79 | 0.37 | 0.16 | 0.82 | 0.10 |
| | 2012 | 0.88 | 1.33 | 0.86 | 0.51 | 0.19 | 0.96 | 0.05 | 0.88 | 1.33 | 0.86 | 0.51 | 0.19 | 0.96 | 0.05 |
| C40 | 2003 | 1.69 | 1.56 | 0.07 | 0.17 | 0.01 | 0.01 | 0.00 | 1.69 | 1.56 | 0.07 | 0.17 | 0.01 | 0.01 | 0.00 |
| | 2012 | 2.13 | 1.48 | 0.04 | 0.05 | 0.01 | 0.00 | 0.00 | 2.13 | 1.48 | 0.04 | 0.05 | 0.01 | 0.00 | 0.00 |
| C41 | 2003 | 2.10 | 0.97 | 0.21 | 0.14 | 0.06 | 0.03 | 0.43 | 2.10 | 0.97 | 0.21 | 0.14 | 0.06 | 0.03 | 0.43 |
| | 2012 | 2.34 | 0.99 | 0.23 | 0.22 | 0.07 | 0.00 | 0.35 | 2.34 | 0.99 | 0.23 | 0.22 | 0.07 | 0.00 | 0.35 |

资料来源：2003~2012 年中国工业企业数据库。

综上所述，虽然北京、天津的装备制造业在多数行业的产值份额下降，但仍具有一定的比较优势；河北装备制造业发展较快，但河北在各细分行业的竞争力水平仍有待提升。

## 第三节 装备制造业转移效应分析

京津冀城市群装备制造业偏离—份额分析

以下分析使用工业企业数据库 2003~2012 年京津冀各市的工业总产值的数据，对京津冀二市一省以及河北 11 个地级市装备制造业各行业进行偏离份额分析，试图分解影响京津冀城市群装备制造业工业总产值变动的因素，分析各种因素所带来的效应。

### （一）京津冀城市群偏离份额分析

由表 6-11 可知，对京津冀城市群装备制造业产值的增长贡献最大的是河北，其次是天津，北京最末。其中，北京装备制造业的增长主要是由区域分量所带来，但是产业结构不合理，且竞争力明显较弱；天津与北京类似，区域分量是装备制造业增长的主要贡献点，但产业结构不合理，虽然有一定竞争优势但是并不明显；河北装备制造业发展迅猛，其区域分量相对京津二市较小，说明河北初期装备制造业份额较小，河北产业结构优势并不明显，但竞争力水平显著高于京津二市。

**表 6－11　2003～2012 年京津冀三省市装备制造业产值偏离—份额分析**

单位：亿元

| 地区 | 变化量 | 区域分量 | 结构分量 | 竞争分量 |
|---|---|---|---|---|
| 北京 | 455.21 | 2005.32 | －1164.27 | －385.84 |
| 天津 | 629.50 | 1855.56 | －1259.32 | 33.26 |
| 河北 | 1233.00 | 879.49 | 0.92 | 352.58 |

资料来源：2003～2012 年中国工业企业数据库。

### （二）北京偏离份额分析

从表 6－12 中可以看到，北京装备制造业产业结构不合理，竞争力水平低于天津、河北，但不同行业表现有所不同。北京并非所有装备制造业行业结构分量均为负值，其中通信设备、计算机及其他电子设备制造业为－1460.82，说明其产业结构较不合理，交通运输设备制造业明显大于0，其产业结构较为合理；从竞争力看，除电气机械及器材制造业呈现一定的区位竞争优势，其他行业均呈现竞争劣势，其中专用设备制造业、交通运输设备制造业竞争劣势较为明显。

**表 6－12　2003～2012 年北京装备制造业工业总产值偏离—份额分析**

| 行业代码 | 变化量 | 区域分量 | 结构分量 | 竞争分量 |
|---|---|---|---|---|
| C34 | 49.35 | 74.67 | 2.87 | －28.19 |
| C35 | －47.12 | 114.29 | －82.31 | －79.10 |
| C36 | 83.94 | 133.81 | 58.34 | －108.21 |
| C37 | 749.50 | 470.99 | 415.20 | －136.69 |
| C39 | 95.90 | 150.97 | －76.88 | 21.80 |
| C40 | －521.11 | 973.32 | －1460.82 | －33.61 |
| C41 | 44.75 | 87.26 | －20.67 | －21.84 |

资料来源：2003～2012 年中国工业企业数据库。

（三）天津偏离份额分析

从表 6－13 可以看到，天津装备制造业产业结构不合理，区位竞争优势不显著，不同行业表现有所不同。天津同北京情况类似，其通信设备、计算机及其他电子设备制造业结构分量为－1373.40，通用设备制造业和电气机械及器材制造业结构分量也小于0，说明其产业结构较不合理，交通运输设备制造业明显大于0，其产业结构较为合理；从竞争力看，天津在专用设备制造业、交通运输设备制造业上竞争优势较为明显，在仪器仪表及文化、办公用机械制造业也有一定的竞争优势，其他装备制造业则处于竞争劣势。

**表 6－13　2003～2012 年天津装备制造业工业总产值偏离—份额分析**

| 行业代码 | 变化量 | 区域分量 | 结构分量 | 竞争分量 |
|---|---|---|---|---|
| C34 | 30.85 | 166.86 | 6.40 | －142.41 |
| C35 | －4.13 | 134.38 | －96.77 | －41.73 |
| C36 | 233.04 | 70.81 | 30.87 | 131.36 |
| C37 | 750.97 | 324.86 | 286.38 | 139.72 |
| C39 | 43.71 | 202.33 | －103.03 | －55.59 |
| C40 | －471.95 | 915.07 | －1373.40 | －13.63 |
| C41 | 47.02 | 41.25 | －9.77 | 15.54 |

资料来源：2003～2012 年中国工业企业数据库。

（四）河北偏离份额分析

河北同京津二市不同，各个行业均呈现良好的增长态势且多数行业具有竞争优势。从表 6－14 可以看到，河北专用设备制造业、交通运输设备制造业结构分量显著为正，结构布局优势较为显著，而通用设备制造业、电气机械及器材制造业和通信设备、计算机及其他电子设备制造业产业结构竞争力有待加强；除了专用设备制造业、交通运输设备制造业外，其他 5 个行业均具有一定的竞争优势。

**表 6－14　2003～2012 年河北装备制造业从业人员偏离—份额分析**

| 行业代码 | 变化量 | 区域分量 | 结构分量 | 竞争分量 |
|---|---|---|---|---|
| C34 | 335.88 | 159.18 | 6.11 | 170.60 |
| C35 | 159.66 | 138.74 | －99.91 | 120.84 |
| C36 | 146.75 | 118.31 | 51.58 | －23.15 |
| C37 | 440.13 | 235.53 | 207.63 | －3.03 |

续表

| 行业代码 | 变化量 | 区域分量 | 结构分量 | 竞争分量 |
|---|---|---|---|---|
| C39 | 114.25 | 163.95 | -83.49 | 33.78 |
| C40 | 21.13 | 52.13 | -78.24 | 47.24 |
| C41 | 15.19 | 11.66 | -2.76 | 6.30 |

资料来源：2003～2012年中国工业企业数据库。

（五）河北各地市偏离份额分析

京津冀各省的空间竞争效应对各行业经济增长的贡献主要体现在竞争分量上。竞争分量是体现各个地区在各行业竞争力的量，若该地区有发展该行业的优势，这一分量就为正，反之则为负。表6－15列出了河北及其11个地级市各行业竞争分量。

**表6－15　2003－2012年河北各地市竞争分量结果**

| 行业代码 | 石家庄 | 唐山 | 秦皇岛 | 邯郸 | 邢台 | 保定 | 张家口 | 承德 | 沧州 | 廊坊 | 衡水 |
|---|---|---|---|---|---|---|---|---|---|---|---|
| C34 | 21.53 | 75.08 | 2.28 | 2.60 | -4.92 | -14.15 | 0.22 | 3.21 | 111.71 | 11.93 | -38.90 |
| C35 | 49.64 | 6.76 | -0.21 | 13.67 | -4.36 | -7.33 | 11.39 | -1.77 | 59.66 | -2.74 | -3.87 |
| C36 | -4.53 | 0.29 | -6.56 | -12.48 | 7.11 | 3.28 | -43.46 | -0.14 | 30.75 | -9.45 | 12.03 |
| C37 | -27.99 | -5.20 | 0.90 | 7.39 | 4.47 | -31.74 | -1.83 | 1.57 | 29.48 | 15.99 | 3.95 |
| C39 | 14.76 | -4.36 | -2.18 | 7.11 | -40.76 | 121.79 | 0.52 | 6.50 | -30.62 | -9.08 | -29.90 |
| C40 | 7.95 | 3.51 | 1.91 | 0.72 | -1.01 | 1.68 | 0.00 | -0.02 | 23.62 | 8.16 | 0.00 |
| C41 | 1.34 | 2.35 | 0.42 | -2.67 | -0.24 | 1.43 | -0.09 | -1.37 | 1.40 | 4.06 | -0.35 |

资料来源：2003～2012年中国工业企业数据库。

由表6－15可知，河北金属制品业和通用设备制造业竞争优势最为明显且情况较为相似，在两个行业具有较高竞争力的城市分别是沧州、唐山和石家庄，其中，唐山和沧州行业的竞争优势最为明显；河北专用设备制造业处于竞争劣势，但沧州、衡水、邢台、保定和唐山则表现出一定的竞争力优势；河北交通运输设备制造业处于微弱的竞争劣势，其中，保定虽然汽车产业较为发达，但其增长主要是由产业布局所带来的，竞争力优势并不明显，而沧州、廊坊、邯郸和衡水则具有一定的竞争优势；河北电气机械及器材制造业虽然处于竞争优势，但邢台、沧州、衡水、廊坊、唐山和秦皇岛均呈现竞争劣势，而保定、石家庄、承德和邯郸则呈现一定的竞争优势；从通信设备、计算机及其他电子设备制造业看，除邢台、承德、张家口和衡水外，其他城市均具有一定的竞争优势；从仪器仪表产业

看，廊坊和唐山表现相对突出。

## 第四节 装备制造业协作分工主要问题与发展策略

装备制造业是为国民经济发展和国防建设提供技术装备的基础性、战略性产业，具有产品种类多、产业关联广、服务领域宽、就业机会多等特点，其在京津冀城市群的分布与转移是十分值得关注的话题。《京津冀产业转移指南》由工业和信息化部会同北京市、天津市、河北省人民政府共同制定，装备制造产业正是该指南重点关注的产业之一。

从前文的分析可知，京津冀城市群装备制造业的产业转移已经初见成效。从产业分布看，北京在交通运输设备制造业和仪器仪表及文化、办公用机械制造业优势较大；天津在通信设备、计算机及其他电子设备制造业完成了对北京的反超，排名首位；河北在金属制品业、通用设备制造业、专用设备制造业和电气机械及器材制造业排名首位。从产业转移来看，河北各产业发展较快，而北京、天津大多有所下降，可以推测存在产业由京津向河北诸市转移的情况。

如2015年11月20日，京津冀产业转移系列对接活动高端装备制造暨新能源汽车产业专题对接会于在石家庄召开，主要交流对接内容以智能机器人、数控机床、轨道交通等先进装备制造和新能源汽车整车及电机、电控、电池研发制造等为重点。会上共签署10亿元以上高端合作项目10个，总签约金额达356亿元。[①] 合作项目普遍呈现出“高、新、专”的特点。这些项目的签约，对搭建装备制造产业对接平台，引导产业合理布局和有序转移有着非常积极的作用。

尽管促进装备制造业产业转移的政策已经初见成效，但在装备制造业各产业转移的过程中也出现了一些问题。本节试图对现存问题进行分析总结并对京津冀城市群装备制造业的产业协同发展提出建议。

### 一、装备制造业协作面临的主要问题

#### （一）京津冀城市群装备制造业占全国份额较低，面临激烈竞争

由表6-16可知，无论是从主营业务收入、利润还是税金来看，京津冀二市一省均排在10名以后，而且三者合计也小于排名前2位的江苏和山东，“中国制造2025”发布以后，为装备制造业的发展提供了很好的政策机遇。未来30年是

① 宁晓雪，李全，京津冀高端装备制造专题对接会签约项目达356亿元［EB/OL］. http://report.hebei.com.cn/system/2015/11/20/016332338.shtml.

先进装备制造业发展的重要机遇期，广东、山东、浙江等发达省份纷纷提出以智能制造为核心和主攻方向，以先进装备制造业为突破口，打造制造强省战略。因此，京津冀地区尤其是天津和河北需要抓住重大战略机遇，加快发展先进装备制造业。

**表 6-16　2015 年 1~5 月各省市装备制造业经济指标在全国同行业所占比重及排位情况**

| 序号 | 主营业务收入 | | 利润 | | 税金 | |
|---|---|---|---|---|---|---|
| | 省市 | 比重（%） | 省市 | 比重（%） | 省市 | 比重（%） |
| 1 | 江苏 | 18.38 | 江苏 | 18.37 | 江苏 | 18.92 |
| 2 | 山东 | 13.19 | 山东 | 12.41 | 山东 | 11.84 |
| 3 | 广东 | 7.11 | 上海 | 10.50 | 上海 | 7.93 |
| 4 | 浙江 | 6.25 | 河南 | 7.15 | 广东 | 6.33 |
| 5 | 河南 | 6.18 | 广东 | 5.96 | 浙江 | 5.86 |
| 6 | 上海 | 5.77 | 浙江 | 5.76 | 吉林 | 5.63 |
| 7 | 辽宁 | 5.21 | 吉林 | 5.11 | 河南 | 4.76 |
| 8 | 湖北 | 4.03 | 湖北 | 4.47 | 辽宁 | 4.62 |
| 9 | 吉林 | 3.64 | 辽宁 | 4.32 | 湖北 | 4.45 |
| 10 | 安徽 | 3.56 | 重庆 | 4.00 | 重庆 | 4.34 |
| 11 | 四川 | 3.31 | 河北 | 3.54 | 四川 | 4.12 |
| 12 | 重庆 | 3.28 | 四川 | 2.90 | 北京 | 4.04 |
| 13 | 河北 | 3.21 | 北京 | 2.68 | 湖南 | 2.62 |
| 14 | 湖南 | 2.85 | 天津 | 2.47 | 天津 | 2.51 |
| 15 | 北京 | 2.56 | 安徽 | 2.43 | 河北 | 2.47 |
| 16 | 天津 | 2.51 | 江西 | 2.10 | 安徽 | 2.22 |

资料来源：河北省装备制造业经济运行情况［EB/OL］．中国发展网，http：//www. chinadevelopment. com. cn/cy/2015/08/943071. shtml.

（二）河北龙头企业偏少，企业规模偏小，技术创新能力薄弱

河北装备制造业不仅整体实力薄弱，而且龙头企业少、企业规模小，与河北经济大省的地位不相称。2017 年，河北平均每个企业的产值仅为 1.32 亿元，约为北京的 1/3。由于缺少大企业的人才、资质和技术优势，使得京津冀地区技术创新能力仍有很大的提升空间。

（三）河北产业结构较低端，高端装备占比较低

河北装备制造业虽然规模较大、制造能力较强，基础配套能力国内领先，但主导产业主要集中在较为传统的基础类设备制造行业领域，普通机械加工等传统

装备制造比重较高，高端装备制造业比重偏低，重大装备总集成、总承包能力不强，大部分装备制造企业还处于产业链和价值链中低端，劳动密集、原材料消耗大的加工型产品居多，技术密集的大型成套设备较少，服务型制造占比偏低。比如，2017 年河北装备制造业中技术含量最低的金属制品业占 27.4%，而技术含量高、附加值高的仪器仪表，通信设备、计算机及其他电子设备制造业所占份额仅为 1.4% 和 4.3%。

## 二、装备制造业发展政策策略

针对以上问题，京津冀城市群装备制造业发展政策性策略可以试图从如下两方面进行解决：

### （一）加强河北的自主创新能力

一是加强北京与河北的联系。河北科技研究基础明显弱于京津二市，对高科技人才吸引力不高，因此河北各企业的自主创新能力难以提高。但是河北可以加强和北京的联系，北京具有充足的高校和科研机构等资源，可以考虑把企业的研发中心放在北京，而河北负责生产制造环节。

二是河北在依赖北京的同时，也要注意提升自己的科研实力。注重良好科研环境的构建；建立对技术研发人才的激励机制；建立以企业为主体，产学研紧密结合的技术创新体系。若河北与京津二市产业差距过大，则难以有效承接二地转出的企业。

三是河北应注重培养龙头企业。企业才是技术创新的重要支柱，同时也是实施自主创新的重要载体。大型装备制造业企业拥有雄厚的资金、人才、科研优势，研发能力相对较强；中小型企业机制灵活、效率高，可以密切配合大企业的研发工作。因此，要鼓励对大型企业的培养，以及加强大型企业与中小型企业的沟通交流。

### （二）实施产业开放战略，积极利用外部资金、资源、技术和市场，提升开放水平

装备制造业是资金知识密集型产业，其结构升级在很大程度上取决于资金、技术，但河北装备制造业企业“造血”机制差，融资环境不完善，因此资金压力很大。难以获得充足的资金也是河北装备制造落后的原因之一。所以，河北不应仅局限于京津冀城市群的产业合作，还要放眼全世界。依托而不完全依靠京津冀，积极鼓励河北装备制造业企业与跨国公司进行全面对接。尤其是受到金融危机、欧债危机的影响，大量优秀的欧洲企业发展受困，河北可抓住这一机遇期，积极参与并购国外具有先进经验的企业。实现“引进技术—消化吸收—改进创新—满足市场并扩大出口”的良性循环。

# 第七章　京津冀城市群汽车制造业转移与空间集聚

汽车是耐用消费品，也是综合性很强的一种产品，随着中国经济的发展，无论是家庭还是企业对汽车的需求日益增加。中国的汽车制造业发展迅速，从之前以进口为主，到外国品牌汽车在中国生产，中国人以使用外国品牌为主，到现在中国至少拥有60个本土国产汽车品牌，知名度较高的包括红旗、夏利、长安以及比亚迪等众多性价比很高的汽车本土品牌已经悄然进入大众视野。自2009年中国汽车销量一跃成为世界第一以来，不论是世界汽车品牌进驻中国投资，进行中国制造，还是中国本土品牌汽车井喷式发展，都无疑使我国汽车制造业进入快速发展时期。

汽车制造业是典型的集聚性行业，且存在非常强的集群正效应，中华人民共和国成立初期的中国汽车制造业，基于战略和国民经济发展的需要，产业的空间布局曾经一度非常分散（赵浚竹等，2014），[①] 但随着汽车制造业技术的发展和革新，我国的汽车制造业逐渐形成空间集聚的态势。1996年，京津冀都市圈汽车产业集聚程度较低，2001年，出现少数集聚中心主导的向心集聚，2010年，核心城市与多个新兴集聚点共存（黄娉婷和张晓平，2014），[②] 本书主要以《中国工业企业数据库》和《中国汽车工业年鉴》，以及中国国家统计局和EPSNET数据平台等网站的相关数据和资料，对近10多年来京津冀城市群汽车制造的空间转移及集聚进行研究，通过对一些衡量汽车制造业集聚程度系数的计算以及通过构建计量模型，对汽车制造业细分行业的区位选择及决策进行分析，从而为京津冀城市群汽车产业转移与集聚提供一些依据和参考。

---

① 赵浚竹，孙铁山，李国平．中国汽车制造业集聚与企业区位选择［J］．地理学报，2014（6）：850－862.

② 黄娉婷，张晓平．京津冀都市圈汽车产业空间布局演化研究［J］．地理研究，2014（1）：83－95.

# 第一节 汽车制造业的空间转移基本特征

## 一、京津冀以及全国范围内汽车制造业情况

从全国来看，2005～2012 年，根据《中国汽车工业年鉴》（2013）可以看出，2012 年汽车工业工业总产值是 2005 年的 3.49 倍，2012 年达到 35774.4 亿元，汽车工业在全国工业总产值的占比有所下降，从 2005 年的 4.1% 下降到 2011 年的 3.9%，这种下降趋势不是从 2005 年才开始的，自 2003 年占比达到 5.9% 以后，这个比例就开始呈下降趋势，在 2006 年、2007 年有轻微反弹，但总体仍是处于下降趋势。

根据《中国汽车工业年鉴》（2015）分析汽车产品及汽车配件出口额以及汽车出口量，2001 年底，中国加入世界贸易组织（WTO）以后，从 2002 年开始，汽车产品的出口额大幅增加，这代表了中国汽车制造业的繁荣发展，2002～2014 年，汽车整车出口量由 2.2 万辆增加到 94.8 万辆，增加了 42 倍之多，甚至在 2012 年突破了 100 万辆。汽车产品及配件出口额大幅增加，三者在 2009 年均有小幅回落，汽车整车出口自 2012 年呈现出平稳的趋势，汽车产品及配件仍处在上升趋势。如图 7－1 所示。

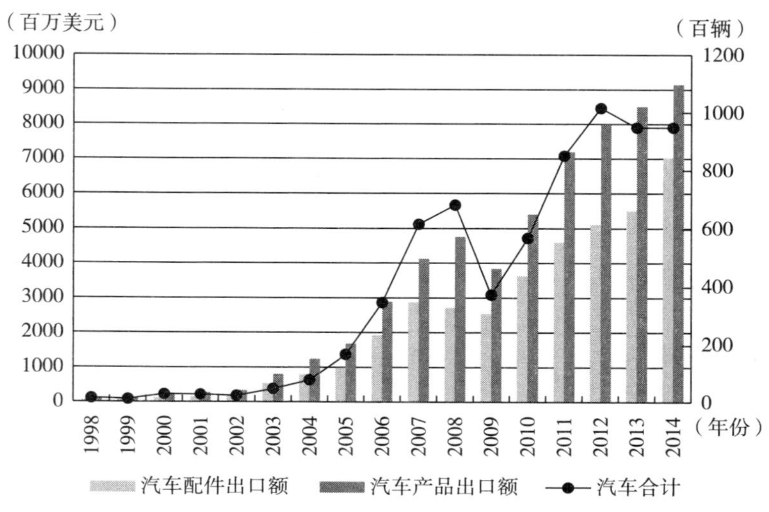


**图 7－1　1998～2014 年中国汽车出口情况**

资料来源：根据《中国工业经济年鉴》相关年份数据整理而得。

## 二、京津冀城市群区域转移特征分析

### （一）工业总产值

根据中国工业企业数据库，2005 年京津冀城市群汽车制造业工业总产值数据占全国汽车制造业的 12.6%，其中，单北京一市就占全国汽车制造业的 6.4%，超过了京津冀城市群的一半，天津占 4.0%，整个河北只占了全国汽车制造业的 2.2%，其中，前三位的市分别为保定、廊坊和石家庄。但到了 2012 年，京津冀城市群汽车制造业占全国汽车制造业的比例略有下降，为 12.1%，北京一市占全国汽车制造业的比例下降较为明显，为 5.4%，天津比例略有上升为 4.2%，河北占 2.5%，其中，占比前两位仍为保定和廊坊，沧州上升至第三位，如图 7-2 所示。

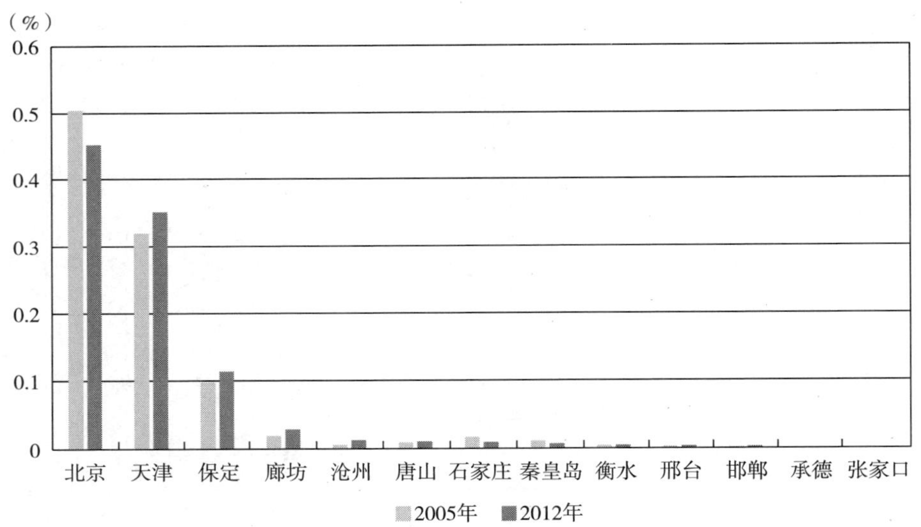


**图 7-2　2005 年和 2012 年京津冀各市汽车制造业工业总产值占比情况**

资料来源：根据中国工业企业数据库相关年份数据整理而得。

就京津冀城市群来看，北京和天津一直占据三地非常大的比例。2005 年，仅北京和天津两市的工业总产值就占了京津冀城市群的 82.54%，2012 年略有下降，但依然占据了大于 80% 的比例，保定在河北占有绝对优势，其 2005 年和 2012 年比例分别为 9.78% 和 11.37%，其一市占京津冀城市群的比例大于河北其余 10 个市比例之和。我国的汽车制造业属于劳动密集型产业，根据中央京津冀协同发展的要求，制造业零部件配套相关制造业应被引导迁出北京，天津主要是

打造全国先进制造研发基地，因此，天津可以承接一部分北京转移出来的比较先进的汽车制造业企业。

表 7－1　2005 年和 2012 年京津冀各市汽车制造业工业总产值占比及变动情况

单位:%

| 年份 | 北京 | 天津 | 保定 | 廊坊 | 沧州 | 唐山 | 石家庄 | 秦皇岛 | 衡水 | 邢台 | 邯郸 | 承德 | 张家口 |
|---|---|---|---|---|---|---|---|---|---|---|---|---|---|
| 2005 | 50.47 | 32.07 | 9.78 | 1.98 | 0.68 | 0.95 | 1.76 | 1.18 | 0.44 | 0.31 | 0.21 | 0.04 | 0.13 |
| 2012 | 45.10 | 35.17 | 11.37 | 2.91 | 1.31 | 1.10 | 1.00 | 0.75 | 0.50 | 0.38 | 0.29 | 0.09 | 0.03 |
| 变动 | －5.37 | 3.10 | 1.60 | 0.92 | 0.63 | 0.15 | －0.76 | －0.43 | 0.06 | 0.08 | 0.08 | 0.05 | －0.10 |

资料来源：根据中国工业企业数据库相关年份数据整理而得。

从表 7－1 可以看出，2005～2012 年，北京汽车工业总产值占京津冀城市群总产值比例明显下降，其中，上升最明显的是天津、保定和廊坊，由此可以推测，汽车制造业一部分企业转移到了天津地区，天津是京津冀城市群除北京外最发达的地区，且与北京相邻，承接北京转移出来的企业有最大的优势，同时因为保定和廊坊的增加，我们也可推测，在汽车制造业的转移中，地理邻近因素具有重要影响，保定和廊坊都紧邻京津，发展较快。整体来看，北京汽车制造业有由北京向南转移的趋势。

（二）从业人员

根据中国工业企业数据库中汽车制造业从业人员数据，就京津冀三地来看，北京和天津一直占据三地非常大的比例，但相对于工业总产值北京和天津的优势相对没有那么明显。从图 7－3 和表 7－2 可知，2005 年，两地占京津冀三地的比例为 66.43%，2012 年略有下降，为 62.42%。但在河北中，保定的优势地位更加明显，廊坊、石家庄、唐山和秦皇岛的就业人数相对于工业总产值占京津冀城市群的比例而言，比例要大很多，说明北京和天津劳动力的效率相比于河北各地的效率更高。比较之下，相同的劳动力水平，北京的工业总产值最高，可以推测北京汽车制造业的科技含量更高，对劳动力的需求相对较小。

从 2005～2012 年的变化来看，北京就业人数占京津冀城市群总产值比例明显下降，其中上升最明显的是保定、天津。根据就业人口向两地的转移，由此可以推测，汽车制造业一部分企业转移到了保定和天津地区，由于地域的相邻性，在北京企业向外转移的情况下，就业岗位减少，劳动力只能向外转移，相邻地区是转移可能性最大的地区。因此，得出与工业总产值相同的结论，地理因素在汽车制造业的转移与承接中具有重要意义。

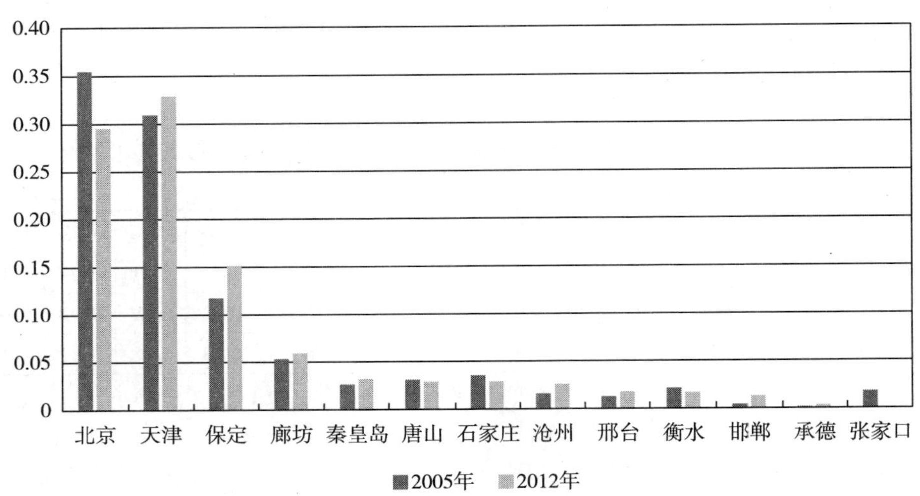


**图 7-3　2005 年和 2012 年京津冀各市汽车制造业就业人数占比情况**

资料来源：根据中国工业企业数据库相关年份数据整理。

**表 7-2　2005 年和 2012 年京津冀各市汽车制造业从业人员占比及变化情况**

单位：%

| 年份 | 北京 | 天津 | 保定 | 廊坊 | 秦皇岛 | 唐山 | 石家庄 | 沧州 | 邢台 | 衡水 | 邯郸 | 承德 | 张家口 |
|---|---|---|---|---|---|---|---|---|---|---|---|---|---|
| 2005 | 35.49 | 30.94 | 11.76 | 5.34 | 2.62 | 3.10 | 3.53 | 1.60 | 1.25 | 2.10 | 0.39 | 0.11 | 1.76 |
| 2012 | 29.53 | 32.89 | 15.15 | 5.92 | 3.18 | 2.88 | 2.86 | 2.57 | 1.73 | 1.66 | 1.25 | 0.31 | 0.07 |
| 变动 | -5.96 | 1.95 | 3.39 | 0.58 | 0.56 | -0.22 | -0.67 | 0.97 | 0.48 | -0.44 | 0.86 | 0.20 | -1.69 |

资料来源：根据中国工业企业数据库相关年份数据整理。

## 三、细分行业的区域转移分析

国家统计局在 2011 年对行业分类进行了更新，表 7-3 是中国汽车制造业行业分类：

**表 7-3　中国汽车制造业行业分类**

| 3 位码 | 4 位码 | 类别名称 | 定义 |
|---|---|---|---|
| 361 | 3610 | 汽车整车制造 | 指由动力装置驱动，具有四个以上车轮的非轨道、无架线的车辆，并主要用于载送人员和（或）货物，牵引输送人员和（或）货物的车辆制造，还包括汽车发动机的制造 |
| 362 | 3620 | 改装汽车制造 | 指利用外购汽车底盘改装各类汽车的制造 |

续表

| 3 位码 | 4 位码 | 类别名称 | 定义 |
|---|---|---|---|
| 363 | 3630 | 低速载货汽车制造 | 指最高时速限制在规定范围内的农用三轮或四轮等载货汽车的制造 |
| 364 | 3640 | 电车制造 | 指以电作为动力，以屏板或可控硅方式控制的城市内交通工具和专用交通工具的制造 |
| 365 | 3650 | 汽车车身、挂车制造 | 指其设计和技术特性需由汽车牵引，才能正常行驶的一种无动力的道路车辆的制造 |
| 366 | 3660 | 汽车零部件及配件制造 | 指机动车辆及其车身的各种零配件的制造 |

资料来源：《国民经济行业分类》（GB/T 4754—2011）。

本书使用2011 年国民经济行业分类标准，因此在使用2011 年数据的时候分类标准略有不同，其中，2011 年分类中的汽车修理业被归入到服务业中，由于我们分析的是制造业的转移和集聚，因此基于2011 年的分类标准，将汽车修理业排除在研究范围之外。我们主要研究汽车制造业中的汽车整车制造、改装汽车制造、电车制造、汽车车身、挂车制造以及汽车零部件及配件制造。根据对工业企业数据库的分析，汽车整车制造以及汽车零部件及配件制造占主要的比例。如图 7 –4、图 7 –5 所示。

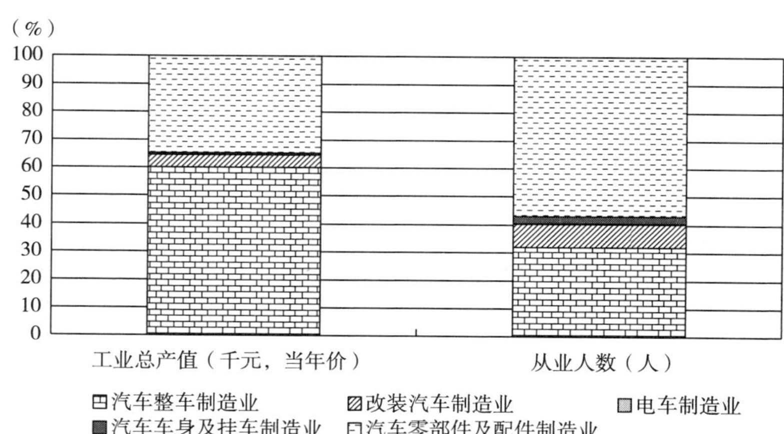


**图 7 –4　2005 年汽车制造业细分行业情况**

资料来源：根据中国工业企业数据库相关年份数据整理。

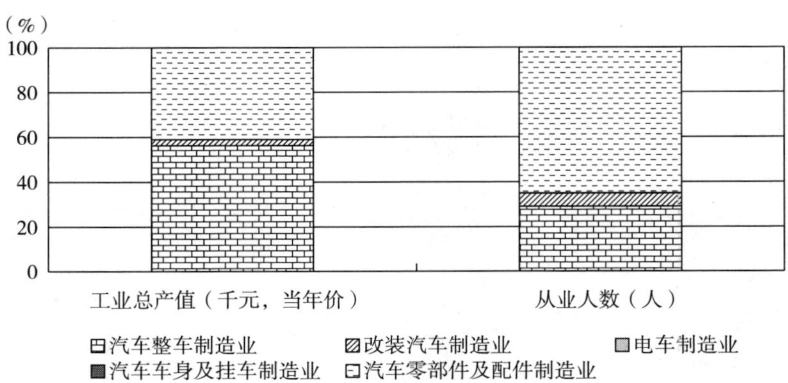


**图 7－5　2012 年汽车制造业细分行业情况**

资料来源：根据中国工业企业数据库相关年份数据整理。

通过对比 2005 年和 2012 年汽车制造业的细分行业可以看出（见图 7－4、图 7－5、表 7－4），汽车整车制造业和汽车零部件及配件制造业的工业总产值及从业人数占了总数的绝大部分，据此可以看出二者在汽车制造业中处于一个非常重要的地位，其中一个很重要的变化是，汽车车身及挂车制造业类的企业 2012 年在京津冀城市群已不见踪影，根据 2005 年工业企业数据库，汽车车身及挂车制造业类的企业在北京的有 6 家，天津有 5 家，石家庄 5 家，张家口 3 家，衡水 2 家，承德、秦皇岛、邯郸、邢台、保定各 1 家，2012 年这些企业都已经不存在于京津冀城市群。所以，对于细分行业，本书着重分析汽车整车制造业和汽车零部件及配件制造业。

**表 7－4　2005 年和 2012 年汽车制造业各细分行业占比情况**　　单位：%

| 年份 | 项目 | 汽车整车制造业 | 改装汽车制造业 | 电车制造业 | 汽车车身及挂车制造业 | 汽车零部件及配件制造业 |
|---|---|---|---|---|---|---|
| 2005 | 工业总产值（千元，当年价） | 60.10 | 4.52 | 0.06 | 0.64 | 34.68 |
| | 从业人数（人） | 32.07 | 8.35 | 0.18 | 2.51 | 56.90 |
| 2012 | 工业总产值（千元，当年价） | 56.22 | 2.75 | 0.03 | 0.00 | 41.00 |
| | 从业人数（人） | 29.10 | 5.84 | 0.08 | 0.00 | 64.98 |

资料来源：根据中国工业企业数据库相关年份数据整理。

（一）汽车整车制造业

根据《中国工业企业数据库》，汽车整车制造的企业分布呈现出非常集中的态势，汽车整车制造业类的企业规模往往较大，在京津冀城市群的企业数量很少，但工业总产值很大，就业人员很多。其中，根据表 7－5 可以看出，2005 年整个京津冀城市群，只有北京、天津、沧州和石家庄有汽车整车制造业，石家庄占的份额非常少，最多集中在北京和天津地区，企业数量只有 25 家，北京共 10 家，3 家在朝阳区，昌平、顺义和丰台各 2 家，通州 1 家；天津 7 家，全部集中在西青区，其中 6 家都在中北镇；河北 7 家，6 家在保定，1 家在邢台，由此我们可以明显看出，汽车整车制造企业呈现出高度集中的态势，企业规模大，职工数多，企业的设立有向一地集聚的特点。

**表 7－5　2005 年和 2012 年汽车整车制造各市工业总产值占比情况**　　单位：%

| 年份 | 项目 | 北京 | 天津 | 保定 | 廊坊 | 秦皇岛 | 唐山 | 石家庄 | 沧州 | 邢台 | 衡水 | 邯郸 | 承德 | 张家口 |
|---|---|---|---|---|---|---|---|---|---|---|---|---|---|---|
| 2005 | 工业总产值（千元，当年价） | 55.14 | 34.42 | 0.00 | 0.00 | 0.00 | 0.00 | 0.01 | 10.43 | 0.00 | 0.00 | 0.00 | 0.00 | 0.00 |
| | 就业人数（人） | 53.39 | 30.28 | 0.00 | 0.00 | 0.00 | 0.00 | 0.69 | 15.64 | 0.00 | 0.00 | 0.00 | 0.00 | 0.00 |
| 2012 | 工业总产值（千元，当年价） | 53.86 | 32.31 | 0.00 | 0.00 | 0.00 | 0.10 | 0.09 | 13.62 | 0.00 | 0.00 | 0.00 | 0.00 | 0.00 |
| | 就业人数（人） | 44.53 | 28.16 | 0.55 | 0.00 | 0.00 | 1.05 | 1.37 | 24.34 | 0.00 | 0.00 | 0.00 | 0.00 | 0.00 |

资料来源：根据中国工业企业数据库相关年份数据整理。

2012 年，京津冀城市群的汽车整车制造企业增加到 29 家，北京增加 1 家，但是已没有企业分布在朝阳区，2005 年在朝阳区的 3 家企业分别是北京汽车制造厂有限公司、民航协发机场设备有限公司和北京奔驰—戴姆勒克莱斯勒汽车有限公司，2012 年，3 家企业依然留在北京。但是，北京汽车制造厂有限公司转移到顺义区，民航协发机场设备有限公司转移到昌平区，北京奔驰－戴姆勒克莱斯勒汽车有限公司转移到大兴区，向外转移的趋势非常明显。基于上文提到汽车整车制造业公司规模往往比较大，虽然 3 家公司转移后所在的地区不同，但它们都选择了紧邻朝阳区的地区转移，这也与上文中我们提到的相邻地区的区位优势推测相吻合。天津汽车整车制造业企业数量没有变，其中，2005 年在西青区的天津一汽丰田汽车有限公司转移到津南区的经济技术开发区，两个区也是相邻的。河北的企业增加到 10 个，除了保定和邢台两个集中地之外，石家庄和邢台各增加了1家企业，这两家企业都是本地新出现的，没有承接其他地区的企业。

从2005～2012年的工业总产值变化来看，北京2012年为466.8亿元，是2005年的2.19倍，就业人数33900人，相比于2005年增加了3000多人。天津2012年工业总产值为291.4亿元，相比于2005年增加了1.1倍，就业人口22000多人，相比于2005年增加了4000多人。从百分比看，北京和天津依然占据比较大的优势，沧州的工业总产值和就业人口增加较多，据此可以推测，汽车整车制造业是集聚程度比较高的行业，但北京、天津的整车制造业有向其郊区和周边地区转移的趋势。

（二）汽车零部件及配件制造业

汽车零部件及配件制造业与汽车整车制造业相比，其在京津冀城市群的分布呈现出完全不一样的情况。相对来说，汽车零部件企业数量多，分布更为分散，2005年有近500家，2012年达到800多家，企业规模大小不一，资金、劳动力要求相对较低。根据表7－6可知，2005～2012年，产业分布变化十分明显，特别是北京和天津两个地区，北京在京津冀地区的汽车零部件及配件制造业工业总产值比例有十分明显的下降，从46.36%降到26.81%，就业人口从26.81%下降到12.9%，天津的下降趋势更为显著，工业总产值从31.54%下降到2.44%，就业人口从35.06%下降到3.19%。从表7－7可以看出，截至2012年，汽车零部件及配件制造业企业或者这些企业的主要业务已经搬离出京津地区，向河北扩散。就河北的情况来看，2012年，工业总产值占比最大的是沧州，其次是承德，沧州在2005年就是河北占比最多的地区。由于京津地区的相关企业转移，沧州在2012年汽车零部件及配件制造业工业总产值和就业人数均居京津冀城市群首位，河北其他各地市总产值和就业人数都有不同程度的增加。

**表7－6　2005年和2012年汽车零部件及配件制造各市工业总产值占比情况**

单位：%

| 年份 | 项目 | 北京 | 天津 | 保定 | 廊坊 | 秦皇岛 | 唐山 | 石家庄 | 沧州 | 邢台 | 衡水 | 邯郸 | 承德 | 张家口 |
|---|---|---|---|---|---|---|---|---|---|---|---|---|---|---|
| 2005 | 工业总产值（千元，当年价） | 46.36 | 31.54 | 2.81 | 2.17 | 2.85 | 0.06 | 0.82 | 6.12 | 0.06 | 0.09 | 1.78 | 4.18 | 1.17 |
| | 就业人数（人） | 26.81 | 35.06 | 3.14 | 4.54 | 3.92 | 0.12 | 1.71 | 9.91 | 0.28 | 0.13 | 2.40 | 8.45 | 3.53 |
| 2012 | 工业总产值（千元，当年价） | 8.04 | 2.44 | 5.36 | 7.33 | 6.56 | 1.36 | 2.47 | 27.23 | 0.29 | 0.81 | 10.18 | 23.97 | 3.97 |
| | 就业人数（人） | 12.90 | 3.19 | 5.52 | 7.34 | 10.24 | 2.86 | 3.98 | 22.60 | 0.24 | 1.03 | 6.94 | 17.93 | 5.23 |

资料来源：根据中国工业企业数据库相关年份数据整理。

表 7-7　2005 年和 2012 年汽车整车制造及汽车零部件及配件制造各市工业总产值情况

| 行业 | 年份 | 项目 | 北京 | 天津 | 保定 | 廊坊 | 秦皇岛 | 唐山 | 石家庄 | 沧州 | 邢台 | 衡水 | 邯郸 | 承德 | 张家口 |
|---|---|---|---|---|---|---|---|---|---|---|---|---|---|---|---|
| 汽车整车制造业 | 2005 | 工业总产值（千元） | 46676626 | 29136190 | 0 | 0 | 0 | 0 | 9979 | 8832268 | 0 | 0 | 0 | 0 | 0 |
| | | 就业人数（人） | 30451 | 17273 | 0 | 0 | 0 | 0 | 394 | 8918 | 0 | 0 | 0 | 0 | 0 |
| | 2012 | 工业总产值（千元） | 102011996 | 61199503 | 5744 | 0 | 0 | 196898 | 179373 | 25804323 | 0 | 0 | 0 | 0 | 0 |
| | | 就业人数（人） | 33900 | 21434 | 422 | 0 | 0 | 799 | 1045 | 18527 | 0 | 0 | 0 | 0 | 0 |
| 汽车零部件及配件制造业 | 2005 | 工业总产值（千元） | 22643336 | 15406029 | 1370299 | 1060132 | 1389757 | 29292 | 398816 | 2989133 | 29418 | 45280 | 870264 | 2041154 | 569175 |
| | | 就业人数（人） | 27131 | 35482 | 3181 | 4596 | 3970 | 120 | 1735 | 10025 | 279 | 128 | 2424 | 8550 | 3576 |
| | 2012 | 工业总产值（千元） | 3018551 | 915544 | 2013536 | 2751247 | 2463838 | 511258 | 927110 | 10223955 | 109330 | 303253 | 3823784 | 8999916 | 1489214 |
| | | 就业人数（人） | 10304 | 2552 | 4408 | 5864 | 8179 | 2281 | 3182 | 18050 | 191 | 822 | 5542 | 14325 | 4180 |

资料来源：根据工业企业数据库相关年份数据整理。

## 第二节　汽车制造业细分行业的空间集聚分析

从上述地市数据的简要分析中我们能感受到汽车制造业具有很强的集聚性，汽车产业在京津冀城市群的这种集聚性不是一种偶然现象，更不是特殊现象。综观世界上的各个国家，很多国家都有“汽车城”的存在，汽车制造业企业大量集聚是一种普遍现象。由于产业关联的存在，使得生产的空间集聚一旦形成，就倾向于持续下去，即自我强化与路径依赖（黄娉婷和张晓平，2014），① 汽车产业的转移必然带来产业集聚效应，美国的底特律和日本的东京－名古屋就是产业转移在一定程度上促进了地区产业集聚效应，从而成为了世界的汽车制造中心（范鹏飞和顾海兵，2010）。②

本节利用工业企业数据库和《中国汽车工业年鉴》等数据，通过区位基尼系数、产业集中率和地理集聚系数（EG 指数）对汽车制造业以及其两个主要细分行业即汽车整车制造业和汽车零部件及配件制造业的集聚情况进行分析，描述其在京津冀城市群的转移和集聚情况。

### 一、汽车制造业集中及集聚水平

#### （一）集中度测量方法

产业集中度的测量指标有很多，例如，赫希曼—赫芬代尔指数（Herschman－Herfindahl）、信息熵（Entropy）、锡尔指数（Theil Index）、区位基尼系数等，对产业地理集中度的研究主要是衡量产业的总体地理集中程度，往往没有考虑企业规模分布的影响。这里首先使用区位基尼系数来描述京津冀城市群汽车制造业的地理集中度的情况，然后用行业集中度、EG 指数等进一步分析汽车制造业地理集聚态势。

美国统计学家洛伦兹（Max Otto Lorenz）为了研究国民收入的问题提出了洛伦兹曲线，意大利经济学家科拉多·基尼（Corrado Gini）继而根据洛伦兹曲线提出了基尼系数，以国民收入中用于进行不平均收入分配的那一部分收入占总收入的比重作为计算收入分配的统计指标。后来基尼系数被引入区域经济学，在研

---

① 黄娉婷，张晓平．京津冀都市圈汽车产业空间布局演化研究［J］．地理研究，2014（1）：83－95.

② 范鹏飞，顾海兵．美日汽车产业转移路径特点与比较分析［J］．福建论坛（人文社会科学版），2010（4）：24－29.

究美国制造业集聚程度时，利用洛伦兹曲线和基尼系数原理，定义了空间基尼系数，用于测度产业的空间集中程度，其公式为：

$$G = \sum_{i=1}^{n} (S - x_i)^2 \tag{7-1}$$

其中，$G$ 为测量产业的空间基尼系数，$S_i$ 是 $i$ 地区该产业就业人口占全国该产业就业人口的比重，$x_i$ 是 $i$ 地区总就业人口占全国就业人口的比重。当 $G=0$ 时，该产业在全国的空间分布是均匀的；当 $G=1$ 时，该产业在全国集中分布在一个区域。

后来学者对上式进行调整变形和改进，给出了区位基尼系数，区位基尼系数分为绝对区位基尼系数和相对区位基尼系数，分别赋予每个地区相同的比重以及赋予总产业规模较小的区位以更大的比重。这里使用绝对区位基尼系数，来分析汽车制造业在京津冀各地市间的集中程度，衡量其工业总产值的区域分布差异，一般来说，基尼系数越大，产业的集中度越高，公式为：

$$G = \frac{1}{2(n-1)} \sum_{i=1}^{n} \sum_{j=1}^{n} |x_i^s - x_j^s| \tag{7-2}$$

其中，$n$ 为样本数量，$x_{i=1}^s$ 和 $x_{j=1}^s$ 分别为京津冀地市区 $i$ 和 $j$ 的 $s$ 产业在京津冀城市群所占的比重，$G \in [0, 1]$。

（二）汽车制造业的基尼系数分析

表 7-8 列出了京津冀城市群 13 个市汽车制造业四位代码的基尼系数，与理论和上述定性分析非常吻合，汽车制造业是高度集中的产业。

**表 7-8 2005 年和 2012 年汽车制造业及其细分行业基尼系数** 单位：%

| 行业代码 | 行业名称 | 2005 年 | 2012 年 | 变化值 |
|---|---|---|---|---|
| 37 | 汽车制造业 | 88.88 | 83.80 | -0.0508 |
| 3721 | 汽车整车制造业 | 63.12 | 75.89 | 0.1277 |
| 3722 | 改装汽车制造业 | 57.01 | 49.67 | -0.0734 |
| 3723 | 电车制造业 | 68.13 | 1 | 0.3187 |
| 3724 | 汽车车身及挂车制造业 | 62.49 | 0 | 0 |
| 3725 | 汽车零部件及配件制造业 | 78.97 | 77.84 | -0.0113 |

资料来源：根据中国工业企业数据库相关年份数据整理。

根据工业企业数据库，2012 年，电车制造业只在天津有企业，北京和河北各市均已不再有电车制造业，这是一种高度的集聚，也与该产业自身的发展状况相关。汽车车身及挂车制造业，2012 年京津冀城市群已经没有该行业，因此无法计算这一年这一细分行业的基尼系数，这里略过。

首先看汽车制造业整体的基尼系数，2005 年和 2012 年基尼系数分别为 88.88% 和 83.80%，就单个数值看，这一行业的总体集聚程度比较高，从变化来看，2012 年基尼系数略有下降，说明企业转移后略有扩散，集中度略有下降。其次从细分行业看，集聚程度相对都比较高，汽车整车制造业的集中程度在2012 年进一步提高，这在数值上有非常明显的体现，汽车零部件及配件制造业的集聚程度几乎没有变化，改装汽车制造业略有分散。

（三）汽车制造业行业集中率和地理集聚系数分析

区位基尼系数的计算有直观性和便利性，需要的数据比较少，比较容易收集；计算的时候使用每个区域的比重，考虑了每个区域的地理规模，但基尼系数也有很多不足：该方法没有考虑到产业之间的一致性的地理外部性或地理集中的比较问题，同时这个方法没有考虑产业内部企业规模对于空间分布的影响，因此，企业的规模会直接影响测量结果。为改善这些不足，在使用基尼系数的时候，可以加上一些其他的系数进行辅助，一同用于描述产业的集聚程度。

1. 行业集中度

行业集中度（Concentration Ratio）又称行业集中率或市场集中度（Market Concentration Rate），是指某行业的相关市场内前 N 家最大的企业所占市场份额（产值、产量、销售额、销售量、职工人数、资产总额等）的总和，是对整个行业的市场结构集中程度的测量指标，用来衡量企业的数目和相对规模的差异，是市场势力的重要量化指标。其公式为：

$$CR = \sum_{i=1}^{n} S_i^k \tag{7-3}$$

其中，$n$ 为企业数，可以根据不同地区的企业数量和地区的情况取 1、3、5 或者 10% 和 20% 的企业，这里，汽车制造业分别采用了 $n=1$、3、5 对 2005 ~ 2012 年各年的京津冀城市群的工业总产值和就业人数分别进行计算，以全面分析京津冀城市群的产业集聚情况，表中也列出了从业人员前五位的地市，随着年份的变化，前五位的地区也随之变化，从这些变化中我们可以看出产业集中地以及产业集中情况的变化。

2. 地理集聚系数

地理集聚系数克服了企业规模和地理空间大小的不同会使区位基尼系数在比较产业集聚水平时出现较大误差的问题，Ellison 和 Glaeser（1997）设计了一个新的地理集聚指数——EG 指数来测量产业的地理集中度，其公式为：

$$EG = \frac{\sum_{i=1}^{M}(s_i - x_i)^2 - (1 - \sum_{i=1}^{M} x_i^2)\sum_{j=1}^{N} z_j^2}{(1 - \sum_{i} x_i^2)(1 - \sum_{j=1}^{N} z_j^2)} \tag{7-4}$$

我们使用该指数是将京津冀城市群分为M个市，共有N个企业分布在这M个市中，其中，$s_i$ 为 $i$ 市所有行业在京津冀城市群所有行业就业人数的比重；$x_i$ 是 $i$ 行业在 $j$ 市的就业人数占该行业京津冀城市群总就业人数的比重。其中，$\sum_{j=1}^{N} z_j^2$ 是赫芬达尔指数，其中，$z_j$ 是企业 $j$ 的就业人员占行业 $i$ 总就业人数的比例。根据Ellison和Glaeser（1997），EG指数的大小可以分为三个区间：①当 $EG < 0.02$ 时，表示该产业在京津冀城市群的分布是均匀的；②当 $0.02 < EG < 0.05$ 时，表示该产业在京津冀城市群的分布是均衡的；③当 $EG > 0.05$ 时，表示京津冀城市群的产业集中程度比较高，基于以上，利用2005～2012年京津冀城市群规模以上汽车制造业的工业总产值和就业人数的年平均数计算出我们汽车制造业的地理集聚指数，并列出就业人数前三或者前五的地区。如表7－9所示。

**表7－9　2005～2012年汽车制造业产业集中度和地理集聚系数**

| 年份 | 总产值 | | | 就业人数 | | | 总产值 | 就业人数 | 就业人数排名前五的地区 | | | | |
|---|---|---|---|---|---|---|---|---|---|---|---|---|---|
| | C1 | C3 | C5 | C1 | C3 | C5 | EG | EG | | | | | |
| 2005 | 50.94 | 92.30 | 96.03 | 37.90 | 78.76 | 87.30 | 0.0682 | 0.0161 | 北京 | 天津 | 保定 | 廊坊 | 石家庄 |
| 2006 | 47.48 | 92.45 | 95.91 | 36.24 | 77.50 | 86.32 | 0.0712 | 0.0137 | 北京 | 天津 | 保定 | 廊坊 | 石家庄 |
| 2007 | 42.29 | 91.12 | 95.04 | 33.48 | 77.45 | 86.50 | 0.0674 | 0.0140 | 北京 | 天津 | 保定 | 廊坊 | 石家庄 |
| 2008 | 41.37 | 90.70 | 94.70 | 32.15 | 76.17 | 85.36 | 0.0671 | 0.0138 | 北京 | 天津 | 保定 | 廊坊 | 石家庄 |
| 2009 | 47.92 | 92.18 | 95.48 | 31.87 | 77.14 | 85.77 | 0.0811 | 0.0176 | 北京 | 天津 | 保定 | 廊坊 | 秦皇岛 |
| 2010 | 42.28 | 91.10 | 95.02 | 33.45 | 77.35 | 86.33 | 0.0674 | 0.0140 | 北京 | 天津 | 保定 | 廊坊 | 石家庄 |
| 2011 | 42.29 | 91.11 | 95.04 | 33.40 | 77.33 | 86.38 | 0.0418 | 0.0082 | 北京 | 天津 | 保定 | 廊坊 | 石家庄 |
| 2012 | 45.16 | 91.63 | 95.85 | 45.10 | 74.11 | 91.45 | 0.0697 | 0.0151 | 承德 | 张家口 | 天津 | 北京 | 保定 |
| 2005～2012变动 | －5.78 | －0.67 | －0.18 | 7.20 | －4.65 | 4.15 | 0.15 | －0.10 | — | — | — | — | — |

资料来源：根据中国工业企业数据库相关年份数据整理。

（1）汽车制造业有明显的集聚现象。从产业集中度看，仅当地区 $n=1$ 的时候，通过总产值计算的CR就达到了近半数，当 $n$ 扩大到3时，2005～2012年，CR值都达到了90%以上。从业人数计算结果相对缓和一些，但从业人数份额最大的3个地区的集中度系数依然达到70%以上。但是，无论是 $n$ 的取值大小，还是通过工业总产值或从业人数计算，这8年间，产业集中度指数都呈现出相同的变化，即2005～2011年，数值几乎是逐年下降的，但到了2012年，数值都开始回升，这说明，虽然从整体来看，汽车制造业一直都是高度集聚的产业，但2011年以前，汽车制造业的集中度有一个明显降低的趋势，可以推测，这段时间汽车制造业正在由一个中心向周围扩散转移，但转移的结果并不意味着分散。2012

年的产业集中度数据确切地告诉我们，在经过转移之后，又形成了新的集聚。这一点，在就业人数排名前四位的地区的变化也可以佐证，2011 年以前，就业人口排名前几位的地区一直为北京、天津、保定和廊坊，第五位在 2009 年稍有变化，2010 年又迅速恢复和之前一样，但 2012 年出现了明显的变化，前两位的地市变成了承德和张家口，天津排到了第三位，而北京甚至只排在第四位，这也明确显示，从前汽车制造业集中的“双中心”格局已经被取代，汽车制造业中心发生了明显的转移，进而又形成了新的集聚。这种新集聚反映了汽车制造业从北京和天津向周边扩散的特征。

（2）工业总产值与就业人数的结果有一定差别。根据地理集聚系数可以看出，工业总产值的计算结果与就业人数有一定差别，从工业总产值看，汽车制造业无疑是高度集中的产业，而且与上文结论相符，呈现出集聚程度先下降，后上升的趋势。从就业人数来看，集聚程度弱了很多，这一点在上文的分析中也可以看出，就业人数相对于工业总产值来说，各市间的差距小很多，数值大小变化相对平缓，没有出现某一地非常集中的现象。但是，就变化趋势看，集聚程度大体呈现先减小后增加的趋势。地理集聚系数在工业总产值和就业人口上的差别反映了汽车制造业地域分布上生产效率的差异。显然，总产值排在前面的地区其生产效率高，而排在后面的地区生产效率低。

## 二、汽车整车制造集中及集聚水平

汽车整车制造业是一个集中程度特别高的行业，京津冀整个地区的这类企业数量非常少，且所在地区又高度集中，因此不再计算地理集聚系数，在产业集中率的计算上，$n$ 也只能取 1 和 3。

**表 7－10　2005 年和 2012 年汽车整车制造产业集中度**

| 年份 | C1（总产值） | C3（总产值） | C1（就业人数） | C3（就业人数） | 就业人数排名前三的地区 | | |
|---|---|---|---|---|---|---|---|
| 2005 | 55.14 | 99.99 | 55.14 | 99.99 | 北京 | 天津 | 保定 |
| 2006 | 51.58 | 99.42 | 51.58 | 99.42 | 北京 | 天津 | 保定 |
| 2007 | 48.97 | 99.26 | 48.97 | 99.26 | 北京 | 天津 | 保定 |
| 2008 | 48.28 | 99.72 | 48.28 | 99.72 | 北京 | 天津 | 保定 |
| 2009 | 53.87 | 99.81 | 53.87 | 99.81 | 北京 | 天津 | 保定 |
| 2010 | 48.97 | 99.26 | 48.97 | 99.26 | 北京 | 天津 | 保定 |
| 2011 | 48.96 | 99.26 | 48.96 | 99.26 | 北京 | 天津 | 保定 |
| 2012 | 53.86 | 99.80 | 53.86 | 99.80 | 北京 | 天津 | 保定 |
| 2005～2012 变动 | －1.28 | －0.19 | －1.28 | －0.19 | — | — | — |

资料来源：根据中国工业企业数据库相关年份数据整理。

（一）汽车整车制造业的集中程度远高于汽车制造业

从表 7－10 可知，结果显而易见，汽车整车制造业这一细分行业的集中程度远高于汽车制造业，就工业总产值来看，2005 年、2006 年、2009 年等多个年份集聚到一个地区的工业总产值占整个京津冀城市群的一半以上，2005 年最高为 55.14%，2008 年最低也达 48.28%。即使是从分布相对平缓和均匀的就业人数看，也呈现同样的特征。

（二）汽车整车制造业的集中程度变化甚微

就总体来看，汽车整车制造业的集中程度略有下降，从整个时间跨度来看，呈波动变化的趋势，集聚程度可以说基本没有太大的变化。这一点从就业人数排名前三的地区也可以看出，8 年来一直分别为北京、天津和保定位列前三。

## 三、汽车零部件及配件制造业集中及集聚水平

汽车零部件及配件制造业是汽车制造业另一个重要的细分行业，由于数据量较小等原因，*n* 的取值依然为 1 和 3。

**表 7－11　计算结果**

| 年份 | C1（总产值） | C3（总产值） | C1（就业人数） | C3（就业人数） | EG（总产值） | EG（就业人数） | 就业人数排名前三的地区 | | |
|---|---|---|---|---|---|---|---|---|---|
| 2005 | 46.32 | 84.00 | 46.32 | 84.00 | 4.94 | 4.05 | 北京 | 天津 | 保定 |
| 2006 | 42.58 | 85.45 | 42.58 | 85.45 | 4.94 | 4.67 | 北京 | 天津 | 保定 |
| 2007 | 41.48 | 82.73 | 41.48 | 82.73 | 4.87 | 5.03 | 天津 | 北京 | 保定 |
| 2008 | 45.45 | 83.52 | 45.45 | 83.52 | 7.59 | 3.84 | 天津 | 北京 | 保定 |
| 2009 | 40.38 | 83.73 | 40.38 | 83.73 | 5.73 | 3.78 | 北京 | 天津 | 保定 |
| 2010 | 41.47 | 82.71 | 41.47 | 82.71 | 4.86 | 5.01 | 天津 | 北京 | 保定 |
| 2011 | 41.45 | 82.73 | 41.45 | 82.73 | 5.42 | 5.31 | 天津 | 北京 | 保定 |
| 2012 | 40.69 | 83.05 | 40.69 | 83.05 | 8.25 | 5.20 | 天津 | 北京 | 保定 |
| 2005～2012 变动 | －5.63 | －0.95 | －5.63 | －0.95 | 3.30 | 1.16 | — | — | — |

资料来源：根据中国工业企业数据库相关年份数据整理。

（一）汽车零部件及配件制造业集聚程度略有下降

就产业集中度来看，这一细分行业集聚程度呈现波动略有下降的趋势，这与汽车零部件企业转移、新建和倒闭有关。可以说一类企业还在转移变化中，其集聚中心没有发生大的变化，新的集聚中心尚未体现。

（二）“双中心”模式显著

从就业人数排名前三的地区可以看出，呈现出“双中心”模式。北京和天津没有一地占有绝对优势，前三位的地区一直以来没有变化。就地理集中系数看，同样显示了汽车零部件及配件制造业的集聚特征；从整个时间跨度来看，略有波动变化，工业总产值在2008年表现出的集聚程度最高，达到0.0759，2010年最低为0.0486。

## 第三节　汽车制造业区域转移效应分析

### 一、偏离—份额分析模型

根据第四章，经典的偏离—份额分析模型公式为：

$$\Delta X_{ij} = X'_{ij} - X_{ij} = X_{ij}r + X_{ij}(r_i - r) + X_{ij}(r_{ij} - r_i) \quad (7-5)$$

其中，参照区域增长份额分量 $r = \frac{\sum_{i=1}^{s}\sum_{j=1}^{R}(X'_{ij} - X_{ij})}{\sum_{i=1}^{s}\sum_{j=1}^{R}X_{ij}}$，产业结构偏离份额分量 $r_i = \frac{\sum_{j=1}^{R}(X'_{ij} - X_{ij})}{\sum_{j=1}^{R}X_{ij}}$，区位偏离份额分量 $r_{ij} = \frac{X'_{ij} - X_{ij}}{X_{ij}}$；$X_{ij}$为$j$地区$i$产业经济变量的初始值；$X'_{ij}$为$j$地区$i$产业经济变量的期末值。第一项表示参照区域整体对经济的作用；第二项表示一个地区的产业结构对经济的影响；第三项也称为竞争效应，表示产业空间竞争效应对经济增长的贡献。

但这个经典的偏离—份额分析模型存在一个问题，即无法从空间效应中分离出经济增长的产业结构效应，从而导致地区与产业部门之间的互相依赖，这样会将问题的分析复杂化（Dinc 等，1998）①，因此可以引入“同位变化”（Homothetic Change，$X_{ij}^{*}$）来解释空间影响和产业结构影响之间的相互作用，当地区产业结构与参照区域产业结构一致时，“同位变化”即为产业规模（Esteban - Marquilla）。从而式（7-5）可以变为：

① Dinc M, Haynes K E. Qiansheng L. A Comparative Evaluation of Shift - share Models and Their Extensions [J]. Australasian Journal of Regional Studies, 1998 (4): 275 - 302.

$$\Delta X_{ij} = X'_{ij} - X_{ij} = X_{ij}r + X_{ij}(r_i - r) + X_{ij}^*(r_{ij} - r_i) + (X_{ij} - X_{ij}^*)(r_{ij} - r_i) \tag{7-6}$$

其中，$X_{ij}^* = \sum_{i=1}^{s} X_{ij} \frac{\sum_{j=1}^{R} X_{ij}}{\sum_{i=1}^{s}\sum_{j=1}^{R} X_{ij}} = \frac{\sum_{i=1}^{s} X_{ij}}{\sum_{i=1}^{s}\sum_{j=1}^{R} X_{ij}} \sum_{j=1}^{R} X_{ij}$。式中第三项为净空间竞争效应，表示一地区相对于参照区域整体经济的优劣势；第四项为分配效应，表示某一产业在一地区的集中程度。将式（7－6）改写：

$$\Delta X_{ij} - X_{ij}r = X_{ij}(r_i - r) + X_{ij}^*(r_{ij} - r_i) + (X_{ij} - X_{ij}^*)(r_{ij} - r_i) \tag{7-7}$$

左边成为总偏离，是实际增量和区域增长份额分量的差值，表示 $j$ 地区 $i$ 产业经济变量相对于参照区域所有产业部门平均水平的高低，是衡量区域经济发展水平相对效果的指标。

## 二、汽车制造业转移效应分析

本章使用2005～2012年各市的汽车制造业就业人口数据，对京津冀城市群分别用就业人口和工业总产值进行偏离份额分析，计算了三个分量，其中，增长幅度为三个分量的加和，总偏离量为增长幅度和国家分量之间的差值，用来衡量区域经济发展水平相对效果的重要指标。

### （一）就业人口

分析分为两个维度，首先将北京、天津和河北进行分析比较，然后将北京划分为城六区、城市发展新区和生态涵养发展区，天津划分为天津市区、滨海新区和郊县区，与河北的各地级市在一个维度进行比较。得出表7－12的结果及结论。

表7－12　京津冀汽车制造业省域从业人口增长效应分解

| | 地区 | 增长幅度（人） | 总偏离量（人） | 区域增长份额分量（NE） | 结构偏离份额分量（SE） | 竞争分量（CE） |
|---|---|---|---|---|---|---|
| 2005～2012年 | 北京 | 14156 | 19938 | －5782 | 35438 | －15500 |
| | 天津 | －50264 | －51785 | 1521 | －6360 | －45425 |
| | 河北 | 42427 | 41371 | 1056 | －4417 | 45788 |

资料来源：根据中国工业企业数据库相关年份数据整理。

从表7－12可知，天津和河北的区域增长份额为正，说明这两个地区的汽车制造业对京津冀城市群就业的贡献越来越大，且从2005年到2012年发展得越来越好。但从结构偏离份额分量来看，汽车制造业的产业结构没有得到优化。北京相反，虽然北京的区域增长份额为负，但通过8年的发展，汽车制造业的结构得到了优化。从竞争分量看，天津的竞争优势下降得最严重，北京的竞争优势同样下降，河北的竞争优势大大增加，说明汽车制造业这个期间在河北得到了非常良好的发展，以往的北京天津“双中心”的模式改变了。上述是在一个较大范围内的偏离份额分析，较为粗略。本书将这三个地区的单元细化进行分析，如表7-13所示。

表7-13　2005~2012年汽车制造业功能区及地级市从业人口增长效应分解

| | 地区 | 增长幅度（人） | 总偏离量（人） | 区域增长份额分量（NE） | 结构偏离份额分量（SE） | 竞争分量（CE） |
|---|---|---|---|---|---|---|
| 2005~2012年 | 首都核心区 | -189 | -166 | -23 | 142 | -308 |
| | 城市功能拓展区 | -8921 | -7414 | -1507 | 9235 | -16649 |
| | 城市发展新区 | 23023 | 27259 | -4236 | 25965 | 1294 |
| | 生态涵养发展区 | 243 | 259 | -16 | 96 | 163 |
| | 天津市区 | -190 | 251 | -441 | 2704 | -2453 |
| | 天津市滨海新区 | 18815 | 19697 | -882 | 5405 | 14292 |
| | 天津郊区县 | 12388 | 16136 | -3748 | 22974 | -6838 |
| | 石家庄市 | 1202 | 1780 | -578 | 3541 | -1762 |
| | 唐山市 | 2088 | 2590 | -502 | 3076 | -486 |
| | 秦皇岛市 | 3663 | 4093 | -430 | 2637 | 1457 |
| | 邯郸市 | 2566 | 2630 | -64 | 392 | 2238 |
| | 邢台市 | 2311 | 2515 | -204 | 1253 | 1262 |
| | 保定市 | 18713 | 20640 | -1927 | 11814 | 8827 |
| | 张家口市 | -2948 | -2659 | -289 | 1773 | -4432 |
| | 承德市 | 622 | 640 | -18 | 113 | 527 |
| | 沧州市 | 3870 | 4132 | -262 | 1606 | 2526 |
| | 廊坊市 | 5983 | 6859 | -876 | 5366 | 1492 |
| | 衡水市 | 615 | 959 | -344 | 2108 | -1149 |

资料来源：根据中国工业企业数据库相关年份数据整理。

从表7-13可知，就北京的四个功能区看，其汽车制造业对京津冀城市群的

就业贡献都越来越小，同时产业结构都得到优化，城市发展新区和生态涵养发展区的竞争力大大加强，首都核心区和城市功能拓展区的竞争力有明显下降。

天津分为了三个功能区，同北京的情况比较相似，也是三个功能区对京津冀城市群的就业贡献都越来越小，同时产业结构都得到优化，只有滨海新企业的竞争力是增强的，这说明，在北京和天津两个直辖市，汽车制造业都从市中心地区向周边区转移扩散。

就河北的各市看，区域增长份额分量均为负而结构偏离份额分量均为正，说明京津冀城市群所有其他产业的发展对汽车制造业的就业人数的影响的效应为负，而结构偏离份额分量均为正，说明汽车制造业就业人口增长高于其所在市的就业平均增长率，这一段时间汽车制造业的产业结构得到优化，汽车制造业对京津冀城市群的就业贡献越来越小。竞争分量只有在石家庄、唐山、张家口和衡水表现为负，表明这四地的汽车制造业竞争优势正在降低，其他市的竞争力都是增强的，说明河北的大部分地市都在承接北京和天津的汽车制造企业转移，同时，保定在这一分量值最大，说明保定的竞争优势更加明显，有明显的承接产业转移特征。

（二）工业总产值

就工业总产值的情况看，如表7－14所示，其结果与就业人口有同有异，区域增长份额和结构偏离份额均为正，说明虽然在就业人口方面，北京和天津没有占据优势，但工业总产值却对京津冀城市群贡献较大，只有北京的竞争力是减弱的，天津和河北的竞争力增强，这说明，北京和天津的劳动力效率要高于河北，同等条件下，北京劳动力的生产率更高。

**表7－14　汽车制造业省及直辖市工业总产值增长效应分解**

| | 地区 | 增长幅度（百万） | 总偏离量（百万） | 区域增长份额分量（NE） | 结构偏离份额分量（SE） | 竞争分量（CE） |
|---|---|---|---|---|---|---|
| 2005～2012年 | 北京 | 81219 | 12250 | 68968 | 33956 | －21705 |
| | 天津 | 75784 | 34486 | 41298 | 20333 | 14153 |
| | 河北 | 42520 | 19089 | 23432 | 11536 | 7552 |

资料来源：根据中国工业企业数据库相关年份数据整理。

从北京和天津的功能区以及河北各市看，如表7－15所示，区域增长分量和结构偏离份额分量均为正，说明其汽车制造业对京津冀城市群的工业总产值的增长贡献越来越大，产业结构越来越好，竞争分量结果与上述就业人口的偏离份额分析结果基本一致。

表 7－15　2005～2012 年汽车制造业功能区及地级市工业总产值增长效应分解

| 地区 | 增长幅度（人） | 总偏离量（人） | 区域增长份额分量（NE） | 结构偏离份额分量（SE） | 竞争分量（CE） |
|---|---|---|---|---|---|
| 首都核心区 | －12 | －41 | 29 | 14 | －55 |
| 城市功能拓展区 | －4623 | －12127 | 7504 | 3694 | －15821 |
| 城市发展新区 | 85756 | 24353 | 61402 | 30231 | －5877 |
| 生态涵养发展区 | 98 | 65 | 34 | 17 | 48 |
| 天津市区 | 912 | －342 | 1254 | 617 | －960 |
| 天津市滨海新区 | 0 | 0 | 0 | 0 | 0 |
| 天津郊区县 | 3617 | －36427 | 40044 | 19715 | －56142 |
| 石家庄市 | 916 | －1473 | 2390 | 1176 | －2650 |
| 唐山市 | 2371 | 1052 | 1319 | 649 | 403 |
| 秦皇岛市 | 876 | －742 | 1618 | 797 | －1539 |
| 邯郸市 | 697 | 414 | 283 | 140 | 274 |
| 邢台市 | 877 | 482 | 395 | 195 | 287 |
| 保定市 | 24930 | 11842 | 13089 | 6444 | 5398 |
| 张家口市 | －83 | －271 | 188 | 92 | －363 |
| 承德市 | 250 | 199 | 51 | 25 | 174 |
| 沧州市 | 3528 | 2661 | 867 | 427 | 2234 |
| 廊坊市 | 7092 | 4450 | 2642 | 1301 | 3149 |
| 衡水市 | 1065 | 475 | 590 | 290 | 185 |

资料来源：根据中国工业企业数据库相关年份数据整理。

## 第四节　汽车制造业协同发展存在的主要问题与对策

本节利用 2005～2012 年的数据，微观汽车企业数据进行了京津冀城市群 13 个市的汽车企业空间布局研究，分别分析了汽车二位数和四位数产业部门的集聚情况。

### 一、汽车产业呈现明显的“双中心”模式

从企业数和就业数的演变过程看，京津冀都市圈汽车产业集聚程度一直比较

高，2005 年“双中心”模式显著，随着时间的推移，北京和天津集聚程度降低，汽车企业开始由城市中心到城市周边，由北京向天津及河北各市，天津向河北各市转移，河北的石家庄、沧州、唐山和保定也分布了较多的汽车制造业企业，河北地区的汽车企业集聚程度与北京和天津有一定差距。

## 二、汽车制造企业向周边地区扩散

由于地价、交通、劳动力成本等因素的原因，地价越高、交通越不便利、劳动力成本越高，生产成本越高，相应的企业进入门槛越高；交通条件较好的地区，便捷程度高，企业之间相互联系的物质成本和信息成本就会更低。在京津冀都市圈范围，早年间，汽车制造企业倾向于选择北京和天津布局，因为地价相对于便利的交通运输条件来说，便利的交通更会给企业带来利益。但随着时间的推移，地价和劳动力成本大幅提高，而近郊以及河北地区的交通运输条件日益改善，因而北京和天津城市内部的汽车企业逐渐从中心城区外迁，扩散到地价较低的近郊区县以及相邻的河北各市。再加上国家政策的引导，更加促进了这种转移，疏解北京非首都功能的政策也引导着企业向北京外地区转移，但转移并不代表分散，虽然汽车制造业从北京天津两个集聚地向外转移，但又在保定、沧州等地形成新的集聚，因此我们可以基于这种现状，建立工业园区，承接由北京转移过来的企业，帮助企业形成新的聚集地，以有利于转移来的汽车企业更好发展。

## 三、企业布局不合理

汽车制造业还有一个问题就是战略定位缺乏统筹、功能布局不够合理，北京承载了过多的非首都功能，就整个汽车制造业来看，虽然 2005～2012 年，北京的工业总产值占比略有下降，可依然占 45%，天津占 37%，京津冀整个地区的产业布局缺乏统筹，没有形成相互衔接的产业链，北京和天津两市的产业过度集中，特别是科技含量相对较高的汽车整车制造业，大量地聚集在了北京和天津两市，河北没有享受到京津冀协同发展带来的红利。因此，应该优化汽车制造业在京津冀城市群的空间结构，对科技要求较低的例如汽车零件制造等企业向河北地区转移，这样才能改善京津地区这一产业过度集中的现状。如果仅仅是京津两地相互之间的转移，那么虽然北京的非首都功能得到疏解，却背离了京津冀协同发展的目标。

## 四、企业转移有利于缓解北京“大城市病”

北京的大量外来人口也会因企业的向外转移而随企业离开北京，从而缓解北京的“大城市病”问题。北京的人口数量过度膨胀，且有继续增长的趋势，这与众多的“北漂”人密切相关，不能合理地疏解人口，过大的人口密度会引发一系列的社会问题，很大一部分人难以融入当地的生活，也使得城乡接合部的治安隐患突出。因此，推动汽车等制造业的向外迁移进而实现“产业控人”是北京疏解功能的重要举措。

# 第八章　京津冀城市群纺织服装业转移与空间演化

纺织业是我国国民经济发展的支柱产业和对外依存度较高的行业，是新中国成立初期乃至整个中国工业化进程中发展最早、门类最齐全、投入少、见效快、对经济发展和社会贡献大的行业，一直是中国的优势产业，能够解决人口的就业问题。英国、美国、日本等世界发达国家纺织工业发展的历史已经证明，一个国家纺织业发展水平是该国实力的重要体现（高顺成，2014）①。但随着科技的发展以及全球经济一体化进程的加快，我国的纺织业面临着巨大的挑战。到1994年，中国已经成为纺织品服装世界第一出口大国，纺织业成为我国国际化水平最高、出口竞争力较强的制造部门之一，但是，纺织业自身国际竞争力下降也已严重影响到其发展（黎友隆，2010）②。经过20世纪80年代的黄金发展时期后，我国纺织业在20世纪90年代中期以后进入了异常严峻的困难时期。作为最先实现体制转轨和最早进入竞争性行业的纺织工业开始受到一系列问题的困扰。这些问题在20世纪90年代初开始暴露，自20世纪90年代中期以来，纺织业已成为我国制造业中持续亏损时间最长、亏损面和亏损额最大的行业，并随着时间的推移而日趋严重。纺织工业生产能力长期严重过剩，技术工艺水平低，设备陈旧落后，妨碍了纺织工业劳动生产率和纺织品质量档次的提高。但纺织工业在未来相当长时期内依然是我国重要的支柱性产业和关系到国计民生的重要行业，因此依然会有进一步发展，发展中要注重提高产业发展品质，要注重产业创新转型，要注重产业结构调整，要注重提升产业竞争力。本章将探讨京津冀城市群纺织服装业空间转移特征，分析其细分行业的空间集聚趋势和转移效应，归纳其空间配置的主要问题，并提出相应对策。

---

① 高顺成．中国纺织业对国民经济发展的贡献研究［J］．纺织学报，2014（7）：145－151.

② 黎友隆．中国纺织业出口竞争力的前景分析［J］．市场经济与价格，2010（8）：24－29.

# 第一节　纺织服装业空间转移基本特征

近10年来，纺织服装业的行业结构和地域分布发生了显著变化，本节分析纺织服装业及其细分行业在京津冀城市群的分布变化和转移特征。

## 一、京津冀纺织服装业空间分布变化情况

本章分析服装业涉及三个二位代码行业，分别是纺织业、纺织服装服饰业和皮革、毛皮、羽毛及其制品和制鞋业，这三个都属于纺织大类行业，这里从行业整体范围内，通过工业总产值和就业人数在各地区的分布变化分析纺织服装业在京津冀城市群的分布和转移情况。

### （一）工业总产值

图8－1和表8－1是京津冀城市群13个地市纺织服装业三个大类整体占比的情况，整体来看，纺织业最集中的地方是石家庄市，紧追其后的是天津和北京，特别是在2012年，石家庄的集聚优势地位越加明显，该市在京津冀纺织行业的工业总产值占比超过40%，相比于2005年增加了15%。那么石家庄如此大比例的增加是如何形成的呢？

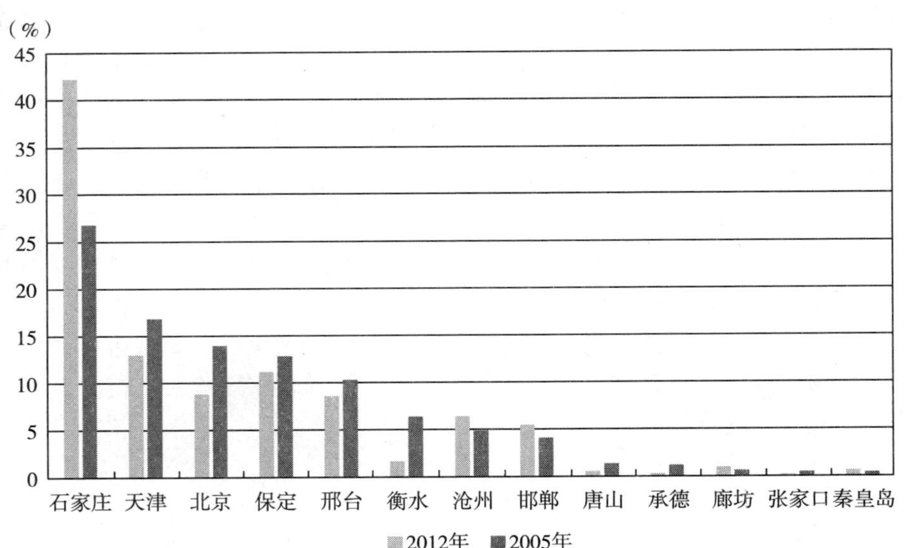


**图8－1　2005年和2012年京津冀各市纺织服装业工业总产值占比情况**

资料来源：根据中国工业企业数据库相关年份数据整理。

**表 8-1　2005 年和 2012 年京津冀各市纺织服装业工业总产值占比情况** 单位:%

| 年份 | 石家庄 | 天津 | 北京 | 保定 | 邢台 | 衡水 | 沧州 | 邯郸 | 唐山 | 承德 | 廊坊 | 张家口 | 秦皇岛 |
|---|---|---|---|---|---|---|---|---|---|---|---|---|---|
| 2012 | 42.20 | 12.96 | 8.83 | 11.19 | 8.60 | 1.64 | 6.42 | 5.51 | 0.56 | 0.30 | 0.96 | 0.19 | 0.63 |
| 2005 | 26.78 | 16.82 | 13.93 | 12.83 | 10.31 | 6.37 | 4.86 | 4.09 | 1.34 | 1.17 | 0.63 | 0.48 | 0.40 |
| 变化 | 15.42 | -3.86 | -5.10 | -1.63 | -1.71 | -4.73 | 1.56 | 1.42 | -0.78 | -0.87 | 0.33 | -0.29 | 0.24 |

资料来源：根据中国工业企业数据库相关年份数据整理。

从 2005~2012 年的变化看，2005 年占比最多的前 6 个市，除石家庄以外，其余占比都有不同程度的减少，最明显的是衡水，河北省内与石家庄相邻的有 3 个市，即保定、邢台和衡水，同时 3 个城市也是占比降低明显的前 6 个市中的 3 个，因此可以推断，保定、邢台和衡水市中的纺织服装业向石家庄市转移，形成集聚，北京和天津虽然不与石家庄市相邻，但由于相关的政策因素，纺织类的企业也会由这两个市向外转移。从结果看，石家庄纺织服装业集聚度提高了，其他多数城市的集聚度相对降低了。

（二）就业人数

就业人数和工业总产值相比呈现出相对不一样的情况，就业人数占比最多的市是天津，石家庄和北京分别位于二、三位，这与不同的纺织服装企业对劳动力的需求量不同有关，从 2005~2012 年的变化看（见表 8-2），呈现了与工业总产值一样的趋势，即石家庄的就业人口的比例增加，增幅达 3 个百分点，而北京和天津减少，其他城市有增有减，但幅度都比较小。无论从所占比例，还是从比例变化来看，就业人数相比于工业总产值都相对平缓，但依然能显示出石家庄正在成为纺织服装业在京津冀城市群新的聚集地。

**表 8-2　2005 年和 2012 年京津冀各市纺织服装业占比情况** 单位:%

| 年份 | 天津 | 石家庄 | 北京 | 保定 | 邢台 | 邯郸 | 沧州 | 衡水 | 廊坊 | 唐山 | 秦皇岛 | 承德 | 张家口 |
|---|---|---|---|---|---|---|---|---|---|---|---|---|---|
| 2012 | 23.22 | 20.78 | 17.41 | 13.80 | 7.98 | 5.61 | 4.68 | 2.18 | 1.35 | 1.03 | 0.91 | 0.70 | 0.34 |
| 2005 | 24.06 | 17.78 | 18.49 | 12.26 | 7.69 | 6.37 | 3.84 | 3.28 | 1.01 | 2.21 | 0.64 | 1.86 | 0.50 |
| 变化 | -0.84 | 3.00 | -1.09 | 1.54 | 0.29 | -0.75 | 0.85 | -1.10 | 0.34 | -1.18 | 0.27 | -1.16 | -0.17 |

资料来源：根据中国工业企业数据库相关年份数据整理。

## 二、纺织业

就细分行业来看，纺织业的趋势和三个产业总体的情况一致，石家庄的占比最大，且从 2005 年的 27% 提升到 2012 年的 42%，占比增幅达 15 个百分点。北京、天津、保定、邢台和衡水等市 2012 年占比显著下降，其中，北京下降近 6 个百分点，衡水下降近 5 个百分点（见图 8-2）。份额增加的主要是石家庄、沧州、邯郸、廊坊等市，除石家庄外，各城市增幅都不大。表明纺织业大幅从份额下降的城市转出，而石家庄是纺织业主要承接聚集地。2005 年，纺织业产值前三

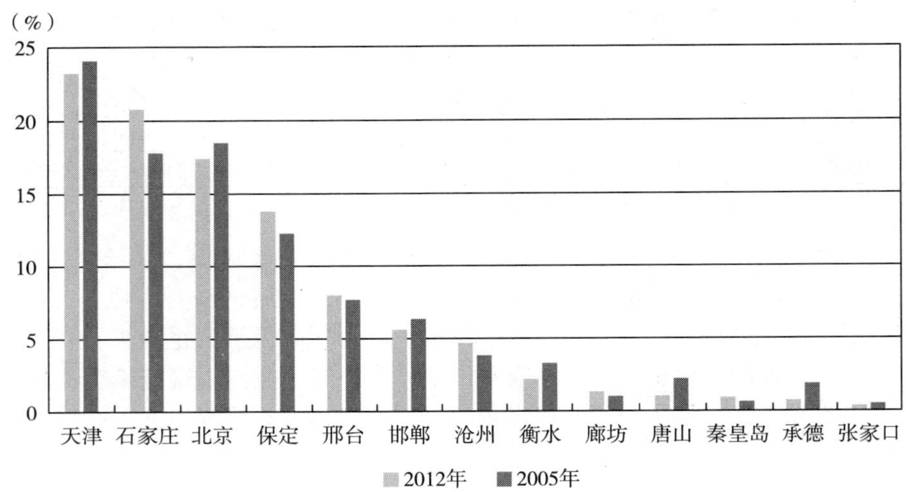


**图 8－2　2005 年和 2012 年京津冀各市纺织服装业占比情况**

资料来源：根据中国工业企业数据库相关年份数据整理。

位的依次是石家庄、天津和北京，2012 年排前三位的依次是石家庄、天津和保定，北京退居第五位，而石家庄以 42.4% 的产值份额远超其他各城市。另外，纺织业份额增加的主要是冀中南地区，而冀北地区各市份额变化不大。如图 8－3、表 8－3 所示。

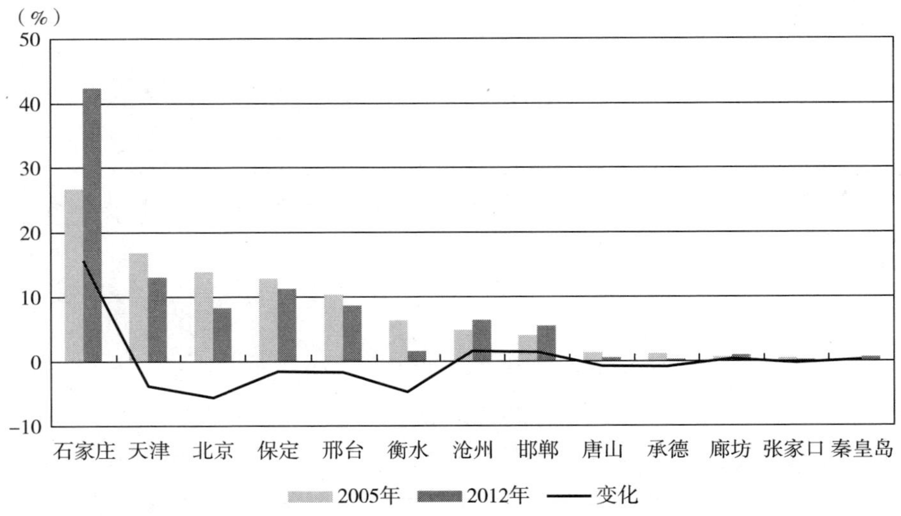


**图 8－3　2005 年和 2012 年京津冀各市纺织业工业总产值占比情况**

资料来源：根据中国工业企业数据库相关年份数据整理。

表 8-3　2005 年和 2012 年京津冀各市纺织业工业总产值占比情况　　单位:%

| 年份 | 石家庄 | 天津 | 北京 | 保定 | 邢台 | 衡水 | 沧州 | 邯郸 | 唐山 | 承德 | 廊坊 | 张家口 | 秦皇岛 |
|---|---|---|---|---|---|---|---|---|---|---|---|---|---|
| 2005 | 26.78 | 16.82 | 13.93 | 12.83 | 10.31 | 6.37 | 4.86 | 4.09 | 1.34 | 1.17 | 0.63 | 0.48 | 0.40 |
| 2012 | 42.42 | 13.03 | 8.34 | 11.25 | 8.65 | 1.65 | 6.45 | 5.54 | 0.56 | 0.30 | 0.97 | 0.20 | 0.64 |
| 变化 | 15.65 | -3.79 | -5.58 | -1.57 | -1.67 | -4.72 | 1.59 | 1.45 | -0.78 | -0.87 | 0.34 | -0.28 | 0.24 |

资料来源：根据中国工业企业数据库相关年份数据整理。

## 三、纺织服装服饰业

纺织服装服饰业和纺织业的差别很大，纺织服装服饰业的变化也更为剧烈，2005 年，占比最大的是天津，其次是北京和石家庄，其中，天津和北京两市纺织服装服饰业的工业总产值就占据了整个京津冀城市群的 65%。2012 年，这个比例大幅减低至 21%，与之对应的是石家庄的迅速崛起，成为一枝独秀，占比从 2005 年的 12.9% 增加至 2012 年的 42.5%，增加近 30 个百分点（见图 8-4、表 8-4）。保定、邢台、邯郸和沧州的占比也都有不同程度的增加，其他地市则有不同程度的减少，但波动相对较小。由此可推测，北京、天津的大部分纺织服装服饰类企业多转移聚集到了石家庄市，一小部分转移到保定等市。

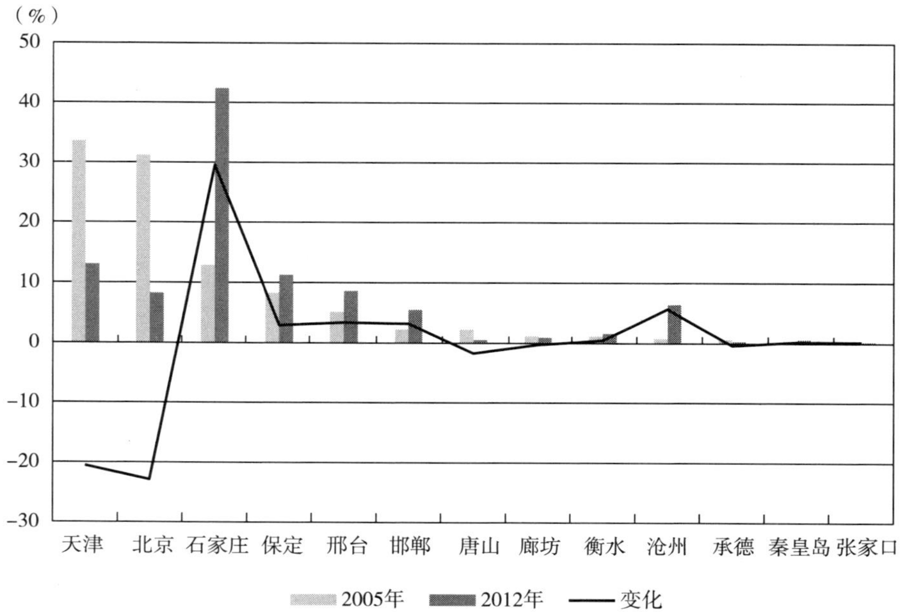


图 8-4　2005 年和 2012 年京津冀各市纺织服装服饰业工业总产值占比情况

资料来源：根据中国工业企业数据库相关年份数据。

**表 8－4　2005 年和 2012 年京津冀各市纺织服装服饰业工业总产值占比情况**

单位：%

| 年份 | 天津 | 北京 | 石家庄 | 保定 | 邢台 | 邯郸 | 唐山 | 廊坊 | 衡水 | 沧州 | 承德 | 秦皇岛 | 张家口 |
|---|---|---|---|---|---|---|---|---|---|---|---|---|---|
| 2005 | 33.61 | 31.16 | 12.90 | 8.29 | 5.22 | 2.29 | 2.29 | 1.24 | 1.18 | 0.76 | 0.67 | 0.39 | 0.00 |
| 2012 | 13.05 | 8.26 | 42.47 | 11.27 | 8.65 | 5.54 | 0.56 | 0.97 | 1.65 | 6.46 | 0.30 | 0.64 | 0.20 |
| 变化 | －20.57 | －22.91 | 29.57 | 2.98 | 3.43 | 3.25 | －1.72 | －0.27 | 0.47 | 5.70 | －0.37 | 0.25 | 0.20 |

资料来源：根据中国工业企业数据库相关年份数据整理。

## 四、皮革、毛皮、羽毛及其制品和制鞋业

皮革、毛皮、羽毛及其制品和制鞋业的地区分布更加极端，2015 年，石家庄市的占比就已经达到了 51.6% 多，2012 年更是增加到 74.0%，提高了 22 个百分点，衡水和天津下降较多，分别减少了 12 个和 8 个百分点，保定下降了近 4 个百分点，沧州则提升了 3 个百分点，其余各市份额都相对较小，变幅也不大（见图 8－5、表 8－5）。可见，皮革、毛皮、羽毛及其制品和制鞋业一直都是在石家庄市高度集聚的行业，并有进一步集聚的趋势。

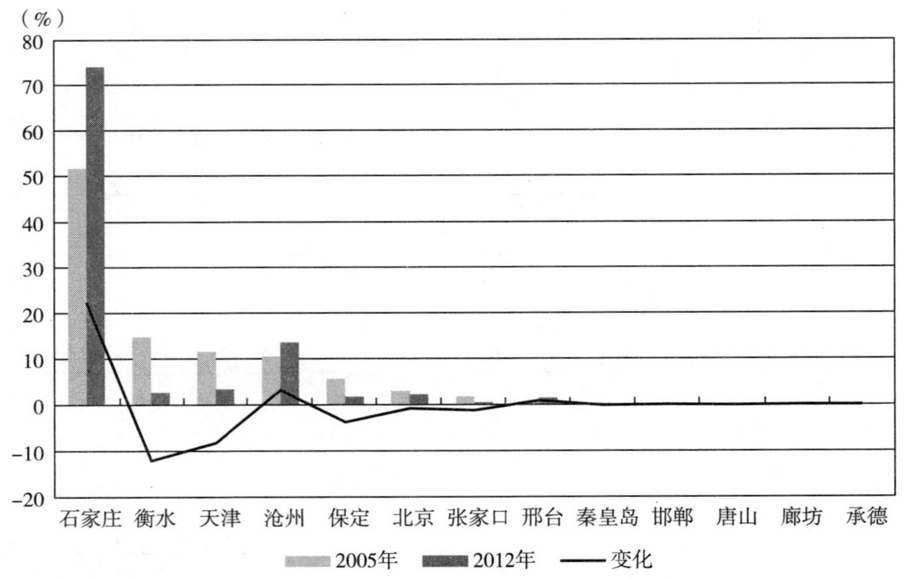


**图 8－5　2005 年和 2012 年京津冀各市皮革、皮毛、羽毛及其制品和制鞋业工业总产值占比**

资料来源：根据中国工业企业数据库相关年份数据整理。

表 8-5　2005 年和 2012 年京津冀各市皮革、皮毛、羽毛及其制品和制鞋业工业总产值占比

单位：%

| 年份 | 石家庄 | 衡水 | 天津 | 沧州 | 保定 | 北京 | 张家口 | 邢台 | 秦皇岛 | 邯郸 | 唐山 | 廊坊 | 承德 |
|---|---|---|---|---|---|---|---|---|---|---|---|---|---|
| 2005 | 51.64 | 14.72 | 11.58 | 10.43 | 5.55 | 3.03 | 1.71 | 0.57 | 0.35 | 0.23 | 0.10 | 0.09 | 0.00 |
| 2012 | 74.03 | 2.63 | 3.38 | 13.56 | 1.76 | 2.20 | 0.46 | 1.45 | 0.18 | 0.24 | 0.00 | 0.12 | 0.00 |
| 变化 | 22.39 | -12.09 | -8.20 | 3.13 | -3.80 | -0.82 | -1.26 | 0.88 | -0.17 | 0.01 | -0.10 | 0.03 | 0.00 |

资料来源：根据中国工业企业数据库相关年份数据整理。

## 第二节　纺织服装业细分行业的空间集聚分析

本节利用区位基尼系数和地理集聚系数对纺织服装业的集聚格局及其变化进行分析。

### 一、基于区位基尼系数的分析

这里分别计算二位代码行业和四位代码行业的区位基尼系数，从整体和细分行业两个层次分别描述京津冀城市群纺织服装业的集聚情况。

首先从二位代码来看，如表 8-6 所示，其基尼系数都超过了 0.5，说明它们的集聚性还是非常明显的，集聚程度最高的是皮革、毛皮、羽毛及其制品和制鞋业，达到 0.78，从 2005~2012 年的变化来看，纺织业和皮革、毛皮、羽毛及其制品和制鞋业的集聚程度进一步提高，纺织业的基尼系数增加了 0.12，皮革、毛皮、羽毛及其制品和制鞋业的基尼系数增加了 0.11，这与上文分析中纺织业向石家庄地区集聚的情形相吻合。石家庄是河北的省会，交通运输十分发达，有利于原材料的运入和制成品的运出，且一旦产生集聚效应，可以形成相应的工业园区，为企业和就业人员提供更好的工作和生活环境，并促进产业进一步集聚。

从各细分行业看，如表 8-6 所示，区位基尼系数大多集中在 0.3~0.4 的范围内，区位基尼系数最低的是棉纺织加工，为 0.21，最高的是丝印染精加工，为 0.37，说明纺织业细分行业的空间集聚性不是特别突出，相对比较均衡。从 2005~2012 年的变化来看，除了有 6 个细分行业为负之外，其余各行业均为正，说明大部分行业有更加集聚的趋势。上述 6 个区位基尼系数为负的行业有一个共同特点，而 2012 年它们的区位基尼系数为 0，说明 6 个行业已经转出京津冀城市群，不再在本地发展了，这 6 个行业分别为麻织品制造、丝织品制造、无纺布制造、其他纺织制成品制造、其他针织品及编织品制造和皮箱、包（袋）

表 8－6　2005 年和 2012 年京津冀城市群纺织业各细分行业区位基尼系数

| 行业代码 | 2005 年 | 2012 年 | 变化 | 行业代码 | 2005 年 | 2012 年 | 变化 |
|---|---|---|---|---|---|---|---|
| 17 | 0.5467 | 0.6633 | 0.1165 | 1759 | 0.3031 | 0.0000 | -0.3031 |
| 18 | 0.7272 | 0.6931 | -0.0340 | 1761 | 0.3001 | 0.3735 | 0.0735 |
| 19 | 0.7805 | 0.8919 | 0.1114 | 1762 | 0.3199 | 0.3837 | 0.0638 |
| 1711 | 0.2068 | 0.3267 | 0.1199 | 1763 | 0.3260 | 0.4226 | 0.0966 |
| 1712 | 0.3138 | 0.4072 | 0.0934 | 1769 | 0.2944 | 0.0000 | -0.2944 |
| 1721 | 0.3431 | 0.4195 | 0.0764 | 1810 | 0.0000 | 0.3211 | 0.3211 |
| 1722 | 0.3237 | 0.4195 | 0.0959 | 1820 | 0.3374 | 0.3973 | 0.0600 |
| 1723 | 0.3294 | 0.3894 | 0.0600 | 1830 | 0.2974 | 0.3927 | 0.0953 |
| 1730 | 0.0000 | 0.0000 | 0.0000 | 1910 | 0.3544 | 0.4485 | 0.0941 |
| 1741 | 0.0000 | 0.4252 | 0.4252 | 1921 | 0.3502 | 0.3974 | 0.0472 |
| 1742 | 0.3491 | 0.3929 | 0.0438 | 1922 | 0.3453 | 0.4554 | 0.1100 |
| 1743 | 0.3664 | 0.4615 | 0.0951 | 1923 | 0.3462 | 0.0000 | -0.3462 |
| 1751 | 0.2874 | 0.3553 | 0.0679 | 1929 | 0.3531 | 0.4029 | 0.0498 |
| 1752 | 0.3566 | 0.4269 | 0.0704 | 1931 | 0.2876 | 0.3597 | 0.0721 |
| 1753 | 0.3465 | 0.0000 | -0.3465 | 1932 | 0.3274 | 0.4334 | 0.1060 |
| 1755 | 0.3592 | 0.0000 | -0.3592 | 1939 | 0.3323 | 0.4143 | 0.0820 |
| 1756 | 0.3487 | 0.4024 | 0.0536 | 1941 | 0.3428 | 0.4361 | 0.0933 |
| 1757 | 0.2250 | 0.0000 | -0.2250 | 1942 | 0.3381 | 0.4371 | 0.0990 |

资料来源：根据中国工业企业数据库相关年份数据整理。

制造。总体来看，京津冀城市群的纺织服装业及其细分行业在 2005～2012 年呈更加集聚的态势，并在行业上具有一定选择性。

## 二、基于地理集聚系数的分析

### （一）纺织业

就产业集中度来看，无论 $n$ 取 1、3 或者 5，如表 8－7 所示，2005～2012 年的总体趋势是产业集中度呈不断增大态势。通过工业总产值看，产业集中度高于通过就业人数来看的产业集中度，2012 年，工业总产值最大的一家企业在京津冀城市群的占比就达到了 34.45%，产业的集中程度相当高。

从地理集聚的 EG 指数看，2005～2012 年总体呈上升趋势，说明纺织业的集聚程度越来越高，工业总产值的 EG 指数比就业人数的更大，就业人数排名前四

表8-7　2005~2012年京津冀纺织业集中度和地理集聚系数　单位:%

| 年份 | 总产值 | | | 就业人数 | | | 总产值 | 就业人数 | 就业人数排名前五的地区 | | | | |
|---|---|---|---|---|---|---|---|---|---|---|---|---|---|
| | C1 | C3 | C5 | C1 | C3 | C5 | EG | EG | | | | | |
| 2005 | 19.61 | 54.35 | 80.47 | 18.89 | 53.79 | 75.14 | 0.1190 | 0.0495 | 石家庄 | 天津 | 保定 | 邯郸 | 北京 |
| 2006 | 24.51 | 59.41 | 80.35 | 20.58 | 53.96 | 75.59 | 0.1548 | 0.0595 | 石家庄 | 保定 | 天津 | 邯郸 | 邢台 |
| 2007 | 27.90 | 62.34 | 82.67 | 23.26 | 57.67 | 79.92 | 0.1633 | 0.0736 | 石家庄 | 保定 | 天津 | 邢台 | 北京 |
| 2008 | 31.87 | 64.84 | 82.82 | 23.83 | 58.25 | 80.46 | 0.1847 | 0.0951 | 保定 | 石家庄 | 天津 | 邢台 | 北京 |
| 2009 | 38.17 | 67.82 | 84.49 | 25.12 | 61.43 | 81.98 | 0.2355 | 0.1187 | 保定 | 石家庄 | 邢台 | 邯郸 | 北京 |
| 2010 | 27.90 | 62.36 | 82.67 | 23.24 | 57.72 | 79.95 | 0.1634 | 0.0738 | 石家庄 | 保定 | 天津 | 邢台 | 北京 |
| 2011 | 27.95 | 62.49 | 82.70 | 23.29 | 57.63 | 79.89 | 0.1655 | 0.0794 | 石家庄 | 保定 | 天津 | 邢台 | 北京 |
| 2012 | 34.45 | 67.86 | 84.36 | 23.17 | 58.94 | 80.17 | 0.1998 | 0.1066 | 石家庄 | 保定 | 邢台 | 天津 | 邯郸 |

资料来源：根据中国工业企业数据库相关年份数据整理。

位的地区各年都没有北京市，2012年北京已退出前五位。可见，在北京这种科技含量相对较低，劳动力相对密集的行业就业人数相对较少，河北的石家庄和保定在这一行业的优势明显，吸纳了当地很大一部分的劳动人口。

（二）纺织服装服饰业

纺织服装服饰业的集聚程度更高，2005年，工业总产值占比最高的一家企业的比例就达到了34.28%，2012年，占比经历了一个变小又变大的过程，说明这一细分行业在8年内有一定的分散，但是后来又开始集聚，2012年，其产业集中度超过了2005年。

从EG指数来看，如表8-8所示，8年中呈现出一定的波动。根据工业总产值计算，2008年达到最高为0.0373，2006年达到最低为0.0163，其余各年在这个范围波动，没有明显的升高或者降低的趋势。

表8-8　2005~2012年京津冀纺织服装服饰业集中度和地理集聚系数　单位:%

| 年份 | 总产值 | | | 就业人数 | | | 总产值 | 就业人数 | 就业人数排名前五的地区 | | | | |
|---|---|---|---|---|---|---|---|---|---|---|---|---|---|
| | C1 | C3 | C5 | C1 | C3 | C5 | EG | EG | | | | | |
| 2005 | 34.28 | 77.43 | 90.25 | 35.59 | 77.12 | 89.78 | 0.0192 | 0.0523 | 天津 | 北京 | 保定 | 石家庄 | 邢台 |
| 2006 | 31.73 | 74.69 | 88.10 | 33.76 | 74.65 | 88.15 | 0.0163 | 0.0453 | 北京 | 天津 | 保定 | 石家庄 | 邢台 |

续表

| 年份 | 总产值 | | | 就业人数 | | | 总产值 | 就业人数 | 就业人数排名前五的地区 | | | | |
|---|---|---|---|---|---|---|---|---|---|---|---|---|---|
| | C1 | C3 | C5 | C1 | C3 | C5 | EG | EG | | | | | |
| 2007 | 29.67 | 73.81 | 87.16 | 33.14 | 74.23 | 88.15 | 0.0243 | 0.0412 | 北京 | 天津 | 保定 | 石家庄 | 邢台 |
| 2008 | 28.93 | 72.99 | 87.02 | 34.26 | 73.84 | 87.80 | 0.0373 | 0.0393 | 北京 | 天津 | 保定 | 石家庄 | 邢台 |
| 2009 | 26.41 | 72.74 | 89.33 | 34.54 | 76.49 | 88.99 | 0.0329 | 0.0532 | 北京 | 天津 | 保定 | 石家庄 | 邢台 |
| 2010 | 29.66 | 73.81 | 87.16 | 33.14 | 74.23 | 88.15 | 0.0242 | 0.0411 | 北京 | 天津 | 保定 | 石家庄 | 邢台 |
| 2011 | 29.73 | 73.88 | 87.14 | 33.16 | 74.26 | 88.12 | 0.0262 | 0.0429 | 北京 | 天津 | 保定 | 石家庄 | 邢台 |
| 2012 | 37.24 | 74.99 | 87.68 | 41.31 | 77.51 | 88.66 | 0.0240 | 0.0548 | 天津 | 北京 | 石家庄 | 保定 | 邢台 |

资料来源：根据中国工业企业数据库相关年份数据整理而得。

从就业人数排名来看，纺织服装服饰业中北京和天津的就业人口所占比例较大，这一点与纺织业总体表现不同。纺织业中就业人口比较多列第一的石家庄市，在纺织服装服饰业各年中仅排到第四、第三。天津、北京、石家庄和保定的就业人数排在前四位，有少许波动，但总体排位比较稳定，变化不大，表明纺织服装服饰业在产业集中度和地理集聚度波动提升的过程中，其地理分布格局变化不大。

### （三）皮革、毛皮、羽毛及其制品和制鞋业

皮革、皮毛、羽毛及其制品和制鞋业的集聚程度相对于前两个行业都要高，从产业集中度来看，一家企业的工业总产值就能达到整个京津冀城市群的一半以上，2012 年更是达到最高点，占 73.58% 的份额，同年 3 家企业的工业总产值就达到了整个京津冀城市群的 90% 以上（见表 8－9），可谓是高度集中，且集中地与总体纺织业相同，都集聚在石家庄。可见，石家庄在整个纺织服装类的行业中占据着最重要的地位，石家庄在这个行业中具有突出的集聚优势，并在不断强化。

**表 8－9　2005～2012 年皮革、毛皮、羽毛及其制品和制鞋业集中度和地理集聚系数**

单位：%

| 年份 | 总产值 | | | 就业人数 | | | 总产值 | 就业人数 | 就业人数排名前五的地区 | | | | |
|---|---|---|---|---|---|---|---|---|---|---|---|---|---|
| | C1 | C3 | C5 | C1 | C3 | C5 | EG | EG | | | | | |
| 2005 | 51.02 | 77.65 | 93.49 | 40.64 | 73.13 | 87.39 | 0.4378 | 0.1827 | 石家庄 | 天津 | 衡水 | 沧州 | 北京 |
| 2006 | 59.67 | 84.86 | 93.17 | 43.79 | 76.16 | 88.36 | 0.6317 | 0.2101 | 石家庄 | 天津 | 沧州 | 保定 | 北京 |
| 2007 | 66.81 | 89.01 | 95.06 | 49.29 | 77.28 | 88.33 | 0.8739 | 0.2841 | 石家庄 | 天津 | 沧州 | 保定 | 北京 |
| 2008 | 70.06 | 87.93 | 94.59 | 47.96 | 72.85 | 86.60 | 1.0062 | 0.2754 | 石家庄 | 天津 | 沧州 | 保定 | 衡水 |
| 2009 | 72.65 | 89.72 | 95.67 | 48.45 | 73.86 | 87.54 | 1.1555 | 0.2852 | 石家庄 | 天津 | 沧州 | 保定 | 衡水 |

续表

| 年份 | 总产值 | | | 就业人数 | | | 总产值 | 就业人数 | 就业人数排名前五的地区 | | | | |
|---|---|---|---|---|---|---|---|---|---|---|---|---|---|
| | C1 | C3 | C5 | C1 | C3 | C5 | EG | EG | | | | | |
| 2010 | 66.65 | 88.79 | 95.07 | 48.99 | 76.80 | 88.41 | 0.8664 | 0.2800 | 石家庄 | 天津 | 沧州 | 保定 | 北京 |
| 2011 | 66.72 | 88.87 | 95.12 | 48.69 | 76.75 | 88.19 | 0.8698 | 0.2779 | 石家庄 | 天津 | 沧州 | 保定 | 北京 |
| 2012 | 73.58 | 90.78 | 95.59 | 48.20 | 74.08 | 88.66 | 1.1800 | 0.2577 | 石家庄 | 天津 | 沧州 | 北京 | 衡水 |

资料来源：根据中国工业企业数据库相关年份数据整理。

从EG指数看，皮革、皮毛、羽毛及其制品和制鞋业的集聚程度较前述两个行业都要高，呈高度空间集聚状态，且总体呈升高趋势。其发展结果很有可能导致该细分行业在将来形成寡头甚至地区垄断的状况，就业人数前三位的地区比较稳定，多数是石家庄、天津和沧州。

就三个细分行业以及上面的总的分析来看，一直以来，天津的优势虽然没有石家庄市那么明显，但基本紧追其后，一直位于前三，可见，天津的纺织业相对发达，是京津冀城市群纺织业重要的集聚之地。北京的纺织业近数年来已不断转移退出，几乎没有什么优势，这一点不同于汽车行业。

## 第三节　纺织服装业区域转移效应分析

与汽车制造业一样，这里同样采用偏离—份额分析方法从省级尺度和地市尺度等维度对京津冀城市群二位代码的三大纺织类制造业以及三位代码的细分行业的就业人口进行区域转移效应分析。

### 一、省、直辖市纺织业区域转移效应

采用偏离—份额分析法得到北京纺织服装业各细分行业就业人口增长效应分解结果如表8－10所示，二位代码行业方面，从总偏离量来看，纺织业和纺织服装、鞋、帽制造业的总偏离量分别为－6982人和－10374人，说明北京这两个行业的发展水平低于京津冀整体的水平，皮革、毛皮、羽毛（绒）及其制品业的总偏离量为2496，表明该行业发展水平高于京津冀整体水平。从结构水平偏离量来看，只有纺织服装、鞋、帽制造业具有一定的结构优势，另两个行业都处于结构劣势。从竞争分量看，北京只有皮革、毛皮、羽毛（绒）及其制品业在京津冀具有一定竞争优势，其他行业竞争力较差，尤其是纺织服装、鞋、帽制造业在具有结构优势的条件下却表现出很大的竞争力缺口。

**表 8-10　2003~2012 年纺织类制造业北京就业人口增长效应分解**

| 行业代码 | 行业名称 | 增长幅度（人） | 总偏离量（人） | 区域增长份额分量（NE） | 结构偏离份额分量（SE） | 竞争分量（CE） |
|---|---|---|---|---|---|---|
| 17 | 纺织业 | -10019 | -6982 | -3037 | -5880 | -1102 |
| 18 | 纺织服装、鞋、帽制造业 | -17771 | -10374 | -7397 | 3310 | -13684 |
| 19 | 皮革、毛皮、羽毛（绒）及其制品业 | 2070 | 2496 | -426 | -130 | 2627 |
| 171 | 棉、化纤纺织及印染精加工 | -4604 | -3797 | -807 | -1557 | -2239 |
| 172 | 毛纺织和染整精加工 | -1745 | -1409 | -336 | -1236 | -173 |
| 173 | 麻纺织 | 0 | 0 | 0 | 0 | 0 |
| 174 | 丝绢纺织及精加工 | -123 | -98 | -25 | -150 | 52 |
| 175 | 纺织制成品制造 | 366 | 532 | -166 | 534 | -2 |
| 176 | 针织品、编织品及其制品制造 | -3913 | -2210 | -1703 | -4652 | 2442 |
| 181 | 纺织服装制造 | -17527 | -10246 | -7281 | 2555 | -12801 |
| 182 | 纺织面料鞋的制造 | 6 | 75 | -69 | 201 | -125 |
| 183 | 制帽 | -250 | -203 | -47 | 153 | -356 |
| 191 | 皮革鞣制加工 | -71 | -47 | -24 | 2 | -49 |
| 192 | 皮革制品制造 | 2304 | 2625 | -321 | -185 | 2810 |
| 193 | 毛皮鞣制及制品加工 | -163 | -81 | -82 | 16 | -97 |
| 194 | 羽毛（绒）加工及制品制造 | 0 | 0 | 0 | 0 | 0 |

资料来源：根据中国工业企业数据库相关年份数据整理。

纺织业属于劳动密集型以及科技含量相对较低的行业，这与北京提倡保留高科技含量以及高附加值产业相违背，因此，这一类企业必然由北京向外转移，这也是国家政策要求从北京向外转移的一大重要行业。

从细分行业看，制成品制造和精加工类企业在北京相对具有优势和竞争力，产业链前端的竞争力减弱。

从天津二位行业代码的总偏离量来看（见表 8-11），纺织业和皮革、毛皮、羽毛（绒）及其制品业两个行业的总偏离量分别为 -26995 人和 -6545 人，低于京津冀相应行业的平均水平，只有纺织服装、鞋、帽制造业的总偏离量为 16399 人，高于地区整体水平。三个行业的区域增长份额分量均为负，表明其增长水平均低于地区整体水平。从结构偏离份额和竞争份额来看，纺织业和皮革、毛皮、羽毛（绒）及其制品业两个行业既不具有结构上的优势，又处于竞争劣势，只有纺织服装、鞋、帽制造业具有一定结构优势和一定竞争力。

表 8-11　2003～2012 年纺织类制造业天津就业人口增长效应分解

| 行业代码 | 行业名称 | 增长幅度（人） | 总偏离量（人） | 区域增长份额分量（NE） | 结构偏离份额分量（SE） | 竞争分量（CE） |
|---|---|---|---|---|---|---|
| 17 | 纺织业 | -32259 | -26995 | -5264 | -10190 | -16805 |
| 18 | 纺织服装、鞋、帽制造业 | 8365 | 16399 | -8034 | 3595 | 12804 |
| 19 | 皮革、毛皮、羽毛（绒）及其制品业 | -8208 | -6545 | -1663 | -508 | -6037 |
| 171 | 棉、化纤纺织及印染精加工 | -16949 | -13832 | -3117 | -6014 | -7818 |
| 172 | 毛纺织和染整精加工 | -4847 | -4238 | -609 | -2239 | -1999 |
| 173 | 麻纺织 | 0 | 0 | 0 | 0 | 0 |
| 174 | 丝绢纺织及精加工 | -1566 | -1345 | -221 | -1312 | -34 |
| 175 | 纺织制成品制造 | -1811 | -1475 | -336 | 1081 | -2555 |
| 176 | 针织品、编织品及其制品制造 | -7086 | -6105 | -981 | -2681 | -3423 |
| 181 | 纺织服装制造 | 6541 | 14361 | -7820 | 2744 | 11617 |
| 182 | 纺织面料鞋的制造 | 1084 | 1236 | -152 | 438 | 797 |
| 183 | 制帽 | 740 | 802 | -62 | 202 | 600 |
| 191 | 皮革鞣制加工 | -730 | -635 | -95 | 7 | -642 |
| 192 | 皮革制品制造 | -6791 | -5360 | -1431 | -824 | -4535 |
| 193 | 毛皮鞣制及制品加工 | -279 | -220 | -59 | 12 | -231 |
| 194 | 羽毛（绒）加工及制品制造 | -408 | -331 | -77 | -233 | -98 |

资料来源：根据中国工业企业数据库相关年份数据整理。

从三位代码行业的总偏离量来看（见表 8-11），天津有 9 个行业的总偏离量为负，即低于京津冀城市群相应行业的平均水平，其中棉、化纤纺织及印染精加工、针织品、编织品及其制品制造和皮革制品制造 3 个行业偏离量最大，远低于京津冀该 3 个行业的平均增长水平。天津仅有 3 个行业的总偏离量为正，即高于三地区相应行业的平均水平，其中纺织服装制造偏离量较大，表明天津不断丧失纺织服装业产业链前端的竞争力，或者说不断从产业链前端退出，仅在少数产业链后端保持增长。从区域增长份额看，天津各行业普遍低于京津冀整体水平，表明天津纺织服装各行业已无法分享京津冀整个地区该产业的增长，其中尤以棉、化纤纺织及印染精加工和纺织服装制造为甚。从结构分量来看，有纺织服装制造、纺织制成品制造等 6 个行业勉强具有结构优势，其他行业均已不具有结构优势。竞争效应方面，纺织服装制造、纺织制成品制造和制帽 3 个行业表现了较好的竞争效应，其他行业均处于竞争劣势。

总体而言，天津纺织类产业在京津冀城市群已不具有优势，无论行业结构还是竞争效应都不具有优势，整个行业呈萎缩趋势，除极少数产业链后端行业（如纺织服装制造）还有一定发展外，其他绝大多数行业则不断转出或缩减。

从河北二位代码行业看，纺织业就业人数总体呈退缩趋势，10 年间减少了 5 万多人（见表 8－12），结合北京和天津就业人数也大量减少的事实，表明纺织业作为劳动密集型产业和东部沿海夕阳产业在整个京津冀城市群已普遍出现转移趋势。河北纺织业的总偏离量、区域分量和结构分量均为负，表明该行业增长低于京津冀城市群对应行业的平均水平，已无法分享整个地区纺织类产业增长的动力，结构上也已不具有优势，但该行业竞争分量为正，表明还具有一定竞争优势。纺织服装、鞋、帽制造业和皮革、毛皮、羽毛（绒）及其制品业的总偏离量都为正，表明其增长高于京津冀整体相应的行业水平，但二者的区域分量都为负，未能获得京津冀整体增长的分享，前者具有结构优势，后者不具结构优势，但二者都表现了一定的正向竞争效应。

**表 8－12　2003～2012 年纺织类制造业河北就业人口增长效应分解**

| 行业代码 | 行业 | 增长幅度（人） | 总偏离量（人） | 区域增长份额分量（NE） | 结构偏离份额分量（SE） | 竞争分量（CE） |
|---|---|---|---|---|---|---|
| 17 | 纺织业 | －45396 | －23834 | －21562 | －41741 | 17907 |
| 18 | 纺织服装、鞋、帽制造业 | －2907 | 3948 | －6855 | 3067 | 880 |
| 19 | 皮革、毛皮、羽毛（绒）及其制品业 | －3530 | 1786 | －5316 | －1625 | 3410 |
| 171 | 棉、化纤纺织及印染精加工 | －37390 | －21193 | －16197 | －31250 | 10057 |
| 172 | 毛纺织和染整精加工 | －10005 | －7402 | －2603 | －9574 | 2172 |
| 173 | 麻纺织 | 0 | 0 | 0 | 0 | 0 |
| 174 | 丝绢纺织及精加工 | －260 | －225 | －35 | －207 | －18 |
| 175 | 纺织制成品制造 | 5871 | 7367 | －1496 | 4810 | 2557 |
| 176 | 针织品、编织品及其制品制造 | －3612 | －2381 | －1231 | －3363 | 982 |
| 181 | 纺织服装制造 | －2963 | 3427 | －6390 | 2243 | 1185 |
| 182 | 纺织面料鞋的制造 | －269 | －56 | －213 | 616 | －672 |
| 183 | 制帽 | 325 | 577 | －252 | 820 | －244 |
| 191 | 皮革鞣制加工 | －1035 | 822 | －1857 | 131 | 691 |
| 192 | 皮革制品制造 | －1163 | 670 | －1833 | －1056 | 1726 |
| 193 | 毛皮鞣制及制品加工 | －866 | 620 | －1486 | 291 | 329 |
| 194 | 羽毛（绒）加工及制品制造 | －466 | －326 | －140 | －424 | 98 |

资料来源：根据中国工业企业数据库相关年份数据整理。

从三位代码行业来看，仅有纺织制成品制造和制帽两个行业的就业人数近10年中增幅为正，其他行业均呈缩减态势，其中尤以棉、化纤纺织及印染精加工和毛纺织和染整精加工两个行业缩减尤甚。行业就业总偏离量为正的有6个，高于京津冀城市群相应行业平均水平，其中，纺织制成品制造和纺织服装制造2个行业总偏离量较大。总偏离量为负的有6，这些行业低于京津冀城市群相应行业平均水平，其中，棉、化纤纺织及印染精加工和毛纺织和染整精加工两个行业尤为显著。几乎所有行业的区域分量都为负，表明河北纺织细分行业已不能分享区域纺织类产业的整体增长动力，其中，棉、化纤纺织及印染精加工和纺织服装制造两个行业最甚。有6个行业具有一定结构优势，其中纺织制成品制造和纺织服装制造结构优势较为明显，有6个行业结构处于劣势，棉、化纤纺织及印染精加工和毛纺织和染整精加工二行业表现最为突出。值得注意的是，河北省多数行业（9个）表现了较好的竞争效应，其中，棉、化纤纺织及印染精加工、毛纺织和染整精加工和纺织制成品制造较为突出，仅有少数行业（3个）竞争效应较差。综合前面对北京和天津的分析，纺织类行业中，河北在产业链前端具有较好的优势，北京和天津在精加工和制成品方面优势较好。但从近10年来京津冀城市群纺织类产业就业人数大幅下降来看，纺织服装产业在该地区总体呈转出趋势。

## 二、功能区及地级市纺织业

为了深入了解纺织服装业在京津冀城市群的空间迁移演化情况，有必要从更小的尺度分析其时空特征。考虑到北京和天津内部产业分布差异，为了更精准地了解大都市辖区产业迁移情况，本书将北京和天津进行了分区，其中，北京分为首都核心区、城市功能拓展区、城市发展新区和生态涵养发展区，天津分为市区、滨海新区和郊县区。河北则按地级市尺度分析。

北京各功能区中，首都核心区纺织产业本来就很少（见表8-13），就业增幅为负，表明纺织产业继续从核心区转出。仅存的几个行业其总偏离量、区域分量和竞争分量都为负，表明核心功能区低于京津冀整体相应行业的平均水平、已不能分享区域增长，竞争效应也为负。部分行业具有结构优势，但不突出。

**表8-13　2003~2012年纺织类制造业北京首都核心区就业人口增长效应分解**

| 行业代码 | 行业 | 增长幅度（人） | 总偏离量（人） | 区域增长份额分量（NE） | 结构偏离份额分量（SE） | 竞争分量（CE） |
|---|---|---|---|---|---|---|
| 17 | 纺织业 | -101 | -80 | -21 | -41 | -38 |
| 18 | 纺织服装、鞋、帽制造业 | -645 | -544 | -101 | 45 | -589 |

续表

| 行业代码 | 行业 | 增长幅度（人） | 总偏离量（人） | 区域增长份额分量（NE） | 结构偏离份额分量（SE） | 竞争分量（CE） |
|---|---|---|---|---|---|---|
| 19 | 皮革、毛皮、羽毛（绒）及其制品业 | 0 | 0 | 0 | 0 | 0 |
| 171 | 棉、化纤纺织及印染精加工 | 0 | 0 | 0 | 0 | 0 |
| 172 | 毛纺织和染整精加工 | 0 | 0 | 0 | 0 | 0 |
| 173 | 麻纺织 | 0 | 0 | 0 | 0 | 0 |
| 174 | 丝绢纺织及精加工 | 0 | 0 | 0 | 0 | 0 |
| 175 | 纺织制成品制造 | -69 | -51 | -18 | 59 | -110 |
| 176 | 针织品、编织品及其制品制造 | -32 | -29 | -3 | -8 | -21 |
| 181 | 纺织服装制造 | -674 | -573 | -101 | 35 | -609 |
| 182 | 纺织面料鞋的制造 | 0 | 0 | 0 | 0 | 0 |
| 183 | 制帽 | 0 | 0 | 0 | 0 | 0 |
| 191 | 皮革鞣制加工 | 0 | 0 | 0 | 0 | 0 |
| 192 | 皮革制品制造 | 0 | 0 | 0 | 0 | 0 |
| 193 | 毛皮鞣制及制品加工 | 0 | 0 | 0 | 0 | 0 |
| 194 | 羽毛（绒）加工及制品制造 | 0 | 0 | 0 | 0 | 0 |

资料来源：根据中国工业企业数据库相关年份数据整理。

从仅有的两个二位代码行业和三个三位代码行业中可看出，该功能区竞争力减弱，在京津冀就业人口的贡献中没有优势，其位于北京的中心，少有企业在此建厂，因此与此结果相符。

城市功能拓展区由首都核心区向外拓展，行业种类大幅增加，拥有3个二位代码行业的全部，拥有13个三位代码行业中的9个（见表8-14）。二位代码行业中，纺织业和纺织服装、鞋、帽制造业两个行业的增长幅度、总偏离量、区域分量和竞争分量均为负，表明这两个行业就业萎缩、发展低于京津冀整体水平、已难以分享区域增长，竞争效应亦为负，不具结构优势或结构优势不明显。皮革、毛皮、羽毛（绒）及其制品业虽然增长幅度、总偏离量、区域竞争效应为正，但不特别明显，无法分享区域增长，也不具结构优势。三位代码行业中，除皮革制品制造外，其他行业10年间增幅均为负（为零的行业表示该功能区没有该行业，下同），表明各细分行业就业纷纷呈萎缩趋势，总偏离量也均为负，表明这些行业增长低于京津冀整体水平。各行业区域分量都为负，表明其已不能分享区域增长。除纺织服装制造、纺织制成品制造等少数行业外，其他行业均已不具结构优势。除皮革制品制造外，其他行业的竞争效应均为负。北京城市功能拓展区紧靠首都核心区，因此，劳动力密集型行业生存空间有限，且总体呈退出趋势。

**表 8－14　2003～2012 年纺织类制造业北京都市功能拓展区就业人口增长效应分解**

| 行业代码 | 行业 | 增长幅度（人） | 总偏离量（人） | 区域增长份额分量（NE） | 结构偏离份额分量（SE） | 竞争分量（CE） |
|---|---|---|---|---|---|---|
| 17 | 纺织业 | －7613 | －6576 | －1037 | －2007 | －4569 |
| 18 | 纺织服装、鞋、帽制造业 | －3114 | －2006 | －1108 | 496 | －2502 |
| 19 | 皮革、毛皮、羽毛（绒）及其制品业 | 29 | 163 | －134 | －41 | 204 |
| 171 | 棉、化纤纺织及印染精加工 | －3132 | －2710 | －422 | －814 | －1896 |
| 172 | 毛纺织和染整精加工 | －2771 | －2512 | －259 | －952 | －1560 |
| 173 | 麻纺织 | 0 | 0 | 0 | 0 | 0 |
| 174 | 丝绢纺织及精加工 | 0 | 0 | 0 | 0 | 0 |
| 175 | 纺织制成品制造 | －424 | －327 | －97 | 313 | －640 |
| 176 | 针织品、编织品及其制品制造 | －1286 | －1028 | －258 | －706 | －321 |
| 181 | 纺织服装制造 | －3040 | －1939 | －1101 | 386 | －2325 |
| 182 | 纺织面料鞋的制造 | －74 | －67 | －7 | 20 | －87 |
| 183 | 制帽 | 0 | 0 | 0 | 0 | 0 |
| 191 | 皮革鞣制加工 | －117 | －106 | －11 | 1 | －107 |
| 192 | 皮革制品制造 | 157 | 267 | －110 | －63 | 330 |
| 193 | 毛皮鞣制及制品加工 | －11 | 3 | －14 | 3 | 0 |
| 194 | 羽毛（绒）加工及制品制造 | 0 | 0 | 0 | 0 | 0 |

资料来源：根据中国工业企业数据库相关年份数据整理。

城市发展新区的行业进一步增加（见表 8－15），二位代码的 3 个行业都有，三位代码的 13 个行业中有 11 个。二位代码行业中有 2 个十年间增幅、总偏离量为负，1 个增幅、总偏离量为正，总增幅为负，表明城市发展新区纺织业就业总体呈萎缩趋势，且增长低于京津冀整体平均水平。各行业区域分量均为负，表明城市发展新区已不能分享京津冀整体纺织业增长益处。除纺织服装、鞋、帽制造业具有一定结构优势外，其他二位代码行业均处结构劣势。纺织业和皮革、毛皮、羽毛（绒）及其制品业具有一定的正向竞争效应，但纺织服装、鞋、帽制造业的竞争效应大幅为负，且绝对值超过前二者之和，总体竞争效应为负。三位代码行业方面，有6个行业10年间增幅和总偏离量为负，5个行业增幅和总偏离量为正，但各行业总体增幅为负，表明该功能区纺织类行业总体呈萎缩退出之势，各行业总体总偏离量亦为负，表明多数行业增长低于京津冀整体相应行业的平均水平。区域分量各行业均为负，表明所有行业已无法分享地区整体增长份额。该功能区纺织服装制造、纺织面料鞋的制造、纺织制成品制造等6个行业结构上有一定改善，针织品、编织品及其制品制造，棉、化纤纺织及印染精加工，毛纺织和染整精加工等5个行业已不具行业结构优势。有6个行业竞争分量为正，5个为负，但总和为负，说明总体竞争效应不佳。综合而言，城市发展新区纺织类制造业发展处于过渡性质，呈现行业退出和向外转移趋势。

**表8-15　2003~2012年纺织类制造业北京城市发展新区就业人口增长效应分解**

| 行业代码 | 行业 | 增长幅度（人） | 总偏离量（人） | 区域增长份额分量（NE） | 结构偏离份额分量（SE） | 竞争分量（CE） |
|---|---|---|---|---|---|---|
| 17 | 纺织业 | -1845 | -18 | -1827 | -3537 | 3519 |
| 18 | 纺织服装、鞋、帽制造业 | -14022 | -7913 | -6109 | 2734 | -10647 |
| 19 | 皮革、毛皮、羽毛（绒）及其制品业 | 2014 | 2306 | -292 | -89 | 2395 |
| 171 | 棉、化纤纺织及印染精加工 | -1472 | -1087 | -385 | -743 | -344 |
| 172 | 毛纺织和染整精加工 | 920 | 997 | -77 | -284 | 1281 |
| 173 | 麻纺织 | 0 | 0 | 0 | 0 | 0 |
| 174 | 丝绢纺织及精加工 | -123 | -98 | -25 | -150 | 52 |
| 175 | 纺织制成品制造 | 859 | 909 | -50 | 162 | 748 |
| 176 | 针织品、编织品及其制品制造 | -2029 | -740 | -1289 | -3521 | 2781 |
| 181 | 纺织服装制造 | -13823 | -7823 | -6000 | 2106 | -9929 |
| 182 | 纺织面料鞋的制造 | 80 | 143 | -63 | 181 | -39 |
| 183 | 制帽 | -279 | -232 | -47 | 153 | -385 |
| 191 | 皮革鞣制加工 | 46 | 59 | -13 | 1 | 58 |
| 192 | 皮革制品制造 | 2120 | 2331 | -211 | -122 | 2453 |
| 193 | 毛皮鞣制及制品加工 | -152 | -84 | -68 | 13 | -98 |
| 194 | 羽毛（绒）加工及制品制造 | 0 | 0 | 0 | 0 | 0 |

资料来源：根据中国工业企业数据库相关年份数据整理。

生态涵养发展区只有二位代码中的纺织业和纺织服装、鞋、帽制造业，三位代码中的针织品、编织品及其制品制造和纺织服装制造（见表8-16），企业分

布少，这与生态涵养区功能定位主要为生态涵养保护和限制发展工业有关。由于行业少、企业少，在整个京津冀城市群的地位微不足道，对其讨论这里从略。

表 8-16　2003~2012 年纺织类制造业北京生态涵养发展区就业人口增长效应分解

| 行业代码 | 行业 | 增长幅度（人） | 总偏离量（人） | 区域增长份额分量（NE） | 结构偏离份额分量（SE） | 竞争分量（CE） |
|---|---|---|---|---|---|---|
| 17 | 纺织业 | -460 | -308 | -152 | -295 | -13 |
| 18 | 纺织服装、鞋、帽制造业 | 10 | 89 | -79 | 35 | 54 |
| 19 | 皮革、毛皮、羽毛（绒）及其制品业 | 0 | 0 | 0 | 0 | 0 |
| 171 | 棉、化纤纺织及印染精加工 | 0 | 0 | 0 | 0 | 0 |
| 172 | 毛纺织和染整精加工 | 0 | 0 | 0 | 0 | 0 |
| 173 | 麻纺织 | 0 | 0 | 0 | 0 | 0 |
| 174 | 丝绢纺织及精加工 | 0 | 0 | 0 | 0 | 0 |
| 175 | 纺织制成品制造 | 0 | 0 | 0 | 0 | 0 |
| 176 | 针织品、编织品及其制品制造 | -566 | -414 | -152 | -416 | 2 |
| 181 | 纺织服装制造 | 10 | 89 | -79 | 28 | 61 |
| 182 | 纺织面料鞋的制造 | 0 | 0 | 0 | 0 | 0 |
| 183 | 制帽 | 0 | 0 | 0 | 0 | 0 |
| 191 | 皮革鞣制加工 | 0 | 0 | 0 | 0 | 0 |
| 192 | 皮革制品制造 | 0 | 0 | 0 | 0 | 0 |
| 193 | 毛皮鞣制及制品加工 | 0 | 0 | 0 | 0 | 0 |
| 194 | 羽毛（绒）加工及制品制造 | 0 | 0 | 0 | 0 | 0 |

资料来源：根据中国工业企业数据库相关年份数据整理。

从北京市 4 个功能区情况看，各功能区的纺织类行业总体都呈萎缩退出趋势。这既与北京市产业发展定位和相关产业政策相关，也与纺织类各行业主要由劳动密集型、技术含量不高和附加值不高的行业组成有关，这类行业在北京市各类生产要素成本普遍上涨的推力下纷纷转型升级和退出转移已成为压倒性趋势。

天津的三分区中，市区无论二位代码还是三位代码，行业就业人口近 10 年的增幅、总偏离量和区域分量都为负，表明天津市区纺织类各行业就业均呈缩减之势（见表 8-17），各行业就业增长均低于京津冀城市群整体相应行业平均值，且已不能分享地区整体的增长动力。仅有少数行业具有微弱行业结构优势，更多的是处于行业劣势。所有行业都是负向竞争效应。上述情况表明天津市区纺织类行业呈大幅萎缩退出转移趋势，在京津冀城市群内已不具纺织类产业竞争条件。

**表 8－17　2003～2012 年纺织类制造业天津市区就业人口增长效应分解**

| 行业代码 | 行业 | 增长幅度（人） | 总偏离量（人） | 区域增长份额分量（NE） | 结构偏离份额分量（SE） | 竞争分量（CE） |
|---|---|---|---|---|---|---|
| 17 | 纺织业 | －25011 | －22638 | －2373 | －4594 | －18044 |
| 18 | 纺织服装、鞋、帽制造业 | －3638 | －3031 | －607 | 272 | －3303 |
| 19 | 皮革、毛皮、羽毛（绒）及其制品业 | －1154 | －905 | －249 | －76 | －829 |
| 171 | 棉、化纤纺织及印染精加工 | －19612 | －17788 | －1824 | －3519 | －14269 |
| 172 | 毛纺织和染整精加工 | －2325 | －2108 | －217 | －800 | －1307 |
| 173 | 麻纺织 | 0 | 0 | 0 | 0 | 0 |
| 174 | 丝绢纺织及精加工 | －74 | －67 | －7 | －41 | －27 |
| 175 | 纺织制成品制造 | －851 | －753 | －98 | 315 | －1068 |
| 176 | 针织品、编织品及其制品制造 | －2149 | －1922 | －227 | －620 | －1302 |
| 181 | 纺织服装制造 | －3594 | －3003 | －591 | 207 | －3210 |
| 182 | 纺织面料鞋的制造 | －25 | －23 | －2 | 7 | －29 |
| 183 | 制帽 | －19 | －5 | －14 | 46 | －51 |
| 191 | 皮革鞣制加工 | －369 | －335 | －34 | 2 | －337 |
| 192 | 皮革制品制造 | －394 | －215 | －179 | －103 | －112 |
| 193 | 毛皮鞣制及制品加工 | －51 | －46 | －5 | 1 | －47 |
| 194 | 羽毛（绒）加工及制品制造 | －340 | －309 | －31 | －95 | －214 |

资料来源：根据中国工业企业数据库相关年份数据整理。

滨海新区是天津新工业、重化工业发展的重点区域，纺织类产业就业量本身不是该区域就业的主体产业，且其总体呈衰减趋势，但具体到不同行业表现又有不同（见表 8－18）。二位代码行业中，纺织业就业人口有较大幅度减少，纺织服装、鞋、帽制造业和皮革、毛皮、羽毛（绒）及其制品业有一定增长，但三大行业就业人口总和呈负增长趋势。纺织业的总偏离量为负，其增长低于京津冀该行业的平均水平，纺织服装、鞋、帽制造业和皮革、毛皮、羽毛（绒）及其制品业二行业的总偏离量为正，其增长略高于京津冀相应行业的平均水平。三行业的区域分量和结构分量都为负，表明已难以分享地区整体的行业增长好处，且处于结构劣势。纺织业产生了正向竞争效应，但纺织服装、鞋、帽制造业和皮革、毛皮、羽毛（绒）及其制品业二行业却产生了负的竞争效应。三位代码行

业方面情形类似，增幅为正和为负的均为3个行业，但总增幅为负，表明纺织类产业在滨海新区的就业呈缩减之势。总偏离量为正和为负的行业分别为3个，表明不同行业既有高于也有低于京津冀城市群相应行业的平均水平，但总偏离量总和为负。各行业区域分量均为负，已难以分享地区整体的增长好处。多数行业处于结构劣势，少数具有微弱结构优势。纺织服装制造和纺织服装制造等少数行业具有一定正向竞争效应，其他多数行业则是负向竞争效应。综合起来看，滨海新区的纺织类产业呈退缩和外转趋势。

**表8-18　2003~2012年纺织类制造业天津滨海新区就业人口增长效应分解**

| 行业代码 | 行业 | 增长幅度（人） | 总偏离量（人） | 区域增长份额分量（NE） | 结构偏离份额分量（SE） | 竞争分量（CE） |
|---|---|---|---|---|---|---|
| 17 | 纺织业 | -2331 | -1827 | -504 | -977 | -850 |
| 18 | 纺织服装、鞋、帽制造业 | 448 | 728 | -280 | 125 | 602 |
| 19 | 皮革、毛皮、羽毛（绒）及其制品业 | 356 | 401 | -45 | -14 | 415 |
| 171 | 棉、化纤纺织及印染精加工 | -1248 | -973 | -275 | -531 | -442 |
| 172 | 毛纺织和染整精加工 | -496 | -447 | -49 | -182 | -265 |
| 173 | 麻纺织 | 0 | 0 | 0 | 0 | 0 |
| 174 | 丝绢纺织及精加工 | 0 | 0 | 0 | 0 | 0 |
| 175 | 纺织制成品制造 | 64 | 122 | -58 | 187 | -65 |
| 176 | 针织品、编织品及其制品制造 | -1024 | -902 | -122 | -333 | -569 |
| 181 | 纺织服装制造 | 348 | 628 | -280 | 98 | 529 |
| 182 | 纺织面料鞋的制造 | 0 | 0 | 0 | 0 | 0 |
| 183 | 制帽 | 0 | 0 | 0 | 0 | 0 |
| 191 | 皮革鞣制加工 | 0 | 0 | 0 | 0 | 0 |
| 192 | 纺织服装制造 | 183 | 228 | -45 | -26 | 254 |
| 193 | 毛皮鞣制及制品加工 | 0 | 0 | 0 | 0 | 0 |
| 194 | 羽毛（绒）加工及制品制造 | 0 | 0 | 0 | 0 | 0 |

资料来源：根据中国工业企业数据库相关年份数据整理。

除麻纺织外的各纺织类行业天津郊区县都有发展（见表8-19），企业也比较多。二位代码行业，纺织业和皮革、毛皮、羽毛（绒）及其制品业两个行业的增幅、总偏离量、区域分量和结构分量都为负，表明天津郊区县这两类行业就业呈萎缩趋势，行业增长低于京津冀城市群相应行业平均水平，无法分享地区产业增长，存在结构劣势。纺织服装、鞋、帽制造业就业增幅、总偏离量、结构分量和竞争分量均为正，表明该行业在天津郊区县仍处于增长状态，且其增长高于地区整体该行业的平均水平，具有一定结构优势和良好的正向竞争效应，但该行业却未能很好地分享地区增长力量。三位代码行业中，纺织服装制造、棉、化纤纺织及印染精加工、纺织面料鞋的制造和制帽等4个行业的增幅和总偏离量都为正，表明其近10年来就业人口有所增长且高于京津冀城市群相应行业平均水平。皮革制品制造、针织品、编织品及其制品制造等6个行业的增幅和总偏离量都为负，表明其就业人口减少且增长低于地区相应行业平均水平。所有行业区域分量为负，表明所有行业都未能充分分享地区整体增长动力。纺织服装制造、纺织制成品制造等6个行业具有一定结构优势，而棉、化纤纺织及印染精加工、丝绢纺织及精加工等6个行业处于结构劣势。纺织服装制造、棉、化纤纺织及印染精加工等5个行业具有较好的竞争效应，而其他行业竞争效应为负。

**表8－19　2003～2012年纺织类制造业天津郊县就业人口增长效应分解**

| 行业代码 | 行业 | 增长幅度（人） | 总偏离量（人） | 区域增长份额分量（NE） | 结构偏离份额分量（SE） | 竞争分量（CE） |
|---|---|---|---|---|---|---|
| 17 | 纺织业 | －4917 | －2531 | －2386 | －4620 | 2089 |
| 18 | 纺织服装、鞋、帽制造业 | 11555 | 18702 | －7147 | 3198 | 15504 |
| 19 | 皮革、毛皮、羽毛（绒）及其制品业 | －7410 | －6042 | －1368 | －418 | －5623 |
| 171 | 棉、化纤纺织及印染精加工 | 3911 | 4929 | －1018 | －1964 | 6894 |
| 172 | 毛纺织和染整精加工 | －2026 | －1684 | －342 | －1257 | －427 |
| 173 | 麻纺织 | 0 | 0 | 0 | 0 | 0 |
| 174 | 丝绢纺织及精加工 | －1865 | －1651 | －214 | －1271 | －380 |
| 175 | 纺织制成品制造 | －1024 | －844 | －180 | 578 | －1422 |
| 176 | 针织品、编织品及其制品制造 | －3913 | －3280 | －633 | －1729 | －1552 |
| 181 | 纺织服装制造 | 9787 | 16737 | －6950 | 2439 | 14298 |
| 182 | 纺织面料鞋的制造 | 1059 | 1208 | －149 | 432 | 777 |
| 183 | 制帽 | 709 | 757 | －48 | 157 | 600 |
| 191 | 皮革鞣制加工 | －361 | －300 | －61 | 4 | －304 |
| 192 | 皮革制品制造 | －6580 | －5373 | －1207 | －695 | －4678 |
| 193 | 毛皮鞣制及制品加工 | －401 | －346 | －55 | 11 | －357 |
| 194 | 羽毛（绒）加工及制品制造 | －68 | －22 | －46 | －138 | 116 |

资料来源：根据中国工业企业数据库相关年份数据整理。

总体来讲，天津各区域纺织类产业发展呈缩退和转出态势，其中尤以市区和滨海新区为甚，纺织类产业在郊县虽然有所发展，但有所选择，主要是纺织类后端行业有一定的增长优势，而前端那些低技术含量、劳动密集度高的产业已显现转出特征。可以预见，天津未来的产业发展中，纺织类行业还会继续缩减和转出。

由表8－20可知，从二位代码行业来看，石家庄的纺织业就业增幅、总偏离量、区域分量和结构分量都为负，而竞争分量为正，表明该行业呈就业萎缩趋势，增长低于京津冀整体该行业平均水平，不能充分分享地区的增长力量，行业结构处于劣势，但具有良好的正向竞争效应，对纺织业仍具有一定吸引力。纺织服装、鞋、帽制造业和皮革、毛皮、羽毛（绒）及其制品业的增幅、总偏离量和竞争分量都为正，区域分量都为正，表明这两个行业就业呈增长趋势，且其增长高于京津冀整体对应行业平均水平，具有较好的区域竞争优势，但二者均未能分享地区整体增长动能。前者具有一定结构优势，后者则处结构劣势。从三位代码行业看，棉、化纤纺织及印染精加工、皮革鞣制加工、毛纺织和染整精加工等6个行业的增幅和总偏离量都为负，表明这些行业就业呈萎缩态势，其增长低于京津冀相应行业平均水平。纺织制成品制造、皮革制品制造、纺织服装制造等5个行业的增幅和总偏离量都为正，这些行业就业呈增长态势，且其增长高于京津冀相应行业平均水平。所有行业区域分量为负，不能分享地区整体增长动力。棉、化纤纺织及印染精加工、毛纺织和染整精加工、皮革制品制造等5个行业处结构劣势，纺织服装制造、纺织面料鞋的制造、制帽等6个行业则具有一定结构优势。毛纺织和染整精加工和纺织面料鞋的制造两个行业竞争效应较差外，其他行业都表现了较好的正向竞争效应，表明石家庄对这些行业依然具有一定的聚集引力。

**表8－20　2003～2012年纺织类制造业石家庄市就业人口增长效应分解**

| 行业代码 | 行业 | 增长幅度（人） | 总偏离量（人） | 区域增长份额分量（NE） | 结构偏离份额分量（SE） | 竞争分量（CE） |
|---|---|---|---|---|---|---|
| 17 | 纺织业 | －6467 | －783 | －5684 | －11004 | 10222 |
| 18 | 纺织服装、鞋、帽制造业 | 1721 | 3416 | －1695 | 759 | 2658 |
| 19 | 皮革、毛皮、羽毛（绒）及其制品业 | 1428 | 4489 | －3061 | －936 | 5425 |
| 171 | 棉、化纤纺织及印染精加工 | －7116 | －1712 | －5404 | －10426 | 8714 |
| 172 | 毛纺织和染整精加工 | －351 | －294 | －57 | －208 | －86 |
| 173 | 麻纺织 | 0 | 0 | 0 | 0 | 0 |
| 174 | 丝绢纺织及精加工 | 0 | 0 | 0 | 0 | 0 |

续表

| 行业代码 | 行业 | 增长幅度（人） | 总偏离量（人） | 区域增长份额分量（NE） | 结构偏离份额分量（SE） | 竞争分量（CE） |
|---|---|---|---|---|---|---|
| 175 | 纺织制成品制造 | 1174 | 1239 | -65 | 208 | 1031 |
| 176 | 针织品、编织品及其制品制造 | -174 | -15 | -159 | -435 | 420 |
| 181 | 纺织服装制造 | 1573 | 3028 | -1455 | 511 | 2518 |
| 182 | 纺织面料鞋的制造 | -202 | -49 | -153 | 441 | -490 |
| 183 | 制帽 | 350 | 438 | -88 | 285 | 152 |
| 191 | 皮革鞣制加工 | -751 | 876 | -1627 | 115 | 761 |
| 192 | 皮革制品制造 | 2338 | 3665 | -1327 | -764 | 4429 |
| 193 | 毛皮鞣制及制品加工 | 37 | 85 | -48 | 9 | 76 |
| 194 | 羽毛（绒）加工及制品制造 | -196 | -136 | -60 | -181 | 45 |

资料来源：根据中国工业企业数据库相关年份数据整理。

由表8-21可知，从二位代码行业看，各行业增幅、总偏离量、区域分量和竞争分量都为负，表明唐山纺织类制造业就业呈全面缩减趋势，增长低于京津冀相应行业增速，无法分享地区增长动力，负向竞争效应表明唐山对纺织类制造业具有排斥作用。纺织服装、鞋、帽制造业具有一定结构优势，另两个行业处结构劣势。从三位代码行业看，除制帽行业外，各行业的增幅和总偏离量均为负，表明唐山纺织类行业就业呈全面缩减态势，发展低于京津冀相应行业平均增速。尽管有少数几个行业具有微弱结构优势，但所有行业已无法分享地区增长动能，且缺乏区域竞争优势，对行业发展产生排斥作用。以重工业为优势的唐山，其纺织类制造业萎缩和缺乏竞争优势显而易见，其行业退出转移较之石家庄更甚。

**表8-21 2003~2012年纺织类制造业唐山市就业人口增长效应分解**

| 行业代码 | 行业 | 增长幅度（人） | 总偏离量（人） | 区域增长份额分量（NE） | 结构偏离份额分量（SE） | 竞争分量（CE） |
|---|---|---|---|---|---|---|
| 17 | 纺织业 | -4317 | -3759 | -558 | -1080 | -2679 |
| 18 | 纺织服装、鞋、帽制造业 | -3780 | -3092 | -688 | 308 | -3400 |
| 19 | 皮革、毛皮、羽毛（绒）及其制品业 | -554 | -503 | -51 | -16 | -487 |
| 171 | 棉、化纤纺织及印染精加工 | -2328 | -2000 | -328 | -632 | -1369 |
| 172 | 毛纺织和染整精加工 | -37 | -33 | -4 | -15 | -18 |

续表

| 行业代码 | 行业 | 增长幅度（人） | 总偏离量（人） | 区域增长份额分量（NE） | 结构偏离份额分量（SE） | 竞争分量（CE） |
|---|---|---|---|---|---|---|
| 173 | 麻纺织 | 0 | 0 | 0 | 0 | 0 |
| 174 | 丝绢纺织及精加工 | -256 | -232 | -24 | -140 | -92 |
| 175 | 纺织制成品制造 | -653 | -570 | -83 | 268 | -838 |
| 176 | 针织品、编织品及其制品制造 | -1043 | -924 | -119 | -326 | -598 |
| 181 | 纺织服装制造 | -3890 | -3215 | -675 | 237 | -3452 |
| 182 | 纺织面料鞋的制造 | 0 | 0 | 0 | 0 | 0 |
| 183 | 制帽 | 20 | 33 | -13 | 42 | -9 |
| 191 | 皮革鞣制加工 | -419 | -380 | -39 | 3 | -383 |
| 192 | 皮革制品制造 | -135 | -123 | -12 | -7 | -115 |
| 193 | 毛皮鞣制及制品加工 | 0 | 0 | 0 | 0 | 0 |
| 194 | 羽毛（绒）加工及制品制造 | 0 | 0 | 0 | 0 | 0 |

资料来源：根据中国工业企业数据库相关年份数据整理。

如表8-22所示，从二位代码行业来看，秦皇岛纺织业和纺织服装、鞋、帽制造业就业有一定增长，且高于京津冀城市群相应行业水平，具有吸引此二行业进一步集聚的一定竞争优势，但未能分享地区整体增长动力，前者丧失结构优势，后者结构优势微弱。皮革、毛皮、羽毛（绒）及其制品业就业负增长，地域地区平均水平，不能分享地区增长动力，处于结构劣势和区域竞争劣势。三位代码行业方面，秦皇岛仅有其中的6个行业，其中，增幅、总偏离量和区域分量都为正和都为负的各占一半，各行业均不能分享地区增长动力，仅有3个行业有微弱结构优势，纺织制成品制造和纺织服装制造具有一定的竞争优势，其他行业或竞争效应或弱小或为负。综合而言，秦皇岛纺织类制造业有一定增长和竞争优势，但并不突出。

**表8-22　2003~2012年纺织类制造业秦皇岛市就业人口增长效应分解**

| 行业代码 | 行业 | 增长幅度（人） | 总偏离量（人） | 区域增长份额分量（NE） | 结构偏离份额分量（SE） | 竞争分量（CE） |
|---|---|---|---|---|---|---|
| 17 | 纺织业 | 28 | 180 | -152 | -293 | 473 |
| 18 | 纺织服装、鞋、帽制造业 | 1048 | 1209 | -161 | 72 | 1137 |

续表

| 行业代码 | 行业 | 增长幅度（人） | 总偏离量（人） | 区域增长份额分量（NE） | 结构偏离份额分量（SE） | 竞争分量（CE） |
|---|---|---|---|---|---|---|
| 19 | 皮革、毛皮、羽毛（绒）及其制品业 | -314 | -250 | -64 | -19 | -231 |
| 171 | 棉、化纤纺织及印染精加工 | -1005 | -883 | -122 | -236 | -647 |
| 172 | 毛纺织和染整精加工 | -49 | -35 | -14 | -51 | 15 |
| 173 | 麻纺织 | 0 | 0 | 0 | 0 | 0 |
| 174 | 丝绢纺织及精加工 | 0 | 0 | 0 | 0 | 0 |
| 175 | 纺织制成品制造 | 772 | 788 | -16 | 50 | 738 |
| 176 | 针织品、编织品及其制品制造 | 0 | 0 | 0 | 0 | 0 |
| 181 | 纺织服装制造 | 1003 | 1164 | -161 | 56 | 1107 |
| 182 | 纺织面料鞋的制造 | 0 | 0 | 0 | 0 | 0 |
| 183 | 制帽 | 0 | 0 | 0 | 0 | 0 |
| 191 | 皮革鞣制加工 | 0 | 0 | 0 | 0 | 0 |
| 192 | 皮革制品制造 | -361 | -303 | -58 | -33 | -270 |
| 193 | 毛皮鞣制及制品加工 | 47 | 53 | -6 | 1 | 51 |
| 194 | 羽毛（绒）加工及制品制造 | 0 | 0 | 0 | 0 | 0 |

资料来源：根据中国工业企业数据库相关年份数据整理。

表 8-23 表明，从二位代码行业看，邯郸纺织类制造业就业总体呈大幅萎缩态势，其中纺织业最为突出，该行业远低于京津冀城市群的增速，既无结构优势，也不能分享地区增长动力，更无区位竞争优势。只有皮革、毛皮、羽毛（绒）及其制品业情况稍好，10 年来有一定增长，且高于地区平均水平，尽管不具结构和不能分享地区增长，但表现了一定的区域竞争优势。从邯郸仅有的 6 个三位代码行业看，增幅和竞争分量为正和为负的各占一半，各行业均不能分享地区增长动力，不具结构优势或优势微弱。综合而言，纺织类制造业在邯郸市已几乎不具有优势，行业萎缩和外迁是主要趋势。

**表 8-23　2003～2012 年纺织类制造业邯郸市就业人口增长效应分解**

| 行业代码 | 行业 | 增长幅度（人） | 总偏离量（人） | 区域增长份额分量（NE） | 结构偏离份额分量（SE） | 竞争分量（CE） |
|---|---|---|---|---|---|---|
| 17 | 纺织业 | -11103 | -7761 | -3342 | -6470 | -1291 |
| 18 | 纺织服装、鞋、帽制造业 | -262 | 100 | -362 | 162 | -62 |

续表

| 行业代码 | 行业 | 增长幅度（人） | 总偏离量（人） | 区域增长份额分量（NE） | 结构偏离份额分量（SE） | 竞争分量（CE） |
|---|---|---|---|---|---|---|
| 19 | 皮革、毛皮、羽毛（绒）及其制品业 | 507 | 542 | -35 | -11 | 553 |
| 171 | 棉、化纤纺织及印染精加工 | -12297 | -8965 | -3332 | -6428 | -2537 |
| 172 | 毛纺织和染整精加工 | 327 | 332 | -5 | -17 | 349 |
| 173 | 麻纺织 | 0 | 0 | 0 | 0 | 0 |
| 174 | 丝绢纺织及精加工 | 0 | 0 | 0 | 0 | 0 |
| 175 | 纺织制成品制造 | 0 | 0 | 0 | 0 | 0 |
| 176 | 针织品、编织品及其制品制造 | 867 | 873 | -6 | -15 | 888 |
| 181 | 纺织服装制造 | -362 | 0 | -362 | 127 | -127 |
| 182 | 纺织面料鞋的制造 | 0 | 0 | 0 | 0 | 0 |
| 183 | 制帽 | 0 | 0 | 0 | 0 | 0 |
| 191 | 皮革鞣制加工 | 0 | 0 | 0 | 0 | 0 |
| 192 | 皮革制品制造 | 636 | 640 | -4 | -2 | 643 |
| 193 | 毛皮鞣制及制品加工 | -129 | -98 | -31 | 6 | -104 |
| 194 | 羽毛（绒）加工及制品制造 | 0 | 0 | 0 | 0 | 0 |

资料来源：根据中国工业企业数据库相关年份数据整理。

如表 8-24 所示，从二位代码行业来看，邢台仅有皮革、毛皮、羽毛（绒）及其制品业就业有一定增长且高于京津冀城市群水平，有一定吸引行业聚集的区域竞争优势，但其结构处于劣势，且已不能分享地区增长动力。另 2 个行业就业呈全面缩减，不能分享地区增长动力，其中，纺织业不具结构优势，但对吸引行业尚有一定竞争优势，另一个行业尽管有一定结构优势，但竞争效应为负，不具吸引力。三位代码行业虽内部表现有一定差异，但总体情形与二位代码行业类似，行业就业贡献呈下降态势，但部分行业依然具有吸引集聚的竞争优势。

**表 8-24　2003~2012 年纺织类制造业邢台市就业人口增长效应分解**

| 行业代码 | 行业 | 增长幅度（人） | 总偏离量（人） | 区域增长份额分量（NE） | 结构偏离份额分量（SE） | 竞争分量（CE） |
|---|---|---|---|---|---|---|
| 17 | 纺织业 | -5044 | -1817 | -3227 | -6246 | 4429 |
| 18 | 纺织服装、鞋、帽制造业 | -2929 | -1767 | -1162 | 520 | -2287 |

续表

| 行业代码 | 行业 | 增长幅度（人） | 总偏离量（人） | 区域增长份额分量（NE） | 结构偏离份额分量（SE） | 竞争分量（CE） |
|---|---|---|---|---|---|---|
| 19 | 皮革、毛皮、羽毛（绒）及其制品业 | 1194 | 1321 | -127 | -39 | 1360 |
| 171 | 棉、化纤纺织及印染精加工 | -3750 | -1548 | -2202 | -4247 | 2699 |
| 172 | 毛纺织和染整精加工 | -1509 | -741 | -768 | -2825 | 2084 |
| 173 | 麻纺织 | 0 | 0 | 0 | 0 | 0 |
| 174 | 丝绢纺织及精加工 | 0 | 0 | 0 | 0 | 0 |
| 175 | 纺织制成品制造 | 478 | 534 | -56 | 180 | 354 |
| 176 | 针织品、编织品及其制品制造 | -263 | -62 | -201 | -550 | 488 |
| 181 | 纺织服装制造 | -2632 | -1530 | -1102 | 387 | -1917 |
| 182 | 纺织面料鞋的制造 | -297 | -237 | -60 | 175 | -411 |
| 183 | 制帽 | 0 | 0 | 0 | 0 | 0 |
| 191 | 皮革鞣制加工 | 0 | 0 | 0 | 0 | 0 |
| 192 | 皮革制品制造 | 0 | 0 | 0 | 0 | 0 |
| 193 | 毛皮鞣制及制品加工 | 1194 | 1321 | -127 | 25 | 1296 |
| 194 | 羽毛（绒）加工及制品制造 | 0 | 0 | 0 | 0 | 0 |

资料来源：根据中国工业企业数据库相关年份数据整理。

保定市的行业种类相对齐全（见表8-25），从二位代码行业来看，纺织服装、鞋、帽制造业和皮革、毛皮、羽毛（绒）及其制品业就业缩减，且增长低于京津冀平均水平，未能分享地区增长好处，不具结构优势和竞争优势。纺织业就业增加，且增长高于地区水平，虽然未能分享地区增长，也不具有结构优势，但表现了较好的竞争效应，对纺织业具有进一步集聚的吸引力。从三位代码行业来看，棉、化纤纺织及印染精加工、纺织制成品制造等行业呈增长态势，且高于地区整体水平，虽然不能分享地区增长，但具有一定的竞争优势。而毛纺织和染整精加工、纺织服装制造等行业则呈负增长，低于地区整体水平，未能分享地区增长好处，结构处劣势或优势微弱，不具竞争优势。综合而言，纺织类制造业在保定呈萎缩转出态势，就业贡献减少，但纺织业方面还保留了较好的集聚竞争优势，因而尚有一定发展空间。

表 8-25 2003~2012 年纺织类制造业保定市就业人口增长效应分解

| 行业代码 | 行业 | 增长幅度（人） | 总偏离量（人） | 区域增长份额分量（NE） | 结构偏离份额分量（SE） | 竞争分量（CE） |
|---|---|---|---|---|---|---|
| 17 | 纺织业 | 1110 | 6062 | -4952 | -9587 | 15650 |
| 18 | 纺织服装、鞋、帽制造业 | -3887 | -2046 | -1841 | 824 | -2870 |
| 19 | 皮革、毛皮、羽毛（绒）及其制品业 | -2296 | -1889 | -407 | -124 | -1765 |
| 171 | 棉、化纤纺织及印染精加工 | 4633 | 6616 | -1983 | -3827 | 10443 |
| 172 | 毛纺织和染整精加工 | -8072 | -6383 | -1689 | -6214 | -168 |
| 173 | 麻纺织 | 0 | 0 | 0 | 0 | 0 |
| 174 | 丝绢纺织及精加工 | -17 | -15 | -2 | -9 | -6 |
| 175 | 纺织制成品制造 | 4523 | 5693 | -1170 | 3760 | 1933 |
| 176 | 针织品、编织品及其制品制造 | 43 | 152 | -109 | -297 | 448 |
| 181 | 纺织服装制造 | -3537 | -1847 | -1690 | 593 | -2440 |
| 182 | 纺织面料鞋的制造 | 0 | 0 | 0 | 0 | 0 |
| 183 | 制帽 | -350 | -199 | -151 | 493 | -692 |
| 191 | 皮革鞣制加工 | -337 | -224 | -113 | 8 | -232 |
| 192 | 皮革制品制造 | -1817 | -1624 | -193 | -111 | -1513 |
| 193 | 毛皮鞣制及制品加工 | 4 | 36 | -32 | 6 | 30 |
| 194 | 羽毛（绒）加工及制品制造 | -146 | -77 | -69 | -209 | 132 |

资料来源：根据中国工业企业数据库相关年份数据整理。

作为生态保障区的张家口（见表 8-26），其纺织类行业数不全，企业较少，缺少了二位代码的纺织服装、鞋、帽制造业一个大类，只有部分的纺织类和皮革类。仅存的几个行业几乎都呈负增长和低于京津冀整体水平，没能分享地区增长好处，多数处结构劣势和处于竞争劣势。张家口总体纺织类制造业发展较弱，缺乏竞争优势，后续发展有继续走弱之势。

表 8-26 2003~2012 年纺织类制造业张家口市就业人口增长效应分解

| 行业代码 | 行业 | 增长幅度（人） | 总偏离量（人） | 区域增长份额分量（NE） | 结构偏离份额分量（SE） | 竞争分量（CE） |
|---|---|---|---|---|---|---|
| 17 | 纺织业 | -829 | -723 | -106 | -206 | -517 |
| 18 | 纺织服装、鞋、帽制造业 | 0 | 0 | 0 | 0 | 0 |

续表

| 行业代码 | 行业 | 增长幅度（人） | 总偏离量（人） | 区域增长份额分量（NE） | 结构偏离份额分量（SE） | 竞争分量（CE） |
|---|---|---|---|---|---|---|
| 19 | 皮革、毛皮、羽毛（绒）及其制品业 | -798 | -608 | -190 | -58 | -550 |
| 171 | 棉、化纤纺织及印染精加工 | 0 | 0 | 0 | 0 | 0 |
| 172 | 毛纺织和染整精加工 | -230 | -206 | -24 | -87 | -120 |
| 173 | 麻纺织 | 0 | 0 | 0 | 0 | 0 |
| 174 | 丝绢纺织及精加工 | 0 | 0 | 0 | 0 | 0 |
| 175 | 纺织制成品制造 | -499 | -453 | -46 | 148 | -601 |
| 176 | 针织品、编织品及其制品制造 | -400 | -363 | -37 | -101 | -262 |
| 181 | 纺织服装制造 | 0 | 0 | 0 | 0 | 0 |
| 182 | 纺织面料鞋的制造 | 0 | 0 | 0 | 0 | 0 |
| 183 | 制帽 | 0 | 0 | 0 | 0 | 0 |
| 191 | 皮革鞣制加工 | 140 | 146 | -6 | 0 | 145 |
| 192 | 皮革制品制造 | -105 | -95 | -10 | -6 | -90 |
| 193 | 毛皮鞣制及制品加工 | -833 | -658 | -175 | 34 | -692 |
| 194 | 羽毛（绒）加工及制品制造 | 0 | 0 | 0 | 0 | 0 |

资料来源：根据中国工业企业数据库相关年份数据整理。

同样作为生态保护区的承德市，其纺织类行业不全（见表8－27），二位代码行业缺少皮革、毛皮、羽毛（绒）及其制品业，三位代码行业仅有四个细分行业。纺织业各项指标都为负，表明该行业就业呈负增长，低于地区增长水平，分享不了地区增长动力，结构和竞争都处于劣势。纺织服装、鞋、帽制造业则呈就业增长态势，且高于地区平均水平，具有微弱结构优势和一定的竞争优势。综合而言，承德的纺织类产业未来除纺织服装、鞋、帽制造业等个别行业有一定发展外，总体将呈退出态势。

**表8－27　2003～2012年纺织类制造业承德市就业人口增长效应分解**

| 行业代码 | 行业 | 增长幅度（人） | 总偏离量（人） | 区域增长份额分量（NE） | 结构偏离份额分量（SE） | 竞争分量（CE） |
|---|---|---|---|---|---|---|
| 17 | 纺织业 | -9578 | -8641 | -937 | -1815 | -6826 |
| 18 | 纺织服装、鞋、帽制造业 | 1423 | 1581 | -158 | 71 | 1510 |

续表

| 行业代码 | 行业 | 增长幅度（人） | 总偏离量（人） | 区域增长份额分量（NE） | 结构偏离份额分量（SE） | 竞争分量（CE） |
|---|---|---|---|---|---|---|
| 19 | 皮革、毛皮、羽毛（绒）及其制品业 | 0 | 0 | 0 | 0 | 0 |
| 171 | 棉、化纤纺织及印染精加工 | -9167 | -8302 | -865 | -1668 | -6634 |
| 172 | 毛纺织和染整精加工 | 0 | 0 | 0 | 0 | 0 |
| 173 | 麻纺织 | 0 | 0 | 0 | 0 | 0 |
| 174 | 丝绢纺织及精加工 | 0 | 0 | 0 | 0 | 0 |
| 175 | 纺织制成品制造 | -641 | -582 | -59 | 190 | -772 |
| 176 | 针织品、编织品及其制品制造 | -150 | -136 | -14 | -38 | -98 |
| 181 | 纺织服装制造 | 1383 | 1541 | -158 | 55 | 1485 |
| 182 | 纺织面料鞋的制造 | 0 | 0 | 0 | 0 | 0 |
| 183 | 制帽 | 0 | 0 | 0 | 0 | 0 |
| 191 | 皮革鞣制加工 | 0 | 0 | 0 | 0 | 0 |
| 192 | 皮革制品制造 | 0 | 0 | 0 | 0 | 0 |
| 193 | 毛皮鞣制及制品加工 | 0 | 0 | 0 | 0 | 0 |
| 194 | 羽毛（绒）加工及制品制造 | 0 | 0 | 0 | 0 | 0 |

资料来源：根据中国工业企业数据库相关年份数据整理。

沧州细分行业缺少得比较多（见表 8－28），但其三个二位代码行业的竞争力都是增强的，尽管其不能分享地区增长动力，结构处于劣势或微弱优势。从总偏离量看，纺织服装、鞋、帽制造业和皮革、毛皮、羽毛（绒）及其制品业对京津冀就业人口增长的贡献呈增加趋势。从总体趋势看，沧州纺织类行业呈增长态势，且具有较好的竞争优势，可以进一步吸引行业的转入集聚，可以作为承接周边转移纺织类企业的载体。

**表 8－28　2003～2012 年纺织类制造业沧州市就业人口增长效应分解**

| 行业代码 | 行业 | 增长幅度（人） | 总偏离量（人） | 区域增长份额分量（NE） | 结构偏离份额分量（SE） | 竞争分量（CE） |
|---|---|---|---|---|---|---|
| 17 | 纺织业 | -2860 | -1492 | -1368 | -2648 | 1155 |
| 18 | 纺织服装、鞋、帽制造业 | 1757 | 2000 | -243 | 109 | 1891 |
| 19 | 皮革、毛皮、羽毛（绒）及其制品业 | 1445 | 2087 | -642 | -196 | 2283 |

续表

| 行业代码 | 行业 | 增长幅度（人） | 总偏离量（人） | 区域增长份额分量（NE） | 结构偏离份额分量（SE） | 竞争分量（CE） |
|---|---|---|---|---|---|---|
| 171 | 棉、化纤纺织及印染精加工 | -1638 | -618 | -1020 | -1968 | 1351 |
| 172 | 毛纺织和染整精加工 | -60 | -54 | -6 | -20 | -34 |
| 173 | 麻纺织 | 0 | 0 | 0 | 0 | 0 |
| 174 | 丝绢纺织及精加工 | 0 | 0 | 0 | 0 | 0 |
| 175 | 纺织制成品制造 | 350 | 352 | -2 | 6 | 346 |
| 176 | 针织品、编织品及其制品制造 | -1512 | -1172 | -340 | -929 | -243 |
| 181 | 纺织服装制造 | 1757 | 2000 | -243 | 85 | 1915 |
| 182 | 纺织面料鞋的制造 | 0 | 0 | 0 | 0 | 0 |
| 183 | 制帽 | 0 | 0 | 0 | 0 | 0 |
| 191 | 皮革鞣制加工 | 351 | 407 | -56 | 4 | 403 |
| 192 | 皮革制品制造 | -588 | -508 | -80 | -46 | -462 |
| 193 | 毛皮鞣制及制品加工 | 1682 | 2188 | -506 | 99 | 2089 |
| 194 | 羽毛（绒）加工及制品制造 | 0 | 0 | 0 | 0 | 0 |

资料来源：根据中国工业企业数据库相关年份数据整理。

廊坊的纺织类细分行业少（见表 8－29），尽管二位代码行业都具备，但三位代码行业仅有 4 个，企业较少，就业人口少。但从行业就业增长、总偏离量和竞争效应来看，纺织类产业在廊坊还有一定发展空间，未来有望成为纺织类行业转移的承接集聚地之一。

**表 8－29　2003～2012 年纺织类制造业廊坊市就业人口增长效应分解**

| 行业代码 | 行业 | 增长幅度（人） | 总偏离量（人） | 区域增长份额分量（NE） | 结构偏离份额分量（SE） | 竞争分量（CE） |
|---|---|---|---|---|---|---|
| 17 | 纺织业 | 136 | 341 | -205 | -397 | 738 |
| 18 | 纺织服装、鞋、帽制造业 | 612 | 979 | -367 | 164 | 815 |
| 19 | 皮革、毛皮、羽毛（绒）及其制品业 | -67 | -45 | -22 | -7 | -38 |
| 171 | 棉、化纤纺织及印染精加工 | 465 | 510 | -45 | -87 | 597 |
| 172 | 毛纺织和染整精加工 | 0 | 0 | 0 | 0 | 0 |
| 173 | 麻纺织 | 0 | 0 | 0 | 0 | 0 |

续表

| 行业代码 | 行业 | 增长幅度（人） | 总偏离量（人） | 区域增长份额分量（NE） | 结构偏离份额分量（SE） | 竞争分量（CE） |
|---|---|---|---|---|---|---|
| 174 | 丝绢纺织及精加工 | 13 | 23 | -10 | -58 | 80 |
| 175 | 纺织制成品制造 | 0 | 0 | 0 | 0 | 0 |
| 176 | 针织品、编织品及其制品制造 | -562 | -412 | -150 | -410 | -1 |
| 181 | 纺织服装制造 | 612 | 979 | -367 | 129 | 850 |
| 182 | 纺织面料鞋的制造 | 0 | 0 | 0 | 0 | 0 |
| 183 | 制帽 | 0 | 0 | 0 | 0 | 0 |
| 191 | 皮革鞣制加工 | 0 | 0 | 0 | 0 | 0 |
| 192 | 皮革制品制造 | -237 | -215 | -22 | -13 | -203 |
| 193 | 毛皮鞣制及制品加工 | 0 | 0 | 0 | 0 | 0 |
| 194 | 羽毛（绒）加工及制品制造 | 0 | 0 | 0 | 0 | 0 |

资料来源：根据中国工业企业数据库相关年份数据整理。

衡水细分行业相对较多（见表8-30），就业人口较多。其中，纺织服装、鞋、帽制造业在该市发展比较好，就业有一定增长且高于地区水平，且具有结构和竞争优势，未来该行业尚有一定的发展空间。但纺织业、皮革、毛皮、羽毛（绒）及其制品业则相反，就业呈负增长，且远低于地区平均水平，不能分享地区增长好处，结构和竞争均处于劣势，未来将继续缩减和竞争力恶化。因此，纺织类未来总体进一步缩减的同时，有个别行业将进一步得到发展。

**表8-30 2003~2012年纺织类制造业衡水市就业人口增长效应分解**

| 行业代码 | 行业 | 增长幅度（人） | 总偏离量（人） | 区域增长份额分量（NE） | 结构偏离份额分量（SE） | 竞争分量（CE） |
|---|---|---|---|---|---|---|
| 17 | 纺织业 | -6472 | -5442 | -1030 | -1994 | -3448 |
| 18 | 纺织服装、鞋、帽制造业 | 1182 | 1359 | -177 | 79 | 1280 |
| 19 | 皮革、毛皮、羽毛（绒）及其制品业 | -4075 | -3358 | -717 | -219 | -3139 |
| 171 | 棉、化纤纺织及印染精加工 | -5487 | -4590 | -897 | -1730 | -2860 |
| 172 | 毛纺织和染整精加工 | -404 | -367 | -37 | -137 | -230 |
| 173 | 麻纺织 | 0 | 0 | 0 | 0 | 0 |
| 174 | 丝绢纺织及精加工 | 0 | 0 | 0 | 0 | 0 |

续表

| 行业代码 | 行业 | 增长幅度（人） | 总偏离量（人） | 区域增长份额分量（NE） | 结构偏离份额分量（SE） | 竞争分量（CE） |
|---|---|---|---|---|---|---|
| 175 | 纺织制成品制造 | 0 | 0 | 0 | 0 | 0 |
| 176 | 针织品、编织品及其制品制造 | -728 | -632 | -96 | -262 | -370 |
| 181 | 纺织服装制造 | 922 | 1099 | -177 | 62 | 1037 |
| 182 | 纺织面料鞋的制造 | 0 | 0 | 0 | 0 | 0 |
| 183 | 制帽 | 0 | 0 | 0 | 0 | 0 |
| 191 | 皮革鞣制加工 | -19 | -2 | -17 | 1 | -3 |
| 192 | 皮革制品制造 | -894 | -767 | -127 | -73 | -694 |
| 193 | 毛皮鞣制及制品加工 | -3038 | -2477 | -561 | 110 | -2586 |
| 194 | 羽毛（绒）加工及制品制造 | -124 | -113 | -11 | -34 | -78 |

资料来源：根据中国工业企业数据库相关年份数据整理。

## 第四节 纺织服装业空间配置主要问题与对策

就上述分析看，京津冀城市群的纺织行业的特点还是比较突出的，北京和天津纺织类行业整体呈退缩转移趋势，河北更具发展纺织类制造业的优势，但其内部各地市的情形又各有差异。

### 一、石家庄一枝独秀

石家庄的纺织行业在新中国成立初期就快速发展，新中国成立的第二年，也就是 1951 年，新中国的第一个棉纺厂——石家庄纺织厂即“棉六”诞生，作为新中国第一厂的“棉六”，在当时的中国占据着举足轻重的位置，纺织业可以说是石家庄市的标签，以此为基础，石家庄的纺织业在京津冀城市群的重要地位不言而喻。

石家庄的纺织工业之所以能有较快的发展，与其优越的地理条件和自然环境有密切的联系。石家庄气候、水质、土壤等优越的自然条件非常适合棉花生长，同时，石家庄便利的交通运输条件和先进的邮电通信设施，使石家庄成为华北乃至全国人员、物资、信息交流的重要集散地，为石家庄纺织原料的运输、纺织技

术的开发和纺织产品的销售提供了便利条件，促进了石家庄纺织工业的发展。

## 二、改制重组是纺织业继续发展的方向

随着现代科技的发展与进步，石家庄纺织业受到了巨大的冲击，不仅仅是石家庄，整个国家的棉纺织业由兴盛走向衰败。2007 年，常山纺织开始计划分步将常山股份下属的棉一、棉二、棉三、棉四、棉五 5 家分公司也陆续搬迁至正定常山纺织工业园。棉六和棉七也同样经历着开发与改造的命运。现在，石家庄的各个纺织厂经过改制、合并等途径重新开始快速发展，这也吸引着周边地区的纺织类企业向石家庄聚集。

## 三、建立品牌，形成品牌效应

中国正由中国制造向中国创造转变，虽然这个口号提了多年，但效果并不显著，加上中国的劳动力成本激增，新劳动合同法对于用工制定的严格规定，使企业的劳动力成本增加，同时东南亚地区制造业的兴起，生活中很明显的变化是，从前商品标签上的中国制造已经变成越南制造、印度尼西亚制造等，中国制造越来越少，劳动等要素成本上涨使部分企业不堪重负。纺织类企业离开北京、天津转移到河北各市也与土地成本、原材料成本和劳动力等成本的上升密切相关。同时，由于近年来纺织企业劳动力出现短缺现象，企业招工困难，用工稳定性差，使劳动力成本进一步加大。因此，总体而言，中国的纺织业目前面临着诸多困难，作为沿海地区的京津冀也面临同样的困难，甚至更甚。

中国的纺织品很大一部分依赖于出口发达国家，但自金融危机以后，主要消费国需求不振，发达国家居民衣着类消费增速的大幅减缓甚至负增长，需求市场出现明显的萎缩趋势，因而我们提出了刺激内需等手段，但中国的经济步入“新常态”的中高速增长运行轨道，且近年来一直面临巨大下行压力，仅依靠国内的消费需求是远远不够的，纺织业面临多重压力。

因此，正如很多学者所提倡的，纺织业唯有树立国产品牌以及增加技术含量才是发展的根本，中国纺织业不能单纯地追求贴牌，要学会转变自己的经营和管理模式，学会使用和创造自己的品牌。随着品牌价值的不断提高，会对企业的销售产生极大的促进作用，赚取更多的利润，这样一来，又使企业可以投入更大的人力、物力去进行品牌经营，进一步提升其价值。如此，就可形成品牌和企业之间的良性循环。企业仅仅依靠向成本更低的地方转移是不够的，无论在哪儿，成本是一直增加的，不能增加新需求，不能有更高的附加值，纺织业就难以恢复其以前的繁荣。

# 第九章　京津冀城市群服务业转移与空间结构变迁*

服务业在京津冀三地合理的分工与布局对于推动京津冀协同发展具有重要作用（席敏强等，2016），[①]而生产性服务业在京津冀三地差异化发展更是可以成为京津冀区域协同发展的引擎（周孝等，2016），[②]因此分析京津冀城市群服务业尤其是生产性服务业的转移与空间结构的变迁对于京津冀推动协同发展具有重要意义。

## 第一节　服务业转移与空间结构特征概貌

本部分以京津冀城市群服务业14个行业为主要研究对象，从3个省级、13个地级市两个空间层面全面分析京津冀城市群服务业转移与空间结构特征。14个细分行业包括：交通运输、仓储和邮政业，批发和零售业，住宿和餐饮业，金融业，房地产业，信息传输、计算机服务及软件业，租赁和商务服务业，居民服务和其他服务业，文化、体育和娱乐业，科学研究、技术服务和地质勘查业，水利、环境和公共设施管理业，教育，卫生、社会保障和社会福利业，公共管理和社会组织。

### 一、服务业转移总体分析

三省市服务业增长态势明显，但仍存在差距，北京一枝独秀（周明生等，

* 本章主体内容已发表于：刘岳平，文余源．京津冀生产性服务业转移与空间结构变迁［J］．经济问题探索，2017（9）：69－77.

① 席强敏，孙瑜康．京津冀服务业空间分布特征与优化对策研究［J］．河北学刊，2016（1）：137－143.

② 周孝，冯中越．北京生产性服务业集聚与京津冀区域协同发展［J］．经济与管理研究，2016，37（2）：44－51.

③ 周明生，梅如笛．京津冀区域产业布局与主导产业选择［J］．学习与探索，2016（2）：98－102.

2016)。[③]从总量水平看（见图9－1），2000～2019年，北京、天津与河北三省市总体发展水平呈现上升趋势，北京服务业增加值明显高于天津与河北，其中河北总产值又高于天津。北京服务业增加值由2000年的2049.1亿元增长到2019年的29542.5亿元，年均增长率为15.1%；天津服务业增加值由2000年的764.4亿元增长到2019年的8949.9亿元，年均增长率为13.8%，河北服务业增加值由2000年的1704.5亿元增长到2019年的17988.8亿元，年均增长率为13.2%，各省市服务业增加值增长态势明显。

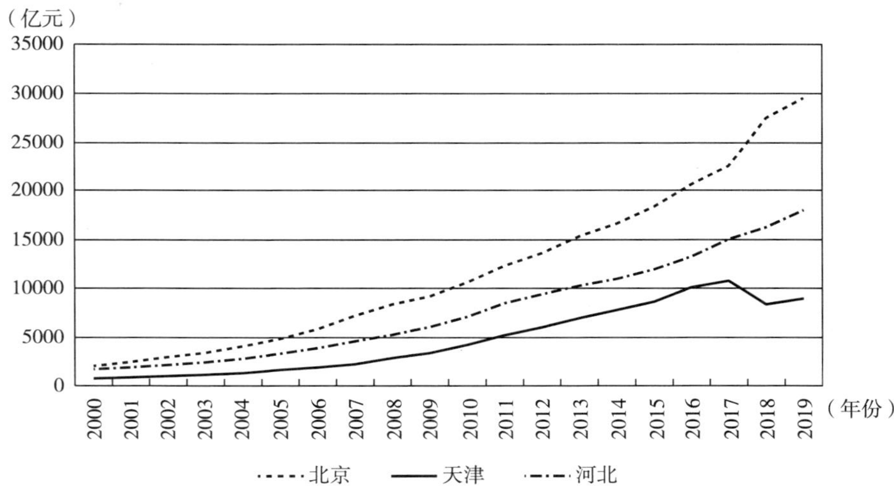


**图9－1　北京、天津与河北服务业增加值变化趋势**

从三省市服务业增加值占整个京津冀城市群服务业增加值份额的变化来看，北京与河北服务业增加值份额占京津冀城市群服务业增加值份额呈现先下降后上升的趋势，而天津地区服务业增加值份额呈现先上升后下降的趋势。如图9－2所示，北京的份额由2004年的49.80%下降到2017年的46.63%，河北由2004年的34.14%下降到2017年的31.08%，而天津地区由2004年的16.06%上升到2017年的22.29%。2018年，北京、河北、天津服务业增加值份额分别为52.79%、31.19%、16.03%，2019年，北京、河北、天津服务业增加值份额分别为52.31%、31.85%、15.85%。

从服务业增加值占全国的份额来看，如图9－3所示，2004～2017年，北京服务业增加值占全国服务业的比重高于天津与河北服务业增加值占全国的比重，呈现先上升再下降的趋势，由2000年的5.14%上升到2006年的6.36%，之后又下降到2014年的5.15%；河北服务业增加值占全国服务业的比重高于天津，有下降的趋势，由2000年的4.27%下降到2014年的3.43%；天津服务业增加值占全国服务业的比重基本保持平稳，呈现稳步上升的趋势，由2000年的1.92%上升到2014年的2.46%。2017年后，北京服务业增加值占全国服务业的比重有所上升，河北、天津服务业增加值占全国服务业的比重有所下降。

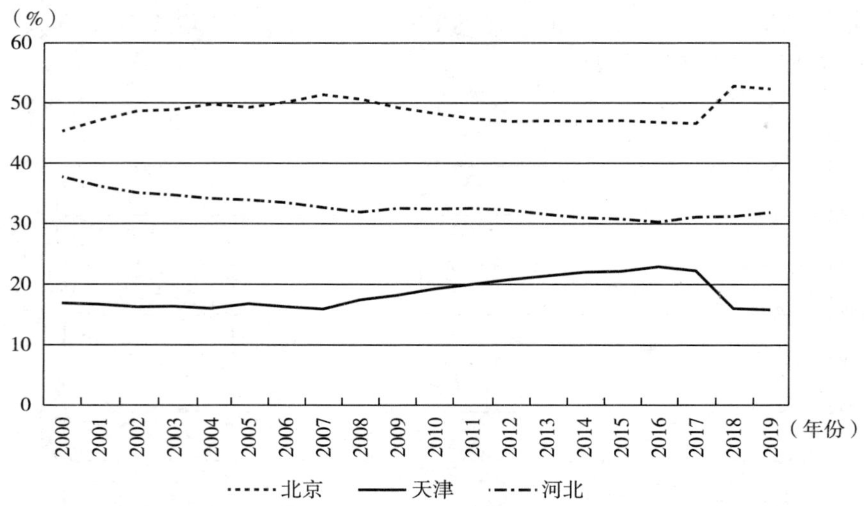


**图9-2　北京、天津与河北服务业增加值份额变化趋势**

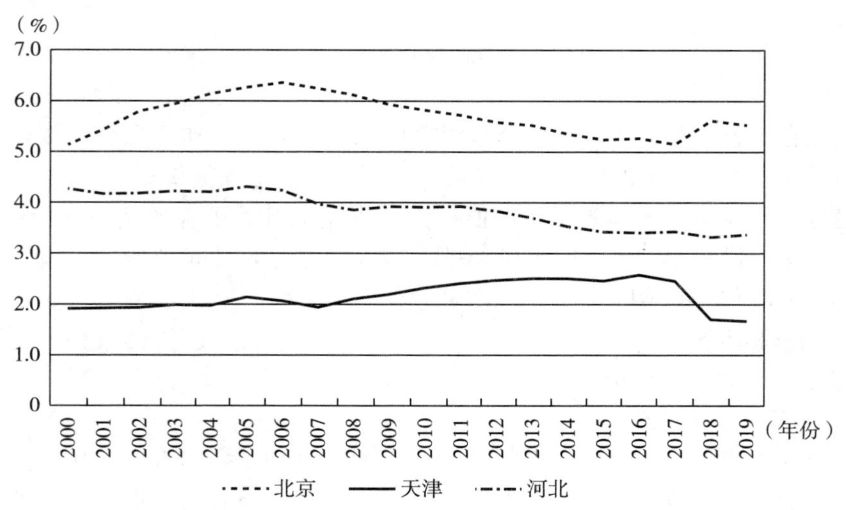


**图9-3　北京、天津与河北服务业产值占全国服务业增加值比重**

与其他区域的比较看，如图 9 - 4 所示，京津冀城市群服务业增加值占全国服务业增加值的比重低于长三角地区，略高于珠三角地区。2000 ~ 2018 年，京津冀城市群服务业增加值占全国服务业增加值的份额由 2000 年的 11.32% 略增加到 2005 年的 12.73%，然后下降到 2018 年的 10.64%，长三角地区服务业增加值占全国服务业增加值的份额由 2000 年的 19.53% 上升到 2018 年的 21.07%，可见，京津冀城市群服务业发展与长三角地区相比，存在明显差距。

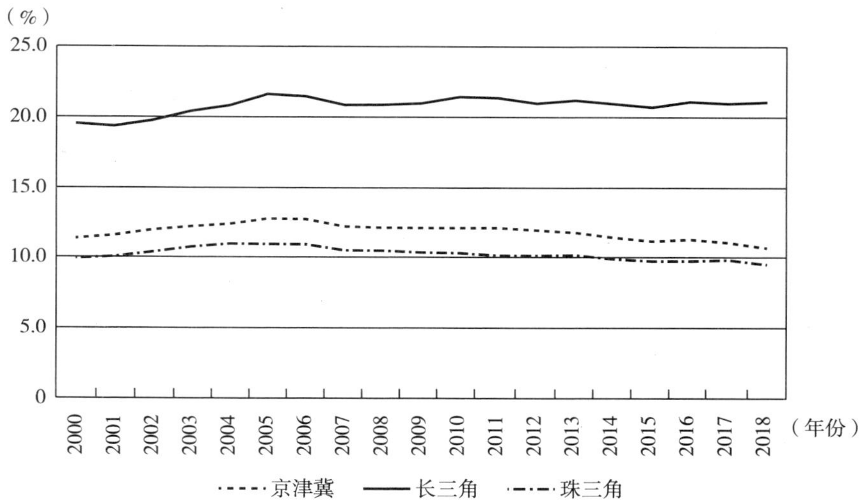


**图 9 - 4　京津冀、长三角、珠三角地区服务业增加值占全国比重**

从地级市层面来看，13 个地级市服务业发展水平也存在一定的差异。从图 9 - 5、图 9 - 6 可以看出，北京、天津、石家庄和秦皇岛等市的服务业增加值占本地国内总产值的比重较高。另外，除北京服务业增加值占国内生产总值比重呈现不断上升趋势外，其他市服务业增加值占国内生产总值比重基本保持平稳，在 30% ~ 50% 内波动，上升趋势不明显。

从 14 个细分行业来看（见图 9 - 7），北京的信息传输、软件和信息技术服务业，金融业，租赁和商务服务业，科学研究和技术服务业等行业增长趋势明显，发展态势良好，其中，信息传输、软件和信息技术服务业由 2004 年的 7.45% 增加到 2017 年的 11.53%，金融业由 2004 年的 11.83% 上升到 2017 年的 16.62%，租赁和商务服务业由 2004 年的 4.58% 上升到 2017 年的 6.91%，科学研究和技术服务业由 2004 年的 4.58% 上升到 2017 年的 10.21%，其中，金融业以及科学研究和技术服务业上升幅度较大。

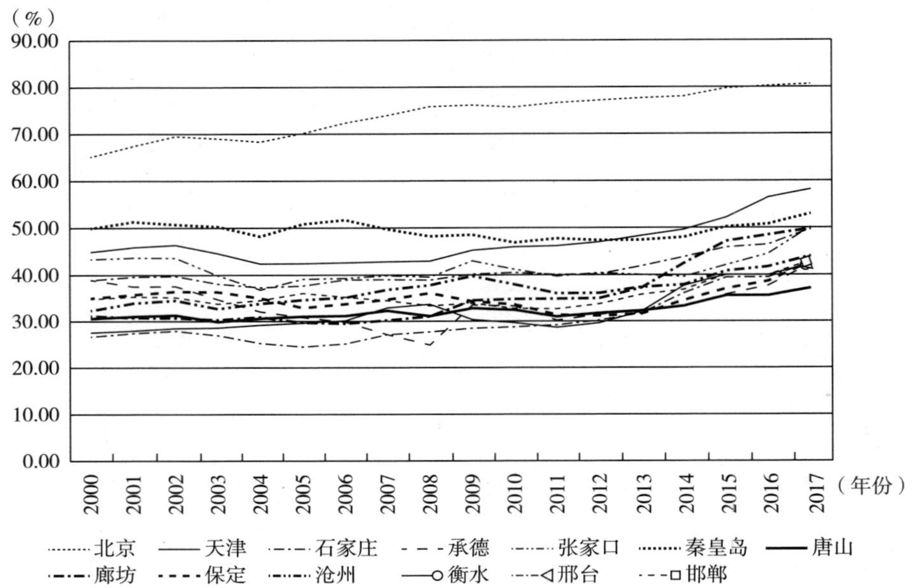


**图9－5　各地级市服务业增加值占当地国内生产总值比重**

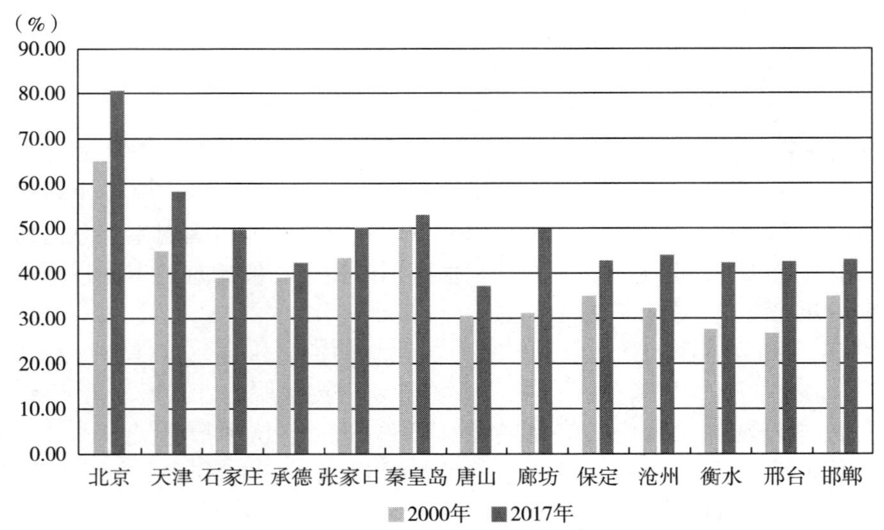


**图9－6　各地级市服务业发展态势**

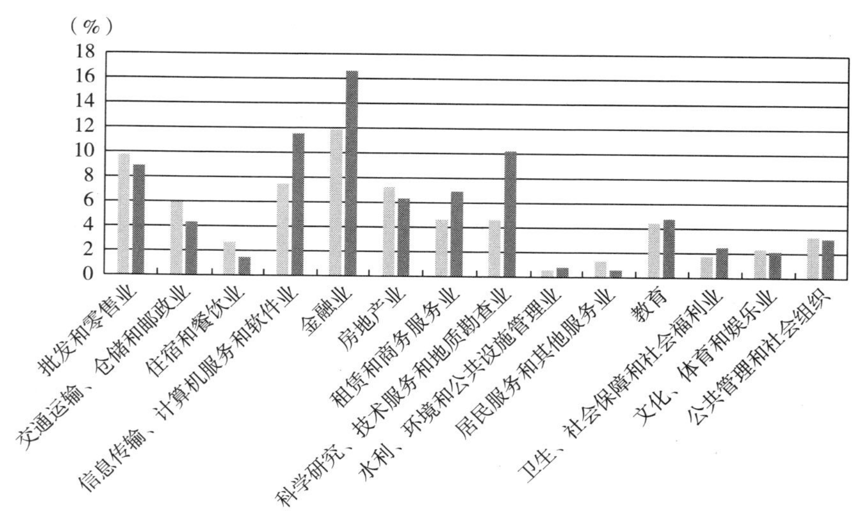


**图9－7　北京市服务业各行业发展态势**

如图9－8所示，天津的金融业、租赁和商务服务业、科学研究和技术服务业等行业增长态势明显，其中，金融业占GDP的比重由2004年的4.4%上升到2017年的10.52%，租赁和商务服务业由2004年的0.87%上升到2017年的5.38%，科学研究和技术服务业由2004年的2.03%上升到2017年的5.37%，其中，金融业与租赁和商务服务业上升幅度较大，其他行业上升幅度较小，或者呈现下降趋势。

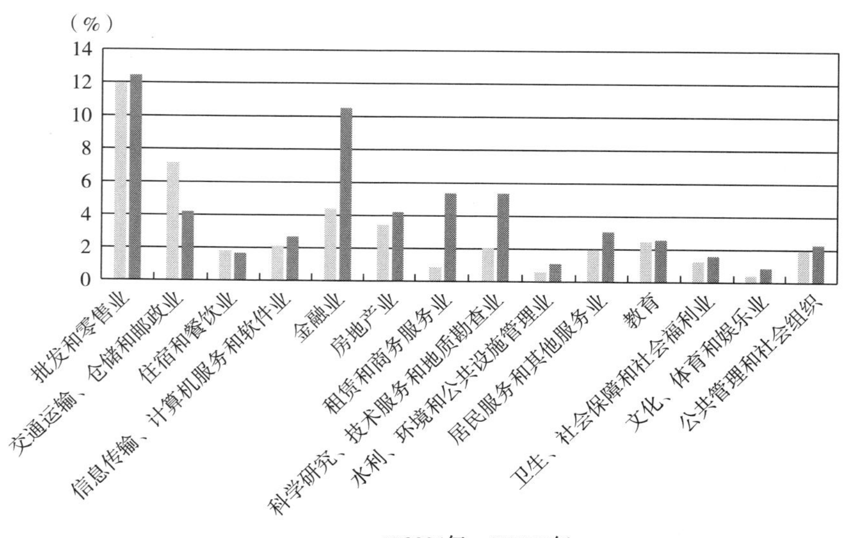


**图9－8　天津市服务业各行业发展态势**

如图 9 –9 所示，河北的金融业、房地产业、租赁和商务服务业、科学研究和技术服务业等行业呈现比较明显的发展态势，其中，金融业占 GDP 的比重由 2004 年的 2. 25% 上升到 2017 年的 5. 72% ，房地产业由 2004 年的 2. 82% 上升到 2017 年的 3. 83% 。

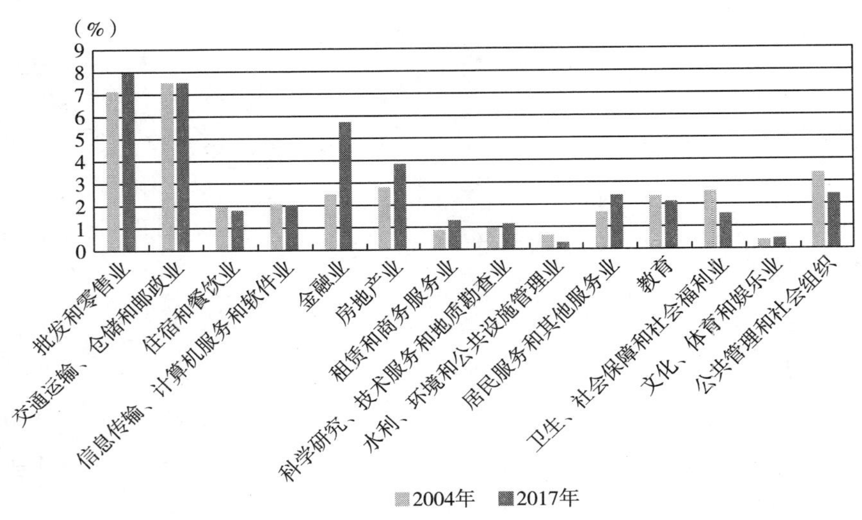


**图 9 –9　河北省服务业各行业发展态势**

## 二、服务业行业内部转移的方向和趋势

接下来全面分析京津冀内部服务业行业转移的趋势和走向，以便分析京津冀服务业迁移的实际情况。选择京津冀两市一省 13 个地级市级以上城市 14 个服务业行业增加值占该行业京津冀区域比重变动趋势作为指标，来分析京津冀内部服务业转移的趋势与特征。计算公式如下：

$$e_{ij} = \frac{Q_{ij}}{\sum_{j=1}^{13} Q_{ij}} \tag{9-1}$$

其中，$Q_{ij}$ 表示 $j$ 地区 $i$ 行业增加值，$\sum_{j=1}^{13} Q_{ij}$ 表示整个京津冀城市群 $i$ 行业的增加值，$e_{ij}$ 表示 $i$ 行业增加值占整个京津冀城市群行业增加值的份额。利用该公式对京津冀城市群内部 2004 年、2017 年服务业增加值份额变动情况进行分析和测算，结果如表 9 –1 至表 9 –4 所示。

**表 9-1　京津冀服务业内部空间布局变动情况（一）**

| 行业 | 北京 | | | 天津 | | | 石家庄 | | |
|---|---|---|---|---|---|---|---|---|---|
| | 2004 年 | 2017 年 | 变化 | 2004 年 | 2017 年 | 变化 | 2004 年 | 2017 年 | 变化 |
| 1 | 0. 3754 | 0. 3237 | -0. 0517 | 0. 2378 | 0. 3003 | 0. 0625 | 0. 0816 | 0. 0775 | -0. 0041 |
| 2 | 0. 2932 | 0. 2562 | -0. 0369 | 0. 1831 | 0. 1655 | -0. 0176 | 0. 1153 | 0. 1111 | -0. 0042 |
| 3 | 0. 4250 | 0. 3016 | -0. 1234 | 0. 1469 | 0. 2253 | 0. 0784 | 0. 0786 | 0. 0778 | -0. 0008 |
| 4 | 0. 6519 | 0. 7245 | 0. 0726 | 0. 0945 | 0. 1118 | 0. 0173 | 0. 0443 | 0. 0284 | -0. 0159 |
| 5 | 0. 6721 | 0. 5362 | -0. 1359 | 0. 1290 | 0. 2248 | 0. 0958 | 0. 0518 | 0. 0583 | 0. 0065 |
| 6 | 0. 5584 | 0. 4484 | -0. 1100 | 0. 1359 | 0. 1988 | 0. 0629 | 0. 0446 | 0. 0657 | 0. 0210 |
| 7 | 0. 7336 | 0. 5684 | -0. 1652 | 0. 0714 | 0. 2929 | 0. 2215 | 0. 0909 | 0. 0304 | -0. 0605 |
| 8 | 0. 6578 | 0. 6694 | 0. 0116 | 0. 1502 | 0. 2333 | 0. 0831 | 0. 0445 | 0. 0205 | -0. 0240 |
| 9 | 0. 3227 | 0. 4147 | 0. 0920 | 0. 1739 | 0. 3811 | 0. 2072 | 0. 0497 | 0. 0432 | -0. 0065 |
| 10 | 0. 2827 | 0. 1063 | -0. 1764 | 0. 2165 | 0. 3523 | 0. 1357 | 0. 0511 | 0. 0817 | 0. 0305 |
| 11 | 0. 4915 | 0. 5168 | 0. 0253 | 0. 1415 | 0. 1861 | 0. 0445 | 0. 0776 | 0. 0599 | -0. 0177 |
| 12 | 0. 2912 | 0. 4464 | 0. 1552 | 0. 1074 | 0. 1905 | 0. 0832 | 0. 1781 | 0. 0972 | -0. 0809 |
| 13 | 0. 7592 | 0. 6464 | -0. 1128 | 0. 0698 | 0. 1760 | 0. 1062 | 0. 0808 | 0. 0620 | -0. 0187 |
| 14 | 0. 3662 | 0. 4071 | 0. 0410 | 0. 1109 | 0. 1935 | 0. 0825 | 0. 0862 | 0. 0948 | 0. 0086 |

注：表格中的序号分别表示：1. 批发和零售业；2. 交通运输、仓储和邮政业；3. 住宿和餐饮业；4. 信息传输、软件和信息技术服务业；5. 金融业；6. 房地产业；7. 租赁和商业服务业；8. 科学研究和技术服务业；9. 水利、环境和公共设施管理业；10. 居民服务、修理和其他服务业；11. 教育；12. 卫生和社会工作；13. 文化、体育和娱乐业；14. 公共管理、社会保障和社会组织。

资料来源：北京市、天津市、河北省各地市历年统计年鉴。

**表 9-2　京津冀服务业内部空间布局变动情况（二）**

| 行业 | 承德 | | | 邯郸 | | | 衡水 | | |
|---|---|---|---|---|---|---|---|---|---|
| | 2004 年 | 2017 年 | 变化 | 2004 年 | 2017 年 | 变化 | 2004 年 | 2017 年 | 变化 |
| 1 | 0. 0087 | 0. 0123 | 0. 0036 | 0. 0571 | 0. 0370 | -0. 0201 | 0. 0230 | 0. 0354 | 0. 0123 |
| 2 | 0. 0196 | 0. 0170 | -0. 0025 | 0. 0110 | 0. 0612 | 0. 0502 | 0. 0240 | 0. 0399 | 0. 0159 |
| 3 | 0. 0172 | 0. 0280 | 0. 0108 | 0. 1649 | 0. 0440 | -0. 1210 | 0. 0274 | 0. 0248 | -0. 0026 |
| 4 | 0. 0085 | 0. 0076 | -0. 0009 | 0. 0130 | 0. 0126 | -0. 0004 | 0. 0188 | 0. 0122 | -0. 0066 |
| 5 | 0. 0069 | 0. 0139 | 0. 0070 | 0. 0125 | 0. 0165 | 0. 0040 | 0. 0147 | 0. 0187 | 0. 0041 |
| 6 | 0. 0106 | 0. 0103 | -0. 0004 | 0. 0229 | 0. 0297 | 0. 0068 | 0. 0187 | 0. 0152 | -0. 0035 |
| 7 | 0. 0053 | 0. 0049 | -0. 0005 | 0. 0344 | 0. 0158 | -0. 0185 | 0. 0188 | 0. 0132 | -0. 0056 |

续表

| 行业 | 承德 | | | 邯郸 | | | 衡水 | | |
|---|---|---|---|---|---|---|---|---|---|
| | 2004 年 | 2017 年 | 变化 | 2004 年 | 2017 年 | 变化 | 2004 年 | 2017 年 | 变化 |
| 8 | 0. 0019 | 0. 0051 | 0. 0032 | 0. 0050 | 0. 0044 | -0. 0006 | 0. 0007 | 0. 0019 | 0. 0012 |
| 9 | 0. 0328 | 0. 0127 | -0. 0201 | 0. 0289 | 0. 0340 | 0. 0051 | 0. 0020 | 0. 0005 | -0. 0015 |
| 10 | 0. 0080 | 0. 0195 | 0. 0115 | 0. 0586 | 0. 0606 | 0. 0020 | 0. 1000 | 0. 1198 | 0. 0198 |
| 11 | 0. 0143 | 0. 0184 | 0. 0040 | 0. 0628 | 0. 0433 | -0. 0195 | 0. 0394 | 0. 0202 | -0. 0192 |
| 12 | 0. 0130 | 0. 0189 | 0. 0059 | 0. 0457 | 0. 0450 | -0. 0006 | 0. 0126 | 0. 0219 | 0. 0093 |
| 13 | 0. 0061 | 0. 0137 | 0. 0076 | 0. 0097 | 0. 0185 | 0. 0088 | 0. 0133 | 0. 0106 | -0. 0027 |
| 14 | 0. 0259 | 0. 0190 | -0. 0069 | 0. 0862 | 0. 0446 | -0. 0416 | 0. 0232 | 0. 0221 | -0. 0010 |

资料来源：根据北京、天津、河北各地市历年统计年鉴计算。

**表 9-3 京津冀服务业内部空间布局变动情况（三）**

| 序号 | 秦皇岛 | | | 保定 | | | 廊坊 | | |
|---|---|---|---|---|---|---|---|---|---|
| | 2004 年 | 2017 年 | 变化 | 2004 年 | 2017 年 | 变化 | 2004 年 | 2017 年 | 变化 |
| 1 | 0. 0247 | 0. 0155 | -0. 0092 | 0. 0336 | 0. 0309 | -0. 0027 | 0. 0143 | 0. 0230 | 0. 0087 |
| 2 | 0. 0610 | 0. 0320 | -0. 0290 | 0. 0326 | 0. 0325 | -0. 0001 | 0. 0080 | 0. 0163 | 0. 0083 |
| 3 | 0. 0485 | 0. 0330 | -0. 0155 | 0. 0287 | 0. 0465 | 0. 0178 | 0. 0552 | 0. 0398 | -0. 0155 |
| 4 | 0. 0116 | 0. 0110 | -0. 0006 | 0. 0310 | 0. 0150 | -0. 0161 | 0. 0143 | 0. 0402 | 0. 0259 |
| 5 | 0. 0098 | 0. 0090 | -0. 0007 | 0. 0198 | 0. 0195 | -0. 0003 | 0. 0149 | 0. 0304 | 0. 0156 |
| 6 | 0. 0180 | 0. 0169 | -0. 0012 | 0. 0394 | 0. 0526 | 0. 0131 | 0. 0302 | 0. 0523 | 0. 0221 |
| 7 | 0. 0144 | 0. 0131 | -0. 0013 | 0. 0117 | 0. 0057 | -0. 0061 | 0. 0068 | 0. 0232 | 0. 0164 |
| 8 | 0. 0040 | 0. 0034 | -0. 0006 | 0. 0528 | 0. 0216 | -0. 0312 | 0. 0346 | 0. 0310 | -0. 0036 |
| 9 | 0. 0101 | 0. 0234 | 0. 0133 | 0. 0204 | 0. 0260 | 0. 0056 | 0. 0066 | 0. 0087 | 0. 0021 |
| 10 | 0. 0389 | 0. 0341 | -0. 0048 | 0. 0301 | 0. 0378 | 0. 0077 | 0. 0131 | 0. 0464 | 0. 0333 |
| 11 | 0. 0209 | 0. 0172 | -0. 0037 | 0. 0475 | 0. 0416 | -0. 0058 | 0. 0200 | 0. 0235 | 0. 0035 |
| 12 | 0. 0190 | 0. 0192 | 0. 0002 | 0. 0594 | 0. 0458 | -0. 0136 | 0. 0140 | 0. 0254 | 0. 0114 |
| 13 | 0. 0136 | 0. 0172 | 0. 0036 | 0. 0140 | 0. 0084 | -0. 0056 | 0. 0031 | 0. 0108 | 0. 0077 |
| 14 | 0. 0389 | 0. 0220 | -0. 0169 | 0. 0834 | 0. 0432 | -0. 0403 | 0. 0339 | 0. 0311 | -0. 0028 |

资料来源：根据北京、天津、河北各地市历年统计年鉴计算。

表 9-4　京津冀服务业内部空间布局变动情况（四）

| 行业 | 唐山 | | | 邢台 | | | 张家口 | | | 沧州 | | |
|---|---|---|---|---|---|---|---|---|---|---|---|---|
| | 2004 年 | 2017 年 | 变化 | 2004 年 | 2017 年 | 变化 | 2004 年 | 2017 年 | 变化 | 2004 年 | 2017 年 | 变化 |
| 1 | 0.0826 | 0.0737 | -0.0089 | 0.0359 | 0.0240 | -0.0118 | 0.0187 | 0.0140 | -0.0047 | 0.0369 | 0.0327 | -0.0043 |
| 2 | 0.1364 | 0.1640 | 0.0275 | 0.0440 | 0.0203 | -0.0238 | 0.0234 | 0.0236 | 0.0002 | 0.0601 | 0.0603 | 0.0003 |
| 3 | 0.0514 | 0.0669 | 0.0155 | 0.0276 | 0.0238 | -0.0038 | 0.0165 | 0.0344 | 0.0179 | 0.0501 | 0.0541 | 0.0040 |
| 4 | 0.0325 | 0.0202 | -0.0123 | 0.0184 | 0.0090 | -0.0094 | 0.0128 | 0.0075 | -0.0052 | 0.0406 | — | — |
| 5 | 0.0284 | 0.0305 | 0.0021 | 0.0213 | 0.0118 | -0.0096 | 0.0057 | 0.0127 | 0.0070 | 0.0232 | 0.0178 | -0.0055 |
| 6 | 0.0532 | 0.0363 | -0.0169 | 0.0447 | 0.0265 | -0.0182 | 0.0193 | 0.0146 | -0.0047 | 0.0407 | 0.0327 | -0.0079 |
| 7 | 0.0179 | 0.0230 | 0.0050 | 0.0073 | 0.0058 | -0.0015 | 0.0055 | 0.0036 | -0.0018 | 0.0122 | — | — |
| 8 | 0.0055 | 0.0056 | 0.0001 | 0.0055 | 0.0024 | -0.0031 | 0.0025 | 0.0014 | -0.0012 | 0.0027 | — | — |
| 9 | 0.0295 | 0.0233 | -0.0061 | 0.0148 | 0.0201 | 0.0052 | 0.0108 | 0.0122 | 0.0014 | 0.0151 | — | — |
| 10 | 0.0713 | 0.0714 | 0.0001 | 0.0169 | 0.0429 | 0.0260 | 0.0425 | 0.0273 | -0.0151 | 0.0819 | — | — |
| 11 | 0.0489 | 0.0264 | -0.0225 | 0.0483 | 0.0256 | -0.0227 | 0.0205 | 0.0210 | 0.0005 | 0.0383 | — | — |
| 12 | 0.0930 | 0.0419 | -0.0511 | 0.0261 | 0.0268 | 0.0007 | 0.0137 | 0.0209 | 0.0073 | 0.0537 | — | — |
| 13 | 0.0111 | 0.0111 | 0.0000 | 0.0055 | 0.0174 | 0.0119 | 0.0087 | 0.0079 | -0.0009 | 0.0171 | — | — |
| 14 | 0.0425 | 0.0482 | 0.0058 | 0.0536 | 0.0388 | -0.0148 | 0.0312 | 0.0356 | 0.0044 | 0.1201 | — | — |

资料来源：根据北京、天津、河北各地市历年统计年鉴计算。

上述表格大致反映了京津冀内部服务业转移的趋势和特征：

（1）北京多数服务业行业增加值份额下降，转出迹象明显。北京的 14 个服务业行业中，信息传输、软件和信息技术服务业，科学研究和技术服务业，水利、环境和公共设施管理业，教育，卫生和社会工作，公共管理、社会保障和社会组织六个行业增加值比重有所增加，其他行业都呈现下降趋势。

（2）天津多数服务业行业增加值份额增加，转入迹象明显。天津的 14 个服务业行业中，除了交通运输、仓储和邮政业份额略有下降之外其他行业增加值份额都呈现上升的趋势。

（3）河北除廊坊外，其他各地级市服务业各行业增加值份额基本上都出现下降趋势。廊坊的住宿和餐饮业，科学研究、技术服务业，公共管理、社会保障和社会组织等行业增加值份额有下降趋势，其他行业均呈现上升趋势。石家庄除了金融业，房地产业，居民服务、修理和其他服务业，公共管理、社会保障和社会组织四个行业增加值份额略有上升之外，其他行业都呈现下降趋势；保定的仅有住宿和餐饮业，房地产业，水利、环境和公共设施管理业，居民服务、修理和其他服务业增加值份额略有上升，其他行业全部出现下降趋势；邯郸的交通运输、仓储和邮政业，金融业，房地产业，水利、环境和公共设施管理业，居民服务、修理和其他服务业，文化、体育和娱乐业5个行业增加值份额略有上升趋势外，其他行业增加值份额均出现下降趋势；衡水的批发和零售业，交通运输、仓储和邮政业，金融业，科学研究、技术服务业，居民服务、修理和其他服务业，卫生和社会工作科学研究、技术服务业略有上升趋势，其他行业增加值份额均出现下降趋势；秦皇岛的水利、环境和公共设施管理业，卫生和社会工作，文化、体育和娱乐业4个行业增加值份额略有上升之外，其他行业增加值份额均出现下降趋势；唐山的交通运输、仓储和邮政业，住宿和餐饮业，金融业，租赁和商务服务业，科学研究、技术服务业，居民服务、修理和其他服务业，文化、体育和娱乐业，公共管理、社会保障和社会组织等行业增加值份额稍微有所上升之外，其他行业均出现下降趋势；邢台仅有水利、环境和公共设施管理业，居民服务、修理和其他服务业，卫生和社会工作，文化、体育和娱乐业增加值份额略有上升，其他行业增加值份额均出现下降趋势；张家口的交通运输、仓储和邮政业，住宿和餐饮业，金融业，水利、环境和公共设施管理业，教育，卫生和社会工作，公共管理、社会保障和社会组织等行业增加值份额略有上升之外，其他行业增加值份额均出现下降趋势。综上所述，北京的信息传输、软件和信息技术服务业、卫生和社会工作呈现转入迹象，其他行业均出现转出迹象，天津整体上呈现转入迹象，河北整体呈现转出迹象。

## 三、服务业空间结构特征分析

本小节借用 Krugman 等（1991）的方法，[①] 利用空间基尼系数测算京津冀城市群服务业的集聚程度，以分析京津冀城市群服务业的空间结构特征，计算公式如下：

$$G = \sum_{i} (s_i - x_i)^2 \qquad (9-2)$$

其中，$G$ 为空间基尼系数，$G \in (0, 1)$，$s_i$ 为 $i$ 地区某行业增加值占整个京津冀城市群该行业增加值的比重，$x_i$ 为该地区国内生产总值占整个京津冀国内生产总值的比重。空间基尼系数越大，说明集聚程度越高，系数越小说明集聚程度越低。本小节利用京津冀城市群2004~2014年13个地级及地级以上城市服务业各行业的增加值数据，测算京津冀服务业及其各行业的空间基尼系数，以揭示京津冀城市群服务业空间分布的行业特征。空间基尼系数计算结果如表9-5、图9-10所示。

① Krugman P. Increasing Returns and Economic Geography [J]. Journal of Political Economy, 1991, 99 (3): 483-499.

表 9－5　2004～2017 年京津冀服务业各行业空间基尼系数

| 行业 | 2004 年 | 2017 年 | 2004～2017 年均值 | 2004～2017 年变幅 |
|---|---|---|---|---|
| 批发和零售业 | 0.0182 | 0.0067 | 0.0145 | －0.0115 |
| 交通运输、仓储和邮政业 | 0.0079 | 0.0203 | 0.0189 | 0.0124 |
| 住宿和餐饮业 | 0.0437 | 0.0029 | 0.0243 | －0.0408 |
| 信息传输、软件和信息技术服务业 | 0.1703 | 0.1704 | 0.1894 | 0.0001 |
| 金融业 | 0.1831 | 0.0447 | 0.1145 | －0.1384 |
| 房地产业 | 0.0961 | 0.0167 | 0.0512 | －0.0794 |
| 租赁和商业服务业 | 0.2465 | 0.0664 | 0.1884 | －0.1801 |
| 科学研究和技术服务业 | 0.1759 | 0.1228 | 0.1347 | －0.0531 |
| 水利、环境和公共设施管理业 | 0.0183 | 0.0378 | 0.0132 | 0.0195 |
| 居民服务、修理和其他服务业 | 0.0142 | 0.0766 | 0.0384 | 0.0624 |
| 教育 | 0.0572 | 0.0372 | 0.0311 | －0.0200 |
| 卫生和社会工作 | 0.0137 | 0.0158 | 0.0141 | 0.0021 |
| 文化、体育和娱乐业 | 0.2746 | 0.1056 | 0.2146 | －0.1690 |
| 公共管理、社会保障和社会组织 | 0.0255 | 0.0085 | 0.0152 | －0.0170 |

资料来源：根据北京、天津、河北各地市历年统计年鉴计算。

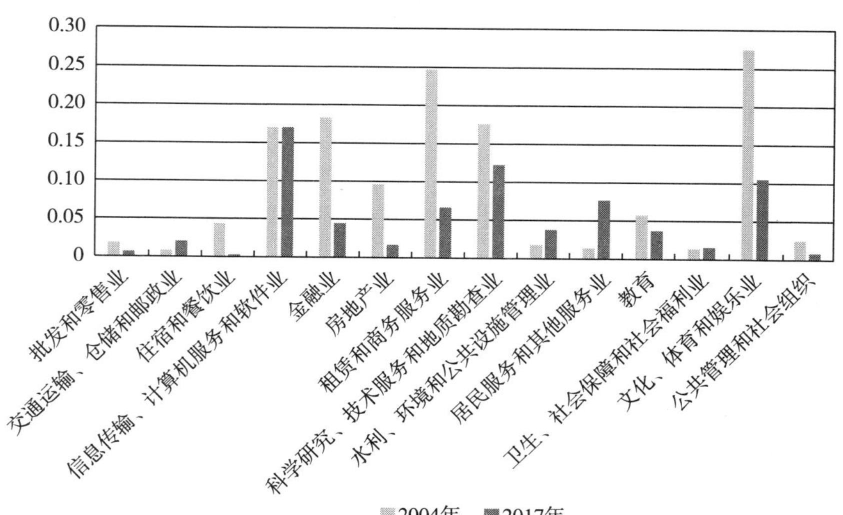


图 9－10　2004 年、2017 年京津冀服务业各行业空间基尼系数

由表 9－5 和图 9－10 的结果可以发现如下规律。

（1）不同的服务业行业的空间集聚程度表现出很大的差异性。在各行业中，

2004~2014 年，平均空间集聚程度最高的行业是文化、体育和娱乐业，其平均空间基尼系数为 0.21462，而最低的是水利、环境和公共设施管理业，平均空间基尼系数为 0.01317。

（2）根据服务业各行业空间基尼系数的差异性，可以将服务业行业分成两个梯度。高集聚性行业分别为：信息传输、软件和信息技术服务业，金融业，租赁和商业服务业，科学研究和技术服务业，文化、体育和娱乐业。低集聚性行业分别为：批发和零售业，交通运输、仓储和邮政业，住宿和餐饮业，房地产业，租赁和商业服务业，水利、环境和公共设施管理业，居民服务、修理和其他服务业，教育，卫生和社会工作，公共管理、社会保障和社会组织。

（3）从 2004~2017 年服务业各行业空间基尼系数的变化可以发现：交通运输、仓储和邮政业，信息传输、软件和信息技术服务业，水利、环境和公共设施管理业，居民服务、修理和其他服务业，卫生和社会工作等行业空间集聚水平上升，其中，居民服务、修理和其他服务业增幅最大，由 2004 年的 0.0142 增加到 2017 年的 0.0766。

（4）服务业行业内空间协同分布。利用产业间协同集聚度系数来测度生产性服务业各部门之间的空间协同集聚关系，该方法由 Ellisson 和 Glaeser（1997）提出，[①] 考虑了不同行业内企业集中程度的差别，较为准确地反映了产业之间的空间集聚程度，有利于产业之间的比较研究，但是该方法对数据要求比较高。Devereux（1999）等对 Ellisson 和 Glaeser（1997）的方法做了一定的简化，简化之后的公式为：[②]

$$r_{ij} = \frac{H_{ij} - (H_i \times w_i^2 + H_j \times w_j^2)}{1 - (w_i^2 + w_j^2)} \tag{9-3}$$

其中，$w_i$ 和 $w_j$ 为权重指标，用单个产业产值占两个产业产值之和的比重表示；$H_i$、$H_j$、$H_{ij}$分别代表产业 $i$、产业 $j$ 及两个产业形成的地理集中度。地理集中度指标用赫芬达尔指数来表示，公式为：

$$H = \sum_{k=1}^{n} S_k^2 - \frac{1}{n} \tag{9-4}$$

其中，$S_k$ 表示某产业第 $k$ 个地区的产值占该产业整个区域产值的比重，$n$ 为地区个数。产业间集聚度系数 $r_{ij}$ 值越大，产业 $i$ 和产业 $j$ 之间的集聚度越高，空间分布上越邻近。

---

① Ellison G, Glaeser E L. Geographic Concentration in U. S. Manufacturing Industries: A Dartboard Approach [J]. Journal of Political Economy, 1997, 105 (5): 889-927.

② Devereux, M. P, Griffith R, et al. The Geographic Distribution of Production Activity in the UK. Econometric Society World Congress 2000 Contributed Papers [J]. Econometric Society, 2000 (1): 533-564.

依据 Devereux（1999）的研究结果，可以将行业间集聚关系分为高度空间集聚（$r>0.05$），中间空间集聚（$0.02<r<0.05$）以及低空间集聚（$r<0.02$）。接下来利用京津冀城市群 13 个地级市 2017 年的数据计算京津冀生产性服务业各行业之间的空间协同集聚度矩阵如表 9－6 所示。

从表 9－6 中可以看出，京津冀服务业的 91 个行业组合中，各组合的协同集聚度都大于 0. 05，可见，京津冀城市群 91 个行业组合都属于高度集聚。

**表 9－6　京津冀服务业各行业之间空间协同集聚度矩阵**

| 行业 | 1 | 2 | 3 | 4 | 5 | 6 | 7 | 8 | 9 | 10 | 11 | 12 | 13 | 14 |
|---|---|---|---|---|---|---|---|---|---|---|---|---|---|---|
| 1 | | 0. 0981 | 0. 0973 | 0. 2379 | 0. 2057 | 0. 1528 | 0. 2331 | 0. 2325 | 0. 1924 | 0. 1037 | 0. 1657 | 0. 1419 | 0. 2302 | 0. 1299 |
| 2 | 0. 0981 | | 0. 0528 | 0. 1420 | 0. 1225 | 0. 0922 | 0. 1372 | 0. 1346 | 0. 1102 | 0. 0615 | 0. 0987 | 0. 0892 | 0. 1371 | 0. 0812 |
| 3 | 0. 0973 | 0. 0528 | | 0. 1622 | 0. 1311 | 0. 1003 | 0. 1500 | 0. 1503 | 0. 1135 | 0. 0564 | 0. 1085 | 0. 0921 | 0. 1537 | 0. 0815 |
| 4 | 0. 2379 | 0. 1420 | 0. 1622 | | 0. 3798 | 0. 2875 | 0. 4432 | 0. 4433 | 0. 2493 | 0. 0759 | 0. 3196 | 0. 2775 | 0. 4921 | 0. 2236 |
| 5 | 0. 2057 | 0. 1225 | 0. 1311 | 0. 3798 | | 0. 2214 | 0. 5738 | 0. 3395 | 2. 8534 | 0. 1026 | 0. 2424 | 0. 2085 | 0. 3565 | 0. 1792 |
| 6 | 0. 1528 | 0. 0922 | 0. 1003 | 0. 2875 | 0. 2214 | | 0. 2547 | 0. 2555 | 0. 1720 | 0. 0740 | 0. 1827 | 0. 1581 | 0. 2692 | 0. 1350 |
| 7 | 0. 2331 | 0. 1372 | 0. 1500 | 0. 4432 | 0. 5738 | 0. 2547 | | 0. 3918 | 0. 2636 | 0. 1123 | 0. 2797 | 0. 2405 | 0. 4140 | 0. 2045 |
| 8 | 0. 2325 | 0. 1346 | 0. 1503 | 0. 4433 | 0. 3395 | 0. 2555 | 0. 3918 | | 0. 2635 | 0. 1109 | 0. 2798 | 0. 2404 | 0. 4136 | 0. 2041 |
| 9 | 0. 1924 | 0. 1102 | 0. 1135 | 0. 2493 | 2. 8534 | 0. 1720 | 0. 2636 | 0. 2635 | | 0. 1427 | 0. 1990 | 0. 1620 | 0. 2723 | 0. 1247 |
| 10 | 0. 1037 | 0. 0615 | 0. 0564 | 0. 0759 | 0. 1026 | 0. 0740 | 0. 1123 | 0. 1109 | 0. 1427 | | 0. 0764 | 0. 0628 | 0. 0852 | 0. 0705 |
| 11 | 0. 1657 | 0. 0987 | 0. 1085 | 0. 3196 | 0. 2424 | 0. 1827 | 0. 2797 | 0. 2798 | 0. 1990 | 0. 0764 | | 0. 1741 | 0. 2984 | 0. 1472 |
| 12 | 0. 1419 | 0. 0892 | 0. 0921 | 0. 2775 | 0. 2085 | 0. 1581 | 0. 2405 | 0. 2404 | 0. 1620 | 0. 0628 | 0. 1741 | | 0. 2589 | 0. 1280 |
| 13 | 0. 2302 | 0. 1371 | 0. 1537 | 0. 4921 | 0. 3565 | 0. 2692 | 0. 4140 | 0. 4136 | 0. 2723 | 0. 0852 | 0. 2984 | 0. 2589 | | 0. 2127 |
| 14 | 0. 1299 | 0. 0812 | 0. 0815 | 0. 2236 | 0. 1792 | 0. 1350 | 0. 2045 | 0. 2041 | 0. 1247 | 0. 0705 | 0. 1472 | 0. 1280 | 0. 2127 | |

资料来源：同表 9－1。

## 第二节　生产性服务业转移与空间结构变迁

根据国家标准《国民经济行业分类》（GB/T 4754—2011）对生产性服务业的分类界定和《国务院关于加快发展生产性服务业促进产业结构调整升级的指导

意见》和《国务院关于印发服务业发展“十二五”规划的通知》中把生产性服务业分为研发设计与其他技术服务、货物运输、仓储和邮政快递服务、信息服务、金融服务、节能与环保服务、生产性租赁服务、商务服务、人力资源管理与培训服务和生产性支持服务，但各地统计数据并没有对上述生产服务业数据做详细的统计，本书将结合已有的对生产性服务业的分类和北京、天津、河北及河北各地市统计年鉴中二位数行业代码对服务业行业数据的统计，把生产性服务业确定为交通运输、仓储和邮政业，信息传输、软件和信息技术服务业，金融业，租赁和商务服务业，科学研究和技术服务业以及水利、环境和公共设施管理业六大类。

## 一、生产性服务业转移

本部分利用生产性服务业各行业增加值份额的变化，从省级层面、地级市层面以及分行业分析京津冀城市群生产性服务业的转移趋势和特征。

从省级层面看，从表 9－7 和图 9－11 可以看出，六大生产性服务业行业中，天津除了交通运输、仓储和邮政业增加值份额下降外，其他五大行业增加份额都呈现增加的趋势，表明生产性服务业在天津呈现转入的迹象；在京的交通运输、仓储和邮政业，金融业，租赁和商业服务业份额下降，信息传输、软件和信息技术服务业，科学研究和技术服务业，水利、环境和公共设施管理业份额增加；河北除了交通运输、仓储和邮政业，金融业增加值份额增加外，其他行业增加值份额都下降，表明生产服务业在河北也有转出迹象。

**表 9－7　京津冀内部 2004 年和 2017 年生产性服务业内部变动情况**

| 行业 | 北京 | | | 天津 | | | 河北 | | |
|---|---|---|---|---|---|---|---|---|---|
| | 2004 年 | 2017 年 | 变化 | 2004 年 | 2017 年 | 变化 | 2004 年 | 2017 年 | 变化 |
| 1 | 0. 2932 | 0. 2562 | －0. 0370 | 0. 1831 | 0. 1655 | －0. 0176 | 0. 5237 | 0. 5783 | 0. 0546 |
| 2 | 0. 6519 | 0. 7245 | 0. 0726 | 0. 0945 | 0. 1118 | 0. 0173 | 0. 2536 | 0. 2098 | －0. 0438 |
| 3 | 0. 6721 | 0. 5362 | －0. 1359 | 0. 1290 | 0. 2248 | 0. 0958 | 0. 1989 | 0. 2390 | 0. 0401 |
| 4 | 0. 7336 | 0. 5684 | －0. 1652 | 0. 0714 | 0. 2929 | 0. 2215 | 0. 1950 | 0. 1848 | －0. 0102 |
| 5 | 0. 6578 | 0. 6694 | 0. 0116 | 0. 1502 | 0. 2333 | 0. 0831 | 0. 1921 | 0. 1434 | －0. 0487 |
| 6 | 0. 3227 | 0. 4147 | 0. 0920 | 0. 1739 | 0. 3811 | 0. 2072 | 0. 5033 | 0. 2503 | －0. 2530 |

注：表格中的序号分别代表 1. 交通运输、仓储和邮政业；2. 信息传输、软件和信息技术服务业；3. 金融业；4. 租赁和商业服务业；5. 科学研究和技术服务业；6. 水利、环境和公共设施管理业。

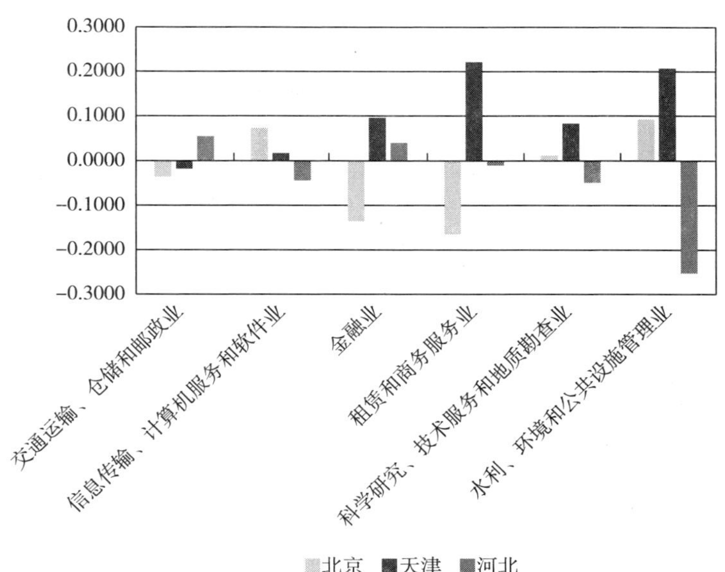


**图 9-11　2004 年和 2017 年京津冀内部服务业行业空间布局变动**

资料来源：根据表 9-7 计算。

从 13 个地级市以上城市的变化情况来看，如图 9-12 至图 9-15 所示，从河北内部各地级市的变化情况看，石家庄除金融业外，其他生产性服务业行业增加值份额全部下降，表明石家庄生产性服务业有转出迹象；邯郸、衡水、廊坊、唐山、张家口 5 市的交通运输、仓储和邮政业的增加值份额都出现增加迹象，其中，邯郸、唐山增加份额最大，表明转入迹象明显；石家庄、承德、邯郸、衡水、廊坊、唐山、张家口 7 个地级市金融业增加值份额增加，沧州、廊坊、唐山的租赁和商业服务业增加值份额也都呈现增加趋势，与天津的增幅相比，仍相差甚远；沧州、承德、衡水、唐山的科学研究和技术服务业增加值份额都有所增加，但增幅最高的沧州也不及天津；廊坊和秦皇岛的水利、环境和公共设施管理业增加值有所增加。综上分析，可以发现，信息传输、软件和信息技术服务业主要向北京，其他五大行业主要向天津转移，而河北主要呈现转出的迹象。

## 二、生产性服务业空间结构变迁

接下来继续用空间基尼系数（见表 9-8）来分析京津冀城市群生产性服务业。如图 9-16 所示，主要呈现如下特征：①各行业空间集聚程度差异很大。从 2004~2017 年平均空间基尼系数来看，信息传输、软件和信息技术服务业平均空间基尼系数最高，达到 0.0645，可见该行业空间集聚程度最高，行业空间结构

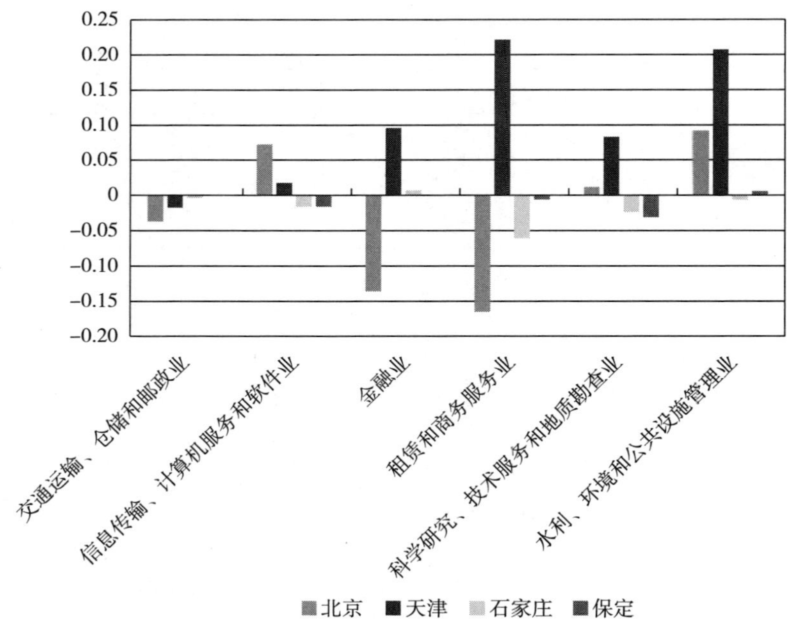


**图 9-12　2004 年和 2017 年京津冀内部服务业行业空间布局变动**

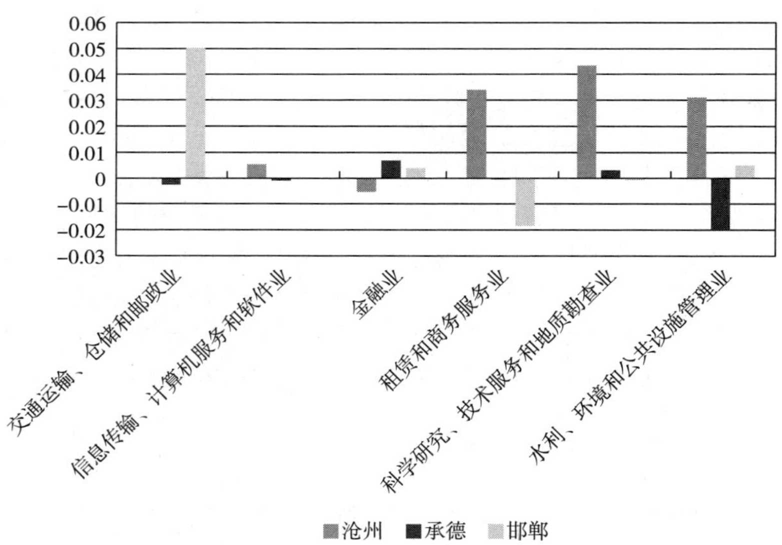


**图 9-13　2004 年和 2017 年京津冀内部服务业行业空间布局变动**

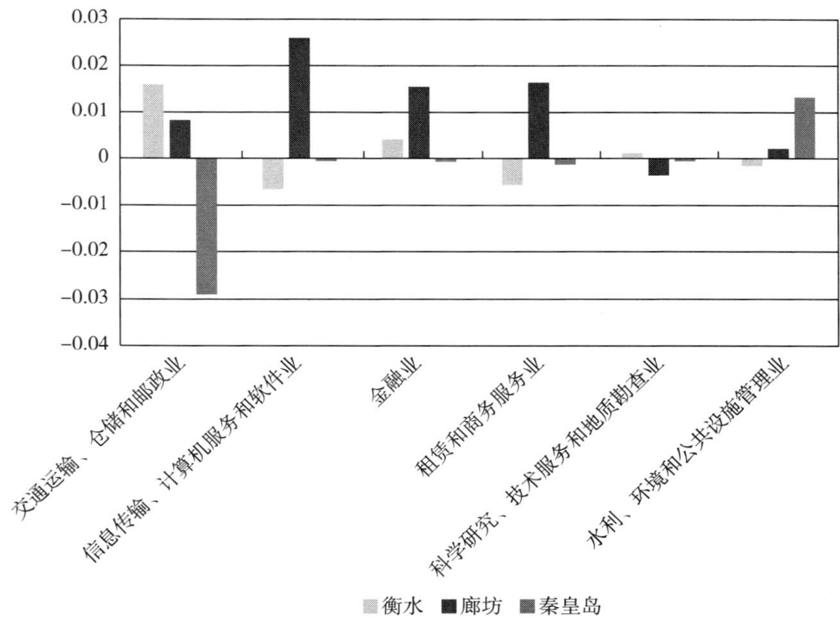


**图 9－14　2004 年和 2017 年京津冀内部服务业行业空间布局变动**

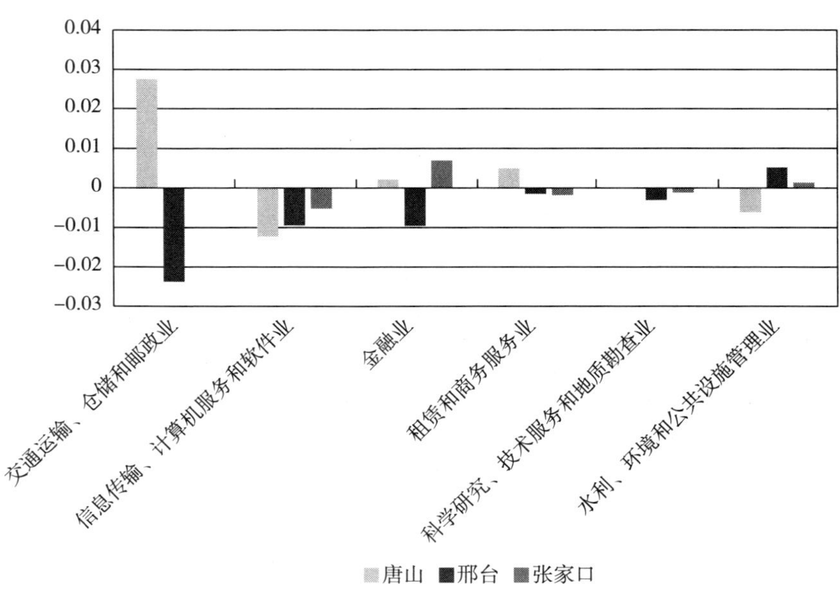


**图 9－15　2004 年和 2017 年京津冀内部服务业行业空间布局变动**

布局比较集中；租赁和商业服务业平均空间基尼系数最低，仅为 -0.1287，可见该行业空间集聚程度不高，行业空间结构布局比较分散。②根据空间基尼系数大小变化，这六大行业可以分为高集聚性、低集聚性。高集聚性行业包括信息传输、软件和信息技术服务业，租赁和商业服务业，科学研究和技术服务业，金融业；低集聚性行业包括交通运输、仓储和邮政业，水利、环境和公共设施管理业。金融业，租赁和商业服务业，科学研究和技术服务业三大行业空间基尼系数有下降趋势，这三大行业有分散化发展的趋势，这也表明这三大行业呈现空间转移的趋势。

**表 9-8 2004~2017 年京津冀服务业各行业空间基尼系数**

| 序号 | 2004 年 | 2017 年 | 2004~2012 年平均值 | 2004~2017 年变化幅度 |
|---|---|---|---|---|
| 1 | 0.0079 | 0.0203 | 0.0189 | 0.0124 |
| 2 | 0.1703 | 0.1704 | 0.1894 | 0.0001 |
| 3 | 0.1831 | 0.0447 | 0.1145 | -0.1384 |
| 4 | 0.2465 | 0.0664 | 0.1884 | -0.1801 |
| 5 | 0.1759 | 0.1228 | 0.1347 | -0.0531 |
| 6 | 0.0183 | 0.0378 | 0.0132 | 0.0195 |

资料来源：根据北京、天津、河北各地市历年统计年鉴计算。

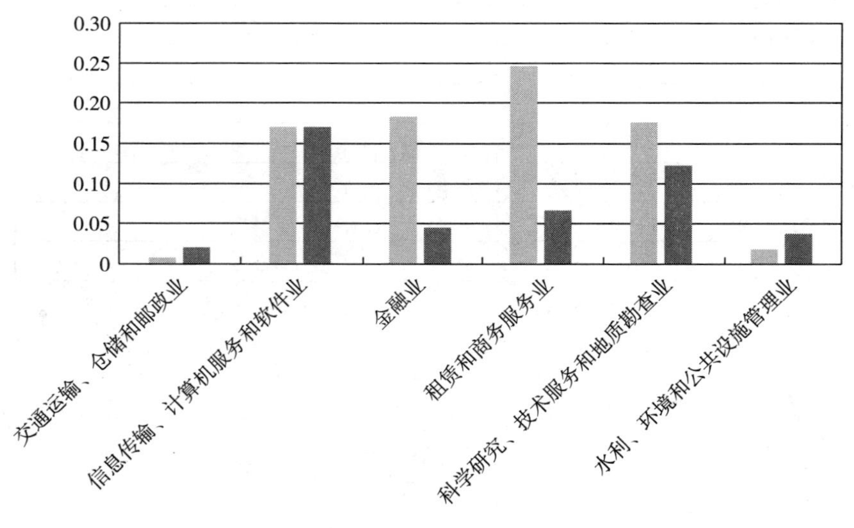


**图 9-16 2004 年、2017 年京津冀生产性服务业各行业空间基尼系数**

资料来源：根据北京、天津、河北各地市历年统计年鉴计算。

### 三、生产性服务业行业内空间协同分析

表9－9是利用京津冀服务业2017年各行业数据计算出来的服务业各行业间的空间协同集聚度。从6个行业组合形成的21个行业组合来看，各组合的协同集聚度都大于0.05，因此，各行业组合都属于高度集聚状态。

表9－9　京津冀生产性服务业各行业之间空间协同集聚度矩阵

| 行业 | 交通运输、仓储和邮政业 | 信息传输、软件和信息技术服务业 | 金融业 | 租赁和商务服务业 | 科学研究和技术服务业 | 水利、环境和公共设施管理业 |
|---|---|---|---|---|---|---|
| 交通运输、仓储和邮政业 | | 0.1420 | 0.1225 | 0.1372 | 0.1346 | 0.1102 |
| 信息传输、软件和信息技术服务业 | 0.1420 | | 0.3798 | 0.4432 | 0.4433 | 0.2493 |
| 金融业 | 0.1225 | 0.3798 | | 0.5738 | 0.3395 | 2.8534 |
| 租赁和商务服务业 | 0.1372 | 0.4432 | 0.5738 | | 0.3918 | 0.2636 |
| 科学研究和技术服务业 | 0.1346 | 0.4433 | 0.3395 | 0.3918 | | 0.2635 |
| 水利、环境和公共设施管理业 | 0.1102 | 0.2493 | 2.8534 | 0.2636 | 0.2635 | |

资料来源：根据北京、天津、河北各地市历年统计年鉴计算。

## 第三节　生产性服务业空间转移的决定因素分析

本小节主要分析京津冀城市群生产性服务业空间转移的决定因素，选取劳动力工资水平，经济发展水平、生产性服务业服务效率、交通基础设施水平、制度环境五个方面的因素来分析京津冀城市群生产性服务业空间转移的决定因素。

## 一、生产性服务业空间转移决定因素的理论假说

### （一）劳动力工资水平

与制造业行业相比，生产性服务业的劳动力投入比例相对较高，因此劳动力成本是生产性服务业的主要投入成本。劳动力工资水平是反映劳动力成本的主要变量。在既定技术水平下，如果其他投入不变，劳动力工资水平低，能够降低生产性服务业企业的经营成本，提高企业利润，企业会倾向于转移到劳动力工资水平较低的地区。另外，劳动力的人力资本水平存在异质性，即不同劳动力的人力资本水平不同，从而导致劳动力素质不同，高人力资本水平的劳动力具有较高的素质，从而具有较高生产率，其工资水平也高，低人力资本水平的劳动力工资水平也相对较低。在企业达到一定规模，发展到一定阶段，需要雇用有较高人力资本水平的劳动力，企业会倾向于向有高人力资本水平的地区转移。如果劳动力工资水平与生产性服务业转移存在负相关，说明京津冀城市群生产性服务业整体发展水平还不够高，如果正相关，说明京津冀城市群生产性服务业发展水平较高。

假设1：劳动力工资水平与生产性服务业转移相关，但方向不确定。

### （二）经济发展水平

地区经济发展水平综合反映了地区经济发展阶段。一个地区经济发展水平高，反映该地区经济发展阶段比较高，该地区的产业结构水平比较优，劳动力比较集中，产业集聚的正向溢出水平带来产业发展的规模效应，有利于企业发展；与此同时，经济发展产生正向外部效应，对周边地区经济发展产生辐射作用，带动周边地区发展，导致企业向该地区转移。因此，经济发展水平与生产性服务业转移呈正相关。

假设2：地区经济发展水平与生产性服务业转移呈正相关。

### （三）生产性服务业服务效率

产业部门效率的高低决定了产业部门的发展快慢，生产性服务业也是如此。生产性服务业效率的提高，能够降低交易成本和生产成本，实现产业的规模效应，同时，生产性服务业企业也能从产业部门服务效率的提高获益，企业能够从产业的规模效应中获益，企业扩大生产规模将会实现规模报酬递增，从而降低生产成本，提高利润。因此，生产性服务业效率高的地区将会吸引生产性服务业企业转移到该企业，即生产性服务业服务效率与生产性服务业转移呈正相关。

假设3：生产性服务业服务效率与生产性服务业转移呈正相关。

### （四）交通基础设施水平

交通基础设施水平的提高至少可以从两个方面提高生产性服务业发展水平，有利于服务业转移。首先，交通基础设施水平的提高会提高地区之间人流、物

流、资金流和信息流的效率，有助于消除“信息不对称”现象，进一步提高行业竞争，有利于整个行业的发展；其次，交通基础设施水平的提高，可以降低生产性服务业的交易成本，提高效率，此外，城市交通基础设施水平的提高，会促进生产性服务业向该城市集中。因此，交通基础设施水平与生产性服务业转移正相关。

假设 4：交通基础设施水平与生产性服务业转移呈正相关。

（五）制度环境

产业发展与制度环境密切相关，良好的制度环境有利于促进产业发展。制度环境对产业发展的影响体现在政府对产业发展的干预能力。一般来说，较大的政府规模具有较强的行政干预能力。对于服务业，尤其是金融保险、科学研究、信息技术等涉及国民经济命脉的生产性服务业，政府的干预较多，政府管制也更加严厉。因此，相对于制造业，政府的行政干预会阻碍生产性服务业的发展。此外，一些政府行为本身已构成了对生产性服务业的替代，这会对一个地区的生产性服务业发展产生负面影响。因此，良好的制度环境会促进生产性服务业转移。

假设 5：制度环境与生产性服务业转移存在相关性，良好的制度环境促进生产性服务业转入。

## 二、数据说明与模型设定

本节以京津冀城市群 13 个以上地级市作为空间单元，基于 2004 ~ 2014 年间地级市面板数据，研究生产性服务业转移的决定因素。数据主要来源于北京、天津、河北 2005 ~ 2015 年统计年鉴，实证研究中涉及的具体变量如表 9 – 10 所示。

**表 9 – 10　京津冀城市群生产性服务业转移决定因素变量说明**

| 变量类型 | 变量 | 变量符号 | 定义 |
|---|---|---|---|
| 被解释变量 | 产业转移 | tran | 各地级市生产性服务业各行业每年较前一年增加值份额占京津冀区域生产性服务业行业总增加值的变化 |
| 解释变量 | 劳动力工资水平 | wage | 各地级市全社会平均工资水平 |
| | 经济发展水平 | dgap | 各地级市人均 GDP |
| | 生产性服务业服务效率 | eff | 各地级市生产性服务业增加值占 GDP 的比重除以生产性服务业就业人数占总就业人数的比重来衡量 |
| | 交通基础设施水平 | tra | 各地级市道路面积占京津冀城市群总道路面积比例 |
| | 制度环境 | ins | 各地级市政府消费支出占全社会最终消费的比例 |

依据前文的理论假设，设立如下计量分析模型：

$$tran_{rt}^{i} = \alpha_0 + \alpha_1 \ln wage_{rt}^{i} + \alpha_2 \ln dgdp_{rt}^{i} + \alpha_3 \ln eff_{rt}^{i} + \alpha_4 \ln tra_{rt}^{i} + \alpha_5 \ln ins_{rt}^{i} + \varepsilon \quad (9-5)$$

其中，$i$ 表示生产性服务业某行业，$r$ 表示某地级市，$t$ 表示年份。

## 三、回归结果及分析

由于实证过程中用到的数据格式为面板数据，因此，在对数据进行回归之前需要确定面板数据模型的类型，对各行业的面板模型分别进行了 Hausman 检验，以确定回归模型是采用固定效应模型（FE）还是随机效应模型（RE）。检验结果如表 9－11 所示。

**表 9－11　Hausman 检验结果**

| 行业 | Chi2（4） | P 值 | 选择结果 |
|---|---|---|---|
| 交通运输、仓储和邮政业 | 17.81 | 0.0000 | 固定效应 |
| 信息传输、软件和信息技术服务业 | 13.62 | 0.0182 | 固定效应 |
| 金融业 | 20.33 | 0.0000 | 固定效应 |
| 租赁和商务服务业 | 18.78 | 0.0002 | 固定效应 |
| 科学研究和技术服务业 | 31.98 | 0.0000 | 固定效应 |
| 水利、环境和公共设施管理业 | 12.31 | 0.0308 | 固定效应 |

对面板数据模型类型确定后，采用广义最小二乘法（GLS）模型进行回归。估计结果如表 9－12 所示。

**表 9－12　回归结果**

| 变量 | 交通运输业 | 信息服务业 | 金融业 | 商务服务业 | 科技服务业 | 水利与环境业 |
|---|---|---|---|---|---|---|
| wage | 0.0015<br>(0.0136) | 0.0319<br>(0.0112)* | −0.0010<br>(0.0012) | −0.0034<br>(0.0037) | 0.0156<br>(0.0153) | −0.0747<br>(0.0301)** |
| dgap | 0.0113<br>(0.0190) | −0.0024<br>(0.0086) | 0.0242<br>(0.0136)*** | 0.0039<br>(0.0018)*** | 0.0271<br>(0.0113)** | 0.0072<br>(0.0253) |
| eff | 0.0007<br>(0.0008) | 0.0029<br>(0.0015)*** | −0.0006<br>(0.0007) | −0.0015<br>(0.0008)** | 0.0054<br>(0.0019)* | 0.0082<br>(0.0051)*** |
| tra | 0.0050<br>(0.0145) | 0.0004<br>(0.0055) | 0.1789<br>(0.1075) | 0.0014<br>(0.0013) | 0.0047<br>(0.0078) | 0.0092<br>(0.0156) |
| ins | −0.0183<br>(0.0117)*** | −0.0016<br>(0.0029) | −0.0242<br>(0.0094) | −0.0030<br>(0.0029) | 0.0029<br>(0.0042) | −0.0094<br>(0.0092) |

续表

| 变量 | 交通运输业 | 信息服务业 | 金融业 | 商务服务业 | 科技服务业 | 水利与环境业 |
|---|---|---|---|---|---|---|
| _ cons | -0.0112<br>(0.0175) | -0.3074<br>(0.1444) | 0.0152<br>(0.0132) | -0.0053<br>(0.0188) | -0.1494<br>(0.2001) | -0.8176<br>(0.3383)** |
| 样本量 | 143 | 143 | 143 | 143 | 143 | 143 |
| $R^2$ | 0.4301 | 0.4085 | 0.4051 | 0.4245 | 0.4176 | 0.4166 |

注：括号内为标准差，*、**、***分别表示在1%、5%、10%的水平下显著。

从表9-12的回归结果，可以进行下述讨论。

（一）从生产性服务业六大行业回归结果来看，不同行业空间转移的决定性因素不一致

制度环境影响交通运输、仓储和邮政业转移，劳动力工资水平和生产性服务业服务效率影响信息传输、软件和信息技术服务业转移，地区经济发展水平影响金融业转移，地区经济发展水平和生产性服务业服务效率影响租赁和商务服务业转移，也影响科学研究和技术服务业的转移，劳动力工资水平和生产性服务业服务效率影响水利、环境和公共设施管理业转移。

（二）从各行业具体的影响因素来看，交通运输、仓储和邮政业与制度环境因素负相关且显著

交通运输、仓储和邮政业与制度环境因素负相关且显著，这与前文的理论假设一致。前文理论假设认为，良好的制度环境是政府对产业发展的行政干预少，这样有利于产业的发展，实证结果表明，交通运输、仓储和邮政业与制度环境因素负相关，这在一定程度上反映当前政府对生产性服务业发展存在干预过多的现象。信息传输、软件和信息技术服务业转移与劳动力工资水平和生产性服务业服务效率正相关且显著，表明劳动力工资水平高和生产性服务业服务效率高有利于信息传输、软件和信息技术服务业转入，因为信息传输、软件和信息技术服务业的发展需要高素质的劳动力，而高素质劳动力的工资水平也相对较高。随着行业的发展，对高素质劳动力的需要也不断增加。企业一般通过提高工资水平来吸引高素质劳动力，进而导致行业高素质劳动力企业所在地集中。高素质劳动力在某地集中又会引导行业企业集聚，进而出现产业集聚效应。产业集聚效应带来规模效应，使得生产性服务业服务效率的体高，有利于企业降低成本，进一步引导企业集聚，劳动力工资水平高和生产性服务业服务效率高有利于信息传输、软件和信息技术服务业转入。地区经济发展水平与金融业转移正相关且显著，这是因为地区经济快速发展需要大量生产要素的投入，资金是主要投入要素之一，金融行业是提供资金的主要渠道。因此，地区经济快速发展将有利于金融业发展，吸引

金融业转入。地区经济发展水平与租赁和商务服务业转移正相关且显著，表明地区经济发展水平租赁和商务服务业的需求逐渐增加，生产性服务业服务效率与租赁和商务服务业转移负相关且显著，这是因为租赁和商务服务业水平还不高、行业竞争水平还不够。地区经济发展水平和生产性服务业服务效率与科学研究及技术服务业的转移正相关且显著，这与前文理论假设一致。劳动力工资水平和生产性服务业服务效率与水利、环境和公共设施管理业正相关且显著，这也与前文的理论预测一致。

## 第四节　京津冀城市群服务业发展主要问题与对策

随着京津冀协同发展不断推进，京津冀城市群服务业发展水平不断提高，服务业转移逐步推进，产业分工水平不断深入，区域分工格局正在逐步形成，但京津冀城市群服务业发展也存在区域发展不平衡、产业分工不够明细等问题。由于发展基础、区位条件等多方面因素的因素，河北地区生产性服务业的发展水平明显低于京津地区，河北如何实现生产性服务业发展的“后发优势”，实现京津冀城市群生产性服务业协同发展、优化升级至关重要。

### 一、京津冀城市群服务业发展的主要问题

#### （一）京津冀城市群服务业发展不平衡，区域差异明显

当前，京津冀城市群服务业不平衡现象非常明显。由于北京和天津有独特的区位优势、良好的发展基础以及资源禀赋优势，两地服务业无论是整体发展水平明显高于河北，产业结构也明显优于河北。河北以传统型服务业行业居多，北京和天津两地现代服务业居多。传统服务业行业增加值率低于现代服务业行业，对经济发展的贡献有限。产业发展不平衡将会进一步导致区域发展不平衡，进而导致区域发展不平衡，不有利于京津冀城市群协调发展。

#### （二）京津冀城市群服务业部分行业转移不合理

从京津冀城市群服务业整体转移水平看，北京和河北整体上呈现转出态势，天津整体上呈现转入的态势。从具体分行业看，北京主要是传统型服务行业呈现转出态势，而信息技术服务业等现代服务业呈现转入态势，而在河北，所有行业基本上都呈现转出态势。可见，当前京津冀城市群的服务业转移并没有呈现合理性，这不利于整个京津冀城市群的产业结构优化升级，特别是不利于河北的产业结构优化升级。

（三）产业集群效应未能发挥，区域一体化进程缺乏深度

随着京津冀城市群协同发展不断推进，京津冀城市群区域一体化进程也进一步推进，但京津冀城市群服务业很多行业并没有发挥产业集群效应。特别是在北京和天津地区，产业整体实力强和竞争力强的服务业行业产业集群效应并不明显，特别是扩散效应不明显，并没有带动周边地区发展，但极化效应却很明显，这并不利于服务业行业整体实力不强、缺乏强竞争力的河北服务业的发展。另外，在租赁和商务服务业等现代服务业领域，缺乏龙头企业带动，产业链不完整。还有就是，整个京津冀城市群之间行政壁垒问题严重，错综复杂的利益关系严重影响了要素自由流动，价值部分地区思想较为保守，严重影响了产业转移，区域一体化需要在深度上进一步推进。

## 二、京津冀城市群服务业发展的对策

基于前文对京津冀城市群服务业产业发展和转移的理论与实证分析，以及京津冀城市群服务业产业转移和发展的现状及存在的问题，提出以下对策建议。

（一）积极营造良好的产业发展环境，推进服务业产业有序转移

良好的发展环境可以促进产业发展，推进产业有序转移。首先，要营造良好的制度，为产业发展提供制度保障。良好的制度环境要有法治环境，通过建立完善的法治环境，规范市场秩序，提高产业发展竞争力；还要出台引导产业发展和产业有序转移的产业政策，通过产业政策扶持服务业发展。同时，因区域禀赋差异和区域经济发展阶段而异，确定京津冀城市群服务业产业合理分工，推进服务业产业有序转移，实现京津冀城市群服务业产业合理布局，提高京津冀城市群服务业发展水平。另外，要加快改革步伐，进一步完善市场经济体制，让市场在资源配置中起决定性作用。其次，积极营造服务业发展的软环境。在软环境方面，要积极营造良好服务业发展氛围，解放思想，转变观念，消除官本位意识和计划经济思想，尊重企业家，大力提倡企业家精神，鼓励成立服务业产业发展的相关协会，支持建立服务企业家的中介组织和机构，为服务业企业发展创造良好的环境。

推进服务业产业转移，是一项系统工程，以疏解北京非首都功能为核心，需要科学论证，发挥比较优势，推动产业转移。北京地区的批发和零售业，交通运输、仓储和邮政业重点向北京周边已有较好集聚基础的地区转移；批发和零售行业中，重点推进服装、小商品、建材等区域性专业市场向北京外有集聚基础的区域转移；交通运输行业中，优先发展城市公交，优化城市道路网。推进区域公交便捷换乘，加快公交专用道建设，实现有序、成网，有序推进出租车管理改革；金融行业中，各金融机构电子银行、数据中心、呼叫中心等劳动力密集型的后台

服务功能从北京三环以内整体迁出；教育行业中，推动部分普通高等学校本科教育有序迁出，支持有条件的北京普通高等学校、中等职业学校通过部分院系搬迁、办分校、联合办学等方式向外疏解，有序推动以面向全国招生为主的一般性培训机构和具备条件的文化团体迁出北京城六区；卫生与社会工作行业中，推动在京优质医疗卫生资源通过对口支援、共建共管、办分院、整体搬迁等方式向京外发展，组建医疗联合体或医院集团，培育河北、天津特色优势专科，支持北京大医院在北京周边地区合并共建一批高水平的护理医院和康复医院，承接北京大医院医疗康复功能；公共管理、社会保障和社会组织行业方面，优先疏解中央和国家机关在北京二环以内的非紧密型行政辅助功能，重点疏解服务中心、信息中心、行业协会、研究院所、学术类团体、报社、出版社、杂志社等，严控新增事业性服务单位和社会团体，对新成立或新迁入北京的全国性行业协会、学术类团体原则上不再予以登记，搭建区域人力资源信息共享与服务平台，建立区域相互衔接的劳动用工政策和人才政策，推进资质互认；科学研究和技术服务业中，北京要发挥科技创新中心的作用，重点发展原始创新和基础创新行业，突出高端化、服务化、集聚化、融合化、低碳化；水利、环境和公共设施管理业行业重点疏解到北京主城六区以外。在文化、体育和娱乐业行业中，建立共建共享的公共文化资源库，加强公共文化活动交流，打造共有文化品牌，促进文化资源共享，建立京津冀历史文化遗产保护体系。

（二）深入推进区域一体化发展，建立广泛的利益共享机制

国家已经出台一系列关于推进京津冀城市群协同发展的政策，以明确北京、天津与河北的功能定位。在未来的发展中，要进一步完善京津冀一体化发展的体制机制，逐步打破区域分割，破除行政壁垒，树立京津冀一体化发展的观念，消除地方保护主义，深入推进区域人才、交通、经济等一体化建设。统筹规划京津冀城市群服务业发展，充分发挥各地区比较优势和功能定位，大力发展具有比较优势的服务业产业，不断加快要素和资源流动。

加快推进交通一体化，实现基础设施互联互通。提升区域一体化运输服务水平，推动综合交通枢纽、物流园区、邮政和快递处理中心建设。促进各种运输方式之间的衔接与合作，鼓励运输组织模式创新，积极发展多式联运机制。强化三地运输服务标准衔接，推动建立统一的运输管理政策体系。建立京津冀三省市全面覆盖、快速反应、统一指挥、协调联动的交通安全保障体系。加强通道资源共用，建立健全京津冀三省市交通运输能耗统计与环境监测体系。加快城际铁路和市郊铁路建设，逐步形成铁路网，充分利用客运专线和普通铁路开行城际、市域列车。完善公路交通网，以环京津冀贫困地区为重点，实施农村公路提级改造、安保和危桥改造工程。建立区域综合交通信息平台，推动铁路、公路、民航以及

城市公共交通运营组织、票务和售票系统等衔接，实现客运联程联运和货运一票到底；逐步推进区域交通“一卡通”互联互通，建设三省市安全畅通、应急处置和运输服务监督信息联网工程。

加快推进环境保护一体化，建立生态利益补偿机制。规划建设一批工业固体废物和危险废物集中处理设施，加强再生资源回收利用体系建设，推进京津冀及周边地区秸秆综合利用以及禽畜粪污、城市餐厨资源利用和无害化处理。加大京津保地区营造林和湿地恢复力度，建设成片森林和湿地。优化燕山—太行山生态涵养区，构筑沿海生态防护区，推进沿海防护林建设，加大滨海湿地、自然保护区、水产种质资源保护区、风景名胜区等保护和建设力度，谋划建设一批环首都国家公园和森林公园。推进永定河、滦河、北运河、大清河等河流廊道治理，实施白洋淀、衡水湖、七里海等湖泊湿地保护与修复。研究制定区域环境污染防治条例，建立一体化的环境准入和推出机制，构建京津冀区域生态环境监测网络，统筹区域环境质量管理。加快推行区域环境信息共享机制，建立跨界的大气、地表水、地下水和海域等环境监测预警体系和协调联动机制，建立跨区域环境联合监察、跨界交叉执法、环评会商、区域污染联防联控的工作制度，完善生态利益补偿机制，完善生态环境保护协作机制，推进生态环境保护一体化建设。

加强推进产业发展一体化，建立产业协调发展格局。以京津冀协同发展为契机，积极推进北京部分传统服务业向津冀地区转移，加强产业协作，鼓励京津冀以合作方式共建产业转移示范园区。加快推进区域间、产业间循环式布局，鼓励企业间、产业间建立循环经济联合体。在服务业方面，强化北京金融管理、天津金融创新运营、河北金融后台服务功能。建设一批枢纽型物流产业集散区，建立京津冀大旅游格局。在制造业方面，优化产业布局，完善产业链，打造产业集群。在农业方面，加快建设环京津冀蔬菜基地、奶源生产和肉类供应基地，共建“菜篮子”产品生产基地，发展京津冀都市现代农业和河北高产高效生态农业。明确三省市科技创新优先领域，实现合理分工与有序协作，打造产学研结合的跨京津冀科技创新园区链，尝试跨区域联合组建一批产业技术创新战略联盟。

### （三）大力推进国际化进程，提高服务业发展水平和发展质量

京津地区要进一步强化国际交往功能，提升服务业发展质量。大力吸引国际组织总部落户北京，大力提升在京举办重要外事外交、体育赛事的服务保障能力，打造高端国际交流平台，扩大中国发展高端论坛、天津夏季达沃斯论坛品牌效应，大力发展国际性智库，将北京、天津建设成为国际性智库集聚地，提高文化、体育和娱乐业行业以及公共管理、社会保障和社会组织行业水平。提升科研设施集聚优势，积极引进全球高端科技资源，加强与跨国公司研发中心、国际知名研究机构和产业组织合作，提高科学研究与技术服务业行业发展水平和发展质

量。支持国外股权投资、创业投资机构集聚和发展，建立科技金融合作平台，支持风险投资和互联网金融业健康发展，构建多功能、多层次科技金融服务体系，提高金融业发展水平和发展质量。

深化国际合作，加强与周边地区和国家合作，提高对外开放水平，提高服务业国际化发展水平。扩大对外开放，大力推进服务业发展的国际化水平是提高服务业发展水平和发展质量的重要途径，京津冀城市群要积极主动接受国际服务业产业转移、鼓励走出去，认真学习国际先进服务业技术和管理经验，逐步提升自身服务业产品的技术含量和档次。加快推进服务业市场标准、认证体系、市场规则、法律法规等与国际市场接轨，积极引进国际现代高端服务业大型企业落户京津冀城市群，鼓励国际化程度高、实力强的服务业企业走出去，到海外建立分支机构，或并购海外企业，积极培育具有竞争力的本土国际化跨国公司。进一步加强与港澳台在现代服务业方面的合作，拓宽与欧盟和北美等发达地区和国家在服务业产业的合作领域，加强人才方面的联合培养，加强技术领域的合作，加强与跨国公司研发中心、国际知名研究和产业组织合作。

# 第十章　京津冀污染密集型产业转移时空演进与决定因素*

改革开放尤其是新世纪以来，由于工业化、城市化的快速发展，京津冀城市群产业转移和地理结构发生了深刻变化，产业时空格局不断演化①。随着京津冀城市群建设世界级城市群的提出和京津冀协同发展战略的出台，产业空间结构重塑中污染密集型产业（以下简称污染产业）的转移成为热点议题。污染产业因其环境污染特性，伴随各地环境规制的提高，在国内开始了地域转移，主要表现为从发达区域转向欠发达区域②。在全球化生产和自由贸易使得污染产业国际、区际转移成为可能的条件下，污染产业有动力向环境规制较低地区转移，此即著名的"污染天堂"假说（Pollution Heaven Hypothesis，PHH）因素作用。污染产业多为要素（资本、劳动、技术、资源）密集型产业③，因此，有些污染产业会布局在资源富集区以节约原材料成本，有些布局在工资水平低的地区以节约劳动成本，有些则是资本、技术指向，选址在易于融资和技术水平较高的地区。随着经济全球化的深入，对外开放因素如引进外资、对外贸易等也可能影响污染产业的区位，这时临海布局无疑是不错的选择。此外，区域间的竞争、合作等空间交

* 本章主体内容已发表于：段娟，文余源．特大城市群污染密集型产业转移与决定因素——以京津冀为例［J］．西南民族大学学报（人文社科版），2018，39（2）：127－136．

① 肖金成等．京津冀区域合作论［M］．北京：经济科学出版社，2010；鲁金萍，刘玉，杨振武，孙久文．京津冀区域制造业产业转移研究［J］．科技管理研究，2015（11）：86－90；孙久文，姚鹏．京津冀产业空间转移、地区专业化与协同发展——基于新经济地理学的分析框架［J］．南开学报（哲学社会科学版），2015（1）：81－89．

② 沈静，向澄，柳意云．广东省污染密集型产业转移机制——基于2000～2009年面板数据模型的实证［J］．地理研究，2012，31（2）：357－368；仇方道，蒋涛，张纯敏等．江苏省污染密集型产业空间转移及影响因素［J］．地理科学，2013，33（7）：789－796；周沂，贺灿飞，刘颖．中国污染密集型产业地理分布研究［J］．自然资源学报，2015，30（7）：1183－1192．

③ 周沂，贺灿飞，刘颖．中国污染密集型产业地理分布研究［J］．自然资源学报，2015，30（7）：1183－1192；Cole M A，Elliott R J R. FDI and the Capital Intensity of "Dirty" Sectors：A Missing Piece of the Pollution Haven Puzzle［J］．Review of Development Economics，2005，9（4）：530－548．

互作用也会对污染产业的分布产生影响①。京津冀城市群作为建设世界级城市群、京津冀协同发展和雄安新区等国家重大战略的载体，其环境问题备受关注，与之密切相关的污染产业分布迁移更是聚焦点，本书试图利用微观企业数据研究该地区污染产业的时空演进特征及其影响因素，揭示其发展演化动力机制，并讨论其对转型期京津冀城市群制定产业转移政策的启示。

## 第一节 文献回顾

推动绿色发展、创新发展以形成保护环境、提高生态文明的产业结构、空间布局是我国新时期贯彻“五大发展理念”的重要内容和重大战略。随着全球化的加深，污染产业跨国跨区转移已成为常态，研究污染产业时空转移和分布特征，探索生态环境保护和产业合理布局的关系与路径，是当前我国各地永续发展的热点之一（仇方道等，2013）②。有关污染产业转移的国际研究始于20世纪80年代，随着欧美日等发达国家的环境准入门槛的提高，污染产业不断从这些国家转向发展中国家和地区（沈静等，2012；Castlman，1979；Low等，1992；Dean，1992）③，而发展中国家和地区污染密集型产品份额的不断扩大引发了广为流行的“污染天堂”假说的提出（Castlman，1979；Low等，1992；Dean，1992）④，之后又出现了“资源禀赋假说”“环境竞次假说”和“波特假说”等有关污染产业转移学说，这些学说基本涵盖了污染产业转移的理论机制和相关影响因素。

污染天堂假说（PHH）认为，环境规制较宽松的地区更有优势发展污染产业，市场机制会引导污染产业向这些地区专业化集聚。不少研究认为，发达地区日趋从严的环境规制会给企业带来矫正环境负外部性的额外费用，会推动污染产业向落后地区转移，从而支持了该假说（沈静等，2012；Levinson等，2008；张

① 王文普．环境规制、空间溢出与地区产业竞争力［J］．中国人口·资源与环境，2013，23（8）：123－140.

② 仇方道，蒋涛，张纯敏，等．江苏省污染密集型产业空间转移及影响因素［J］．地理科学，2013，33（7）：789－796.

③ 沈静，向澄，柳意云．广东省污染密集型产业转移机制——基于2000～2009年面板数据模型的实证．地理研究，2012，31（2）：357－368.

④ Castlman B I. The Export of Hazardous Factories to Developing Nations［J］. International Journal of Health Services，1979（9）：569－606；Low P，Yeats A. Do“Dirty”Industries Migrate? In：Patric Low. International Trade and the Environment. World Bank Discussion Paper No 159，1992；Dean J M. Trade and Environment：A Survey of the Literature. Working Paper No. 966（World Department），1992.

可云等，2009；黄志基等，2015）①。但也有研究认为，污染天堂假说并不成立，例如 Stafford（1985）认为，环境规制并非污染产业空间区位迁移的影响因素②，Buses（2004）认为，没有证据表明环境管制的严格程度与污染产业跨国转移相关③，周沂等（2015）认为，由于污染产业依赖技术、资源等要素，环境规制可能并非促使其转移的重要力量④。

资源禀赋假说（Factor Endowment Hypothesis，FEH）认为，产业比较优势源于要素禀赋差异，不同要素禀赋地区会聚集充分利用其禀赋优势的产业，比如资本充裕地区发展资本密集型产业，资源富集地区发展资源密集型产业，劳动力丰富地区聚集劳动密集型产业。污染产业的多样性使得有些污染产业会选择资本密集地区（如化工业），有些选择资源富集地（如陶瓷），有些则更青睐劳动力丰富且廉价的地区（如纺织印染、皮革鞣制）。Kim（1995）发现，美国各州资源禀赋对其特定产业就业规模有很好的解释力⑤，一定程度上验证了资源禀赋假说的正确性。此外，在全球化贸易不断发展条件下，优越的地理区位禀赋和交通条件对产业的吸引力不断增大，也会使得污染产业临海布局以便利地获得国际资源和进出海外市场，可见良好的交通、港口区位一定程度上可替代或弱化对传统资源的依赖（周沂等，2015）⑥，并可通过对外开放因素（如利用外资、对外贸易）来间接测度或反映其程度。

环境竞次假说（Race - to - the - Bottom Hypothesis，RBH）认为，每个地区因担心其他地区采取比本地更低的环境标准而使自身失去竞争优势，进而竞相采取比其他地区次优的环境政策以获得相对产业优势（Konisky，2009）⑦。该假说虽然逻辑似乎正确，但遭到一些学者的批驳，如 Wheeler（2001）指出，吸引了

① 沈静，向澄，柳意云．广东省污染密集型产业转移机制——基于 2000 ~ 2009 年面板数据模型的实证［J］．地理研究，2012，31（2）：357 - 368；Levinson A，Taylor S M. Unmasking the Pollution Haven Effect. International Economic Review，2008，49（1）：223 - 254；张可云，傅帅雄，张文彬．产业结构差异下各省份环境规治强度量化研究［J］．江淮论坛，2009（6）：10 - 15；黄志基，贺灿飞，杨帆，周沂．中国环境规制、地理区位与企业生产率增长［J］．地理学报，2015，70（10）：1581 - 1591.

② Stafford H A. Environmental Protection and Industrial Location［J］. Annals Association American Geography，1985，75（2）：227 - 240.

③ Buses J. Trade，Environmental Regulations and the World Trade Organization：New Empirical Evidence［J］. Journal of International Economics，2004，38（2）：285 - 306.

④⑥ 周沂，贺灿飞，刘颖．中国污染密集型产业地理分布研究［J］．自然资源学报，2015，30（7）：1183 - 1192.

⑤ Kim S. Expansion of Markets and the Geographic Distribution of Economic Activities：The Trends in U. S. Regional Manufacturing Structure，1860 - 1987［J］. The Quarterly Journal of Economics，1995，110（4）：881 - 908.

⑦ Konisky D. M. Assessing U. S. State Susceptibility to Environmental Regulatory Competition［J］. State Politics and Policy Quarterly，2009，9（4）：404 - 428.

大多数投资的巴西、墨西哥和中国等国的污染水平是下降的，认为该假说存在缺陷并加以反对[①]。Eliste 和 Fredriksson（2002）研究出口竞争国家贸易自由化和贸易政策对环境规制标准影响时，在农业部门没有发现支持上述假说的充分证据[②]。该假说虽然与现实相悖，但揭示了由于污染空间溢出使得环境规制严格的地区无法获得其规制全部利益的特征[③]。

波特假说（Porter Hypothesis，PH）认为，适当的环境规制可以推动污染企业通过优化资源配置和技术创新来提高其生产效率和产业竞争力（Porter，1995）[④]。Lanoie 等（2007）认为，环境规制对产业竞争力的影响是短期的，中长期有利于生产效率和竞争力的提升[⑤]。根据波特假说，那些有实力的污染产业会固守环境规制日益严格的地区而不发生转移，并通过创新和技术改进来适应环境规制的要求。例如，Yang 等（2014）利用 1997 ~ 2003 年的产业层面面板数据，发现更严格的环保力度引发了更多创新，而污染产业区位变化不大[⑥]。而 Berman 等（2001）也发现，尽管洛杉矶严格的大气环保标准会带来高昂的成本，但坐落在该市的炼油厂并未搬迁，并相比美国其他炼油厂有更高的生产效率[⑦]。

上述假说从不同视角对污染产业转移进行了揭示，但没有一种假说能够解释所有污染产业地理分布和时空演进的所有现象。事实上，这些理论假说各有道理，都能从某些侧面对污染产业的空间格局进行一定程度的解释，但也各有自身的适用条件和局限。以被高度评价的波特假说为例，该假说适用于那些资本、技术雄厚的企业，这些企业具有通过创新来适应高环保标准的能力，因而无须迁移，但对那些技术水平低下、资本不足以投入创新的污染企业而言，迁移显然是更好的选择。其他假说也有类似的情形。因此，针对具体地区而言，事先预定某种假说来解释污染产业的分布变化并不可取，可行的方法是运用尽可能微观、详

---

① Wheeler David. Racing to the Bottom? Foreign Investment and Air Pollution in Developing Countries [J]. Journal of Environment & Development, 2001, 10 (3): 225 - 245.

② Eliste, Paavo & Fredriksson, Per G. Environmental Regulations, Transfers, and Trade: Theory and Evidence [J]. Journal of Environmental Economics and Management, 2002, 43 (2): 234 - 250.

③ 王文普．环境规制、空间溢出与地区产业竞争力［J］．中国人口·资源与环境，2013，23（8）：123 - 140.

④ Porter M E, Van der Linde C. Toward a New Conception of the Environment - competitiveness Relationship [J]. The Journal of Economic Perspectives, 1995, 9 (4): 97 - 118.

⑤ Lanoie P, Laurent - Lucchetti J, et al. Environmental Policy, Innovation and Performance: New Insights on the Porter Hypothesis [D]. GAEL Working Paper, 2007.

⑥ Yang R D, He C F. The Productivity Puzzle of Chinese Exporters: Perspectives of Local Protection and Spillover Effects [J]. Papers in Regional Science, 2014, 93 (2): 367 - 384.

⑦ Berman E, Bui L T. Environmental Regulation and Productivity: Evidence from Oil Refineries [J]. Review of Economics and Statistics, 2001, 83 (3): 498 - 510.

细的数据来分析其时空演进的决定机制，并检验相关假说的适用性。本书利用2003～2013年京津冀城市群污染产业微观时空数据和相关区域数据，刻画其时空格局演变特征，探讨不同因素对污染产业地理分布的影响，既是对现有文献的补充，也可以为京津冀城市群合理布局污染产业和优化产业结构提供依据。

## 第二节　京津冀城市群污染产业时空格局演变

### 一、污染产业的界定与数据说明

污染产业是指生产过程中若不加治理会直接或间接产生大量污染物的产业（夏友富，1999）①。但污染产业如何界定目前学界尚不统一，归结起来大概有三类，一是依据产业环境治理成本来界定（Tobey，1990）②；二是依据单位产值污染排放强度来界定（Castlman，1979；赵细康，2003）③；三是依据产业污染物排放规模来界定（Becker 和 Henderson，2000）④。本书采用国务院办公厅颁发的《第一次全国污染源普查方案》（国办发〔2007〕37 号）对污染产业的划分标准，选取十大重点污染行业，包括农副食品加工业（13）、食品制造业（14）、纺织业（17）、皮革毛皮羽毛（绒）及其制品业（19）、造纸及纸制品业（22）、石油加工/炼焦及核燃料加工业（25）、化学原料及化学制品制造业（26）、非金属矿物制品业（31）、黑色金属冶炼及压延加工业（32）和有色金属冶炼及压延加工业（33）。考虑到两位代码实际上包括了一些污染较轻或者污染的行业，在实证分析时借鉴周沂等（2015）的做法⑤，选择上述十行业中污染最密集的五个三位数行业，即棉、化纤印染精加工（171），皮革鞣制加工（191），造纸（222），炼焦（252）和基础化学原料制造（261）。

① 夏友富．外商投资中国污染密集产业现状、后果及其对策研究［J］．管理世界，1999（3）：109－123.

② Tobey J A. The Effects of Domestic Environmental Policies on Patterns of World Trade: An Empirical Test［J］. Kyklos，1990，43（2）：191－209.

③ Castlman B I. The Export of Hazardous Factories to Developing Nations［J］. International Journal of Health Services，1979（9）：569－606；赵细康．环境保护与产业国际竞争力：理论与实证分析［M］．北京：中国社会科学出版社，2003.

④ Becker R，Henderson V. Effects of Air Quality Regulations on Polluting Industries［J］. Journal of Political Economy，2000，108（2）：379－421.

⑤ 周沂，贺灿飞，刘颖．中国污染密集型产业地理分布研究［J］．自然资源学报，2015，30（7）：1183－1192.

根据上述分类，本章以 2003～2013 年中国工业企业数据库和 2004～2014 年《中国城市统计年鉴》、京津冀三地统计年鉴以及河北 11 个地市统计年鉴为数据来源，其中涉及价格的数据统一换算为 2005 年不变价以确保可比性。

## 二、污染产业的时空演进特征

从时间发展序列来看（见图 10－1），京津冀污染产业的二位数前十行业工业总产值呈 N 型波动上升，由 2003 年的 549 亿元升至 2013 年的 3132 亿元，三位数前五行业工业总产值也呈波动上升，从 2003 年的 73 亿元提高到 2013 年的 194 亿元。进一步考察，京津冀污染产业发展可分为 2003～2008 年稳步增长阶段、2008～2011 年下降阶段和 2011 年后的再次上升阶段。但京津冀污染产业无论是二位数前十行业还是三位数前五行业占全国的份额都有所减少，两者分别从 2003 年的 10.78%、8.22% 降至 2013 年的 9.84%、7.23%，均减少约 1 个百分点，表明京津冀城市群污染产业总体在进一步发展的同时有相对转出的趋向。

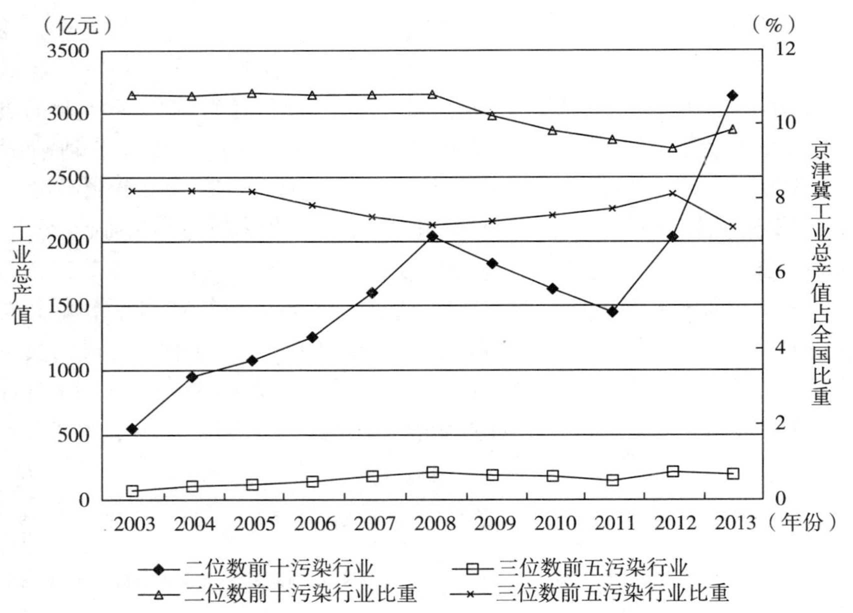


**图 10－1　京津冀污染产业产值及其占全国比重变化**

资料来源：根据相关年度中国工业企业数据库整理。

通过京津冀地级以上 13 个城市污染产业产值占整个地区污染产业的份额来分析污染产业在该地区的时空分布（见图 10－2 至图 10－3），可以发现，对于

二位数前十污染产业，期初占比10%以上的有北京、天津、唐山和石家庄，之后北京波动性持续下降，2013年份额已从期初的23%降至不足10%，唐山也有类似的表现，天津和石家庄则波动上升，天津一直维持占比20%以上的高份额，其他地市占比变化相对平稳，基本在5%及以下小幅波动，其中，邯郸、邢台、秦皇岛、承德和廊坊总体呈下降趋势，而沧州、保定、衡水和张家口则有所上升。对于三位数前五污染产业，石家庄一直维持30%左右的高位份额波动，其次是天津在20%左右浮动，唐山和邯郸有渐次上升趋势，北京占比持续下降，从期初的15%降至期末的5%，降幅最大，其他地市与二位数前十污染产业情形相似，基本在5%左右浮动，比较平稳。各城市相对份额及其排位变化表明京津冀城市群污染产业存在转移现象，总体而言，京津冀的污染产业呈聚集趋势，在京、津、石（家庄）、邯（郸）及沿轴线区域集聚，整体往东部沿海和往南向内陆变动（见图10－4）。下面将对这种变动的影响因素作进一步计量分析。

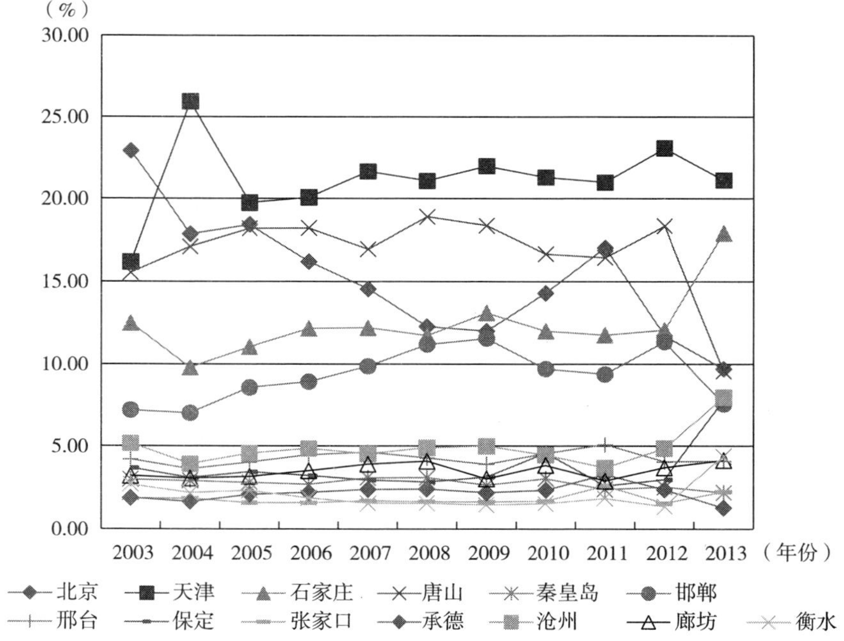


**图10－2　2003～2013年京津冀13个城市二位数十大污染密集型行业产值比重变化**

资料来源：根据相关年度中国工业企业数据库整理。

(%)
40.00
35.00
30.00
25.00
20.00
15.00
10.00
5.00
0.00
2003 2004 2005 2006 2007 2008 2009 2010 2011 2012 2013(年份)
北京 天津 石家庄 唐山 秦皇岛 邯郸
邢台 保定 张家口 承德 沧州 廊坊

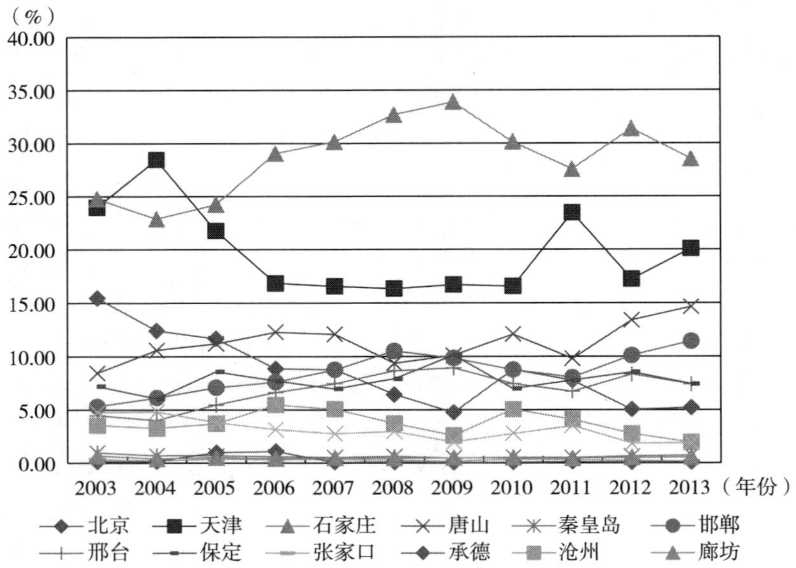

**图 10－3　2003～2013 年京津冀 13 个城市前五位污染密集型行业产值比重变化**

资料来源：根据相关年度中国工业企业数据库整理。

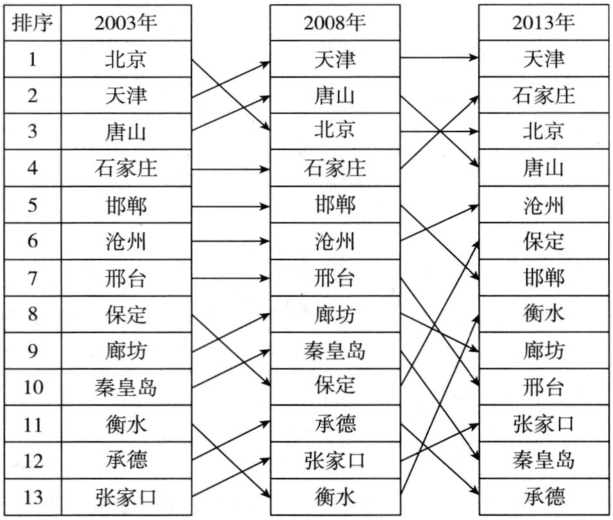

排序 2003年 2008年 2013年
1 北京 天津 天津
2 天津 唐山 石家庄
3 唐山 北京 北京
4 石家庄 石家庄 唐山
5 邯郸 邯郸 沧州
6 沧州 沧州 保定
7 邢台 邢台 邯郸
8 保定 廊坊 衡水
9 廊坊 秦皇岛 廊坊
10 秦皇岛 保定 邢台
11 衡水 承德 张家口
12 承德 张家口 秦皇岛
13 张家口 衡水 承德

**图 10－4　2003～2013 年京津冀 13 个城市污染密集型产业比重变化**

# 第三节　污染产业转移的影响因素分析

## 一、模型设定及变量选择

根据前述各污染产业转移假说，考虑到此处的污染产业具有混合类型属性，因此建模时既要考虑污染产业对资本、技术、劳动和资源因素的影响，也要考虑环境规制带来的成本约束，还要考虑对外开放以及其他控制性变量。研究污染产业转移的文献中，在被解释变量的选择上，有的选用工业增加值（如魏玮等，2011）①，有的选择企业新成立率（如周沂等，2015）②，也有的用工业产值（如沈静等，2012）③。考虑到工业企业数据库有些工业增加值项缺失，企业增减个数并不能完全反映污染产业的产能，而企业的工业总产值项数据基本没有缺失，且该项还能反映企业的真实产能，因此将被解释变量设定为污染产业的工业总产值。又由于通过 Moran's Ⅰ指数对各变量进行检验发现都存在显著的全局空间自相关，可判定京津冀城市群存在空间异质性或空间交互效应，因此，本书拟采用空间计量模型来分析污染产业时空演进的作用机制。为了使回归参数能够解释为弹性以及减少异方差问题，对变量取自然对数形式，基准模型设定如下：

$$LnGYCZ_{it} = \beta_0 + LnREF_{it}\beta_1 + LnOP_{it}\beta_2 + LnER_{it}\beta_3 + LnX_{it}\beta_4 + \mu_i + v_t + \varepsilon_{it} \quad (10-1)$$

其中，$GYCZ$ 为工业总产值，$REF$ 为要素禀赋变量，$OP$ 为对外开放变量，$ER$ 为环境规制变量，$X$ 为控制变量，$\beta_i$ 为回归系数（向量），$\varepsilon_{it}$为误差项，$\mu_i$ 和 $v_t$ 分别是空间固定效应和时期固定效应，$i$ 和 $t$ 分别是区域单元和时期。

空间计量模型通常有多种设定形式，如空间自回归面板模型（SAR）、空间误差面板模型（SEM）和空间面板 Durbin 模型（SDM）等。根据 LsSage 等（2009）④，在空间计量模型设定上要谨慎对待选择 SAR 或 SEM 模型时的一般检验，并且在实际中有足够的理由选择 SDM 模型，因为 SAR 和 SEM 模型都是 SDM 模型的特殊情况，尤其是可能存在遗漏和纳入变量相关的情况下应采用 SDM 模

---

① 魏玮，毕超．环境规制、区际产业转移与污染避难所效应［J］．山西财经大学学报，2011，33（8）：67－73.

② 周沂，贺灿飞，刘颖．中国污染密集型产业地理分布研究［J］．自然资源学报，2015，30（7）：1183－1192.

③ 沈静，向澄，柳意云．广东省污染密集型产业转移机制——基于2000～2009年面板数据模型的实证［J］．地理研究，2012，31（2）：357－368.

④ LeSage，J. and Kelley P. Introduction to Spatial Econometrics［M］. CRC Press，2009.

型。本书尽管已经纳入多个可能变量，但并不能保证遗漏变量的可能性，因此最终的模型设定为 SDM 模型，即：①

$$LnGYCZ_{it} = \beta_0 + \rho \sum_{j \neq i}^{n} w_{ij} LnGYCZ_{it} + LnREF_{it}\beta_1 + LnOP_{it}\beta_2 + LnER_{it}\beta_3 + LnX_{it}\beta_4 + \theta_1 \sum_{j \neq i}^{n} w_{ij} LnREF_{it} + \theta_2 \sum_{j \neq i}^{n} w_{ij} LnOP_{it} + \theta_3 \sum_{j \neq i}^{n} w_{ij} LnER_{it} + \theta_4 \sum_{j \neq i}^{n} w_{ij} LnX_{it} + \mu_i + v_t + \varepsilon_{it} \quad (10-2)$$

其中，$W = (w_{ij})_{n \times n}$为空间权重矩阵，$\rho$ 为空间自回归系数，$\theta_i$ 为空间回归系数（向量），$\varepsilon$ 为误差项，$i$ 和 $t$ 分别是区域单元和时期，其他同模型（10－1）。

（1）要素禀赋（REF）。根据资源禀赋理论，污染产业的空间分布会受地区资源禀赋如资源、资本、劳动和技术等要素丰裕程度影响，因此选取相关变量来分析要素禀赋对污染企业选址的影响：一是资源禀赋要素（NR），根据周沂等（2015）的做法②，以采掘业从业人数占本地总从业人数比表示，具体操作时包括二位数为 06－12 开头的采掘行业；二是资本禀赋要素（Cap），根据周沂等的做法以加总企业固定资产净值年平均余额占本地 GDP 比重表示；三是技术要素（TFP），采用 Yang 等（2014）的方法计算企业全要素生产率并以企业人数加权平均得到地区 TFP③，其中企业全要素生产率采用半参数的 OP 方法，模型为 $TFP_{it} = \ln VA_{it} - \beta_l \ln L_{it} - \beta_k \ln K_{it}$，式中 $VA$ 为企业的工业增加值；资本 $K$ 用企业固定资产净值年平均余额表示，劳动力 $L$ 以全部从业人员年平均人数表示；四是劳动力要素（Lbr），以职工年平均工资衡量劳动成本。

（2）对外开放（OP）。选择实际利用 FDI 额（FDI）和出口交货值（Expt）来衡量全球化下对外开放因素对污染企业选址影响。

（3）环境规制（ER）。各污染产业转移假说几乎都涉及环境规制的影响，也是本书关注的重要变量之一。环境规制直接度量一般较为困难，因此现有文献多以替代变量代理。综合相关文献成果（仇方道等，2013；周沂等，2015；黄志基等，2015）④，本书选取 $SO_2$ 去除率和废水排放达标率等权合成指数衡量区域环

---

① 事实上，模型检验也指向选择 SDM 模型更合适。由于篇幅限制未报告检验结果。

② 周沂，贺灿飞，刘颖．中国污染密集型产业地理分布研究［J］．自然资源学报，2015，30（7）：1183－1192.

③ Yang R D, He C F. The Productivity Puzzle of Chinese Exporters: Perspectives of Local Protection and Spillover Effects［J］. Papers in Regional Science, 2014, 93（2）: 367－384.

④ 仇方道，蒋涛，张纯敏等．江苏省污染密集型产业空间转移及影响因素［J］．地理科学，2013，33（7）：789－796；周沂，贺灿飞，刘颖．中国污染密集型产业地理分布研究［J］．自然资源学报，2015，30（7）：1183－1192；黄志基，贺灿飞，杨帆，周沂．中国环境规制、地理区位与企业生产率增长［J］．地理学报，2015，70（10）：1581－1591.

境规制的强度。

（4）控制变量（X）。污染产业分布与地区的属性特征密切相关，本书将其纳入控制变量，包括集聚经济（用城市该产业的企业数除以城市企业总数 Agg 衡量）、经济发展水平用人均 GDP 衡量（GDPP），基础设施用货运周转量（Tran）衡量。所有变量如表 10－1 所示。

**表 10－1 变量定义与符号**

| 变量种类 | 变量名 | 含义 | 时期 | 预期符号 |
|---|---|---|---|---|
| 被解释变量 | GYCZ | 污染产业工业总产值 | 2003～2013 | － |
| 资源禀赋变量（REF） | NR | 采掘业从业人数占总从业人数比（%） | 2003～2013 | + |
| | Cap | 企业固定资产净值年平均余额/GDP（%） | 2003～2013 | + |
| | TFP | 城市生产率 | 2003～2013 | + |
| | Lbr | 职工平均工资（元） | 2003～2013 | － |
| 对外开放（OP） | FDI | 实际利用 FDI 额度（万美元） | 2003～2013 | + |
| | Expt | 年出口交货值（万美元） | 2003～2013 | + |
| 环境规制（ER） | ER | $SO_2$ 去除率（去除量/总量）与工业废水 | 2003～2013 | － |
| | | 排放达标率（达标量/总量）的均值 | | － |
| 控制变量（X） | Agg | 集聚经济（用城市该产业的企业数除以城市企业总数） | 2003～2013 | + |
| | GDPP | 经济发展水平，用人均 GDP 测量（元） | 2003～2013 | + |
| | Tran | 基础设施水平，用货物周转量表示（吨） | 2003～2013 | + |

（5）空间权重矩阵（W）。空间权重矩阵是空间计量分析中的关键环节，根据 Anselin 等（1988）研究①，本书采用简单的地区二值邻接矩阵为基本权重矩阵，同时用地区中心城市间高速公路距离平方倒数构建空间权重进行敏感性/稳健性分析。

根据表 10－1 将模型（10－2）改写为矩阵形式并整理得模型（10－3）：

$$\ln GYCZ = (I_n - \rho W)^{-1}[I_n\beta_0 + (I_n\beta_1 + W\theta_1)LnNR + (I_n\beta_2 + W\theta_2)LnCap + (I_n\beta_3 + W\theta_3)LnTFP + (I_n\beta_4 + W\theta_4)LnLabr + (I_n\beta_5 + W\theta_5)LnFDI + (I_n\beta_6 + W\theta_6)LnExpt + (I_n\beta_7 + W\theta_7)LnER + (I_n\beta_8 + W\theta_8)LnAgg + (I_n\beta_9 + W\theta_9)LnGDPP + (I_n\beta_{10} + W\theta_{10})LnTran] + \mu + v + \varepsilon \qquad (10-3)$$

进一步简化为：

① Anselin L. Spatial Econometrics: Methods and Models [J]. Kluwer, Dordrecht, 1988 (1): 7－14.

$$\ln GYCZ = (I_{NT} - \rho W)^{-1}[l_{NT}\beta_0 + (I_{NT}\beta + W\theta)Z + \mu + \nu + \varepsilon] \tag{10-4}$$

其中，$l_n$表示 $n\times1$ 单位向量，$I_n$表示 $n\times n$ 单位矩阵，$I_{NT}$表示 $NT\times NT$ 单位矩阵，$\beta=(\beta_1,\beta_2,...,\beta_{11})'$，$\theta=(\theta_1,\theta_2,...,\theta_{11})'$，$Z=(LnNR, LnCap, LnTFP, LnLabr, LnFDI, LnExpt, LnER, LnAgg, LnGDPP, LnTran)'$。式（10－4）对第 $k$ 解释变量求导，则有：

$$S_k(W) = \partial LnGYCZ/\partial z_k = (I_{NT} - \rho W)^{-1}(I_{NT}\beta_k + W\theta_k) \tag{10-5}$$

根据 LeSage 等（2009）①，式（10－5）右边矩阵中所有元素之和的均值为总效应$\bar{M}(k)_{总}$，其对角元素之和平均值和非对角元素之和平均值分别为相应解释变量变化所引起的直接效应$\bar{M}(k)_{直接}$和间接效应（或空间溢出效应）$\bar{M}(k)_{间接}$，而直接效应与对应变量的回归系数$\hat{\beta}_k$之差为反馈效应，反馈效应度量了解释变量变动影响邻近区域，再反馈到本区域的程度。即

$$\bar{M}(k)_{总} = \frac{1}{n}\ln' S_k(W)\ln \tag{10-6}$$

$$\bar{M}(k)_{直接} = \frac{1}{n}tr[S_k(W)] \tag{10-7}$$

$$\bar{M}(k)_{间接} = \bar{M}(k)_{总} - \bar{M}(k)_{直接} \tag{10-8}$$

$$\bar{M}(k)_{反馈} = \bar{M}(k)_{直接} - \hat{\beta}_k \tag{10-9}$$

其中，$\bar{M}(k)_{总}$表示总效应，$\bar{M}(k)_{反馈}$表示反馈效应，$l_n$ 表示 $n\times1$ 单位向量，$tr$ 表示矩阵的迹。

## 二、实证结果分析

通过构建 2003～2013 年微观企业地区汇总数据的混合数据模型，本章实证检验了各类因素对三位数前五大污染产业转移的影响。在实证前，先计算各变量的 Pearson 相关系数，发现变量间相关系数在 0.67 以下，表明变量间多重共线性问题并不突出，再采用异方差一致协方差矩阵，对回归结果的标准误和 t 统计值修正，以削减模型变量异方差问题。先估计不含空间效应的基准面板模型，结果如表 10－2 所示。其中，进行了如下固定效应显著性检验：检验 $H_0$：$\mu_i=0$（$i=1$，…，$N$），其似然比（LR）值为 184.11（自由度为 13，p 值为 0.000），表明拒绝零假设并接受空间固定效应是联合显著的；再检验 $H_0$：$\eta_t=0$（$t=1$，…，$T$），其似然比（LR）值为 254.68（自由度为 11，p 值为 0.000），表明拒绝零假设并接受时间固定效应也是联合显著的。LR 检验表明模型应包含空间和时间固

① LeSage，J. and Kelley P. Introduction to Spatial Econometrics［M］. CRC Press，2009.

定效应。因此，以下解释主要基于时空固定效应模型结果。

（1）要素禀赋变量中自然资源禀赋（NR）和资本要素（Cap）均不显著，前者表明靠近能源、原材料产地对污染密集型产生地理分布影响较小或者现代发达的交通等技术使得污染企业对能源原材料源地依赖度大为降低，后者表明京津冀城市群的污染产业资本指向并不明显。

（2）技术要素（TFP）显著为正，与预期相符，即污染产业对技术有较高需要，可以发现，污染产业较多地转移和聚集到天津、石家庄等工业基础较好、技术水平较高的地区，北京尽管是污染产业净转出区，但其无论产值还是企业数量占比都很高，而科技水平较低、原有工业水平不高的地区对污染企业的吸引力低。可见，技术和与其密切相关的城市生产率的高低是污染企业选址的重要考虑因素。当然，也有可能是天津、石家庄和北京的环境规制水准虽然很高，但严格规制推动了部分有实力污染企业的创新或技术改进，使之达到当地环保标准而无须迁移。如此则一定程度验证了“波特假说”。

（3）以工资水平表示的劳动力（Lbr）为负，表明大多污染产业企业更多地会选择劳动力成本较低的地区。事实上，京津冀城市群污染产业中劳动密集型产业产值占比达64%（按企业数量计更大，近70%），因而在布局上有很强的廉价劳动力指向。这与周沂等[①]研究全国污染产业转移所得结论一致。

（4）对外开放因素中，外商直接投资FDI和以企业出口交货值表示的出口因素Expt都不显著，表明京津冀城市群污染企业吸引外资集聚不明显和污染产业对国外市场依赖不高。事实上，污染产业中外资企业占比不高，且近10年来有下降趋势，从2003年（1030家）的15%降至2013年（970家）的12%，产品出口占其总产值比重也较低，从2003年的13%降至2013年的约6%。“污染天堂”假说在这里似乎难以成立。这与沈静等[②]发现珠三角仍是“污染避难所”不同。

（5）环境规制因素ER显著为负，但系数绝对值较小，表明环境规制严格对污染企业的选址具有一定约束力，但约束力不是很强或者尚处于初级阶段，也有可能是环境的约束促使不少污染企业被迫进行了治污或者技术改造创新降低了污染从而满足当地的环保要求，如果是后者，则“波特假说”再次显现了其解释力。

---

① 周沂，贺灿飞，刘颖．中国污染密集型产业地理分布研究［J］．自然资源学报，2015，30（7）：1183-1192.

② 沈静，向澄，柳意云．广东省污染密集型产业转移机制——基于2000~2009年面板数据模型的实证［J］．地理研究，2012，31（2）：357-368.

（6）模型设定是否存在以及采用何种空间相关性形式，需要进行检验，根据 Elhorst①，本章实施拉格朗日乘数空间滞后检验 LM_ Lag、空间误差检验 LM_ Err 及其稳健性检验量 R_ LM_ Lag 和 R_ LM_ Err 的检验结果表明，京津冀城市群污染产业的布局存在显著空间相互作用，而且检验结果指向空间 Durbin 模型（SDM）是合适的模型设定形式。这也表明在分析污染产业转移中应考虑空间作用和溢出的影响。表 10 - 2 给出了有时空固定效应的空间面板 SDM 回归结果，第二列给出了二元邻接权重矩阵下不考虑有偏修正，即直接法的估计结果，第 3 列给出了 Lee 和 Yu 建议进行有偏修正②的估计结果。比较第 2、3 列可知，考虑有偏修正与否对解释变量和 $\sigma^2$ 影响很小，但对被解释变量系数 $\rho$ 有较大影响，有偏修正后该系数更为敏感。第 4 列给出了敏感性或稳健性检验，即采用基于反距离平方构建空间权重矩阵并作有偏修正的回归结果。同样发现，解释变量符号与显著性都没有明显变化。因此，这里主要基于有偏修正估计结果来分析污染产业转移因素。

**表 10 - 2　京津冀污染产业转移基准模型回归结果**

| 变量 | OLS | 空间固定效应 | 时间固定效应 | 时空固定效应 |
|---|---|---|---|---|
| 截距项 | 8.2685<br>(5.5374) | | | |
| lnNR | 0.0058<br>(1.1260) | -0.0564<br>(-0.8158) | 0.0021<br>(0.6224) | 0.0192<br>(0.6523) |
| lnCap | -0.2270<br>(-1.6369) | 0.1542<br>(0.6284) | -0.0053<br>(-0.0560) | 0.1725<br>(1.6195) |
| lnTFP | 0.2120<br>(4.5545) | 0.2463<br>(1.6551) | 0.1875<br>(4.0982) | 0.1317<br>(1.9577) |
| lnLbr | -0.3486<br>(-2.3478) | -0.1110<br>(-1.7397) | -0.3529<br>(-2.3819) | -0.0869<br>(1.7411) |
| lnFDI | 0.0286<br>(0.5765) | -0.0372<br>(-0.6581) | 0.0840<br>(1.4861) | -0.0017<br>(-0.0699) |

① Elhorst J P. Spatial Econometrics from Cross - sectional Data to Spatial Panes [M]. Berlin Heidelberg: Springer, 2014.

② Lee L F, Yu J. Estimation of Spatial Autoregressive Panel Data Models with Fixed Effects [J]. Journal of Econometrics, 2010, 154 (2): 165 - 185.

续表

| 变量 | OLS | 空间固定效应 | 时间固定效应 | 时空固定效应 |
|---|---|---|---|---|
| lnExpt | 0.0762<br>(1.6141) | 0.0708<br>(1.1152) | 0.0466<br>(1.3344) | 0.0207<br>(0.7325) |
| lnGDPP | 0.1521<br>(1.6909) | 0.4358<br>(1.9736) | 0.4482<br>(4.3820) | 0.3866<br>(3.9381) |
| lnTran | 0.6690<br>(10.0569) | 0.1103<br>(1.7242) | 0.6321<br>(12.9577) | 0.1593<br>(3.1789) |
| lnER | -0.00781<br>(1.7027) | -0.00451<br>(1.6715) | -0.0030<br>(-1.6525) | -0.0073<br>(-1.6561) |
| lnAgg | 1.0582<br>(10.0243) | 0.8234<br>(7.3634) | 1.1446<br>(15.3710) | 1.0678<br>(19.1152) |
| $R^2$ | 0.9159 | 0.7954 | 0.9593 | 0.7731 |
| $\sigma^2$ | 0.0872 | 0.0537 | 0.0328 | (P=0.0090) |
| LogL | -21.6294 | 12.4744 | 47.7629 | 139.8154 |
| LM_ Lag | 25.8756<br>(P=0.000) | 92.1577<br>(P=0.000) | 0.9302<br>(P=0.335) | 2.6907<br>(P=0.101) |
| LM_ Err | 50.4532<br>(P=0.000) | 88.4946<br>(P=0.000) | 4.6597<br>(P=0.015) | 0.4391<br>(P=0.508) |
| R_ LM_ Lag | 0.5456<br>(P=0.460) | 10.3782<br>(P=0.001) | 5.8866<br>(P=0.031) | 6.7138<br>(P=0.010) |
| R_ LM_ Err | 25.1231<br>(P=0.000) | 6.7151<br>(P=0.010) | 9.6162<br>(P=0.002) | 4.4622<br>(P=0.035) |

表10-2中，面板数据的各种LM检验结果表明空间效应存在，因而表中回归系数是有偏的，这种有偏性并不能直接比较是否纳入空间效应模型的估计系数。因为未考虑空间效应的模型，其系数表示解释变量变化对污染产业产值的边际影响，而SDM模型的系数并不能直接解释为这种边际影响，而应该对其进行分解①。因此，根据式（10-6）至式（10-9）对表10-3中有偏修正的估计结果对解释变量变化所引起的直接和间接效应（溢出）进行估算（见表10-4）。从表10-4可知，解释变量的直接效应与对应的估计系数（见表10-3第3列）

① Elhorst J P. Spatial Econometrics from Cross-sectional Data to Spatial Panles [M]. Berlin Heidelberg: Springer, 2014.

并不相等，这是前面提到的反馈效应所引起的，反馈效应是解释变量的变化对临近区域的影响再反馈到其自身，其组成来源于被解释变量和解释变量二者空间滞后项系数。下面仅对统计显著的变量进行解释。

**表 10－3　京津冀污染产业转移空间 Durbin 模型回归结果**

| 变量 | 直接法 | 有偏修正 | 距离权重 |
|---|---|---|---|
| lnNR | 0.021691 (0.7333) | 0.021908 (0.8114) | 0.03136 (0.9401) |
| lnCap | 0.134842 (1.1698) | 0.135570 (1.2884) | 0.12450 (1.6079) |
| lnTFP | 0.04451 (1.7640) | 0.055743 (1.6507) | 0.227742 (2.9570) |
| lnLbr | −0.245728 (1.7108) | −0.263275 (−1.7303) | −0.169932 (−1.7745) |
| lnFDI | 0.007724 (0.3001) | 0.009061 (0.3855) | −0.013170 (−0.4555) |
| lnExpt | 0.023796 (0.8438) | 0.021088 (0.8184) | 0.053273 (1.6181) |
| lnGDPP | 0.267878 (2.4746) | 0.261548 (2.6464) | 0.373399 (3.1192) |
| lnTran | 0.068804 (1.7309) | 0.064398 (1.7591) | 0.145968 (2.5797) |
| lnER | −0.005978 (−1.7182) | −0.006409 (−1.7737) | −0.006140 (−1.7139) |
| lnAgg | 1.056092 (17.6013) | 1.060805 (19.3559) | 0.978609 (14.2778) |
| W * LnNR | 0.055585 (0.9602) | 0.055365 (0.8730) | 0.016300 (0.2262) |
| W * LnCap | −0.045865 (−0.1810) | −0.055051 (−0.1984) | −0.038120 (−0.1573) |
| W * LnTech | 0.247330 (2.6169) | 0.241768 (2.3353) | 0.009130 (0.1793) |
| W * LnLbr | 1.485117 (3.2997) | 1.457793 (2.9566) | 0.235770 (0.7836) |
| W * LnFDI | 0.021916 (0.5172) | 0.021445 (0.4620) | −0.021172 (−0.4502) |
| W * LnGDPP | −0.287735 (−1.3284) | −0.315444 (−1.3316) | −0.472757 (−2.3688) |
| W * LnTran | −0.188059 (−1.5426) | −0.197576 (−1.4803) | −0.192501 (−2.2408) |
| W * LnER | 0.029277 (0.7904) | 0.031757 (0.7829) | 0.078650 (2.0620) |
| W * LnExpt | −0.057038 (−1.0229) | −0.058196 (−0.9527) | 0.026938 (0.5486) |
| W * LnAgg10 | 0.506040 (3.5363) | 0.389789 (2.6261) | −0.701960 (−6.6551) |
| $\rho$ | −0.249967 (−2.3712) | −0.144011 (−1.6638) | −0.339983 (−6.4949) |
| $R^2$ | 0.9931 | 0.9930 | 0.9888 |
| Sigma2 | 0.0065 | 0.0078 | 0.0116 |
| Log_ L | 155.57 | 155.58 | 106.54 |
| # of observation | 143 | 143 | 143 |
| LR_ spatial_ lag | 28.5454 (P=0.0046) | 28.5453 (P=0.0046) | 21.8079 (P=0.0050) |

表 10 -4　京津冀城市群污染产业转移的各类效应

| 变量 | 直接效应 | 间接效应 | 总效应 | 反馈效应 | 反馈效应占比（%） |
|---|---|---|---|---|---|
| LnNR | 0.0215<br>(0.7418) | 0.0481<br>(0.8201) | 0.0696<br>(1.1076) | -0.000408 | -1.90 |
| LnCap | 0.1424<br>(1.2875) | -0.0695<br>(-0.2704) | 0.0729<br>(0.2381) | 0.00683 | 4.80 |
| LnTFP | 0.0412<br>(1.7096) | 0.2155<br>(2.3359) | 0.2567<br>(2.6196) | -0.014543 | -35.30 |
| LnLbr | -0.1927<br>(-1.8412) | -0.1306<br>(-2.9280) | -0.3233<br>(-2.8434) | 0.070575 | -36.62 |
| LnFDI | 0.0081<br>(0.3234) | 0.0188<br>(0.4656) | 0.0269<br>(0.5223) | -0.000961 | -11.86 |
| LnExpt | 0.0286<br>(1.0323) | -0.0591<br>(-1.0915) | -0.0305<br>(-0.4916) | 0.007512 | 26.27 |
| LnGDPP | 0.2849<br>(2.6912) | -0.3232<br>(-1.7792) | -0.0383<br>(-0.1610) | 0.023352 | 8.20 |
| LnTran | 0.0728<br>(1.6572) | -0.1863<br>(-1.6720) | -0.1134<br>(-1.7540) | 0.008402 | 11.54 |
| LnER | -0.0079<br>(-1.7490) | 0.0300<br>(1.8438) | 0.0221<br>(1.6879) | -0.001491 | 18.87 |
| LnAgg | 1.0441<br>(17.3495) | 0.2221<br>(2.5813) | 1.2662<br>(15.4670) | -0.016705 | -1.60 |

由城市生产率反映的技术水平变量 TFP 的直接效应为 0.0412，其估计系数为 0.0557，反馈效应为 -0.0145，占直接效应的 -35.3%，负向的反馈效应表明城市生产率受邻域反馈影响减损了部分其对本地的直接效应。劳动力 Lbr 负向反馈效应为 0.0705（-36.62%），不过这时对直接效应的损减可以削弱高工资对污染产业的挤出影响。集聚 Agg 也产生了负向反馈但极为轻微，仅为 -0.0167（-1.6%）。经济水平 GDPP 和基础设施 Tran 产生了正向反馈，分别为 0.0233（8.2%）和 0.0084（11.54%），反馈可以增强本地对污染企业的吸引。而环境规制 ER 的正向反馈则进一步强化了其对本地污染产业的排斥，其大小为 -0.0014（18.87%）。其他变量尽管也可以计算出反馈效应，但由于其回归系数或直接效应统计不显著，这里不予讨论。

技术水平变量 TFP 的直接效应为 0.0412，与非空间模型中该变量系数 0.1317 相比，说明后者严重高估。当技术水平即城市生产率每提高 1%，污染产业产值将增加 0.04%。这与新古典经济观点一致，技术进步有助于生产提高，但在空间效应下，由于空间竞争的存在，其对产业的促进作用没有传统模型估计的那么高。劳动力因素 Lbr、经济水平 GDPP、基础设施 Tran 和集聚经济 Agg 的直接效应分别为 -0.1927、0.2849、0.0728 和 1.0441，且在 10% 及以下水平上都显著，与未纳入空间效应的模型系数（见表 10-2 第 5 列）比较，后者都被高估。而环境规制 ER 又被低估。表明存在空间相互作用时，可能形成不正确推断，也说明模型纳入空间效应的必要性。

未纳入空间因素的模型假定无溢出效应，但纳入空间因素后，模型显示空间溢出效应存在且不少因素的溢出效应有较高的显著性。这种间接效应实际上反映了所有地区累积的空间溢出效应。其政策启示意义在于政策制定者可以了解到自己的相关政策措施在哪些方面以及何种程度对周边地区产生了（溢出）影响。首先，被解释变量空间滞后项显著为负，表明本地污染产业发展变化会对周边地区产生负向影响，即本地与邻域间污染产业有相互抑制作用，这可能体现了相邻地区环境质量的竞争和互相监督，“环境竞次假说”不成立。其次，影响因素方面，生产率（TFP）、劳动力（Lbr）、经济水平（GDPP）、基础设施（Tran）、环境规制（ER）和集聚（Agg）的溢出效应分别为 0.2155、-0.1306、-0.3232、-0.1863、0.0300 和 0.2221，且都统计显著，相当于上述变量本地变化 1%，会对临近地区相应地产生 0.22%、-0.13%、-0.32%、-0.18%、0.03% 和 0.22% 的溢出，有正向也有负向影响。这对于京津冀全域和各城市有关污染产业发展政策制定都有很好的启示，对于全域来讲，为了更好地合理化布局污染产业，既要有针对全域的调控政策，更要有协调好各城市的措施，建立地区间的生态环境补偿机制；对于各城市来讲，要关注自身的政策措施可能引发临近区域的连锁反应，协调好与周边地区的环保协作合作机制。总效应是直接效应与溢出效应之和，它提供了考察污染产业影响因素的另一种方式。总效应既表示某个解释变量受某个地区污染产业（产值）变化影响而对所有地区的冲击效应，也表示所有地区污染产业（产值）的变化如何影响某个地区污染产业（产值）的变动。有 5 个反映地区特征的变量其总效应统计上显著，生产率 TFP 对地区污染产业发展具有显著的正向总效应 0.2567，其中空间溢出贡献最大，达 84%，表明地区生产率的提升对其周边地区污染产业规模提高大有裨益；劳动力 Lbr 显著的负总效应 -0.3233（溢出贡献 40%）表明劳动成本对本地区和邻域发展污染产业都有排斥作用；基础设施 Tran 的总效应显著为负，而直接效应为正，表明良好的基础设施对本地发展污染产业有利，而于邻域而言有很强的抑制作用；环境规制

ER 有显著的正向总效应，与负向的直接效应相反，表明本地严格的规制会对邻域吸引污染企业产生积极影响，表明地区间建立合理环境补偿机制的必要性，严格环境规制并配以补偿措施，可以刺激污染企业减污减排的技术创新，这反映了波特假说的正确；集聚 Agg 的总效应显著为正，溢出贡献率为 18%，表明京津冀城市尺度的集聚对污染产业的发展布局反映了马歇尔外部性的逻辑。

## 第四节　结论

本章利用 2003～2013 年中国工业企业数据库和相关统计资料，分析探讨了京津冀城市群污染产业转移的时空分布特征及其决定因素。研究发现：京津冀污染产业经历了增长—下降—上升三个发展阶段，其产值规模总体提高的同时在全国有相对转出趋势；京津冀城市群内部污染产业正在经历空间结构大调整，北京份额持续下降，邯郸、邢台、秦皇岛、承德和廊坊等的份额也有一定下降，天津、石家庄、沧州、保定和衡水等的份额则有上升趋势，产业呈聚集趋势，在京、津、石（家庄）、邯（郸）及沿轴线区域集聚，整体往东部沿海和往南内陆变动。京津冀污染产业转移的时空分布受多种因素影响，资源禀赋要素方面，污染产业转移分布受技术要素和劳动成本影响深刻，但对自然资源禀赋依赖性低，污染产业的资本指向也不明显；对外开放因素对京津冀污染产业转移分布影响不明显，“污染天堂”假说在此难以成立；环境规制对京津冀污染产业分布有一定限制但约束力不强，可能存在“波特假说”中“更严的规制可刺激污染企业技术创新”的因素。污染产业转移分布分析应考虑空间交互作用，空间效应的纳入一方面显示“环境竞次假说”不成立，另一方面纠正了变量因素影响的有偏结果，证实了生产率、劳动力、经济发展、基础设施、环境规划和集聚经济等因素存在空间溢出，并通过回路形成反馈效应影响本地产业发展。

总的来说，京津冀城市群污染产业时空格局发生了明显的演变，伴随产业时空结构的调整，污染的空间分布也发生了变化。因此，在经济“新常态”加速转型和未来雄安新区战略快速推进时期，以结构升级、技术创新为主导的污染产业时空分布的调整，对京津冀打造世界级城市群和雄安新区的产业发展将产生极其重要的影响。本章从污染产业产值地区分布的视角研究污染产业的转移，然而污染产业的布局与时空演进影响机制复杂，会受到多种因素交织复合以及空间相互作用的影响。因数据资料等限制，本章仅选取国务院公布的污染产业三位数中前五位产业进行了计量分析，没有区分不同行业，比较粗略，尽管揭示了一些特征但不太全面。在京津冀协同发展战略和国家推进雄安新区建设的大背景下，污染产业转移分布、转型升级的研究议题会成为重要的热点，如何从永续发展的视角认识产业时空结构演进带来的污染问题以及相关的政策解决方案还需要进一步深入探索。

# 第十一章　京津冀城市群产业布局优化方向与目标

京津冀城市群产业布局优化是一项系统工程，需要根据三地实际情况，以资源禀赋为基础，同时结合党中央和国务院关于京津冀协同发展的重要指示精神，以优化布局京津冀城市群产业。

## 第一节　京津冀城市群产业发展现状

### 一、制造业发展现状

依据我国对制造业的分类，本书选取31个制造业，分析其发展现状。这31个制造业为：农副食品加工业；食品制造业；酒、饮料和精制茶制造业；烟草制品业；纺织业；纺织服装、服饰业；皮革、毛皮、羽毛及其制品和制鞋业；木材加工和木、竹、藤、棕、草制品业；家具制造业；造纸和纸制品业；印刷和记录媒介复制业；文教、工美、体育和娱乐用品制造业；石油加工、炼焦和核燃料加工业；化学原料和化学制品制造业；医药制造业；化学纤维制造业；橡胶和塑料制品业；非金属矿物制造业；黑色金属冶炼和压延加工业；有色金属冶炼和压延加工业；金属制品业；通用设备制造业；专用设备制造业；汽车制造业；铁路、船舶、航空航天和其他运输设备制造业；电气机械和器材制造业；计算机、通信和其他电子设备制造业；仪器仪表制造业；其他制造业；废弃资源综合利用业；金属制品、机械和设备修理业。

从表11－1可以看出，2013～2018年，北京各行业平均增长率存在明显差异，增长率排名前5位的分别为金属制品、机械和设备修理业，医药制造业，文教、工美、体育和娱乐用品制造业，酒、饮料和精制茶制造业，有色金属冶炼和压延加工业，平均增长率分别为 21.03%、13.52%、8.38%、5.02%、4.51%，排名第 6~10 位的分别为汽车制造业，食品制造业，家具制造业，计算机、通信和其他电子设备制造业，仪器仪表制造业，平均增长率分别为 4.36%、4.31%、3.01%、2.56%、2.01%；排位倒数前十位的分别为农副食品加工业，纺织服装、服饰业，黑色金属冶炼和压延加工业，金属制品业，橡胶和塑料制品业，废弃资源综合利用业，木材加工和木、竹、藤、棕、草制品业，皮革、毛皮、羽毛及其制品和制鞋业，纺织业，其他制造业，平均增长率分别为 -6.00%、-6.08%、-7.50%、-8.59%、-9.58%、-9.79%、-14.01%、-15.84%、-23.76%、-30.60%。

**表 11-1 北京市制造业各行业总产值增长率** 单位：%

| 行业 | 2013~2018 年平均增长率 | 2013 年 | 2014 年 | 2015 年 | 2016 年 | 2017 年 | 2018 年 |
|---|---|---|---|---|---|---|---|
| 农副食品加工业 | -6.00 | — | 0.97 | -6.68 | 9.67 | -22.40 | -8.49 |
| 食品制造业 | 4.31 | — | 7.21 | 1.56 | 3.63 | 8.82 | 0.58 |
| 酒、饮料和精制茶制造业 | 5.02 | — | -8.73 | -9.01 | -5.13 | 44.54 | 12.20 |
| 烟草制品业 | — | — | — | — | — | — | — |
| 纺织业 | -23.76 | — | -38.79 | -40.32 | -5.35 | 2.15 | -27.05 |
| 纺织服装、服饰业 | -6.08 | — | -8.25 | -13.10 | -6.06 | 1.04 | -3.45 |
| 皮革、毛皮、羽毛及其制品和制鞋业 | -15.84 | — | -8.07 | -8.87 | -13.61 | -38.16 | -5.65 |
| 木材加工和木、竹、藤、棕、草制品业 | -14.01 | — | 1.32 | 19.74 | -11.26 | 1.27 | -56.89 |
| 家具制造业 | 3.01 | — | 4.59 | 6.48 | -7.50 | -4.46 | 17.83 |
| 造纸和纸制品业 | -1.98 | — | 0.82 | -4.61 | -5.62 | 5.40 | -5.41 |
| 印刷和记录媒介复制业 | 1.00 | — | 0.49 | -9.13 | -0.25 | 2.15 | 12.98 |
| 文教、工美、体育和娱乐用品制造业 | 8.38 | — | -7.27 | 43.85 | 15.44 | -6.05 | 3.39 |
| 石油加工、炼焦和核燃料加工业 | -3.62 | — | 10.19 | -30.08 | -16.37 | 17.31 | 10.01 |
| 化学原料和化学制品制造业 | -2.89 | — | 0.72 | -9.31 | -5.33 | 10.46 | -9.58 |
| 医药制造业 | 13.52 | — | 11.66 | 9.56 | 11.10 | 20.53 | 15.07 |
| 化学纤维制造业 | — | — | — | — | — | — | — |
| 橡胶和塑料制品业 | -9.58 | — | 2.97 | -18.41 | -9.95 | 9.39 | -26.97 |

续表

| 行业 | 2013～2018 年平均增长率 | 2013 年 | 2014 年 | 2015 年 | 2016 年 | 2017 年 | 2018 年 |
|---|---|---|---|---|---|---|---|
| 非金属矿物制造业 | -1.38 | — | -0.61 | -19.65 | 10.18 | 0.01 | 5.99 |
| 黑色金属冶炼和压延加工业 | -7.50 | — | -12.36 | -23.58 | 1.23 | 7.49 | -7.08 |
| 有色金属冶炼和压延加工业 | 4.51 | — | 0.51 | -7.16 | 13.46 | 5.24 | 11.93 |
| 金属制品业 | -8.59 | — | 1.96 | -4.18 | -4.51 | 6.56 | -35.80 |
| 通用设备制造业 | 0.29 | — | 6.51 | -11.38 | 0.42 | 9.65 | -2.40 |
| 专用设备制造业 | 0.81 | — | -3.96 | -7.89 | -5.81 | 8.80 | 14.84 |
| 汽车制造业 | 4.36 | — | 11.57 | 6.45 | 22.89 | -5.85 | -9.93 |
| 铁路、船舶、航空航天和其他运输设备制造业 | -2.48 | — | 45.64 | 0.77 | 1.83 | 8.22 | -45.45 |
| 电气机械和器材制造业 | -3.87 | — | 3.30 | 6.59 | -13.68 | -1.90 | -11.98 |
| 计算机、通信和其他电子设备制造业 | 2.56 | — | 9.36 | -12.96 | -4.28 | 8.89 | 14.40 |
| 仪器仪表制造业 | 2.01 | — | 4.70 | 0.14 | -1.07 | 5.53 | 0.91 |
| 其他制造业 | -30.60 | — | -32.96 | 50.22 | -14.46 | -5.10 | -80.31 |
| 废弃资源综合利用业 | -9.79 | — | 0.66 | -24.63 | 4.69 | -28.66 | 5.45 |
| 金属制品、机械和设备修理业 | 21.03 | — | 6.16 | 73.39 | 24.05 | 2.90 | 10.56 |

资料来源：历年《北京统计年鉴》。

从各行业的发展趋势看，2013～2018 年，北京仅有医药制造业和专用设备制造业两个行业的增长率呈现上升的趋势，其他行业基本上都呈现下降的趋势。大部分行业都分别在不同年份出现过负增长的现象。

综上分析可知，北京的医药制造业和专用设备制造业的发展趋势较好，而传统制造业发展呈现不断下降的趋势，一些“高能耗、高物耗、高污染、低附加值”的行业正在逐渐转出。

从表 11－2 中可以看出，2013～2018 年，各行业总产值平均值增长率差异明显，排名前 5 位的分别是金属制品、机械和设备修理业，仪器仪表制造业，医药制造业，纺织业，非金属矿物制造业，增长率分别为 17.52%、11.00%、10.57%、7.30%、7.23%，排名 6～10 位的行业分别为造纸和纸制品业，化学原料和化学制品制造业，橡胶和塑料制品业，电气机械和器材制造业，家具制造业，平均增长率分别为 2.86%、1.06%、－0.08%、－0.55%、－1.01%。排名倒数前5位的分别为废弃资源综合利用业，食品制造业，其他制造业，文教、工美、体育和娱乐用品制造业，纺织服装、服饰业，平均增长率分别为 -18.15%、-20.04%、-22.94%、-27.59%、-37.55%。

表11-2　天津市制造业各行业增长率情况　　单位：%

| 行业 | 2013～2018年平均增长率 | 2013年 | 2014年 | 2015年 | 2016年 | 2017年 | 2018年 |
|---|---|---|---|---|---|---|---|
| 农副食品加工业 | -15.49 | — | 1.86 | -15.83 | -14.15 | -36.43 | -7.85 |
| 食品制造业 | -20.04 | — | 15.74 | -58.27 | -5.34 | -29.60 | 1.58 |
| 酒、饮料和精制茶制造业 | -12.39 | — | -3.47 | -13.31 | 9.27 | 105.80 | -72.58 |
| 烟草制品业 | — | — | — | — | — | — | — |
| 纺织业 | 7.30 | — | 11.09 | 44.81 | -13.90 | 3.49 | -0.78 |
| 纺织服装、服饰业 | -37.55 | — | 3.01 | -39.67 | 2.71 | -0.38 | -85.06 |
| 皮革、毛皮、羽毛及其制品和制鞋业 | -14.12 | — | 3.43 | -30.79 | -13.03 | -49.98 | 50.05 |
| 木材加工和木、竹、藤、棕、草制品业 | -6.13 | — | 14.82 | -23.67 | 2.42 | -43.55 | 43.84 |
| 家具制造业 | -1.01 | — | 2.21 | 27.20 | 5.37 | -33.79 | 4.82 |
| 造纸和纸制品业 | 2.86 | — | 12.42 | 2.75 | -1.06 | 7.08 | -5.89 |
| 印刷和记录媒介复制业 | -4.84 | — | 16.33 | -10.27 | 9.04 | -39.12 | 12.64 |
| 文教、工美、体育和娱乐用品制造业 | -27.59 | — | 21.66 | -67.31 | -22.70 | -28.78 | -9.07 |
| 石油加工、炼焦和核燃料加工业 | -17.12 | — | -16.31 | -33.55 | -8.24 | -25.02 | 2.19 |
| 化学原料和化学制品制造业 | 1.06 | — | 12.31 | -0.47 | 0.58 | 1.85 | -7.94 |
| 医药制造业 | 10.57 | — | 3.51 | 71.59 | 11.31 | -23.03 | 8.62 |
| 化学纤维制造业 | -16.75 | — | -6.36 | -62.98 | -5.41 | 5.49 | 15.61 |
| 橡胶和塑料制品业 | -0.08 | — | 17.55 | -7.53 | -0.01 | -2.40 | -6.10 |
| 非金属矿物制造业 | 7.23 | — | 15.22 | 34.83 | -3.97 | -16.16 | 13.31 |
| 黑色金属冶炼和压延加工业 | -5.95 | — | 7.69 | 8.38 | -6.28 | -27.36 | -7.40 |
| 有色金属冶炼和压延加工业 | -5.00 | — | 0.29 | -59.69 | 80.70 | -6.11 | 12.81 |
| 金属制品业 | -8.85 | — | 8.22 | -28.23 | 0.59 | -26.21 | 9.15 |
| 通用设备制造业 | -4.27 | — | 12.39 | -3.94 | -0.31 | -20.65 | -5.86 |
| 专用设备制造业 | -3.45 | — | -3.95 | 19.90 | -22.54 | -8.96 | 3.34 |

续表

| 行业 | 2013～2018年平均增长率 | 2013年 | 2014年 | 2015年 | 2016年 | 2017年 | 2018年 |
|---|---|---|---|---|---|---|---|
| 汽车制造业 | -1.47 | — | 8.06 | -26.06 | 10.83 | -11.09 | 17.91 |
| 铁路、船舶、航空航天和其他运输设备制造业 | -7.43 | — | 25.85 | 5.54 | 71.01 | -57.91 | -28.89 |
| 电气机械和器材制造业 | -0.55 | — | 13.59 | -25.75 | 11.65 | -9.19 | 13.77 |
| 计算机、通信和其他电子设备制造业 | -11.51 | — | -2.53 | -54.50 | 6.02 | 5.57 | 9.28 |
| 仪器仪表制造业 | 11.00 | — | -3.79 | 95.52 | 2.33 | 16.46 | -24.84 |
| 其他制造业 | -22.94 | — | 34.91 | -43.19 | -3.68 | -21.09 | -53.37 |
| 废弃资源综合利用业 | -18.15 | — | 20.88 | -24.39 | -2.94 | -28.47 | -42.12 |
| 金属制品、机械和设备修理业 | 17.52 | — | 52.40 | 28.94 | 31.74 | -38.36 | 40.47 |

资料来源：历年《天津统计年鉴》。

从天津制造业各行业发展趋势看，2013～2018年，农副食品加工业，食品制造业，纺织服装、服饰业，皮革、毛皮、羽毛及其制品和制鞋业，家具制造业，印刷和记录媒介复制业，文教、工美、体育和娱乐用品制造业，化学原料和化学制品制造业，医药制造业，非金属矿物制造业，黑色金属冶炼和压延加工业，有色金属冶炼和压延加工业，电气机械和器材制造业等这些行业历年增长率都为正，表明这些行业一直保持增长的势头。其中，纺织业，木材加工和木、竹、藤、棕、草制品业，造纸和纸制品业，化学原料和化学制品制造业，橡胶和塑料制品业，非金属矿物制造业，汽车制造业，其他制造业，废弃资源综合利用业，金属制品、机械和设备修理业增长率呈现增加的趋势，表明这些行业的增长态势较好；食品制造业，纺织服装、服饰业，皮革、毛皮、羽毛及其制品和制鞋业，家具制造业，印刷和记录媒介复制业，文教、工美、体育和娱乐用品制造业，医药制造业，黑色金属冶炼和压延加工业，有色金属冶炼和压延加工业，金属制品业，电气机械和器材制造业等行业增长率逐渐下降，表明这些行业增长趋势放缓。

综上分析，在天津市各制造业行业中，装备制造业发展优势明显，其中，纺织业，木材加工和木、竹、藤、棕、草制品业，造纸和纸制品业，化学原料和化学制品制造业，橡胶和塑料制品业，非金属矿物制造业，汽车制造业，其他制造业，废弃资源综合利用业，金属制品、机械和设备修理业发展较好。

从表11－3中可以看出，2012～2017年，石家庄制造业大部分各行业都呈现较好的发展态势，少部分行业增长趋势缓慢，或者出现负增长。2012～2017年，平均增长率排位前10位的行业分别为仪器仪表制造业，其他制造业，铁路、船舶、航空航天和其他运输设备制造业，食品制造业，印刷和记录媒介复制业，电气机械和器材制造业，皮革、毛皮、羽毛及其制品和制鞋业，酒、饮料和精制茶制造业，汽车制造业，专用设备制造业，平均增长率分别为44.18%、32.06%、20.92%、13.98%、13.63%、10.12%、8.54%、8.22%、8.04%、7.37%，排名倒数前10位的行业分别为纺织服装、服饰业，家具制造业，非金属矿物制造业，橡胶和塑料制品业，化学纤维制造业，农副食品加工业，烟草制品业，石油加工、炼焦和核燃料加工业，黑色金属冶炼和压延加工业，金属制品、机械和设备修理业，平均增长率分别为1.68%、0.87%、0.61%、－0.87%、－1.59%、－1.82%、－2.29%、－2.92%、－4.42%、－17.10%。

**表11－3　石家庄制造业各行业增长率情况**　　单位：%

| 行业 | 2012～2017年平均增长率 | 2012年 | 2013年 | 2014年 | 2015年 | 2016年 | 2017年 |
|---|---|---|---|---|---|---|---|
| 农副食品加工业 | －1.82 | — | 10.30 | 8.57 | －3.44 | 3.36 | －23.69 |
| 食品制造业 | 13.98 | — | 16.16 | 15.46 | 14.71 | 9.09 | 14.60 |
| 酒、饮料和精制茶制造业 | 8.22 | — | 23.33 | 26.97 | 14.29 | 2.50 | －19.10 |
| 烟草制品业 | －2.29 | — | 5.93 | 4.74 | －0.16 | －27.45 | 10.81 |
| 纺织业 | 3.58 | — | 13.24 | 9.80 | 7.81 | 4.92 | －15.25 |
| 纺织服装、服饰业 | 1.68 | — | 11.12 | 10.37 | 7.32 | －2.91 | －14.94 |
| 皮革、毛皮、羽毛及其制品和制鞋业 | 8.54 | — | 21.24 | 10.53 | 7.14 | 5.19 | －0.24 |
| 木材加工和木、竹、藤、棕、草制品业 | 4.62 | — | 21.15 | 15.90 | 9.33 | －3.44 | －15.43 |
| 家具制造业 | 0.87 | — | 10.82 | 11.67 | 10.28 | 16.34 | －34.23 |
| 造纸和纸制品业 | 3.93 | — | 5.21 | 6.20 | 4.29 | 6.06 | －1.88 |
| 印刷和记录媒介复制业 | 13.63 | — | 23.12 | 16.10 | 5.28 | 12.32 | 12.08 |
| 文教、工美、体育和娱乐用品制造业 | 6.96 | — | 37.91 | 10.79 | 8.82 | 7.03 | －21.33 |
| 石油加工、炼焦和核燃料加工业 | －2.92 | — | －25.82 | －16.27 | 44.00 | 8.51 | －11.16 |
| 化学原料和化学制品制造业 | 6.11 | — | 18.07 | 10.54 | 10.81 | 2.96 | －9.66 |

续表

| 行业 | 2012~2017年平均增长率 | 2012年 | 2013年 | 2014年 | 2015年 | 2016年 | 2017年 |
|---|---|---|---|---|---|---|---|
| 医药制造业 | 4.57 | — | 8.66 | 3.75 | 5.49 | 1.40 | 3.67 |
| 化学纤维制造业 | -1.59 | — | 1.87 | 0.82 | 20.27 | 11.98 | -33.27 |
| 橡胶和塑料制品业 | -0.87 | — | 4.38 | 14.61 | 8.97 | -1.65 | -25.35 |
| 非金属矿物制造业 | 0.61 | — | 11.72 | -2.74 | 6.72 | -3.56 | -7.82 |
| 黑色金属冶炼和压延加工业 | -4.42 | — | 4.68 | -3.91 | -24.68 | 7.48 | -2.05 |
| 有色金属冶炼和压延加工业 | 4.36 | — | 19.98 | 13.10 | 0.08 | -4.54 | -4.52 |
| 金属制品业 | 6.68 | — | 5.68 | 13.45 | 0.00 | 0.81 | 14.32 |
| 通用设备制造业 | 4.58 | — | 16.16 | 18.53 | 5.09 | 11.74 | -22.64 |
| 专用设备制造业 | 7.37 | — | 18.18 | 9.49 | 12.90 | 9.31 | -10.63 |
| 汽车制造业 | 8.04 | — | 26.61 | 10.27 | 10.74 | 16.99 | -18.61 |
| 铁路、船舶、航空航天和其他运输设备制造业 | 20.92 | — | 19.89 | 55.46 | 9.95 | 7.11 | 17.79 |
| 电气机械和器材制造业 | 10.12 | — | 30.92 | 20.50 | 5.71 | 5.36 | -7.86 |
| 计算机、通信和其他电子设备制造业 | 4.33 | — | 12.67 | 22.64 | 13.39 | -0.01 | -21.09 |
| 仪器仪表制造业 | 44.18 | — | 4.55 | 23.04 | 4.71 | 3.54 | 346.86 |
| 其他制造业 | 32.06 | — | 26.24 | 29.66 | 20.66 | 59.24 | 27.72 |
| 废弃资源综合利用业 | 6.29 | — | -82.55 | 47.17 | 255.01 | 25.66 | 18.39 |
| 金属制品、机械和设备修理业 | -17.10 | — | 5.02 | -35.16 | -7.39 | -41.66 | 6.41 |

资料来源：历年《石家庄统计年鉴》。

从表11-3中可以看出，各行业发展趋势差异明显。食品制造业，烟草制品业，纺织业，纺织服装、服饰业，皮革、毛皮、羽毛及其制品和制鞋业，家具制造业，印刷和记录媒介复制业，化学原料和化学制品制造业，医药制造业，化学纤维制造业，金属制品业，通用设备制造业，电气机械和器材制造业，计算机、通信和其他电子设备制造业等行业增长趋势较好，一直呈现向上的增长态势，其中，家具制造业，金属制品业，通用设备制造业，计算机、通信和其他电子设备制造业增幅不断增加，其他行业增幅逐渐收窄。此外，酒、饮料和精制茶制造业，造纸和纸制品业，橡胶和塑料制品业，铁路、船舶、航空航天和其他运输设备制造业，仪器仪表制造业，其他制造业，废弃资源综合利用业等行业呈现下降后上升的增长态势。

综上分析，石家庄食品制造业，烟草制品业，纺织业，纺织服装、服饰业，皮革、毛皮、羽毛及其制品和制鞋业，家具制造业，印刷和记录媒介复制业，化学原料和化学制品制造业，医药制造业，化学纤维制造业，金属制品业，通用设备制造业，电气机械和器材制造业，计算机、通信和其他电子设备制造业等行业增长态势较好，但发展势头较好的是具制造业，金属制品业，通用设备制造业，计算机、通信和其他电子设备制造业，酒、饮料和精制茶制造业，造纸和纸制品业，橡胶和塑料制品业，铁路、船舶、航空航天和其他运输设备制造业，仪器仪表制造业，其他制造业，废弃资源综合利用业等行业都有进一步增长的潜力。

从表 11－4 中可以看出，2012～2017 年，承德已有行业大部分平均增长率为正，行业总体呈增长趋势，部分行业增长不稳定，忽正忽负，比如纺织服装、服饰业、文教、工美、体育和娱乐用品制造业、通用设备制造业、仪器仪表制造业等。2012～2017 年，平均增长率为正的有 14 个行业，平均增长率为负的只有 7 个行业。平均增长率排在前十位的行业包括文教、工美、体育和娱乐用品制造业，石油加工、炼焦和核燃料加工业，橡胶和塑料制品业，木材加工和木、竹、藤、棕、草制品业，非金属矿物制造业，印刷和记录媒介复制业，纺织业，食品制造业，汽车制造业，金属制品业，其平均增长率在 11%～52%。平均增长率为负的行业包括农副食品加工业，有色金属冶炼和压延加工业，电气机械和器材制造业，医药制造业，黑色金属冶炼和压延加工业，酒、饮料和精制茶制造业，纺织服装、服饰业，平均增长率分别为－1.05%、－4.00%、－7.19%、－8.5%、－12.02%、－13.23%、－38.65%。

**表 11－4　承德制造业各行业增长率情况**　　单位：%

| 行业 | 2012～2017 年平均增长率 | 2012 年 | 2013 年 | 2014 年 | 2015 年 | 2016 年 | 2017 年 |
|---|---|---|---|---|---|---|---|
| 农副食品加工业 | －1.05 | — | 11.96 | 20.19 | －9.26 | －17.04 | －6.34 |
| 食品制造业 | 12.93 | — | 40.78 | 5.05 | 28.40 | －3.09 | －0.21 |
| 酒、饮料和精制茶制造业 | －13.23 | — | 6.54 | －16.69 | －29.72 | －41.55 | 34.88 |
| 烟草制品业 | — | — | — | — | — | — | — |
| 纺织业 | 13.70 | — | 33.44 | －4.60 | 41.55 | －35.46 | 63.42 |
| 纺织服装、服饰业 | －38.65 | — | －29.76 | 47.71 | －69.13 | －20.47 | －65.89 |
| 皮革、毛皮、羽毛及其制品和制鞋业 | — | — | — | — | — | — | — |

续表

| 行业 | 2012～2017年平均增长率 | 2012年 | 2013年 | 2014年 | 2015年 | 2016年 | 2017年 |
|---|---|---|---|---|---|---|---|
| 木材加工和木、竹、藤、棕、草制品业 | 27.66 | — | 86.13 | 0.62 | 27.47 | 145.35 | -42.11 |
| 家具制造业 | — | — | — | — | — | — | — |
| 造纸和纸制品业 | — | — | — | — | — | — | — |
| 印刷和记录媒介复制业 | 19.77 | — | 91.05 | 8.41 | 49.86 | -25.19 | 6.15 |
| 文教、工美、体育和娱乐用品制造业 | 51.90 | — | 1951.68 | -33.44 | -20.37 | -54.68 | 64.05 |
| 石油加工、炼焦和核燃料加工业 | 51.27 | — | -1.00 | -18.76 | 121.96 | -70.90 | 1424.65 |
| 化学原料和化学制品制造业 | 11.57 | — | 0.67 | 18.31 | 47.77 | -2.77 | 1.00 |
| 医药制造业 | -8.54 | — | 8.44 | 18.27 | 6.61 | 5.77 | -55.75 |
| 化学纤维制造业 | — | — | — | — | — | — | — |
| 橡胶和塑料制品业 | 41.08 | — | -6.49 | 31.28 | 110.37 | -69.25 | 603.84 |
| 非金属矿物制造业 | 24.94 | — | 15.86 | 29.04 | 72.89 | 1.40 | 16.15 |
| 黑色金属冶炼和压延加工业 | -12.02 | — | 6.75 | -17.01 | -22.81 | 5.58 | -26.99 |
| 有色金属冶炼和压延加工业 | -4.00 | — | 2.48 | 5.88 | -2.17 | -34.90 | 18.03 |
| 金属制品业 | 11.80 | — | 12.19 | 21.63 | -13.12 | -25.40 | 97.51 |
| 通用设备制造业 | 10.98 | — | 0.99 | 1.83 | 26.00 | 1.47 | 28.03 |
| 专用设备制造业 | 2.25 | — | -0.44 | 4.08 | 67.83 | 8.32 | -40.68 |
| 汽车制造业 | 12.19 | — | 38.81 | 24.26 | 0.68 | -8.96 | 12.44 |
| 铁路、船舶、航空航天和其他运输设备制造业 | — | — | — | — | — | — | — |
| 电气机械和器材制造业 | -7.19 | — | -2.96 | 54.67 | -8.74 | -1.76 | -48.81 |
| 计算机、通信和其他电子设备制造业 | — | — | — | — | — | — | — |
| 仪器仪表制造业 | 8.99 | — | 9.46 | -8.40 | -3.19 | -52.70 | 234.96 |
| 其他制造业 | — | — | — | — | — | — | — |
| 废弃资源综合利用业 | — | — | — | — | — | — | — |
| 金属制品、机械和设备修理业 | — | — | — | — | — | — | — |

资料来源：历年《承德统计年鉴》。

表 11－5 是张家口制造业各行业增长率情况。可以看出，2012～2017 年，张家口各制造业行业中，大部分行业平均增长率为正，行业增长趋势明显，少部分行业平均增长率为负。2012～2017 年，平均增长率排名前 10 位的行业为计算机、通信和其他电子设备制造业，汽车制造业，医药制造业，纺织服装、服饰业，非金属矿物制造业，食品制造业，农副食品加工业，橡胶和塑料制品业，皮革、毛皮、羽毛及其制品和制鞋业，金属制品业，平均增长率分别为 32.66%、29.38%、10.84%、8.43%、6.98%、6.15%、5.71%、2.36%、1.72%、0.36%。平均增长率为负的行业分别为电气机械和器材制造业，家具制造业，烟草制品业，金属制品、机械和设备修理业，专用设备制造业，黑色金属冶炼和压延加工业，通用设备制造业，有色金属冶炼和压延加工业，酒、饮料和精制茶制造业，造纸和纸制品业，平均增长率分别为 －0.31%、－0.75%、－1.26%、－5.88%、－7.40%、－10.32%、－13.89%、－15.20%、－18.00%、－31.34%。

**表 11－5　张家口制造业各行业增长率情况**　　单位：%

| 行业 | 2012～2017 年平均增长率 | 2012 年 | 2013 年 | 2014 年 | 2015 年 | 2016 年 | 2017 年 |
|---|---|---|---|---|---|---|---|
| 农副食品加工业 | 5.71 | — | 59.87 | 25.21 | 12.69 | －7.64 | －36.63 |
| 食品制造业 | 6.15 | — | 30.50 | 20.28 | 1.58 | －3.77 | －12.14 |
| 酒、饮料和精制茶制造业 | －18.00 | — | －31.70 | －0.25 | 45.28 | 2.41 | －63.42 |
| 烟草制品业 | －1.26 | — | 5.08 | 3.59 | －8.24 | －9.81 | 4.20 |
| 纺织业 | — | — | — | — | — | — | — |
| 纺织服装、服饰业 | 8.43 | — | 210.32 | －35.30 | －38.82 | 39.24 | －12.37 |
| 皮革、毛皮、羽毛及其制品和制鞋业 | 1.72 | — | －58.36 | 275.50 | －1.58 | －16.26 | －15.51 |
| 木材加工和木、竹、藤、棕、草制品业 | — | — | — | — | — | — | — |
| 家具制造业 | －0.75 | — | 388.05 | －63.55 | 23.67 | — | — |
| 造纸和纸制品业 | －31.34 | — | －16.18 | －66.80 | 14.66 | －5.21 | －49.54 |
| 印刷和记录媒介复制业 | — | — | — | — | — | — | — |
| 文教、工美、体育和娱乐用品制造业 | — | — | — | — | — | — | — |
| 石油加工、炼焦和核燃料加工业 | — | — | — | — | — | — | — |

续表

| 行业 | 2012～2017年平均增长率 | 2012年 | 2013年 | 2014年 | 2015年 | 2016年 | 2017年 |
|---|---|---|---|---|---|---|---|
| 化学原料和化学制品制造业 | 0.16 | — | 46.68 | 14.71 | -3.62 | 6.26 | -41.50 |
| 医药制造业 | 10.84 | — | 16.66 | 21.06 | 123.84 | -33.73 | -20.13 |
| 化学纤维制造业 | — | — | — | — | — | — | — |
| 橡胶和塑料制品业 | 2.36 | — | 115.92 | 16.50 | -4.73 | -11.05 | -47.27 |
| 非金属矿物制造业 | 6.98 | — | 17.85 | 3.44 | 7.59 | 3.28 | 3.44 |
| 黑色金属冶炼和压延加工业 | -10.32 | — | 14.31 | 3.47 | -11.85 | 1.37 | -45.12 |
| 有色金属冶炼和压延加工业 | -15.20 | — | 31.90 | 8.11 | -6.88 | -21.77 | -57.78 |
| 金属制品业 | 0.36 | — | 37.43 | -19.13 | 50.81 | -14.03 | -29.33 |
| 通用设备制造业 | -13.89 | — | 1.26 | 34.48 | 18.61 | 1.44 | -71.10 |
| 专用设备制造业 | -7.40 | — | -7.18 | 20.77 | 2.31 | -8.12 | -35.39 |
| 汽车制造业 | 29.38 | — | 62.94 | 16.66 | 3.40 | -5.63 | 95.44 |
| 铁路、船舶、航空航天和其他运输设备制造业 | — | — | — | — | — | — | — |
| 电气机械和器材制造业 | -0.31 | — | 15.89 | -1.98 | 40.92 | -11.38 | -30.61 |
| 计算机、通信和其他电子设备制造业 | 32.66 | — | 57.29 | 57.76 | 50.78 | 0.48 | 9.29 |
| 仪器仪表制造业 | — | — | — | — | — | — | — |
| 其他制造业 | — | — | — | — | — | — | — |
| 废弃资源综合利用业 | — | — | — | — | — | — | — |
| 金属制品、机械和设备修理业 | -5.88 | — | -59.06 | -21.49 | -47.14 | -100.00 | — |

资料来源：历年《张家口统计年鉴》。

从表11-5中，可以看出张家口各行业的发展趋势差异明显。2012～2017年，食品制造业，烟草制品业，有色金属冶炼和压延加工业，计算机、通信和其他电子设备制造业增长率一直为正，表明这些行业发展态势良好。农副食品加工业，纺织业，纺织服装、服饰业，家具制造业，造纸和纸制品业，印刷和记录媒介复制业，文教、工美、体育和娱乐用品制造业，化学原料和化学制品制造业，橡胶和塑料制品业，非金属矿物制造业，黑色金属冶炼和压延加工业，金属制品业，汽车制造业，铁路、船舶、航空航天和其他运输设备制造业，电气机械和器材制造业等行业增长趋势放缓或下降。酒、饮料和精制茶制造业，皮革、毛皮、羽毛及其制品和制鞋业，医药制造业，通用设备制造业，专用设备制造业，金属制品、机械和设备修理业，增速下降放缓，或呈现逐步上升的增长态势。

综上分析，可以发现，张家口食品制造业，烟草制品业，有色金属冶炼和压延加工业，计算机、通信和其他电子设备制造业发展优势明显；皮革、毛皮、羽毛及其制品和制鞋业，医药制造业，通用设备制造业，专用设备制造业等行业发展具有一定的潜力。

表 11－6 是秦皇岛制造业各行业增长率情况。2012～2017 年，平均增长率排名前 10 位的行业分别是家具制造业，纺织服装、服饰业，计算机、通信和其他电子设备制造业，医药制造业，纺织业，汽车制造业，化学纤维制造业，橡胶和塑料制品业，造纸和纸制品业，专用设备制造业，平均增长率分别为 60.61%、52.89%、46.41%、34.77%、33.39%、17.78%、11.86%、4.12%、2.03%、1.02%。排位倒数前 10 位的分别为电气机械和器材制造业，有色金属冶炼和压延加工业，食品制造业，通用设备制造业，金属制品业，非金属矿物制造业，化学原料和化学制品制造业，木材加工和木、竹、藤、棕、草制品业，石油加工、炼焦和核燃料加工业，酒、饮料和精制茶制造业，平均增长率分别为－1.57%、－2.61%、－5.14%、－9.02%、－9.62%、－13.41%、－15.41%、－16.88%、－20.55%、－31.26%。各行业发展差异明显。

**表 11－6　秦皇岛制造业各行业增长率情况**　　单位：%

| 行业 | 2012～2017 年平均增长率 | 2012 年 | 2013 年 | 2014 年 | 2015 年 | 2016 年 | 2017 年 |
|---|---|---|---|---|---|---|---|
| 农副食品加工业 | －0.28 | — | －1.57 | －7.55 | －4.42 | 17.95 | －3.85 |
| 食品制造业 | －5.14 | — | 10.08 | 5.24 | －12.60 | 14.33 | －33.64 |
| 酒、饮料和精制茶制造业 | －31.26 | — | －45.78 | －10.83 | －7.74 | －41.45 | －41.24 |
| 烟草制品业 | — | — | — | — | — | — | — |
| 纺织业 | 33.39 | — | 53.23 | 5.69 | －82.16 | 911.88 | 44.46 |
| 纺织服装、服饰业 | 52.89 | — | 59.15 | －23.54 | 169.68 | －14.83 | 198.88 |
| 皮革、毛皮、羽毛及其制品和制鞋业 | — | — | －15.51 | 23.97 | －16.14 | 14.71 | — |
| 木材加工和木、竹、藤、棕、草制品业 | －16.88 | — | 53.33 | 13.22 | －97.97 | 988.68 | 3.64 |
| 家具制造业 | 60.61 | — | 139.94 | 18.03 | －28.37 | 81.88 | 189.67 |
| 造纸和纸制品业 | 2.03 | — | 3.66 | 7.42 | －5.45 | －11.96 | 19.28 |

续表

| 行业 | 2012～2017年平均增长率 | 2012年 | 2013年 | 2014年 | 2015年 | 2016年 | 2017年 |
|---|---|---|---|---|---|---|---|
| 印刷和记录媒介复制业 | — | — | — | — | — | — | — |
| 文教、工美、体育和娱乐用品制造业 | — | — | — | — | — | — | — |
| 石油加工、炼焦和核燃料加工业 | -20.55 | — | 22.35 | 19.72 | -25.91 | -33.72 | -56.00 |
| 化学原料和化学制品制造业 | -15.41 | — | -6.09 | 5.52 | 11.61 | -25.31 | -47.57 |
| 医药制造业 | 34.77 | — | 28.38 | 35.13 | -41.44 | 361.46 | -5.16 |
| 化学纤维制造业 | 11.86 | — | -16.42 | -2.29 | 67.47 | 138.85 | -46.39 |
| 橡胶和塑料制品业 | 4.12 | — | 15.69 | 5.75 | -4.75 | 17.29 | -10.47 |
| 非金属矿物制造业 | -13.41 | — | 3.10 | -0.40 | -29.83 | -14.40 | -21.09 |
| 黑色金属冶炼和压延加工业 | -1.31 | — | -3.11 | 12.92 | 0.58 | -28.84 | 19.57 |
| 有色金属冶炼和压延加工业 | -2.61 | — | -10.77 | 17.71 | -8.18 | -14.60 | 6.40 |
| 金属制品业 | -9.62 | — | 1.79 | -4.48 | -17.23 | -27.37 | 3.20 |
| 通用设备制造业 | -9.02 | — | -6.70 | -3.83 | -43.85 | 22.87 | 0.72 |
| 专用设备制造业 | 1.02 | — | 1.85 | 14.44 | -4.77 | 7.23 | -11.62 |
| 汽车制造业 | 17.78 | — | 39.87 | 41.08 | -0.08 | -9.94 | 27.62 |
| 铁路、船舶、航空航天和其他运输设备制造业 | -1.31 | — | -7.07 | 4.64 | -0.85 | -9.84 | 7.70 |
| 电气机械和器材制造业 | -1.57 | — | 0.61 | 2.39 | -13.46 | 2.84 | 0.75 |
| 计算机、通信和其他电子设备制造业 | 46.41 | — | 10.05 | 59.50 | 16.25 | 236.90 | -2.14 |
| 仪器仪表制造业 | — | — | 45.47 | 9.90 | 1.23 | — | — |
| 其他制造业 | — | — | — | — | — | — | — |
| 废弃资源综合利用业 | — | — | — | — | — | — | — |
| 金属制品、机械和设备修理业 | — | — | — | — | — | — | — |

资料来源：历年《秦皇岛统计年鉴》。

从发展趋势看，从表11－6中可以发现各行业发展趋势差异明显。食品制造业，木材加工和木、竹、藤、棕、草制品业，专用设备制造业，汽车制造业，计算机、通信和其他电子设备制造业等行业增长趋势明显；酒、饮料和精制茶制造业，皮革、毛皮、羽毛及其制品和制鞋业，造纸和纸制品业，化学原料和化学制品制造业，医药制造业，化学纤维制造业，黑色金属冶炼和压延加工业，有色金属冶炼和压延加工业，通用设备制造业等行业下降趋势放缓，或开始出现增长的态势。农副食品加工业，纺织服装、服饰业，印刷和记录媒介复制业，石油加工、炼焦和核燃料加工业，橡胶和塑料制品业，非金属矿物制造业，金属制品业，仪器仪表制造业等行业呈现下降的趋势。

综上分析，在秦皇岛的制造业各行业中，食品制造业，木材加工和木、竹、藤、棕、草制品业，专用设备制造业，汽车制造业，计算机、通信和其他电子设备制造业等行业增长趋势明显具有一定的发展优势，皮革、毛皮、羽毛及其制品和制鞋业，造纸和纸制品业，电气机械和器材制造业，铁路、船舶、航空航天和其他运输设备制造业，医药制造业，黑色金属冶炼和压延加工业，有色金属冶炼和压延加工业具有一定的发展潜力。

表 11 – 7 是唐山制造业各行业增长率情况。可以看出，2012 ~2017 年，唐山制造业各行业平均增长率差异明显。平均增长率排名前 10 位的分别为仪器仪表制造业，家具制造业，铁路、船舶、航空航天和其他运输设备制造业，黑色金属冶炼和压延加工业，印刷和记录媒介复制业，食品制造业，石油加工、炼焦和核燃料加工业，文教、工美、体育和娱乐用品制造业，汽车制造业，酒、饮料和精制茶制造业，平均增长率分别为 5.43%、4.42%、4.40%、0.14%、–0.38%、–1.08%、–1.79%、–2.20%、–2.48%、–5.28%，各行业平均增长率差异明显。排位倒数前 10 位的行业分别为造纸和纸制品业，化学原料和化学制品制造业，电气机械和器材制造业，医药制造业，非金属矿物制造业，通用设备制造业，专用设备制造业，橡胶和塑料制品业，有色金属冶炼和压延加工业，纺织服装、服饰业，平均增长率分别为 –14.87%、–14.90%、–15.27%、–16.49%、–18.22%、–19.55%、–25.63%、–30.68%、–31.43%、–39.72%。

**表 11 – 7　唐山制造业各行业增长率情况**　　单位：%

| 行业 | 2012 ~ 2017 年平均增长率 | 2012 年 | 2013 年 | 2014 年 | 2015 年 | 2016 年 | 2017 年 |
|---|---|---|---|---|---|---|---|
| 农副食品加工业 | –10.77 | — | –41.41 | –8.29 | –0.43 | 33.53 | –20.82 |
| 食品制造业 | –1.08 | — | –20.71 | 20.50 | 9.19 | –9.29 | 0.08 |
| 酒、饮料和精制茶制造业 | –5.28 | — | –9.21 | –1.67 | –5.51 | 6.83 | –15.39 |
| 烟草制品业 | — | — | — | — | — | — | — |
| 纺织业 | –9.24 | — | –63.58 | 16.28 | 12.22 | 14.40 | 13.25 |
| 纺织服装、服饰业 | –39.72 | — | –79.13 | 39.81 | –8.66 | 33.92 | –77.70 |

续表

| 行业 | 2012～2017年平均增长率 | 2012年 | 2013年 | 2014年 | 2015年 | 2016年 | 2017年 |
|---|---|---|---|---|---|---|---|
| 皮革、毛皮、羽毛及其制品和制鞋业 | — | — | — | — | — | — | — |
| 木材加工和木、竹、藤、棕、草制品业 | — | — | — | — | — | — | — |
| 家具制造业 | 4.42 | — | 6.64 | 7.73 | 16.31 | 1.63 | -8.59 |
| 造纸和纸制品业 | -14.87 | — | -59.46 | 33.74 | 7.35 | 4.52 | -26.48 |
| 印刷和记录媒介复制业 | -0.38 | — | -50.29 | 20.31 | -12.67 | 82.38 | 2.99 |
| 文教、工美、体育和娱乐用品制造业 | -2.20 | — | -75.70 | -11.07 | 46.57 | 499.79 | -52.89 |
| 石油加工、炼焦和核燃料加工业 | -1.79 | — | -15.92 | -19.29 | 2.02 | 16.82 | 12.97 |
| 化学原料和化学制品制造业 | -14.90 | — | -3.65 | 2.62 | 5.15 | -55.80 | -2.88 |
| 医药制造业 | -16.49 | — | -35.29 | 22.48 | -44.93 | -19.05 | 14.98 |
| 化学纤维制造业 | — | — | — | — | — | — | — |
| 橡胶和塑料制品业 | -30.68 | — | -70.54 | -11.32 | 4.54 | 21.94 | -51.95 |
| 非金属矿物制造业 | -18.22 | — | -35.12 | 2.88 | -13.46 | -0.77 | -36.18 |
| 黑色金属冶炼和压延加工业 | 0.14 | — | -7.42 | -1.16 | -9.12 | 10.87 | 9.24 |
| 有色金属冶炼和压延加工业 | -31.43 | — | -30.63 | -40.24 | -54.00 | 9.86 | -27.65 |
| 金属制品业 | -7.49 | — | -27.59 | 22.89 | -5.79 | 15.89 | -30.27 |
| 通用设备制造业 | -19.55 | — | -48.18 | 3.78 | -2.38 | 15.08 | -44.20 |
| 专用设备制造业 | -25.63 | — | -52.59 | -4.42 | 2.47 | 5.52 | -53.55 |
| 汽车制造业 | -2.48 | — | -14.25 | -10.89 | 12.47 | 19.66 | -14.24 |
| 铁路、船舶、航空航天和其他运输设备制造业 | 4.40 | — | -4.24 | 54.77 | 5.24 | -16.03 | -5.32 |
| 电气机械和器材制造业 | -15.27 | — | -48.43 | -8.44 | 5.02 | 11.05 | -20.67 |
| 计算机、通信和其他电子设备制造业 | -13.25 | — | -49.75 | -5.62 | -2.94 | 25.60 | -15.03 |
| 仪器仪表制造业 | 5.43 | — | -20.87 | 68.53 | 43.09 | 2.60 | -33.47 |
| 其他制造业 | — | — | — | — | — | — | — |
| 废弃资源综合利用业 | — | — | — | — | — | — | — |
| 金属制品、机械和设备修理业 | — | — | — | — | — | — | — |

资料来源：历年《唐山统计年鉴》。

从唐山制造业各行业发展趋势来看，2009～2014年，除了家具制造业，制造业其他各行业并没有表现出良好的发展态势，各行业增长率波动幅度非常大，这表明了其他各行业发展并没有表现出增长趋势。但也有些行业下降趋势放缓或出现增长势头，农副食品加工业，酒、饮料和精制茶制造业，文教、工美、体育和娱乐用品制造业，橡胶和塑料制品业，黑色金属冶炼和压延加工业，专用设备制造业，汽车制造业，电气机械和器材制造业，计算机、通信和其他电子设备制造业下降趋势放缓，食品制造业，纺织业，纺织服装、服饰业，家具制造业，造纸和纸制品业，印刷和记录媒介复制业，化学原料和化学制品制造业，医药制造业，非金属矿物制造业，金属制品业，通用设备制造业，铁路、船舶、航空航天和其他运输设备制造业，仪器仪表制造业出现增长势头。其他行业都开始出现下降的趋势。

综上分析，唐山各制造业行业整体上并没有出现良好的发展态势，仅有家具制造业行业有增长趋势，其他行业，如食品制造业，纺织业，纺织服装、服饰业，家具制造业，造纸和纸制品业，印刷和记录媒介复制业，化学原料和化学制品制造业，医药制造业，非金属矿物制造业，金属制品业，通用设备制造业，铁路、船舶、航空航天和其他运输设备制造业，仪器仪表制造业出现增长势头。

表11－8是廊坊制造业行业增长率情况。可以看出，排名前10位的行业分别为铁路、船舶、航空航天和其他运输设备制造业，有色金属冶炼和压延加工业，仪器仪表制造业，酒、饮料和精制茶制造业，电气机械和器材制造业，石油加工、炼焦和核燃料加工业，计算机、通信和其他电子设备制造业，汽车制造业，食品制造业，橡胶和塑料制品业，平均增长率分别为18.84%、15.55%、12.42%、11.60%、9.01%、6.12%、3.87%、2.47%、－0.70%、－1.07%。

**表11－8　廊坊制造业各行业增长率情况**　　单位：%

| 行业 | 2012～2017年平均增长率 | 2012年 | 2013年 | 2014年 | 2015年 | 2016年 | 2017年 |
|---|---|---|---|---|---|---|---|
| 农副食品加工业 | －12.10 | — | 6.78 | －4.00 | 7.07 | 5.62 | －54.72 |
| 食品制造业 | －0.70 | — | 7.66 | 1.25 | 8.71 | 13.59 | －28.27 |
| 酒、饮料和精制茶制造业 | 11.60 | — | 81.08 | 9.46 | 9.93 | 12.44 | －29.34 |
| 烟草制品业 | — | — | — | — | — | — | — |
| 纺织业 | －23.89 | — | 4.15 | 7.18 | 6.79 | 1.46 | －78.89 |
| 纺织服装、服饰业 | －42.37 | — | 5.90 | 9.48 | －12.55 | 3.53 | －93.94 |

续表

| 行业 | 2012~2017年平均增长率 | 2012年 | 2013年 | 2014年 | 2015年 | 2016年 | 2017年 |
|---|---|---|---|---|---|---|---|
| 皮革、毛皮、羽毛及其制品和制鞋业 | -14.68 | — | 31.60 | 26.51 | 4.66 | -3.66 | -73.06 |
| 木材加工和木、竹、藤、棕、草制品业 | -1.91 | — | 15.23 | 8.88 | 8.91 | -1.93 | -32.23 |
| 家具制造业 | -5.96 | — | 3.11 | 22.55 | 38.11 | -6.27 | -55.04 |
| 造纸和纸制品业 | -23.46 | — | 13.16 | 4.42 | 8.56 | -26.58 | -72.10 |
| 印刷和记录媒介复制业 | -14.63 | — | 17.42 | 10.64 | -7.10 | 46.28 | -74.31 |
| 文教、工美、体育和娱乐用品制造业 | -18.24 | — | 21.85 | -25.54 | 18.01 | 36.80 | -75.06 |
| 石油加工、炼焦和核燃料加工业 | 6.12 | — | -56.03 | 209.92 | -63.14 | -20.43 | 236.70 |
| 化学原料和化学制品制造业 | -12.45 | — | 13.09 | 10.87 | -4.59 | 2.09 | -57.87 |
| 医药制造业 | -15.20 | — | 23.87 | 2.14 | -6.38 | -66.81 | 11.55 |
| 化学纤维制造业 | — | — | — | — | — | — | — |
| 橡胶和塑料制品业 | -1.07 | — | 20.73 | 16.54 | 18.31 | -17.03 | -31.39 |
| 非金属矿物制造业 | -1.95 | — | 17.14 | 3.16 | 4.88 | -2.14 | -26.95 |
| 黑色金属冶炼和压延加工业 | -10.69 | — | 0.97 | 2.70 | -15.43 | -2.19 | -33.77 |
| 有色金属冶炼和压延加工业 | 15.55 | — | 9.35 | 6.13 | 6.35 | 18.33 | 41.08 |
| 金属制品业 | -11.16 | — | 14.03 | 2.59 | 19.96 | 44.26 | -72.66 |
| 通用设备制造业 | -9.03 | — | 14.24 | 17.77 | -3.07 | 0.89 | -52.64 |
| 专用设备制造业 | -7.80 | — | 9.10 | 8.71 | -3.20 | -11.10 | -34.72 |
| 汽车制造业 | 2.47 | — | 12.39 | 9.79 | 11.73 | 15.53 | -29.08 |
| 铁路、船舶、航空航天和其他运输设备制造业 | 18.84 | — | 25.42 | 12.22 | -86.40 | 881.19 | 26.17 |
| 电气机械和器材制造业 | 9.01 | — | 29.53 | -1.74 | 39.75 | 15.19 | -24.86 |
| 计算机、通信和其他电子设备制造业 | 3.87 | — | 0.72 | 14.55 | 10.64 | 8.61 | -12.79 |
| 仪器仪表制造业 | 12.42 | — | 30.84 | -44.08 | 18.81 | 8.80 | 89.83 |
| 其他制造业 | -12.99 | — | -38.28 | 104.09 | -1.39 | -44.78 | -27.27 |
| 废弃资源综合利用业 | -16.71 | — | 12.08 | -16.75 | 17.68 | 6.11 | -65.59 |
| 金属制品、机械和设备修理业 | — | — | — | — | — | — | — |

资料来源：历年《廊坊统计年鉴》。

从廊坊制造业各行业发展趋势来看，如表 11 －8 所示，纺织业，纺织服装、服饰业，木材加工和木、竹、藤、棕、草制品业，家具制造业，造纸和纸制品业，印刷和记录媒介复制业，化学原料和化学制品制造业，橡胶和塑料制品业，黑色金属冶炼和压延加工业，金属制品业，通用设备制造业，汽车制造业发展态势良好，呈现增长趋势。食品制造业，酒、饮料和精制茶制造业，皮革、毛皮、羽毛及其制品和制鞋业，石油加工、炼焦和核燃料加工业，医药制造业，有色金属冶炼和压延加工业，专用设备制造业，铁路、船舶、航空航天和其他运输设备制造业，计算机、通信和其他电子设备制造业呈现先下降再上升的增长趋势，农副食品加工业，文教、工美、体育和娱乐用品制造业，电气机械和器材制造业，仪器仪表制造业，废弃资源综合利用业，金属制品、机械和设备修理业等行业呈现下降的趋势。

综上分析，廊坊纺织业，纺织服装、服饰业，木材加工和木、竹、藤、棕、草制品业，家具制造业，造纸和纸制品业，印刷和记录媒介复制业，化学原料和化学制品制造业，橡胶和塑料制品业，黑色金属冶炼和压延加工业，金属制品业，通用设备制造业，汽车制造业等行业发展基础较好，与其他行业相比，具有一定的发展优势。

表 11 －9 是保定制造业各行业增长率情况。可以看出，2012 ~2017 年，保定制造业各行业中，平均增长率排名前 10 位的行业分别为计算机、通信和其他电子设备制造业，汽车制造业，木材加工和木、竹、藤、棕、草制品业，烟草制品业，废弃资源综合利用业，电气机械和器材制造业，医药制造业，食品制造业，文教、工美、体育和娱乐用品制造业，家具制造业，平均增长率为 19.22%、10.42%、8.52%、0.68%、－4.73%、－9.27%、－9.38%、－10.81%、－13.03%、－14.68%。排名倒数前 10 位的行业分别为化学原料和化学制品制造业，铁路、船舶、航空航天和其他运输设备制造业，专用设备制造业，橡胶和塑料制品业，农副食品加工业，非金属矿物制造业，其他制造业，仪器仪表制造业，皮革、毛皮、羽毛及其制品和制鞋业，石油加工、炼焦和核燃料加工业，平均增长率分别为－23.20%、－23.33%、－30.57%、－31.58%、－35.81%、－36.15%、－40.75%、－41.08%、－50.58%、－64.50%。

从表 11 －9 中制造业各行业 2012 ~2017 年增长率看，可以发现保定制造业各行业发展差异明显。农副食品加工业，烟草制品业，纺织业，皮革、毛皮、羽毛及其制品和制鞋业，印刷和记录媒介复制业，文教、工美、体育和娱乐用品制造业，医药制造业，橡胶和塑料制品业，非金属矿物制造业，通用设备制造业，汽车制造业等行业增长发展态势良好，增长趋势明显。食品制造业，木材加工和木、竹、藤、棕、草制品业，造纸和纸制品业，化学原料和化学制品制造业，黑色金属冶炼和压延加工业，金属制品业，电气机械和器材制造业，计算机、通信和其他电子设备制造业，仪器仪表制造业，废弃资源综合利用业等行业下降势头止住，开始出现增长。家具制造业，石油加工、炼焦和核燃料加工业及其他制造业下降趋势放缓，其他行业发展势头减弱，开始出现下降趋势。

**表 11－9　保定制造业各行业增长率情况**　　单位：%

| 行业 | 2012～2017年平均增长率 | 2012年 | 2013年 | 2014年 | 2015年 | 2016年 | 2017年 |
|---|---|---|---|---|---|---|---|
| 农副食品加工业 | －35.81 | — | 21.62 | 17.08 | －2.10 | －92.19 | 1019.84 |
| 食品制造业 | －10.81 | — | －10.65 | 3.38 | 10.61 | －44.77 | 59.46 |
| 酒、饮料和精制茶制造业 | －16.40 | — | 10.94 | －24.51 | －7.59 | －47.24 | 127.23 |
| 烟草制品业 | 0.68 | — | 9.55 | 3.00 | 4.49 | －12.26 | 31.35 |
| 纺织业 | －15.55 | — | 11.85 | 5.53 | －18.90 | －55.13 | 37.11 |
| 纺织服装、服饰业 | －20.21 | — | 2.80 | －13.76 | －13.14 | －58.01 | 28.85 |
| 皮革、毛皮、羽毛及其制品和制鞋业 | －50.58 | — | 18.03 | 6.36 | 8.92 | －97.84 | 2906.65 |
| 木材加工和木、竹、藤、棕、草制品业 | 8.52 | — | －7.05 | 5.39 | 41.41 | 8.64 | 6.12 |
| 家具制造业 | －14.68 | — | －27.17 | －21.46 | －35.67 | 22.90 | 18.35 |
| 造纸和纸制品业 | －18.37 | — | －11.07 | 1.25 | －15.83 | －52.17 | 22.53 |
| 印刷和记录媒介复制业 | －21.59 | — | 98.80 | 8.16 | －6.05 | －85.33 | 554.32 |
| 文教、工美、体育和娱乐用品制造业 | －13.03 | — | 38.10 | 33.76 | 11.22 | －75.78 | 320.00 |
| 石油加工、炼焦和核燃料加工业 | －64.50 | — | －94.63 | －12.35 | －39.65 | －80.16 | 329.59 |
| 化学原料和化学制品制造业 | －23.20 | — | －18.95 | 4.86 | －22.47 | －59.45 | 96.24 |
| 医药制造业 | －9.38 | — | 37.42 | 30.96 | 25.83 | －73.01 | 379.49 |
| 化学纤维制造业 | －17.29 | — | －1.42 | －4.41 | －22.54 | －46.97 | －52.90 |
| 橡胶和塑料制品业 | －31.58 | — | 4.74 | 6.73 | 0.09 | －86.60 | 280.61 |
| 非金属矿物制造业 | －36.15 | — | 17.90 | 12.00 | －5.66 | －91.48 | 971.07 |
| 黑色金属冶炼和压延加工业 | －19.36 | — | －25.50 | 18.38 | －34.36 | －41.09 | －17.17 |
| 有色金属冶炼和压延加工业 | －19.75 | — | －2.64 | －19.89 | －11.03 | －52.05 | 13.87 |
| 金属制品业 | －15.62 | — | －4.53 | 14.48 | －40.29 | －34.44 | 82.83 |
| 通用设备制造业 | －17.06 | — | 6.70 | 1.28 | －57.56 | －14.43 | 14.48 |

续表

| 行业 | 2012～2017年平均增长率 | 2012年 | 2013年 | 2014年 | 2015年 | 2016年 | 2017年 |
|---|---|---|---|---|---|---|---|
| 专用设备制造业 | -30.57 | — | -17.44 | -28.95 | -31.92 | -59.59 | 271.82 |
| 汽车制造业 | 10.42 | — | 12.18 | 7.09 | 15.89 | 17.92 | -4.77 |
| 铁路、船舶、航空航天和其他运输设备制造业 | -23.33 | — | 23.37 | -15.34 | -71.19 | -11.94 | -14.02 |
| 电气机械和器材制造业 | -9.27 | — | -2.62 | 0.83 | -6.13 | -33.29 | 13.74 |
| 计算机、通信和其他电子设备制造业 | 19.22 | — | -7.25 | 4.95 | 146.46 | 0.39 | 44.42 |
| 仪器仪表制造业 | -41.08 | — | -13.28 | 4.29 | -12.16 | -91.06 | 593.70 |
| 其他制造业 | -40.75 | — | -23.52 | -6.62 | 8.16 | -90.55 | 638.64 |
| 废弃资源综合利用业 | -4.73 | — | -11.12 | 49.67 | -31.26 | -14.18 | -10.34 |
| 金属制品、机械和设备修理业 | — | — | — | — | — | — | — |

资料来源：历年《保定统计年鉴》。

综上分析，保定制造业各行业发展基础和优势各异。与其他行业相比，农副食品加工业，烟草制品业，纺织业，皮革、毛皮、羽毛及其制品和制鞋业，印刷和记录媒介复制业，文教、工美、体育和娱乐用品制造业，医药制造业，橡胶和塑料制品业，非金属矿物制造业，通用设备制造业，汽车制造业等行业发展态势较好，具有一定的发展优势，食品制造业，木材加工和木、竹、藤、棕、草制品业，造纸和纸制品业，化学原料和化学制品制造业，黑色金属冶炼和压延加工业，金属制品业，电气机械和器材制造业，计算机、通信和其他电子设备制造业，仪器仪表制造业，废弃资源综合利用业等行业具有一定的发展潜力。

表11-10是沧州制造业各行业增长率情况。2012～2017年，制造业各行业平均增长率都表现出良好的增长趋势，仅有有色金属冶炼和压延加工业平均增长率为负。平均增长率排名前10位的行业分别为石油加工、炼焦和核燃料加工业，计算机、通信和其他电子设备制造业，专用设备制造业，金属制品业，家具制造业，铁路、船舶、航空航天和其他运输设备制造业，其他制造业，化学原料和化学制品制造业，文教、工美、体育和娱乐用品制造业，黑色金属冶炼和压延加工业，平均增长率分别为316.41%、177.84%、167.50%、151.07%、145.38%、144.61%、132.54%、124.83%、109.23%、99.47%。排名倒数前10位的行业分别为酒、饮料和精制茶制造业，皮革、毛皮、羽毛及其制品和制鞋业，有色金

属冶炼和压延加工业，汽车制造业，印刷和记录媒介复制业，纺织服装、服饰业，废弃资源综合利用业，化学纤维制造业，纺织业，造纸和纸制品业，平均增长率分别为43.45%、38.57%、37.51%、37.41%、37.41%、35.03%、26.09%、10.52%、4.03%、-17.49%。

表11-10 沧州制造业各行业增长率情况 单位：%

| 行业 | 2012～2017年平均增长率 | 2012年 | 2013年 | 2014年 | 2015年 | 2016年 | 2017年 |
| --- | --- | --- | --- | --- | --- | --- | --- |
| 农副食品加工业 | 68.98 | — | 21.26 | 0.55 | 1105.08 | -1.18 | -5.10 |
| 食品制造业 | 72.14 | — | 54.71 | 29.35 | 821.99 | 49.95 | -45.36 |
| 酒、饮料和精制茶制造业 | 43.45 | — | 7.63 | -3.38 | 517.12 | 3.35 | -8.43 |
| 烟草制品业 | — | — | — | — | — | — | — |
| 纺织业 | 4.03 | — | 6.59 | 27.61 | 71.01 | -1.25 | -46.96 |
| 纺织服装、服饰业 | 35.03 | — | 56.84 | 7.15 | 158.31 | 2.72 | 0.69 |
| 皮革、毛皮、羽毛及其制品和制鞋业 | 38.57 | — | 15.47 | 8.64 | 1250.90 | -17.98 | -63.24 |
| 木材加工和木、竹、藤、棕、草制品业 | 55.30 | — | -0.94 | 9.77 | 388.22 | 47.47 | 15.38 |
| 家具制造业 | 145.38 | — | 27.11 | 0.53 | 8912.12 | 4.01 | -25.74 |
| 造纸和纸制品业 | -17.49 | — | -1.46 | -32.55 | -34.09 | 9.80 | -20.52 |
| 印刷和记录媒介复制业 | 37.41 | — | 270.21 | -4.89 | -3.30 | 10.87 | 29.78 |
| 文教、工美、体育和娱乐用品制造业 | 109.23 | — | 69.82 | 20.78 | 1946.10 | 9.97 | -13.12 |
| 石油加工、炼焦和核燃料加工业 | 316.41 | — | 1.35 | -3.43 | 125734.08 | -10.68 | 13.82 |
| 化学原料和化学制品制造业 | 124.83 | — | 23.00 | 6.93 | 4590.64 | -12.36 | 6.26 |
| 医药制造业 | 65.00 | — | 74.24 | 13.74 | 515.66 | -4.46 | 4.92 |
| 化学纤维制造业 | 10.52 | — | 22.24 | 18.39 | 298.26 | -73.36 | 7.41 |
| 橡胶和塑料制品业 | 72.54 | — | 30.08 | 13.58 | 866.43 | 12.89 | -5.15 |
| 非金属矿物制造业 | 99.32 | — | 41.00 | 11.39 | 1685.39 | 13.52 | -1.17 |
| 黑色金属冶炼和压延加工业 | 99.47 | — | 14.88 | -6.02 | 8486.11 | -14.87 | -59.98 |
| 有色金属冶炼和压延加工业 | 37.51 | — | 28.68 | 20.46 | 144.33 | -2.99 | 33.82 |
| 金属制品业 | 151.07 | — | 29.67 | 8.98 | 6652.32 | 6.56 | -1.88 |
| 通用设备制造业 | 71.18 | — | 40.56 | 33.90 | 898.69 | 11.35 | -29.78 |

续表

| 行业 | 2012～2017年平均增长率 | 2012年 | 2013年 | 2014年 | 2015年 | 2016年 | 2017年 |
|---|---|---|---|---|---|---|---|
| 专用设备制造业 | 167.50 | — | 26.35 | 21.76 | 12634.06 | 7.18 | -34.76 |
| 汽车制造业 | 37.41 | — | 22.71 | 12.07 | 98.46 | 11.93 | 60.39 |
| 铁路、船舶、航空航天和其他运输设备制造业 | 144.61 | — | 9.89 | 0.14 | 9403.29 | -0.94 | -15.47 |
| 电气机械和器材制造业 | 60.86 | — | 28.84 | 20.07 | 646.06 | 4.19 | -10.42 |
| 计算机、通信和其他电子设备制造业 | 177.84 | — | 28.97 | 5.18 | 19339.23 | 2.95 | -39.01 |
| 仪器仪表制造业 | 98.31 | — | 32.69 | 18.56 | 4056.42 | 14.71 | -59.11 |
| 其他制造业 | 132.54 | — | 33.23 | 21.23 | 5778.77 | 19.33 | -39.99 |
| 废弃资源综合利用业 | 26.09 | — | 36.92 | 54.41 | 340.91 | -22.67 | -55.78 |
| 金属制品、机械和设备修理业 | — | — | — | — | — | — | — |

资料来源：历年《沧州统计年鉴》。

从发展趋势看，沧州制造业各行业发展趋势差异明显。从表11-10中可以看出，农副食品加工业，食品制造业，纺织业，文教、工美、体育和娱乐用品制造业，医药制造业，化学纤维制造业，橡胶和塑料制品业，非金属矿物制造业，金属制品业，专用设备制造业，汽车制造业，铁路、船舶、航空航天和其他运输设备制造业，电气机械和器材制造业，计算机、通信和其他电子设备制造业，仪器仪表制造业，废弃资源综合利用业等行业发展势头较好，增长趋势比较明显。纺织服装、服饰业，皮革、毛皮、羽毛及其制品和制鞋业，木材加工和木、竹、藤、棕、草制品业，家具制造业，化学原料和化学制品制造业，有色金属冶炼和压延加工业，通用设备制造业等行业止住下降趋势，开始出现比较明显的增长趋势。但也有行业出现明显的下降趋势，例如酒、饮料和精制茶制造业，造纸和纸制品业，印刷和记录媒介复制业，石油加工、炼焦和核燃料加工业，黑色金属冶炼和压延加工业。

综上分析，可以发现，与其他制造业行业相比，沧州发展优势比较明显的制造业行业为农副食品加工业，食品制造业，纺织业，文教、工美、体育和娱乐用品制造业，医药制造业，化学纤维制造业，橡胶和塑料制品业，非金属矿物制造业，金属制品业，专用设备制造业，汽车制造业，铁路、船舶、航空航天和其他运输设备制造业，电气机械和器材制造业，计算机、通信和其他电子设备制造

业，仪器仪表制造业，废弃资源综合利用业等行业，纺织服装、服饰业，皮革、毛皮、羽毛及其制品和制鞋业，木材加工和木、竹、藤、棕、草制品业，家具制造业，化学原料和化学制品制造业，有色金属冶炼和压延加工业，通用设备制造业等行业也开始表现出良好的发展势头。

表 11 - 11 是衡水各制造业行业增长率情况。可以看出，2012 ~ 2017 年，各行业平均增长率较高，基本是为正值，仅有家具制造业与黑色金属冶炼和压延加工业为负值。排名前 10 位的皮革、毛皮、羽毛及其制品和制鞋业，专用设备制造业，汽车制造业，金属制品业，通用设备制造业，文教、工美、体育和娱乐用品制造业，纺织服装、服饰业，医药制造业，橡胶和塑料制品业，电气机械和器材制造业等行业平均增长率分别为 112.88%、95.09%、85.17%、67.87%、53.86%、53.84%、39.11%、37.54%、34.18%、33.32%。排名倒数前 10 位的行业分别为橡胶和塑料制品业，电气机械和器材制造业，食品制造业，非金属矿物制造业，纺织业，农副食品加工业，酒、饮料和精制茶制造业，化学原料和化学制品制造业，家具制造业，黑色金属冶炼和压延加工业，平均增长率分别为 34.18%、33.32%、32.26%、32.05%、30.99%、29.68%、17.85%、10.58%、-7.52%、-25.17%。

**表 11 - 11　衡水制造业各行业增长率情况**　　单位：%

| 行业 | 2012 ~ 2017 年平均增长率 | 2012 年 | 2013 年 | 2014 年 | 2015 年 | 2016 年 | 2017 年 |
|---|---|---|---|---|---|---|---|
| 农副食品加工业 | 29.68 | — | 20.73 | -3.54 | -2.41 | 12.41 | 187.05 |
| 食品制造业 | 32.26 | — | 101.22 | 3.50 | 20.23 | -37.11 | 156.97 |
| 酒、饮料和精制茶制造业 | 17.85 | — | 107.52 | 14.29 | 7.61 | -6.76 | -4.46 |
| 烟草制品业 | — | — | — | — | — | — | — |
| 纺织业 | 30.99 | — | 47.13 | 2.72 | 10.00 | -1.20 | 134.81 |
| 纺织服装、服饰业 | 39.11 | — | 153.57 | -15.16 | 35.52 | 7.13 | 66.79 |
| 皮革、毛皮、羽毛及其制品和制鞋业 | 112.88 | — | 90.58 | 17.96 | -3.05 | -36.38 | 3052.78 |
| 木材加工和木、竹、藤、棕、草制品业 | — | — | — | — | — | — | — |
| 家具制造业 | -7.52 | — | -67.70 | 34.77 | 39.20 | 53.16 | -27.13 |
| 造纸和纸制品业 | — | — | — | — | — | — | — |
| 印刷和记录媒介复制业 | — | — | — | — | — | — | — |

续表

| 行业 | 2012~2017年平均增长率 | 2012年 | 2013年 | 2014年 | 2015年 | 2016年 | 2017年 |
|---|---|---|---|---|---|---|---|
| 文教、工美、体育和娱乐用品制造业 | 53.84 | — | 216.05 | 25.66 | 11.35 | -13.21 | 124.50 |
| 石油加工、炼焦和核燃料加工业 | — | — | — | — | — | — | — |
| 化学原料和化学制品制造业 | 10.58 | — | 7.43 | -4.31 | 9.65 | 0.88 | 45.37 |
| 医药制造业 | 37.54 | — | 73.86 | 13.22 | -0.40 | -21.29 | 218.91 |
| 化学纤维制造业 | — | — | — | — | — | — | — |
| 橡胶和塑料制品业 | 34.18 | — | 16.06 | 11.11 | 20.50 | -16.80 | 236.46 |
| 非金属矿物制造业 | 32.05 | — | 48.18 | 14.89 | 23.40 | 6.87 | 78.83 |
| 黑色金属冶炼和压延加工业 | -25.17 | — | -14.64 | -9.49 | -7.31 | -70.87 | 12.50 |
| 有色金属冶炼和压延加工业 | — | — | — | — | — | — | — |
| 金属制品业 | 67.87 | — | 26.79 | 9.53 | -28.62 | 416.23 | 160.53 |
| 通用设备制造业 | 53.86 | — | 47.80 | 1.41 | 10.21 | -8.69 | 471.56 |
| 专用设备制造业 | 95.09 | — | 130.24 | 12.51 | -10.56 | 12.15 | 987.64 |
| 汽车制造业 | 85.17 | — | 24.51 | 11.46 | -21.24 | -10.00 | 2113.28 |
| 铁路、船舶、航空航天和其他运输设备制造业 | — | — | — | — | — | — | — |
| 电气机械和器材制造业 | 33.32 | — | 58.49 | 14.33 | -2.46 | 22.10 | 95.19 |
| 计算机、通信和其他电子设备制造业 | — | — | — | — | — | — | — |
| 仪器仪表制造业 | — | — | — | — | — | — | — |
| 其他制造业 | — | — | — | — | — | — | — |
| 废弃资源综合利用业 | — | — | — | — | — | — | — |
| 金属制品、机械和设备修理业 | — | — | — | — | — | — | — |

资料来源：历年《衡水统计年鉴》。

从衡水制造业各行业发展趋势看，2012~2017年，衡水制造业各行业发展趋势差异明显。食品制造业，酒、饮料和精制茶制造业，皮革、毛皮、羽毛及其制品和制鞋业，木材加工和木、竹、藤、棕、草制品业，橡胶和塑料制品业，金属制品业，专用设备制造业，汽车制造业，电气机械和器材制造业等行业发展势头较好，呈现明显的发展趋势。纺织业，家具制造业，石油加工、炼焦和核燃料

加工业，非金属矿物制造业，通用设备制造业，计算机、通信和其他电子设备制造业，仪器仪表制造业，其他制造业下降趋势止住，开始出现增长趋势。农副食品加工业，纺织服装、服饰业，造纸和纸制品业，化学原料和化学制品制造业，黑色金属冶炼和压延加工业，铁路、船舶、航空航天和其他运输设备制造业等行业呈现明显的下降趋势。

综上分析，衡水制造业各行业发展优势各异。食品制造业，酒、饮料和精制茶制造业，皮革、毛皮、羽毛及其制品和制鞋业，木材加工和木、竹、藤、棕、草制品业，橡胶和塑料制品业，金属制品业，专用设备制造业，汽车制造业，电气机械和器材制造业等行业发展势头较好，与其他行业相比，有一定的发展优势。纺织业，家具制造业，石油加工、炼焦和核燃料加工业，非金属矿物制造业，通用设备制造业，计算机、通信和其他电子设备制造业，仪器仪表制造业等行业开始出现增长的态势，具有一定的发展潜力。

表 11 -12 是邢台制造业各行业增长率情况。可以看出，各行业制造业平均增长率存在差异，但仅有黑色金属冶炼和压延加工业和化学纤维制造业平均增长率为负，其他行业平均增长率为正。排名前 10 位的行业分别为其他制造业，金属制品业，文教、工美、体育和娱乐用品制造业，家具制造业，计算机、通信和其他电子设备制造业，电气机械和器材制造业，印刷和记录媒介复制业，造纸和纸制品业，通用设备制造业，农副食品加工业，平均增长率分别为 24.06%、21.64%、18.94%、17.18%、15.13%、13.76%、10.02%、8.45%、5.32%、5.01%。

**表 11 -12　邢台制造业各行业增长率情况**　　单位：%

| 行业 | 2012～2017 年平均增长率 | 2012 年 | 2013 年 | 2014 年 | 2015 年 | 2016 年 | 2017 年 |
|---|---|---|---|---|---|---|---|
| 农副食品加工业 | 5.01 | — | 19.43 | 14.59 | -7.57 | 6.94 | -5.61 |
| 食品制造业 | 0.53 | — | 19.33 | 11.38 | 22.78 | 28.34 | -50.97 |
| 酒、饮料和精制茶制造业 | 4.35 | — | 17.64 | 28.32 | -18.28 | 24.56 | -19.50 |
| 烟草制品业 | — | — | — | — | — | — | — |
| 纺织业 | -6.55 | — | 13.77 | 6.48 | -1.79 | 4.65 | -42.77 |
| 纺织服装、服饰业 | 2.00 | — | 21.30 | 26.12 | 5.92 | 7.71 | -36.75 |
| 皮革、毛皮、羽毛及其制品和制鞋业 | 2.64 | — | 12.82 | 35.76 | 15.16 | 8.35 | -40.40 |

续表

| 行业 | 2012～2017年平均增长率 | 2012年 | 2013年 | 2014年 | 2015年 | 2016年 | 2017年 |
|---|---|---|---|---|---|---|---|
| 木材加工和木、竹、藤、棕、草制品业 | — | — | — | — | — | — | — |
| 家具制造业 | 17.18 | — | 42.14 | 18.31 | -1.29 | 33.64 | -0.42 |
| 造纸和纸制品业 | 8.45 | — | 9.99 | -4.89 | -6.46 | 71.15 | -10.42 |
| 印刷和记录媒介复制业 | 10.02 | — | 132.55 | -2.56 | 40.04 | -14.94 | -40.27 |
| 文教、工美、体育和娱乐用品制造业 | 18.94 | — | 35.60 | 29.59 | 5.32 | 7.99 | 19.09 |
| 石油加工、炼焦和核燃料加工业 | -8.03 | — | -16.64 | 18.28 | -1.79 | -1.64 | -30.90 |
| 化学原料和化学制品制造业 | -0.28 | — | 4.93 | -15.44 | 1.62 | 7.77 | 1.46 |
| 医药制造业 | 2.65 | — | 16.95 | 19.58 | 19.52 | 2.17 | -33.26 |
| 化学纤维制造业 | -11.85 | — | 1.91 | -45.66 | 44.19 | -8.67 | -27.03 |
| 橡胶和塑料制品业 | -1.58 | — | 20.68 | 9.79 | 23.84 | -12.98 | -35.34 |
| 非金属矿物制造业 | -3.50 | — | 7.77 | 4.28 | -1.25 | 8.28 | -30.36 |
| 黑色金属冶炼和压延加工业 | -12.09 | — | -5.93 | -36.75 | -21.74 | 10.47 | 2.09 |
| 有色金属冶炼和压延加工业 | -10.41 | — | 19.93 | 4.45 | 1.40 | 13.08 | -59.82 |
| 金属制品业 | 21.64 | — | 28.66 | 85.33 | 9.37 | 7.49 | -5.00 |
| 通用设备制造业 | 5.32 | — | 20.26 | 16.67 | 10.86 | 11.06 | -24.99 |
| 专用设备制造业 | -0.05 | — | 17.37 | -17.01 | -5.01 | 17.86 | -8.55 |
| 汽车制造业 | — | — | — | — | — | — | — |
| 铁路、船舶、航空航天和其他运输设备制造业 | 4.14 | — | 25.63 | -4.09 | -1.74 | 10.37 | -6.27 |
| 电气机械和器材制造业 | 13.76 | — | 25.03 | 20.40 | 11.29 | 20.61 | -5.69 |
| 计算机、通信和其他电子设备制造业 | 15.13 | — | 81.63 | 24.56 | 41.14 | 26.00 | -49.72 |
| 仪器仪表制造业 | — | — | — | — | — | — | — |
| 其他制造业 | 24.06 | — | 42.53 | 68.60 | 14.62 | 39.22 | -23.38 |
| 废弃资源综合利用业 | — | — | — | — | — | — | — |
| 金属制品、机械和设备修理业 | — | — | — | — | — | — | — |

资料来源：历年《邢台统计年鉴》。

从邢台各制造业发现趋势来看，呈现明显的差异。农副食品加工业，食品制造业，酒、饮料和精制茶制造业，纺织服装、服饰业，皮革、毛皮、羽毛及其制品和制鞋业，家具制造业，文教、工美、体育和娱乐用品制造业，医药制造业，橡胶和塑料制品业，非金属矿物制造业，金属制品业，通用设备制造业，电气机械和器材制造业发展态势较好，增长趋势明显；纺织业，木材加工和木、竹、藤、棕、草制品业，石油加工、炼焦和核燃料加工业，有色金属冶炼和压延加工业，计算机、通信和其他电子设备制造业，其他制造业等行业开始出现明显的增长态势，具有一定的发展潜力；造纸和纸制品业，印刷和记录媒介复制业，化学原料和化学制品制造业，化学纤维制造业，黑色金属冶炼和压延加工业，专用设备制造业，铁路、船舶、航空航天和其他运输设备制造业等行业出现明显的下降趋势。

综上分析，邢台农副食品加工业，食品制造业，酒、饮料和精制茶制造业，纺织服装、服饰业，皮革、毛皮、羽毛及其制品和制鞋业，家具制造业，文教、工美、体育和娱乐用品制造业，医药制造业，橡胶和塑料制品业，非金属矿物制造业，金属制品业，通用设备制造业，电气机械和器材制造业发展态势较好，具有一定的发展优势，纺织业，木材加工和木、竹、藤、棕、草制品业，石油加工、炼焦和核燃料加工业，有色金属冶炼和压延加工业，计算机、通信和其他电子设备制造业，其他制造业等行业开始出现明显的增长态势，具有一定的发展潜力。

表 11－13 是邯郸制造业各行业增长率情况。可以看到，2012～2017 年间，平均增长率排名前 10 位的行业分别为文教、工美、体育和娱乐用品制造业，金属制品业，废弃资源综合利用业，印刷和记录媒介复制业，电气机械和器材制造业，化学原料和化学制品制造业，专用设备制造业，酒、饮料和精制茶制造业，医药制造业，通用设备制造业，平均增长率分别为 115.68%、31.13%、19.96%、19.16%、18.74%、15.47%、13.94%、10.63%、10.27%、10.18%。平均增长率排名倒数前 10 位的行业分别为造纸和纸制品业，木材加工和木、竹、藤、棕、草制品业，橡胶和塑料制品业，仪器仪表制造业，纺织服装、服饰业，石油加工、炼焦和核燃料加工业，纺织业，家具制造业，黑色金属冶炼和压延加工业，皮革、毛皮、羽毛及其制品和制鞋业，平均增长率分别为 0.02%、－0.92%、－1.32%、－1.76%、－3.19%、－3.22%、－5.43%、－6.15%、－6.93%、－20.59%。

从发展趋势看，邯郸制造业各行业发展趋势各异。从表 11－13 中可以看到，农副食品加工业，酒、饮料和精制茶制造业，金属制品业，专用设备制造业，电气机械和器材制造业等行业发展态势较好，增长趋势明显。食品制造业，家具制造业，印刷和记录媒介复制业，医药制造业，化学纤维制造业，非金属矿物制造业，黑色金属冶炼和压延加工业，通用设备制造业，汽车制造业等行业在经历过下降之后，开始呈现明显的增长趋势。纺织业，纺织服装、服饰业，皮革、毛皮、羽毛及其制品和制鞋业，木材加工和木、竹、藤、棕、草制品业，造纸和纸制品业，石油加工、炼焦和核燃料加工业，有色金属冶炼和压延加工业，通用设备制造业，铁路、船舶、航空航天和其他运输设备制造业，计算机、通信和其他电子设备制造业，仪器仪表制造业，其他制造业，废弃资源综合利用业，金属制品、机械和设备修理业等行业下降趋势明显。

**表 11－13 邯郸制造业各行业增长率情况** 单位：%

| 行业 | 2012～2017 年平均增长率 | 2012 年 | 2013 年 | 2014 年 | 2015 年 | 2016 年 | 2017 年 |
|---|---|---|---|---|---|---|---|
| 农副食品加工业 | 1.87 | — | 2.17 | 6.97 | －4.64 | 6.19 | －0.87 |
| 食品制造业 | 8.77 | — | －0.99 | 23.27 | 8.69 | 16.28 | －1.29 |
| 酒、饮料和精制茶制造业 | 10.63 | — | 37.32 | 3.97 | －10.47 | 18.50 | 9.42 |
| 烟草制品业 | — | — | — | — | — | — | — |
| 纺织业 | －5.43 | — | 7.34 | －8.16 | －0.83 | 14.12 | －32.21 |
| 纺织服装、服饰业 | －3.19 | — | －16.28 | －0.63 | 23.82 | 40.81 | －41.36 |
| 皮革、毛皮、羽毛及其制品和制鞋业 | －20.59 | — | －62.87 | －49.94 | 30.71 | －47.08 | 145.65 |
| 木材加工和木、竹、藤、棕、草制品业 | －0.92 | — | 143.37 | －10.89 | －19.37 | －13.21 | －37.10 |
| 家具制造业 | －6.15 | — | －26.29 | 21.05 | 15.09 | 13.83 | －37.72 |
| 造纸和纸制品业 | 0.02 | — | －28.26 | －8.91 | －13.98 | 5.89 | 68.13 |
| 印刷和记录媒介复制业 | 19.16 | — | 63.64 | 12.98 | 80.47 | 0.02 | －28.00 |
| 文教、工美、体育和娱乐用品制造业 | 115.68 | — | 922.87 | 167.96 | 29.41 | 32.12 | －0.41 |
| 石油加工、炼焦和核燃料加工业 | －3.22 | — | －1.97 | －28.40 | －11.93 | －7.26 | 48.09 |
| 化学原料和化学制品制造业 | 15.47 | — | 38.06 | 22.63 | 21.18 | 26.47 | －20.88 |
| 医药制造业 | 10.27 | — | －17.58 | 18.34 | 23.16 | 21.49 | 11.71 |
| 化学纤维制造业 | 7.51 | — | －24.34 | 29.68 | 19.85 | 17.11 | 4.30 |
| 橡胶和塑料制品业 | －1.32 | — | 20.28 | 13.69 | －13.40 | －3.05 | －18.50 |
| 非金属矿物制造业 | 1.07 | — | －28.78 | 13.04 | 1.36 | 14.11 | 13.27 |

续表

| 行业 | 2012～2017年平均增长率 | 2012年 | 2013年 | 2014年 | 2015年 | 2016年 | 2017年 |
|---|---|---|---|---|---|---|---|
| 黑色金属冶炼和压延加工业 | -6.93 | — | -12.39 | 2.51 | -16.92 | 0.30 | -6.68 |
| 有色金属冶炼和压延加工业 | — | — | — | — | — | — | — |
| 金属制品业 | 31.13 | — | 26.74 | 0.48 | 3.07 | 32.32 | 123.20 |
| 通用设备制造业 | 10.18 | — | 17.52 | -0.79 | 12.07 | 27.11 | -2.22 |
| 专用设备制造业 | 13.94 | — | 15.95 | 12.85 | 14.25 | 10.77 | 15.94 |
| 汽车制造业 | 9.39 | — | 57.32 | 54.41 | -6.60 | -15.57 | -18.24 |
| 铁路、船舶、航空航天和其他运输设备制造业 | 1.03 | — | 14.91 | -50.01 | 104.89 | 25.04 | -28.47 |
| 电气机械和器材制造业 | 18.74 | — | 29.04 | 20.40 | 18.48 | 43.73 | -10.79 |
| 计算机、通信和其他电子设备制造业 | 3.64 | — | 2.47 | -35.03 | 81.81 | 27.38 | -22.44 |
| 仪器仪表制造业 | -1.76 | — | -25.59 | -18.35 | -13.31 | -8.36 | 89.61 |
| 其他制造业 | 3.75 | — | 120.21 | -79.32 | 772.24 | 148.42 | -87.82 |
| 废弃资源综合利用业 | 19.96 | — | 74.49 | -36.53 | -42.08 | 96.64 | 96.99 |
| 金属制品、机械和设备修理业 | — | — | — | — | — | — | — |

资料来源：历年《邯郸统计年鉴》。

综上分析，邯郸制造业各行业中，农副食品加工业，酒、饮料和精制茶制造业，金属制品业，专用设备制造业，电气机械和器材制造业等行业发展态势较好，具有一定的发展优势。

## 二、服务业发展现状

针对我国对服务业的分类，把服务业分为14大类：交通运输、仓储和邮政业，批发和零售业，住宿和餐饮业，金融业，房地产业，信息传输、计算机服务及软件业，租赁和商务服务业，居民服务和其他服务业，文化、体育和娱乐业，科学研究、技术服务和地质勘查业，水利、环境和公共设施管理业，教育，卫生、社会保障和社会福利业，公共管理和社会组织。北京、天津与河北各地级市服务业各行业发展现状如下。

表11－14是北京服务业各行业增长率情况。2012～2017年，北京服务业各行业平均增长率趋势明显，都呈现增长的态势。从各行业的发展趋势来看，住宿

和餐饮业，房地产业，公共管理、社会保障和社会组织等行业出现下降的趋势；批发和零售业，信息传输、软件和信息技术服务业，金融业，租赁和商务服务业，科学研究和技术服务业，水利、环境和公共设施管理业，居民服务、修理和其他服务业，教育，卫生和社会工作，文化、体育和娱乐业等行业增长趋势出现放缓迹象；交通运输、仓储和邮政业出现明显增长趋势。可见，北京服务业各行业中，大部分呈现增长趋势，少部分行业出现下降趋势。

**表 11－14　北京服务业行业增长率情况**　　单位：%

| 行业 | 2013～2018 年平均增长率 | 2013 年 | 2014 年 | 2015 年 | 2016 年 | 2017 年 | 2018 年 |
|---|---|---|---|---|---|---|---|
| 批发和零售业 | 6.54 | — | 7.92 | 7.57 | 6.12 | 9.01 | 2.24 |
| 交通运输、仓储和邮政业 | 2.69 | — | －1.25 | 6.77 | 1.16 | －0.52 | 7.60 |
| 住宿和餐饮业 | 6.83 | — | －0.47 | 4.14 | 7.70 | 17.78 | 5.82 |
| 信息传输、软件和信息技术服务业 | 11.29 | — | 1.65 | 9.32 | 11.75 | 14.28 | 20.30 |
| 金融业 | 14.27 | — | 23.39 | 15.08 | 12.72 | 11.87 | 8.82 |
| 房地产业 | 11.74 | — | 18.61 | 3.29 | 12.23 | 30.36 | －2.81 |
| 租赁和商务服务业 | 9.99 | — | 10.18 | 13.80 | 5.76 | 10.05 | 10.28 |
| 科学研究和技术服务业 | 13.72 | — | 16.87 | 12.11 | 19.03 | 17.22 | 4.06 |
| 水利、环境和公共设施管理业 | 9.76 | — | 14.23 | 12.21 | 14.65 | 10.11 | －1.54 |
| 居民服务、修理和其他服务业 | 2.85 | — | 4.85 | 7.43 | －9.82 | 10.73 | 2.31 |
| 教育 | 13.76 | — | 18.07 | 18.88 | 10.74 | 10.16 | 11.25 |
| 卫生和社会工作 | 13.13 | — | 16.70 | 12.88 | 13.60 | 12.28 | 10.29 |
| 文化、体育和娱乐业 | 14.88 | — | 21.46 | 16.95 | 13.59 | 18.57 | 4.59 |
| 公共管理、社会保障和社会组织 | 15.82 | — | 22.42 | 18.06 | 13.49 | 14.66 | 10.80 |

资料来源：历年《北京统计年鉴》。

表 11－15 是天津服务业各行业增长率情况。2013～2018 年，天津服务业各行业平均增长率都为正，表明 2013～2018 年，服务业各行业整体呈现上升趋势，但各行业平均增长率差异明显。从发展趋势来看，大部分都呈现明显的增长趋势，交通运输、仓储和邮政业，住宿和餐饮业，公共管理、社会保障和社会组织等行业呈现先下降再上升的趋势；批发和零售业，金融业，房地产业，租赁和商务服务业，科学研究和技术服务业，居民服务、修理和其他服务业，文化、体育

和娱乐业等行业出现增长率放缓的迹象，信息传输、软件和信息技术服务业，水利、环境和公共设施管理业，教育，卫生和社会工作等行业发展态势较好，增长趋势出现加快的迹象。综上分析，天津服务业各行业发展水平存在差异，但基本上呈现增长态势。

**表 11－15　天津服务业行业增长率情况**　　单位：%

| 行业 | 2013～2018 年平均增长率 | 2013 年 | 2014 年 | 2015 年 | 2016 年 | 2017 年 | 2018 年 |
|---|---|---|---|---|---|---|---|
| 批发和零售业 | 6.54 | — | 7.92 | 7.57 | 6.12 | 9.01 | 2.24 |
| 交通运输、仓储和邮政业 | 2.69 | — | －1.25 | 6.77 | 1.16 | －0.52 | 7.60 |
| 住宿和餐饮业 | 6.83 | — | －0.47 | 4.14 | 7.70 | 17.78 | 5.82 |
| 信息传输、软件和信息技术服务业 | 11.29 | — | 1.65 | 9.32 | 11.75 | 14.28 | 20.30 |
| 金融业 | 14.27 | — | 23.39 | 15.08 | 12.72 | 11.87 | 8.82 |
| 房地产业 | 11.74 | — | 18.61 | 3.29 | 12.23 | 30.36 | －2.81 |
| 租赁和商务服务业 | 26.70 | — | 38.56 | 31.03 | 20.59 | 55.57 | 21.42 |
| 科学研究和技术服务业 | 2.84 | — | 8.55 | 9.79 | 5.32 | －14.63 | 7.34 |
| 水利、环境和公共设施管理业 | 25.36 | — | 48.20 | 22.68 | 15.44 | 13.93 | 62.33 |
| 居民服务、修理和其他服务业 | 14.10 | — | 17.16 | 17.21 | 14.17 | 28.68 | 9.35 |
| 教育 | 2.78 | — | 2.07 | 6.96 | 4.39 | 0.94 | －0.29 |
| 卫生和社会工作 | 3.90 | — | 6.26 | 4.63 | 4.23 | 1.76 | 2.67 |
| 文化、体育和娱乐业 | －3.45 | — | －2.48 | －2.30 | －18.50 | 1.75 | 6.19 |
| 公共管理、社会保障和社会组织 | 11.93 | — | 22.01 | 23.46 | 16.86 | －1.06 | 12.88 |

资料来源：历年《天津统计年鉴》。

表 11－16 是石家庄服务业行业增长率情况。2012～2017 年，石家庄服务业各行业平均增长率都为正，可见，各行业整体上呈现基本的增长态势。从各行业发展趋势看，2012～2017 年，仅有水利、环境和公共设施管理业出现一定的波动增长，其他行业发展势头都较好，呈现明显的增长趋势，但有些行业增长趋势放缓，批发和零售业，交通运输、仓储和邮政业，信息传输、软件和信息技术服务业，金融业，房地产业，科学研究和技术服务业，居民服务、修理和其他服务业，教育，卫生和社会工作，文化、体育和娱乐业，公共管理、社会保障和社会组织等行业增长趋势放缓；住宿和餐饮业，租赁和商务服务业等行业增长趋势加快。

**表 11 - 16 石家庄服务业行业增长率情况** 单位：%

| 行业 | 2012 ~ 2017 年平均增长率 | 2012 年 | 2013 年 | 2014 年 | 2015 年 | 2016 年 | 2017 年 |
|---|---|---|---|---|---|---|---|
| 批发和零售业 | 155.97 | — | 12.64 | 7.75 | 4285.41 | 64.27 | 25.69 |
| 交通运输、仓储和邮政业 | 3.15 | — | 6.87 | 2.76 | 1.95 | 5.49 | -1.15 |
| 住宿和餐饮业 | 182.99 | — | 6.41 | 8.36 | 13124.8 | -3.14 | 22.86 |
| 信息传输、软件和信息技术服务业 | 6.39 | — | 11.10 | 2.19 | 4.72 | 13.84 | 7.16 |
| 金融业 | 8.90 | — | 12.47 | 6.18 | 7.40 | 13.04 | 5.64 |
| 房地产业 | 7.65 | — | 22.52 | 12.73 | -3.81 | 5.07 | 3.56 |
| 租赁和商务服务业 | 9.21 | — | 17.12 | 8.77 | 5.53 | 8.79 | 16.01 |
| 科学研究和技术服务业 | 13.15 | — | 18.31 | 14.39 | 14.36 | 6.90 | 12.11 |
| 水利、环境和公共设施管理业 | 1.97 | — | 2.24 | 15.51 | 6.61 | -18.73 | 9.85 |
| 居民服务、修理和其他服务业 | 5.26 | — | 2.90 | 10.21 | 4.93 | 9.78 | 4.11 |
| 教育 | 6.28 | — | 3.75 | 9.64 | 6.44 | 12.86 | 5.45 |
| 卫生和社会工作 | 9.47 | — | 33.22 | 5.97 | 1.29 | 3.55 | 6.17 |
| 文化、体育和娱乐业 | 9.97 | — | 3.72 | 17.38 | 6.14 | 32.78 | 3.09 |
| 公共管理、社会保障和社会组织 | 9.02 | — | 10.00 | 16.85 | 8.90 | 13.69 | 5.49 |

资料来源：历年《石家庄统计年鉴》。

表 11 - 17 是张家口服务业各行业增长率情况。2012 ~ 2017 年，各行业平均增长率基本上为正，仅有交通运输、仓储和邮政业为负。从发展趋势看，2012 ~ 2017 年，各行业发展趋势差异明显。金融业，房地产业，租赁和商务服务业，居民服务、修理和其他服务业，卫生和社会工作，文化、体育和娱乐业，公共管理、社会保障和社会组织等行业呈现较好的增长趋势，发展势头较好；住宿和餐饮业，信息传输、软件和信息技术服务业，教育等行业开始出现增长迹象；交通运输、仓储和邮政业，科学研究和技术服务业，水利、环境和公共设施管理业开始出现下降的趋势。

表 11 - 18 是秦皇岛服务业各行业增长率情况。2012 ~ 2017 年，秦皇岛服务业各行业平均增长率都为正，说明各行业整体增长趋势较好。从发展趋势看，如表 11 - 18 所示，批发和零售业，住宿和餐饮业，信息传输、软件和信息技术服务业，金融业，租赁和商务服务业，文化、体育和娱乐业等行业增长趋势明显；交通运输、仓储和邮政业，房地产业，水利、环境和公共设施管理业，教育，公

共管理、社会保障和社会组织等行业下降趋势停止，开始出现明显的增长趋势。可见，秦皇岛服务业各行业基本都呈现增长态势。

表 11-17 张家口服务业行业增长率情况 单位：%

| 行业 | 2012～2017年平均增长率 | 2012年 | 2013年 | 2014年 | 2015年 | 2016年 | 2017年 |
|---|---|---|---|---|---|---|---|
| 批发和零售业 | -6.11 | — | 11.36 | -7.24 | -27.83 | 6.10 | -7.74 |
| 交通运输、仓储和邮政业 | 10.45 | — | -1.24 | 96.72 | -13.93 | 15.85 | -15.15 |
| 住宿和餐饮业 | 10.74 | — | 5.42 | 41.68 | 3.71 | 3.92 | 3.48 |
| 信息传输、软件和信息技术服务业 | 1.21 | — | 6.69 | -1.88 | -7.06 | 3.10 | 5.86 |
| 金融业 | 15.64 | — | 14.32 | 10.46 | 10.98 | 22.89 | 20.08 |
| 房地产业 | 21.70 | — | -30.85 | 176.95 | -8.50 | 16.49 | 30.76 |
| 租赁和商务服务业 | 12.43 | — | -11.43 | 56.09 | -12.95 | 15.36 | 29.38 |
| 科学研究和技术服务业 | 26.92 | — | -6.05 | 98.09 | 7.57 | 18.16 | 39.23 |
| 水利、环境和公共设施管理业 | 15.10 | — | -11.98 | 36.39 | 24.74 | 21.72 | 10.84 |
| 居民服务、修理和其他服务业 | 14.14 | — | -13.59 | 129.07 | -9.71 | 9.55 | -1.06 |
| 教育 | -17.25 | — | -14.99 | 30.56 | -8.62 | -31.76 | -43.92 |
| 卫生和社会工作 | 3.08 | — | -8.96 | 61.11 | -10.51 | -32.44 | 31.26 |
| 文化、体育和娱乐业 | 42.56 | — | -18.32 | 188.48 | 124.65 | -13.25 | 28.22 |
| 公共管理、社会保障和社会组织 | 6.70 | — | 4.49 | 16.35 | 14.48 | 4.98 | 1.00 |

资料来源：历年《张家口统计年鉴》。

表 11-18 秦皇岛服务业行业增长率情况 单位：%

| 行业 | 2012～2017年平均增长率 | 2012年 | 2013年 | 2014年 | 2015年 | 2016年 | 2017年 |
|---|---|---|---|---|---|---|---|
| 批发和零售业 | 10.14 | — | 8.44 | 11.35 | 9.74 | 10.41 | 10.77 |
| 交通运输、仓储和邮政业 | -2.20 | — | -4.02 | 5.53 | -11.54 | -14.63 | 16.97 |
| 住宿和餐饮业 | 1.62 | — | 2.83 | 4.41 | -14.72 | 6.86 | 10.78 |
| 信息传输、软件和信息技术服务业 | 0.97 | — | 1.43 | 8.38 | -9.33 | 6.75 | -1.38 |
| 金融业 | 10.64 | — | 7.04 | 22.32 | 6.72 | 7.83 | 10.01 |
| 房地产业 | -7.00 | — | -1.28 | 13.45 | -4.30 | -2.15 | -33.67 |
| 租赁和商务服务业 | 23.32 | — | 8.90 | 13.58 | 32.39 | 12.50 | 54.83 |

续表

| 行业 | 2012~2017年平均增长率 | 2012年 | 2013年 | 2014年 | 2015年 | 2016年 | 2017年 |
|---|---|---|---|---|---|---|---|
| 科学研究和技术服务业 | 4.32 | — | 0.53 | 10.98 | 1.20 | -22.91 | 41.94 |
| 水利、环境和公共设施管理业 | 11.59 | — | -5.33 | 9.56 | 19.83 | -2.40 | 42.67 |
| 居民服务、修理和其他服务业 | -6.17 | — | 4.86 | 9.53 | -64.72 | 53.11 | 17.27 |
| 教育 | 46.22 | — | -1.60 | 8.12 | 2.60 | 384.22 | 26.47 |
| 卫生和社会工作 | 9.03 | — | 3.29 | 7.76 | -20.26 | -8.61 | 89.97 |
| 文化、体育和娱乐业 | 23.01 | — | 12.14 | 13.13 | 27.88 | 51.60 | 14.54 |
| 公共管理、社会保障和社会组织 | 3.71 | — | 1.63 | 9.03 | 6.91 | -0.13 | 5.20 |

资料来源：历年《秦皇岛统计年鉴》。

表11-19是唐山服务业各行业增长率情况。2012~2017年，各行业平均增长率情况较好，并没有出现负增长的情况，表明唐山市服务业各行业整体发展态势良好。从各行业发展趋势看，2012~2017年，批发和零售业，信息传输、软件和信息技术服务业，金融业，房地产业，租赁和商务服务业，科学研究和技术服务业，居民服务、修理和其他服务业，教育，卫生和社会工作，文化、体育和娱乐业，公共管理、社会保障和社会组织等行业整体发展态势良好，增长趋势明显。住宿和餐饮业和水利、环境和公共设施管理业下降趋势明显。

**表11-19　唐山服务业行业增长率情况**　　单位：%

| 行业 | 2012~2017年平均增长率 | 2012年 | 2013年 | 2014年 | 2015年 | 2016年 | 2017年 |
|---|---|---|---|---|---|---|---|
| 批发和零售业 | -1.98 | — | 14.36 | 1.94 | -21.83 | 9.51 | -9.32 |
| 交通运输、仓储和邮政业 | 2.88 | — | -2.57 | 0.55 | -11.57 | 4.21 | 27.65 |
| 住宿和餐饮业 | -2.89 | — | 15.42 | -8.41 | -12.40 | -12.44 | 6.52 |
| 信息传输、软件和信息技术服务业 | 1.89 | — | 3.99 | 5.03 | -5.98 | 4.67 | 2.17 |
| 金融业 | 14.29 | — | 18.25 | 27.53 | 10.20 | 11.04 | 5.66 |
| 房地产业 | 17.45 | — | 11.15 | 1.20 | 17.32 | 39.85 | 21.11 |
| 租赁和商务服务业 | 26.25 | — | 3.08 | 13.30 | 272.92 | -62.41 | 95.96 |
| 科学研究和技术服务业 | 19.54 | — | 9.68 | 50.18 | 2.90 | 24.13 | 16.04 |
| 水利、环境和公共设施管理业 | -3.14 | — | 7.38 | -9.96 | 30.39 | -36.92 | 7.19 |
| 居民服务、修理和其他服务业 | 16.33 | — | 14.75 | 13.14 | -1.59 | 23.87 | 34.64 |

续表

| 行业 | 2012～2017年平均增长率 | 2012年 | 2013年 | 2014年 | 2015年 | 2016年 | 2017年 |
|---|---|---|---|---|---|---|---|
| 教育 | 24.09 | — | 2.75 | 4.99 | 0.00 | 72.73 | 57.89 |
| 卫生和社会工作 | 36.83 | — | 7.15 | 39.62 | 2.94 | 111.43 | 47.30 |
| 文化、体育和娱乐业 | 3.43 | — | 11.27 | 6.78 | -5.22 | 10.63 | -4.98 |
| 公共管理、社会保障和社会组织 | 6.83 | — | 11.79 | 23.32 | 2.76 | 3.53 | 1.35 |

资料来源：历年《唐山统计年鉴》。

表11-20是廊坊服务业各行业增长率情况。2012～2017年，各行业平均增长率都为正值，表明各行业整体增长态势较好。从发展趋势看，如表11-20所示，各行业发展趋势差异明显。租赁和商务服务业，科学研究和技术服务业，居民服务、修理和其他服务业，公共管理、社会保障和社会组织有明显的下降趋势，其他各行业呈现明显的增长趋势。

**表11-20　廊坊服务业行业增长率情况**　　单位：%

| 行业 | 2012～2017年平均增长率 | 2012年 | 2013年 | 2014年 | 2015年 | 2016年 | 2017年 |
|---|---|---|---|---|---|---|---|
| 批发和零售业 | 23.64 | — | 46.84 | 39.08 | -1.47 | 16.75 | 23.00 |
| 交通运输、仓储和邮政业 | 25.68 | — | -0.39 | 4.25 | 12.85 | 0.00 | 236.39 |
| 住宿和餐饮业 | 9.36 | — | 9.81 | 31.70 | 0.83 | 11.10 | -3.44 |
| 信息传输、软件和信息技术服务业 | 10.96 | — | 11.76 | 15.30 | 13.66 | 10.32 | 15.52 |
| 金融业 | 23.05 | — | 13.99 | 55.84 | 64.75 | -3.67 | 0.06 |
| 房地产业 | 21.50 | — | 8.55 | 68.03 | 28.46 | 4.89 | 7.72 |
| 租赁和商务服务业 | 21.15 | — | 75.86 | 70.37 | 11.31 | 30.57 | -27.40 |
| 科学研究和技术服务业 | 5.82 | — | 4.25 | 17.83 | 19.60 | 29.43 | -26.16 |
| 水利、环境和公共设施管理业 | 25.34 | — | -14.88 | 10.26 | 13.98 | 6.96 | 238.91 |
| 居民服务、修理和其他服务业 | 14.64 | — | 25.91 | 32.38 | 15.79 | 37.92 | -14.73 |
| 教育 | 10.07 | — | 23.61 | 2.20 | 4.16 | 4.90 | 28.80 |
| 卫生和社会工作 | 19.38 | — | 5.55 | 8.53 | 24.87 | 0.08 | 102.17 |
| 文化、体育和娱乐业 | 15.69 | — | 1.03 | 14.99 | 9.89 | 7.87 | 74.11 |
| 公共管理、社会保障和社会组织 | 7.60 | — | 39.38 | 13.78 | 10.98 | 4.65 | -15.72 |

资料来源：历年《廊坊统计年鉴》。

表 11 - 21 是保定服务业各行业增长率情况。2012 ~ 2017 年，各行业平均增长率中，仅有文化、体育和娱乐业平均增长率为负值，其他各行业都为正值。从发展趋势来看，仅有租赁和商务服务业出现下降趋势，其他各行业都出现明显的增长趋势。批发和零售业，金融业，房地产业，科学研究和技术服务业，卫生和社会工作等行业发展态势良好，增长趋势明显；其他各行业也止住下降势头，开始出现增长趋势。

**表 11 - 21　保定服务业行业增长率情况**　　单位：%

| 行业 | 2012 ~ 2017 年平均增长率 | 2012 年 | 2013 年 | 2014 年 | 2015 年 | 2016 年 | 2017 年 |
|---|---|---|---|---|---|---|---|
| 批发和零售业 | 5. 92 | — | 9. 95 | 3. 01 | 7. 76 | 20. 40 | - 9. 29 |
| 交通运输、仓储和邮政业 | 1. 68 | — | 12. 21 | 0. 51 | 4. 35 | - 9. 38 | 3. 64 |
| 住宿和餐饮业 | 2. 95 | — | - 8. 60 | 8. 57 | - 2. 52 | 3. 46 | 15. 56 |
| 信息传输、软件和信息技术服务业 | 2. 16 | — | 0. 71 | - 4. 51 | - 0. 41 | 5. 86 | 12. 10 |
| 金融业 | - 81. 23 | — | 24. 04 | 13. 02 | - 99. 99 | 14. 61 | 9. 63 |
| 房地产业 | 12. 53 | — | 22. 92 | 12. 33 | 12. 39 | 39. 25 | - 16. 50 |
| 租赁和商务服务业 | 9. 33 | — | 13. 60 | 19. 65 | 22. 29 | 3. 27 | - 0. 50 |
| 科学研究和技术服务业 | 9. 70 | — | 4. 81 | 2. 19 | 31. 89 | 13. 37 | 8. 84 |
| 水利、环境和公共设施管理业 | 7. 95 | — | 25. 00 | 8. 97 | 21. 96 | - 12. 75 | 9. 17 |
| 居民服务、修理和其他服务业 | 10. 06 | — | 17. 33 | 18. 49 | - 3. 47 | 13. 97 | 16. 18 |
| 教育 | 4. 87 | — | 5. 55 | 11. 65 | 8. 55 | - 1. 27 | 5. 29 |
| 卫生和社会工作 | 14. 55 | — | 9. 88 | 9. 88 | 9. 88 | 59. 52 | 6. 74 |
| 文化、体育和娱乐业 | - 3. 16 | — | 6. 37 | 3. 98 | 9. 02 | - 38. 44 | 11. 12 |
| 公共管理、社会保障和社会组织 | 2. 72 | — | 7. 13 | 15. 28 | 9. 44 | - 16. 54 | 4. 15 |

资料来源：历年《保定统计年鉴》。

表 11 - 22 是沧州服务业各行业增长率情况。从平均增长率看，2009 ~ 2014 年，仅有信息传输、软件和信息技术服务业平均增长率为负，其他各行业增长率都为正值，表明其他各行业整体发展态势较好。从发展趋势来看，沧州市服务业各行业发展趋势各异。批发和零售业，交通运输、仓储和邮政业，金融业，卫生和社会工作等行业发展态势良好，增长趋势明显；住宿和餐饮业，居民服务、修理和其他服务业，教育，文化、体育和娱乐业等行业出现明显的下降趋势；其他各行业下降趋势止住，开始出现明显的增长趋势。

表 11－22　沧州服务业行业增长率情况　　单位：%

| 行业 | 2012～2017年平均增长率 | 2012年 | 2013年 | 2014年 | 2015年 | 2016年 | 2017年 |
|---|---|---|---|---|---|---|---|
| 批发和零售业 | 2.50 | — | 21.26 | 0.55 | －7.21 | 4.02 | －3.87 |
| 交通运输、仓储和邮政业 | 21.91 | — | 54.71 | 29.35 | －8.23 | 34.25 | 9.21 |
| 住宿和餐饮业 | －0.39 | — | 7.63 | －3.38 | －5.69 | －2.15 | 2.20 |
| 信息传输、软件和信息技术服务业 | — | — | — | — | — | — | — |
| 金融业 | 12.92 | — | 6.59 | 27.61 | 34.95 | －7.37 | 7.96 |
| 房地产业 | 15.41 | — | 56.84 | 7.15 | 17.92 | 15.75 | －10.76 |
| 租赁和商务服务业 | －5.21 | — | 15.47 | 8.64 | 11.92 | －53.88 | 18.18 |
| 科学研究和技术服务业 | 55.24 | — | －0.94 | 9.77 | －6.64 | 703.49 | 10.55 |
| 水利、环境和公共设施管理业 | 11.92 | — | 27.11 | 0.53 | 68.97 | －23.08 | 5.71 |
| 居民服务、修理和其他服务业 | 1.34 | — | －1.46 | －32.55 | 28.84 | 4.62 | 19.30 |
| 教育 | 30.41 | — | 270.21 | －4.89 | 19.25 | －17.89 | 9.40 |
| 卫生和社会工作 | 41.01 | — | 69.82 | 20.78 | 7.49 | 120.08 | 14.90 |
| 文化、体育和娱乐业 | －10.48 | — | 1.35 | －3.43 | 8.52 | －64.05 | 50.57 |
| 公共管理、社会保障和社会组织 | 7.34 | — | 41.65 | －4.22 | 24.61 | 23.00 | 6.93 |

资料来源：历年《沧州统计年鉴》。

表 11－23 是衡水服务业各行业增长情况。2012～2017 年，除了水利、环境和公共设施管理业外，各行业平均增长率都为正，从各年度来看，除了 2014 年有 7 个行业增长率为负外，其他各年份均为正增长。发展趋势上，不同行业增长趋势存在差异。租赁和商务服务业，科学研究和技术服务业，批发和零售业，文化、体育和娱乐业，金融业等行业发展较快，呈现较好的增长态势。水利、环境和公共设施管理业，交通运输、仓储和邮政业，住宿和餐饮业，文化、体育和娱乐业等行业 2013 年前发展良好，但 2014 年出现较大的增长率下降态势。

表 11－23　衡水服务业行业增长率情况　　单位：%

| 行业 | 2012～2017年平均增长率 | 2012年 | 2013年 | 2014年 | 2015年 | 2016年 | 2017年 |
|---|---|---|---|---|---|---|---|
| 批发和零售业 | 9.83 | — | 9.89 | 55.77 | －4.52 | 7.46 | －8.99 |
| 交通运输、仓储和邮政业 | －5.44 | — | 0.28 | －27.30 | －29.19 | 46.90 | －0.29 |
| 住宿和餐饮业 | －2.06 | — | 13.25 | －18.14 | －19.22 | 6.08 | 13.43 |

续表

| 行业 | 2012~2017年平均增长率 | 2012年 | 2013年 | 2014年 | 2015年 | 2016年 | 2017年 |
|---|---|---|---|---|---|---|---|
| 信息传输、软件和信息技术服务业 | 6.31 | — | 25.32 | 4.32 | 6.30 | 3.89 | -0.03 |
| 金融业 | 16.53 | — | 28.71 | 25.56 | 15.62 | 5.37 | 9.13 |
| 房地产业 | 15.01 | — | 15.25 | 4.15 | 56.56 | 1.85 | 5.13 |
| 租赁和商务服务业 | 35.90 | — | 84.24 | 52.58 | 15.89 | 45.11 | -1.94 |
| 科学研究和技术服务业 | 32.11 | — | 11.91 | 118.1 | 27.71 | 34.18 | -3.82 |
| 水利、环境和公共设施管理业 | -30.35 | — | 1.98 | -92.05 | 32.62 | 14.23 | 33.46 |
| 居民服务、修理和其他服务业 | 3.41 | — | 21.73 | 7.43 | 19.47 | -0.55 | -23.90 |
| 教育 | 4.65 | — | 4.92 | -2.80 | 18.60 | 23.32 | -15.83 |
| 卫生和社会工作 | 12.64 | — | 8.55 | 5.29 | 27.66 | 18.20 | 5.13 |
| 文化、体育和娱乐业 | 19.83 | — | 83.87 | -23.43 | 11.73 | 45.41 | 8.00 |
| 公共管理、社会保障和社会组织 | 1.44 | — | 12.76 | 21.08 | 12.55 | 7.51 | -34.03 |

资料来源：历年《衡水统计年鉴》。

表11-24是邢台服务业各行业增长率情况。从平均增长率情况看，2012~2017年，各行业平均增长率都正值，表明各行业整体发展态势较好。从发展趋势来看，仅有交通运输、仓储和邮政业出现下降趋势，其他各行业都出现明显的增长趋势，发展态势良好。

**表11-24 邢台服务业行业增长率情况** 单位：%

| 行业 | 2012~2017年平均增长率 | 2012年 | 2013年 | 2014年 | 2015年 | 2016年 | 2017年 |
|---|---|---|---|---|---|---|---|
| 批发和零售业 | 7.17 | — | 4.71 | 30.24 | -3.00 | 7.83 | -0.89 |
| 交通运输、仓储和邮政业 | -1.62 | — | 3.88 | -19.69 | 8.17 | -1.81 | 4.03 |
| 住宿和餐饮业 | 5.63 | — | 4.26 | 14.25 | -0.98 | 3.55 | 7.66 |
| 信息传输、软件和信息技术服务业 | 4.60 | — | 2.30 | 30.19 | -7.46 | 3.81 | -2.14 |
| 金融业 | 15.03 | — | 7.45 | 33.57 | 10.03 | 13.56 | 12.32 |
| 房地产业 | 9.09 | — | 9.72 | 7.44 | 6.08 | 14.01 | 8.38 |
| 租赁和商务服务业 | 14.76 | — | 22.73 | 7.51 | 7.99 | 14.12 | 22.40 |
| 科学研究和技术服务业 | 9.36 | — | 5.33 | 15.11 | 2.25 | 16.80 | 8.02 |

续表

| 行业 | 2012~2017年平均增长率 | 2012年 | 2013年 | 2014年 | 2015年 | 2016年 | 2017年 |
|---|---|---|---|---|---|---|---|
| 水利、环境和公共设施管理业 | 23.13 | — | 8.22 | 35.43 | 7.69 | 12.86 | 58.86 |
| 居民服务、修理和其他服务业 | 29.19 | — | 20.45 | 109.14 | 28.57 | -22.22 | 42.86 |
| 教育 | 14.73 | — | 6.43 | 15.53 | 0.00 | 89.37 | -14.61 |
| 卫生和社会工作 | 39.39 | — | 8.37 | 68.68 | -24.24 | 216.01 | 20.25 |
| 文化、体育和娱乐业 | 93.03 | — | 1.95 | 14.28 | 0.00 | 200.00 | 666.67 |
| 公共管理、社会保障和社会组织 | 10.60 | — | 15.99 | 17.84 | 11.45 | 5.42 | 14.00 |

资料来源：历年《邢台统计年鉴》。

表11-25是邯郸服务业各行业增长率情况。从平均增长率情况看，2012~2017年，各行业平均增长率都为正值，表明各行业整体发展态势良好。从发展趋势来看，2012~2017年，除了批发和零售业和文化、体育和娱乐业呈现增长态势外，其他各行业都呈现下降态势。

**表11-25　邯郸服务业行业增长率情况**　　单位：%

| 行业 | 2012~2017年平均增长率 | 2012年 | 2013年 | 2014年 | 2015年 | 2016年 | 2017年 |
|---|---|---|---|---|---|---|---|
| 批发和零售业 | -17.79 | — | -6.27 | 3.21 | 7.90 | -6.73 | -61.43 |
| 交通运输、仓储和邮政业 | 2.91 | — | -4.43 | -3.85 | 15.63 | 16.56 | -6.80 |
| 住宿和餐饮业 | 1.94 | — | 49.24 | -3.29 | -9.28 | 3.67 | -18.91 |
| 信息传输、软件和信息技术服务业 | -2.05 | — | -0.86 | -8.13 | -6.11 | 0.62 | 4.80 |
| 金融业 | 6.98 | — | 16.35 | -10.39 | 10.49 | 11.59 | 9.00 |
| 房地产业 | 0.32 | — | 14.10 | -4.53 | 3.25 | 0.91 | -10.46 |
| 租赁和商务服务业 | 16.40 | — | 42.06 | -22.79 | 27.57 | 45.88 | 4.66 |
| 科学研究和技术服务业 | 11.25 | — | 26.26 | -10.02 | -1.29 | 46.04 | 4.08 |
| 水利、环境和公共设施管理业 | -7.00 | — | -7.58 | -3.94 | -13.71 | 11.66 | -18.65 |
| 居民服务、修理和其他服务业 | 10.58 | — | -18.92 | -1.26 | 2.69 | 90.76 | 5.42 |
| 教育 | -0.65 | — | 7.24 | -3.77 | 3.14 | -15.14 | 7.16 |
| 卫生和社会工作 | 18.35 | — | 34.05 | -14.38 | -4.89 | 90.47 | 11.65 |
| 文化、体育和娱乐业 | -2.74 | — | -18.80 | 2.31 | 26.17 | -42.46 | 44.33 |
| 公共管理、社会保障和社会组织 | 2.42 | — | 2.74 | 2.19 | 9.20 | 2.68 | -1.93 |

资料来源：历年《邯郸统计年鉴》。

## 第二节　京津冀城市群主导产业的选择

本部分采用区位熵来分析京津冀各地市制造业和服务业发展的专一化程度，甄别各地市各行业发展的相对优势。文章认为，如果行业区位熵大于1，则认为该行业具有相对优势，如果该行业的区位熵大于1.5，则认为该行业具有比较明显的相对优势。

### 一、各地级市制造业主导产业选择

从京津冀各地市制造业各行业区位熵（见第五章），可以汇总得到表11－26。从该表可知，北京制造业各行业中，食品制造业，家具制造业，文教体育用品制造业，非金属矿物制品业，专用设备制造业等行业具有一定的相对优势；饮料制造业，烟草制品业，印刷业和记录媒介的复制，石油加工、炼焦及核燃料加工业，医药制造业，交通运输设备制造业，电气机械及器材制造业，通信设备、计算机及其他电子设备制造业，仪器仪表及文化、办公用机械制造业，工艺品及其他制造业具有明显的相对优势。

天津制造业各行业中，食品制造业，纺织服装、鞋、帽制造业，化学原料及化学制品制造业，医药制造业，橡胶制品业，有色金属冶炼及压延加工业，专用设备制造业，交通运输设备制造业，电气机械及器材制造业，仪器仪表及文化、办公用机械制造业具有相对优势，在文教体育用品制造业，塑料制品业，通信设备、计算机及其他电子设备制造业方面具有明显的绝对优势。

石家庄制造业各行业中，饮料制造业，家具制造业，塑料制品业等行业发展具有相对优势，农副食品加工业，纺织业，纺织服装、鞋、帽制造业，皮革、毛皮、羽毛（绒）及其制品业，木材加工及木、竹、藤、棕、草制品业，造纸及纸制品业，化学原料及化学制品制造业，医药制造业，化学纤维制造业，非金属矿物制品业，通用设备制造业，工艺品及其他制造业等行业的发展具有明显的相对优势。

唐山制造业各行业中，非金属矿物制品业，金属制品业等行业发展具有相对优势，黑色金属冶炼及压延加工业等行业发展具有明显的相对优势。

邯郸制造业各行业中，农副食品加工业和纺织业发展具有相对优势，化学纤维制造业和黑色金属冶炼及压延加工业发展具有明显的相对优势。

张家口制造业各行业中，木材加工及木、竹、藤、棕、草制品业和化学原料

及化学制品制造业发展具有相对优势，食品制造业，烟草制品业，黑色金属冶炼及压延加工业，通用设备制造业等行业发展具有明显的相对优势。

表 11－26　2012 年京津冀具有相对优势的制造业行业区域分布

| 行业 | 具有相对优势的地区 | 具有明显优势的地区 |
| --- | --- | --- |
| 农副食品加工业 | 邯郸、邢台、沧州 | 石家庄、秦皇岛、廊坊、衡水 |
| 食品制造业 | 北京、天津、保定、承德 | 邢台、张家口、廊坊 |
| 饮料制造业 | 石家庄 | 北京、承德 |
| 烟草制品业 | 保定 | 北京、张家口 |
| 纺织业 | 邯郸、衡水 | 石家庄、邢台、保定 |
| 纺织服装、鞋、帽制造业 | 天津、邢台 | 保定 |
| 皮革、毛皮、羽毛（绒）及其制品业 | — | 石家庄、沧州、衡水 |
| 木材加工及木、竹、藤、棕、草制品业 | 张家口、衡水 | 石家庄、廊坊 |
| 家具制造业 | 北京、石家庄 | 廊坊、衡水 |
| 造纸及纸制品业 | — | 石家庄、保定、廊坊 |
| 印刷业和记录媒介的复制 | 保定 | 北京、廊坊 |
| 文教体育用品制造业 | 北京、邢台、保定、沧州 | 天津、廊坊 |
| 石油加工、炼焦及核燃料加工业 | — | 北京、邢台、沧州 |
| 化学原料及化学制品制造业 | 天津、邢台、张家口、沧州、廊坊 | 石家庄、衡水 |
| 医药制造业 | 天津 | 北京、石家庄 |
| 化学纤维制造业 | 邢台 | 石家庄、邯郸、保定 |
| 橡胶制品业 | 天津 | 邢台、保定、衡水 |
| 塑料制品业 | 石家庄、衡水 | 天津、保定、廊坊 |
| 非金属矿物制品业 | 北京、唐山、廊坊 | 石家庄、秦皇岛、邢台、衡水 |
| 黑色金属冶炼及压延加工业 | 邢台、廊坊 | 唐山、邯郸、张家口、承德 |
| 有色金属冶炼及压延加工业 | 天津、承德、廊坊 | 邢台、保定 |
| 金属制品业 | 唐山 | 沧州、廊坊、衡水 |
| 通用设备制造业 | 保定 | 石家庄、张家口、沧州 |
| 专用设备制造业 | 北京、天津、邢台、沧州 | 衡水 |
| 交通运输设备制造业 | 天津、秦皇岛 | 北京、保定 |
| 电气机械及器材制造业 | 天津 | 北京、保定 |

续表

| 行业 | 具有相对优势的地区 | 具有明显优势的地区 |
| --- | --- | --- |
| 通信设备、计算机及其他电子设备制造业 | — | 北京、天津 |
| 仪器仪表及文化、办公用机械制造业 | 天津 | 北京 |
| 工艺品及其他制造业 | 保定 | 北京、石家庄、衡水 |

资料来源：根据2012年中国工业企业数据库计算。

保定制造业各行业中，食品制造业，烟草制造业，印刷业和记录媒介的复制，文教体育用品制造业，通用设备制造业，工艺品及其他制造业等行业发展具有相对比较优势；纺织业，纺织服装、鞋、帽制造业，造纸及纸制品业，化学纤维制造业，橡胶制品业，塑料制品业，有色金属冶炼及压延加工业，交通运输设备制造业，电气机械及器材制造业等行业发展具有明显的相对优势。

沧州制造业各行业中，农副食品加工业，文教体育用品制造业，化学原料及化学制品制造业，专用设备制造业等行业发展具有相对优势；皮革、毛皮、羽毛（绒）及其制品业，石油加工、炼焦及核燃料加工业，金属制品业，通用设备制造业等行业发展具有明显的相对优势。

秦皇岛制造业各行业中，交通运输设备制造业发展具有相对优势，农副食品加工业和非金属矿物制品业具有明显的相对优势。

邢台制造业各行业中，农副食品加工业，纺织服装、鞋、帽制造业，文教体育用品制造业，化学原料及化学制品制造业，化学纤维制造业，黑色金属冶炼及压延加工业，专用设备制造业等行业发展具有相对优势；食品制造业，纺织业，石油加工、炼焦及核燃料加工业，橡胶制造业，非金属矿物制品业，有色金属冶炼及压延加工业等行业发展具有明显的相对优势。

廊坊制造业各行业中，化学原料及化学制品制造业，非金属矿物制品业，黑色金属冶炼及压延加工业，有色金属冶炼及压延加工业等行业发展具有相对优势；农副食品加工业，食品制造业，木材加工及木、竹、藤、棕、草制品业，家具制造业，造纸及纸制品业，印刷业和记录媒介的复制，文教体育用品制造业，塑料制品业，金属制品业等行业发展具有明显的相对优势。

承德制造业各行业中，食品制造业和有色金属冶炼及压延加工业发展具有相对优势，饮料制造业和黑色金属冶炼及压延加工业等行业发展具有明显的相对优势。

衡水制造业各行业中，纺织业，木材加工及木、竹、藤、棕、草制品业等行业发展相对优势；农副食品加工业，皮革、毛皮、羽毛（绒）及其制品业，家

具制造业，化学原料及化学制品制造业，橡胶制品业，非金属矿物制品业，金属制品业，专用设备制造业，工艺品及其他制造业等行业发展具有明显的相对优势。

## 二、各地级市服务业主导产业选择

首先利用各地级市和全国2017年的相关数据计算京津冀各地级市服务业各行业区位熵。计算结果如表11－27所示。

**表11－27 2017年京津冀服务业各行业区位熵**

| 行业 | 北京 | 天津 | 石家庄 | 唐山 | 邯郸 | 张家口 |
|---|---|---|---|---|---|---|
| 批发和零售业 | 1.2350 | 2.8359 | 0.9478 | 0.7643 | 0.9814 | 0.7175 |
| 交通运输、仓储和邮政业 | 0.9944 | 2.6871 | 1.9569 | 2.8012 | 0.2450 | 1.5788 |
| 住宿和餐饮业 | 1.0882 | 0.6645 | 0.8841 | 0.6606 | 4.3408 | 1.5620 |
| 信息传输、软件和信息技术服务业 | 4.0595 | 0.1939 | 0.5972 | 0.3526 | 0.6019 | 0.6550 |
| 金融业 | 2.1219 | 1.3983 | 0.8153 | 0.4616 | 0.4190 | 0.7340 |
| 房地产业 | 1.1053 | 1.6319 | 0.6632 | 0.3493 | 0.4640 | 0.6356 |
| 租赁和商务服务业 | 3.4960 | 2.1775 | 0.5961 | 0.3254 | 0.3696 | 0.2688 |
| 科学研究和技术服务业 | 4.4919 | 6.8131 | 0.6910 | 0.2004 | 0.2256 | 0.1758 |
| 水利、环境和公共设施管理业 | 1.1687 | 0.4511 | 0.5756 | 0.3698 | 0.7701 | 0.6771 |
| 居民服务、修理和其他服务业 | 0.4817 | 0.7695 | 0.9273 | 0.7397 | 1.3212 | 1.4194 |
| 教育 | 1.2416 | 1.0748 | 0.7326 | 0.3276 | 0.7664 | 0.8759 |
| 卫生和社会工作 | 1.1237 | 1.5449 | 1.0210 | 0.5312 | 0.7211 | 0.9237 |
| 文化、体育和娱乐业 | 3.4587 | 0.1445 | 1.2902 | 0.1574 | 0.5346 | 0.4956 |
| 公共管理、社会保障和社会组织 | 0.7977 | 0.0195 | 0.8733 | 0.4226 | 0.5861 | 1.0500 |
| 行业 | 保定 | 沧州 | 秦皇岛 | 邢台 | 廊坊 | 承德 |
| 批发和零售业 | 0.7096 | 0.7030 | 1.0343 | 0.8322 | 0.2941 | 0.4385 |
| 交通运输、仓储和邮政业 | 0.8111 | 2.0574 | 2.5205 | 1.0490 | 0.8834 | 1.5796 |
| 住宿和餐饮业 | 0.9227 | 0.7234 | 1.4693 | 0.6603 | 3.2420 | 1.0568 |
| 信息传输、软件和信息技术服务业 | 0.5760 | 0.4744 | 0.6922 | 0.5918 | 0.7581 | 0.7127 |
| 金融业 | 0.4763 | 0.3813 | 0.7869 | 0.5618 | 0.8299 | 0.5324 |
| 房地产业 | 0.7267 | 0.4802 | 0.9025 | 0.7732 | 1.4954 | 0.3139 |
| 租赁和商务服务业 | 0.1194 | 0.9258 | 0.7914 | 0.3043 | 0.8720 | 0.4256 |
| 科学研究和技术服务业 | 1.7567 | 0.3665 | 0.4421 | 0.1770 | 2.2204 | 0.3462 |
| 水利、环境和公共设施管理业 | 0.3263 | 0.3024 | 1.3240 | 0.5722 | 0.2725 | 0.4846 |
| 居民服务、修理和其他服务业 | 0.5627 | 1.8838 | 1.6640 | 1.7078 | 1.3867 | 2.1082 |

续表

| 行业 | 保定 | 沧州 | 秦皇岛 | 邢台 | 廊坊 | 承德 |
|---|---|---|---|---|---|---|
| 教育 | 0.7383 | 0.6608 | 0.9345 | 0.8445 | 0.6109 | 0.6501 |
| 卫生和社会工作 | 1.0726 | 1.0861 | 0.9205 | 0.8740 | 0.6233 | 0.6882 |
| 文化、体育和娱乐业 | 0.1567 | 0.4080 | 1.2308 | 0.2416 | 0.3296 | 0.4523 |
| 公共管理、社会保障和社会组织 | 0.5993 | 0.6297 | 0.8366 | 0.8996 | 0.5798 | 0.3489 |

资料来源：《中国统计年鉴》（2018）、《北京统计年鉴》（2018）、《天津统计年鉴》（2018）、《河北经济年鉴》（2018）。

从表 11－27 中可以看出，北京在发展批发和零售业，住宿和餐饮业，房地产业，水利、环境和公共设施管理业，教育，卫生和社会工作等行业具有相对优势，在发展信息传输、软件和信息技术服务业，金融业，租赁和商务服务业，科学研究和技术服务业，文化、体育和娱乐业等行业具有明显的相对优势，如表 11－28 所示。

**表 11－28　2017 年京津冀具有相对优势的服务业行业区域分布**

| 行业 | 具有相对优势的地区 | 具有明显优势的地区 |
|---|---|---|
| 批发和零售业 | 北京、秦皇岛、衡水 | 天津 |
| 交通运输、仓储和邮政业 | 邢台 | 天津、石家庄、唐山、张家口、沧州、秦皇岛、承德 |
| 住宿和餐饮业 | 北京、承德 | 邯郸、张家口、廊坊 |
| 信息传输、软件和信息技术服务业 | — | 北京 |
| 金融业 | 天津 | 北京 |
| 房地产业 | 北京、廊坊 | 天津 |
| 租赁和商务服务业 | — | 北京、天津 |
| 科学研究和技术服务业 | 北京、天津、保定、张家口 | — |
| 水利、环境和公共设施管理业 | 北京、秦皇岛 | — |
| 居民服务、修理和其他服务业 | 邯郸、张家口、廊坊 | 沧州、秦皇岛、邢台、承德、衡水 |
| 教育 | 北京、天津 | — |
| 卫生和社会工作 | 北京、石家庄、沧州 | 天津 |
| 文化、体育和娱乐业 | 石家庄、秦皇岛 | 北京 |
| 公共管理、社会保障和社会组织 | 张家口 | — |

资料来源：《中国统计年鉴》（2018）、《北京统计年鉴》（2018）、《天津统计年鉴》（2018）、《河北经济年鉴》（2018）。

天津在金融业和教育等行业方面具有相对优势，在发展批发和零售业，交通运输、仓储和邮政业，房地产业，租赁和商务服务业，科学研究和技术服务业，卫生和社会工作等行业具有明显的相对优势。

石家庄在发展卫生和社会工作，文化、体育和娱乐业等行业方面具有相对优势，在发展交通运输、仓储和邮政业具有明显的相对优势。唐山在发展交通运输、仓储和邮政业具有明显的相对优势。邯郸在发展居民服务、修理和其他服务业行业具有相对优势，在发展住宿和餐饮业行业具有明显的相对优势。

张家口在发展居民服务、修理和其他服务业，公共管理、社会保障和社会组织行业具有相对优势，在发展交通运输、仓储和邮政业和住宿和餐饮业具有明显的相对优势。

保定在发展科学研究和技术服务业行业具有相对优势。

沧州在发展卫生和社会工作行业具有相对优势，在发展交通运输、仓储和邮政业和居民服务、修理和其他服务业行业具有明显的相对优势。

秦皇岛在批发和零售业，水利、环境和公共设施管理业，文化、体育和娱乐业等行业具有相对优势，在发展交通运输、仓储和邮政业和居民服务、修理和其他服务业具有明显的相对优势。

邢台在发展交通运输、仓储和邮政业方面具有相对优势，在发展居民服务、修理和其他服务业方面具有明显的相对优势。

廊坊在发展房地产业，居民服务、修理和其他服务业方面具有相对优势，在发展住宿和餐饮业，科学研究和技术服务业方面具有明显的相对优势。

承德在发展住宿和餐饮业行业方面具有相对优势，在交通运输、仓储和邮政业，居民服务、修理和其他服务业行业具有明显的相对优势。

衡水在批发和零售业方面具有相对优势，在发展居民服务、修理和其他服务业方面具有明显的相对优势。

## 第三节　京津冀产业布局方向

### 一、京津冀主导产业布局的总体思路

以疏解北京非首都功能为出发点，根据京津冀协同发展的需要，以及京津冀区域整体功能定位和三省市功能定位，立足各自比较优势、现代产业分工要求和区域优势互补原则与合作理念，以资源环境承载能力为基础、以京津冀城市群建

设为载体、以优化区域分工和产业布局为重点，结合《京津冀协同发展规划纲要》（2015）对京津冀三地区的功能战略定位和《京津冀产业转移指南》（2016）对引导京津冀城市群合理有序承接产业转移，优化产业布局，加快产业结构调整和转型升级步的要求，各地区主导产业选择思路如下。

北京：发挥科技创新中心作用，重点提升原始创新和技术服务能力，突出高端化、服务化、集聚化、融合化、低碳化，以发展现代服务业和高科技产业为主。在制造业方面，坚决退出一般性制造业，特别是高消耗产业，就地淘汰一批钢铁、有色金属、建材、化工、纺织印染、机械、印刷、造纸等污染较大、耗能耗水较高的行业和生产工艺，引导和推动非科技创新型企业迁出；在服务业方面，部分交通运输、仓储和邮政业，批发和零售业，金融业，居民服务和其他服务业，文化、体育和娱乐业，水利、环境和公共设施管理业，教育，卫生、社会保障和社会福利业，公共管理和社会组织业等部分行业有序迁出京外，主要包括区域性物流基地、区域性专业市场，以及部分教育、医疗、培训机构，部分行政性、事业性服务机构和企业总部。

天津：在制造业方面，重点提高应用研究与工程化技术研发转化能力，打造产业创新中心和高水平现代化制造业研发转化基地，发展高端装备、电子信息等先进制造业，大力发展航空航天、生物医药、节能环保等战略性新兴产业；在服务业方面，大力发展金融、航运物流、服务外包等现代服务业。

河北：重点强化科技创新成果应用和示范推广能力，重点产业技术研发基地，以科技支撑产业结构调整和转型升级。在制造业方面，大力改造提升传统优势产业，大力发展先进制造业和战略性新兴产业；在服务业方面，大力发展现代服务业，承接北京相关产业转移和京津科技成果转化。

## 二、京津冀主导产业选择与布局具体行业

以京津冀三地主导产业选择与布局要以疏解北京非首都功能为出发点，加强三地产业发展规划衔接，促进京津冀产业协同发展。

### （一）制造业选择与布局

从北京看，前文分析认为，北京在食品制造业、家具制造业、文教体育用品制造业、非金属矿物制品业以及专用设备制造业等行业具有相对优势，饮料制造业、烟草制品业、印刷业和记录媒介的复制、石油加工、炼焦及核燃料加工业、医药制造业、交通运输设备制造业、电气机械及器材制造业、通信设备、计算机及其他电子设备制造业、仪器仪表及文化、办公用机械制造业、工艺品及其他制造业等行业具有明显优势。然而上述行业都属于一般制造业，而且大部分都属于高消耗行业，因此，即使这些行业具有发展的优势，但考虑疏解北京非首都功能

的需要，这些行业已经不适合布局在北京。

北京制造业布局，要依托科技资源优势，重点发展高端制造业的研发环节和绿色食品生产和加工业、制造业的研发环节重点布局在三环以内，绿色食品生产和加工业重点布局在北部生态涵养区。其他一般性制造业以及高端制造业的生产环节全部转出北京。

从天津看，食品制造业、医药制造业、橡胶制品业、有色金属冶炼及压延加工业、专用设备制造业、交通运输设备制造业、电气机械及器材制造业、仪器仪表及文化、办公用机械制造业等行业发展具有相对优势，文教体育用品制造业、塑料制品业、通信设备、计算机及其他电子设备制造业等行业发展具有明显的优势。

天津制造业布局，既要发展本地优势产业，又要做好承接北京市转出产业的准备。先进制造业方面，重点发展高端装备制造业、电子信息业；在战略新兴产业方面，要大力发展航天航空业、生物医药业、节能环保业、新能源、新材料等产业，做好承接北京高端制造业的生产环节。先进制造业和战略性新兴产业重点布局在滨海新区，把天津临港经济区建设成高端装备制造业产业基地。

河北要大力改造提升传统产业，积极承接北京转出的一般性制造业，优先发展装备制造业等先进制造业，以及新材料等战略性新兴产业。

对于河北各地级市主导产业与布局可以划分为“三大区域”和“两圈一带”。

“三大区域”布局如下：

一是优化发展区域。唐山经济基础好、资源丰富、工业基础雄厚，曹妃甸的开发建设为唐山经济发展注入新活力，因此应继续将唐山作为河北制造业的发展龙头来打造。廊坊拥有 1 个国家级工业园区、8 个省级工业园区、1 个省级产业集聚区，并充分利用毗邻京津的优势，积极承接京津乃至沿海地区的产业梯度转移，吸引了一大批国内外知名企业、高校、科研单位进区建立研发基地和产业基地，工业产值不断攀升，已成为河北制造业的后起之秀。把唐山和廊坊作为优化发展区域，重点把科技研发转化产业，发展高端制造业。

二是重点发展区。石家庄属于河北制造业的重点发展区域。石家庄是河北的政治、经济、文化和科技中心，是一座综合性的中心城市，保定毗邻北京，高校和研发机构众多，拥有西部工业区、高新区等发展基础较好的工业园区，工业以轻纺、医药、电子、机械、化工、建材为主，门类比较齐全。其纺织工业发达，是全国重要的纺织基地之一，医药工业发展势头良好，是全国生产抗生素和化学原料药的重要基地之一，此外也是全省重要的电子工业基地。两市的新能源、生物医药、先进装备制造业等高新技术产业的发展有一定的发展基础。可以把石家庄和保定两地作为重点发展区域。

三是适度发展区。承德、张家口、衡水属于河北制造业产业集群适度发展区域。受自身历史发展基础和地理区位条件的限制，这些地区的制造业发展相对落后。因此，这些地区应根据产业布局均衡原则和资源有效分配原则，立足本地资源优势，实施差异化发展战略，走适合本地的产业发展道路。

“两圈一带”的布局如下：

一是环首都产业圈。该区域应借助毗邻北京的地理优势，充分利用京津的经济、科研、技术和人才优势，以北京为带动点，促进制造业的迅速发展。该区域应将发展重点之一放在与北京的产业对接上，根据自身优势、特点积极主动地承接来自北京的辐射，改善自身的投资环境，促进京冀资本、人才、技术、市场等要素的流动和转移。同时，该区域应做好铁路、公路、通信、邮政等基础设施建设，开展社会、文化、经济等多领域的交流合作。区域内各地方政府要与北京各级政府加强沟通，签署一系列利于京津冀合作发展的政策协议，推动形成健康、统一、开放、有序的大市场。

二是冀中南产业圈。在装备制造、钢铁产业、煤化工产业、生物医药、纺织服装、农副产品加工等传统产业上具有良好的发展基础，传统产业的升级改造是该产业带今后产业发展的一个重点。该产业带的高新技术产业也有所发展，石家庄高新技术产业开发区是经国务院批准设立的首批国家级高新区之一，形成了以生物医药、电子信息、机械装备为主的制造业。应继续优化该开发区的创新创业环境，加快创新资源集聚，提升其自主创新能力，推进产学研合作，使之成为河北培育和发展战略性新兴产业的重要策源地。

三是沿海产业带。沿海产业带重点发展煤炭、钢铁、石油化工、装备制造等主导产业。沿海产业带城市为京津周边城市，应在自身地理区位优势的基础上，做好与京津地区的产业对接。北京、天津在经济结构调整的过程中，将一些缺乏比较优势的产业，特别是一些传统重工业，如钢铁业和传统制造业，进行梯度转移。目前的产业转移主要以冶金、机械制造、服装加工等传统制造业，以及资源消耗性产业为主。沿海产业带各地区应依据自身优势，积极承接这些转移产业，并在这一过程中进行传统产业升级，降低能耗、减小污染，建立包括科研、生产、配套、维修在内的较为完整的工业体系。此外，该产业带还应借助邻近京津的优势，借助京津的科研、人才、资金优势，有重点、分层次地发展高端装备制造业、新能源等高新技术产业。

### （二）服务业选择与布局

从北京服务业行业发展情况看，批发和零售业，住宿和餐饮业，房地产业、科学研究和技术服务业，水利、环境和公共设施管理业，教育，卫生和社会工作

等行业发展具有相对优势，信息传输、软件和信息技术服务业，金融业，租赁和商务服务业，文化、体育和娱乐业具有明显的优势。

北京在服务业主导产业的选择与布局方面，要重点发展现代服务业，以科学研究和技术服务业为主，积极引进国际知名研发机构落户北京，重点布局在三环以内。三环以外重点发展和布局金融机构电子银行、数据中心、呼叫中心等后台服务功能，以及服务外包和健康养老等新兴服务业。向外转出或向外迁出农副产品、基础原料等大宗商品的仓储物流功能，以及服装、小商品、建材销售等行业，有序迁出中等职业学校和部分高等院校，以及教育培训机构。

从天津服务业各行业发展情况看，金融业，教育等行业发展具有相对优势，批发和零售业，交通运输、仓储和邮政业，房地产业，租赁和商务服务业，卫生和社会工作等行业发展具有明显的优势。

天津在服务业主导产业的选择与布局方面，要重点发展金融业、租赁和商业服务业等生产性服务业。积极承接北京转出的一些金融业企业，做好承接北京转出的文化创意产业、教育培训和体育休闲产业。

河北在发展好本省已有服务业产业的基础上，还要做好承接京津转出的部分服务业产业。另外，河北各地级市的服务业具有发展比较优势的行业主要是交通运输、仓储和邮政业和批发零售业，河北各地级市可以根据自身比较优势，包括地理环境和区位优势，积极做好承接京津转出的服务业行业，例如石家庄交通便利，是河北政治、经济、文化和教育中心，可以建设区域性物流基地，布局交通运输、仓储和邮政业；保定紧邻北京，批发零售业发展基础较好，交通也比较明显，金融业发展也比较好，在发展本地优势产业的同时，也要承接北京地区转出的如服装批发、仓储物流行业；承德可以与京津联合发展大旅游；秦皇岛可以布局发展养老休闲产业。

## 三、京津冀产业空间转移与协同一体化发展优化

### （一）总体思路

以“创新、协调、绿色、开放、共享”五大发展理念为指导，以有序疏解北京非首都功能为核心，以推进京津冀产业协同发展为目标，以市场决定资源配置为动力，以更好地发挥政府在产业转移发展中的作用为引导。坚持产业转移与产业结构升级并行，坚持提高产业创新能力与培育产业集群竞争力相结合，调整优化产业空间布局，推进京津冀产业协同一体化发展。

### （二）产业转移空间导向框架

根据《京津冀协同发展规划纲要》（2015）、《京津冀产业转移指南》（2016）以及前述章节有关京津冀三地产业发展和布局现实情况，京津冀产业转移空间导

向应围绕有序疏解北京非首都功能和推进京津冀协同发展为主轴，着力建设北京科技创新中心，突破五大产业转移升级引擎区和重点打造五大产业带。

1. 着力推进北京建设有全球影响的科技创新中心

依托北京丰富的科技、人才资源聚集优势，着力建设具有全球影响力的科技创新中心，打造国际战略性新兴产业策源地。面向世界，立足京津冀，承担研发、设计、服务等高端功能，重点提升创新能力，推进高端共性技术研发和关键核心部件研制，加快工业设计、信息服务、咨询等生产性服务业发展，并辐射全国。

2. 突破五大产业转移升级引擎区

产业转移必须以产业转移源地产业升级或创新为条件，否则产业转移缺乏动力和基础。京津冀城市群产业转移、合作与协同发展，必须先行在建成产业升级转移的引擎区上取得突破。兼顾地域均衡，根据《京津冀产业转移指南》可率先在北京中关村、天津滨海新区、唐山曹妃甸、沧州沿海地区和张承地区为依托，实现引擎区的建设突破，进而带动整个京津冀城市群的产业转移、协作和协同发展。

3. 重点打造五大产业带

一是打造北京—天津走廊高新技术及生产性服务业产业带。轴线主要分布有北京、廊坊、天津等重量级城市。充分发挥北京科技人才优势和天津、廊坊的高端制造能力，推进科技成果产业化，重点发展高新技术产业、高端生产性服务业和装备制造业。

二是打造天津—河北沿海临港产业带。带内核心城市包括天津、唐山、沧州和秦皇岛等地区。充分利用沿海港口优势和良好现代制造业基础，重点发展海洋产业、先进制造业和生产性服务业，同时注重生态保护，发展与生态环境共生的沿海产业体系。

三是打造京广沿线先进制造业产业带。带内主要城市包括保定、石家庄、邢台和邯郸等。充分利用土地、劳动力等要素优势，升级改造传统产业，发展战略性新兴产业，着重发展电子信息、新能源、生物制药、装备制造和新材料等产业。

四是打造京九沿线轻纺产业带。带内主要地区有衡水、邢台东部、邯郸东部、沧州西部等。充分发挥其交通、土地、劳动力、农业资源等优势，重点发展农副产品深加工、现代轻工产业。

五是张承沿线绿色生态产业带。节点地区包括北京、天津山区和张家口、承德山区等。以保障京津冀生态服务功能为导向，重点发展绿色低碳产业，建设绿色生态农业、农副产品加工业、生物医药产业基地。

4. 共建承接平台，深化区域合作

上述空间框架为产业转移与承接提供了地理导向，但要在现实中能够推行，需要深化区域合作，共建承接平台是有效途径之一。围绕上述五大引擎区和五大产业带，推进京津冀三地要素资源的合理配置，促进三地产业链上下游合作，建立产业转移与承接的对接平台，创建官产学研协商沟通平台，推进不同行业、不同层次、不同规模、不同模式的产业转移与承接。支持京津冀三地合作建立产业发展基金，推进共建产业园区，创新合作体制机制，促进要素资源共建共享，实现多方共赢。

（三）产业承接重要空间载体与承载方向

承接产业转移的主要载体是各类产业园区。根据上述产业转移与承接空间框架安排，京津冀城市群各类产业园区应依托已有产业基础，将承接新产业与淘汰落后产能相结合，将转型升级与创新发展相结合，合理确定主导产业和发展方向，设置园区生态环境标准，承接相关产业转移集聚，推动京津冀产业转移、承接与协同一体化发展。梳理京津冀现有主要产业园区及其发展定位与环保标准，可以为这些园区设定产业发展和承接方向。具体类别如表 11 －29 至表 11 －34 所示。

**表 11 －29　京津走廊高技术和生产性服务业产业带产业园区产业方向**

| 园区名称 | 产业发展与承接方向 |
|---|---|
| 北京经济技术开发区 | 新能源智能汽车、集成电路、高端装备制造、新一代信息技术、新一代健康诊疗与服务 |
| 北京新机场临空经济区 | 航空物流、综合保税、电子商务、航空服务保障、航空金融 |
| 北京天竺空港经济开发区 | 集成电路装备、重大疾病药物、现代服务业 |
| 北京林河经济开发区 | 微电子、关键汽车零部件、智能成套装备、生物医药 |
| 中关村顺义园 | 研发服务、信息服务 |
| 天津经济技术开发区 | 电子信息、汽车、高端装备、医药健康 |
| 天津滨海高新区 | 软件及新一代信息技术、新能源、节能环保、文化创意 |
| 武清经济技术开发区 | 高端制造、生物医药 |
| 天津空港经济区 | 航空航天、电子信息、高端装备制造、生物医药、现代物流 |
| 天津滨海新区中心商务区 | 金融运营、金融创新、总部经济、国际贸易、电子商务、文化教育、创新创业 |
| 天津滨海新区未来科技城 | 新能源汽车及核心零部件、高端装备 |
| 天津东疆保税港区 | 国际航运、保税物流、融资租赁、离岸金融、国际贸易 |
| 天津武清京津产业新城 | 研发转化、商贸物流、电子商务 |

续表

| 园区名称 | 产业发展与承接方向 |
| --- | --- |
| 天津北辰经济技术开发区 | 高端装备、生物医药、新一代信息技术、新能源、新材料、现代物流 |
| 天津宝坻京津中关村科技新城 | 生物医药、软件和信息服务业、节能环保、装备制造 |
| 天津宁河京津合作示范区 | 环境技术研发、健康医疗、休闲旅游 |
| 蓟县京津州河科技产业园 | 现代装备制造、新材料、电子信息 |
| 廊坊经济技术开发区 | 电子信息、新能源、装备制造、生物医药 |
| 廊坊物流园区 | 电子商务、现代物流、商贸服务 |
| 廊坊高新技术产业开发区 | 新材料、高端装备、新能源 |
| 燕郊国家高新技术产业开发区 | 电子信息、医疗器械、新材料 |
| 亦庄·永清高新技术产业开发区 | 移动通信、集成电路、生物医药 |
| 河北玉田电子元器件产业园 | 高端电子元器件、微电子产品制造 |

资料来源：根据《京津冀产业转移指南》（2016）整理。

**表 11－30　京津冀东部沿海临港产业带产业园区产业方向**

| 产业园区 | 临港产业 |
| --- | --- |
| 天津滨海新区临港经济区 | 智能装备、海洋工程装备、轨道交通、工程机械、运输起重设备、新能源与环保设备、风电装备、高档数控机床等高端装备制造产业 |
| 天津南港工业区 | 石油化工、新材料、大型成套装备及港口服务业 |
| 秦皇岛经济技术开发区 | 高铁设备、重型工程装备、船舶及海洋工程装备、冶金装备、软件和信息服务业、食品 |
| 曹妃甸协同发展示范区 | 精品钢铁、石油化工、重型装备、通用航空、节能环保、船舶海工、高铁零部件、港口物流 |
| 唐山高新技术产业开发区 | 智能装备制造、新材料、节能环保、电子商务 |
| 沧州临港经济技术开发区 | 石油化工、生物医药、冶金、装备制造、港口物流 |

资料来源：根据《京津冀产业转移指南》（2016）整理。

**表 11－31　京津冀沿京广线先进制造业产业带产业园区产业方向**

| 产业园区 | 先进制造业 |
| --- | --- |
| 中关村房山园 | 新材料、高端装备、新能源汽车 |
| 石家庄正定新区 | 信息网络、集成电路、新材料、新能源、医疗健康、生产性服务业 |
| 石家庄高新技术产业开发区 | 生物医药、现代中药、医疗器械，电子信息产业，精密装备制造 |
| 石家庄经济技术开发区 | 机械装备、食品、生物产业 |
| 鹿泉经济开发区 | 半导体照明等电子信息产业 |

续表

| 产业园区 | 先进制造业 |
|---|---|
| 石家庄装备制造园区 | 专用车、轨道交通、煤矿机械、通用飞机生产及配套设施 |
| 保定高新技术产业开发区 | 新能源及能源装备、软件、新材料、汽车及关键零部件 |
| 保定京南现代产业基地 | 新材料、节能环保、电子信息、高端装备制造、现代物流 |
| 白洋淀科技城 | 清洁能源、高端环保和智能装备、云计算、生命科学、现代农业与健康服务 |
| 邢台市太行新区 | 高端装备、汽车及零配件、化工新材料 |
| 邢台经济开发区 | 新能源，冶金装备制造及大型铸锻件、紧固件等装备制造产业 |
| 邢台市邢东新区 | 先进装备制造、新能源及新能源汽车、节能环保等新兴产业 |
| 沙河经济开发区 | 新型建材、玻璃制造及深加工 |
| 邯郸市冀南新区 | 装备制造、现代物流、文化创意 |
| 邯郸经济技术开发区 | 新材料、高端装备、光机电一体化、先进仪器仪表 |
| 定州经济开发区 | 高端装备制造、生物医药、现代物流 |

资料来源：根据《京津冀产业转移指南》（2016）整理。

**表 11－32　京津冀沿京九线特色轻纺产业带产业园区产业方向**

| 产业园区 | 特色轻纺产业 |
|---|---|
| 衡水经济开发区 | 食品加工、纺织服装 |
| 武邑柜业产业集聚区 | 保险柜、文件柜、防磁柜等金属制品制造 |
| 邢台清河经济开发区 | 高端羊绒制品加工 |
| 邢台隆尧东方食品城 | 方便食品，饮料，食品添加剂、调味品制造 |
| 邯郸大名京府食品工业城 | 小麦深加工，芝麻油、核桃油等特色油脂加工 |
| 邯郸义井陶瓷工业园 | 骨质瓷、高石英瓷等高档日用细瓷 |

资料来源：根据《京津冀产业转移指南》（2016）整理。

**表 11－33　京津冀张承线绿色生态产业带产业园区方向**

| 产业基地 | 绿色生态产业 |
|---|---|
| 张北云计算产业基地 | 大数据、云计算产业 |
| 承德高新技术产业开发区 | 绿色食品加工 |
| 承德平泉食用菌基地 | 食用菌及深加工 |
| 承德兴隆生物产业基地 | 中药材种植、中药饮片、中成药、营养保健品 |
| 承德下板城食品加工园区 | 绿色食品加工 |

续表

| 产业基地 | 绿色生态产业 |
| --- | --- |
| 坝上乳制品、燕麦、马铃薯产业基地 | 高端乳制品、鲜薯深加工、高档燕麦产品 |
| 张家口西山高新技术产业 | 工程机械、风电设备开发区 |
| 遵化—宽城—兴隆果品加工基地 | 果品加工 |

资料来源：根据《京津冀产业转移指南》（2016）整理。

**表 11－34　京津冀特色产业基地**

| 产业 | 特色产业基地 |
| --- | --- |
| 节能环保 | 天津子牙循环经济产业区、冀津（涉县·天铁）循环经济产业示范区、沧州国家循环化改造示范试点园区、承德双滦经济开发区、承德凤山新兴产业示范区 |
| 医药健康 | 大兴生物医药产业基地、北京·沧州渤海新区生物医药园、静海团泊健康产业园区、北辰医药医疗器械示范基地、武清区京津冀协同发展医疗健康“微中心”、安国现代中药与健康产业园区、固安肽谷生命科学园、迁安生物制药产业区、北戴河生命健康产业创新示范区（国际健康城） |
| 食品 | 宁河潘庄工业区食品加工和冷链物流基地、赵县淀粉调味品和果品加工基地、抚昌卢—怀涿葡萄酒基地、曲周天然色素产业基地、定兴休闲食品产业集群、望都辣椒制品产业集聚区 |
| 家具 | 香河家具产业基地、正定板式家具基地、霸州钢木家具基地、大城仿明清家具特色园区 |
| 皮革 | 辛集制革制衣工业区、肃宁皮毛工业园区、白沟箱包工业区、枣强大营皮毛产业集群 |
| 工艺美术 | 曲阳石雕产业集群、衡水内画特色产业园区、唐山陶瓷（艺术瓷）产业集群、石家庄藁城宫灯产业集群、保定易水砚产业集群、武强乐器产业集群、肃宁乐器产业集群、饶阳乐器产业集群 |
| 其他 | 沧州盐山管件产业集群、邯郸永年标准件产业集群、平乡曲周自行车产业集群、安平丝网产业集群、容城服装产业集群、定兴汽车零部件产业集群、高阳纺织产业集群、定州体育用品产业集群 |

资料来源：根据《京津冀产业转移指南》（2016）整理。

# 参考文献

[1] Akamatsu, Kaname. A Historical Pattern of Economic Growth in Developing Countries [J] . The Developing Economies, Tokyo, Preliminary Issue No. 1, 1962: 3 – 25.

[2] Anselin L. Spatial Econometrics: Methods and Models [M] . Kluwer, Dordrecht, 1988.

[3] Bai, C. – E. , Du, Y. , Tao, Z. , & Tong, S. Y. Local Protectionism and Regional Specialization Evidence from China's Industries. Journal of International Economics, 2004, 63 (2): 397 – 417.

[4] Baldwin R. E. & Toshihiro Okubo. Heterogeneous Firms, Agglomeration and Economic Geography: Spatial Selection and Sorting [J] . Journal of Economic Geography, Oxford University Press, 2006, 6 (3): 323 – 346.

[5] Beaudry C, Swann P. Growth in Industrial Cluster: A Bird's Eye View of the United Kingdom [D] . SIEPR Discussion Paper, 2001.

[6] Becker R, Henderson V. Effects of air Quality Regulations on Polluting Industries [J] . Journal of Political Economy, 2000, 108 (2): 379 – 421.

[7] Berman E, Bui L T. Environmental Regulation and Productivity: Evidence from Oil Refineries [J] . Review of Economics and Statistics, 2001, 83 (3): 498 – 510.

[8] Buses J. Trade, Environmental Regulations and the World Trade Organization: New Empirical Evidence [J] . Journal of International Economics, 2004, 38 (2): 285 – 306.

[9] Castlman B I. The Export of Hazardous Factories to Developing Nations [J]. International Journal of Health Services, 1979 (9): 569 – 606.

[10] Cole M A, Elliott R J R. FDI and the Capital Intensity of "Dirty" Sectors: A Missing Piece of the Pollution Haven Puzzle [J] . Review of Development Econom-

ics, 2005, 9 (4): 530 – 548.

[11] Covin, Jeffrey G. & Slevin, Dennis P. New Venture Strategic Posture, Structure, and Performance: An Industry Life Cycle Analysis. Journal of Business Venturing, 1990, 5 (2): 123 – 135.

[12] Davis D R and D E Weinstein. Do Factor Endowments Matter for North – North Trade? [D] . NBER Working Paper No. 8516, October, 2001.

[13] Dean J M. Trade and Environment: A Survey of the Literature [D]. Working Paper No. 966 (World Department), 1992.

[14] Devereux, M. P, Griffith R, et al. The Geographic Distribution of Production Activity in the UK. Econometric Society World Congress 2000 Contributed Papers [J] . Econometric Society, 2001: 533 – 564.

[15] Dinc M, Haynes K E. Qiansheng L. A Comparative Evaluation of Shift – share Models and Their Extensions [J] . Australasian Journal of Regional Studies, 1998 (4): 275 – 302.

[16] Dunning, J. H. Towards An Eclectic Theory of International Production [J]. Journal of International Business Studies, 1980, 11 (1): 9 – 31.

[17] Elhorst J P. Spatial Econometrics from Cross – sectional Data to Spatial Panles [M] . Berlin Heidelberg: Springer, 2014.

[18] Eliste, Paavo & Fredriksson, Per G. Environmental Regulations, Transfers, and Trade: Theory and Evidence [J] . Journal of Environmental Economics and Management, 2002, 43 (2): 234 – 250.

[19] Ellison G, Glaeser E L. Geographic Concentration in U. S. Manufacturing Industries: A Dartboard Approach [J] . Journal of Political Economy, 1997, 105 (5) : 889 – 927.

[20] Gianmarco I. P. Ottaviano. “New” New Economic Geography: Firm Heterogeneity and Agglomeration Economies [J] . Journal of Economic Geography, 2011, 11 (2): 231 – 240.

[21] Harrigan J and E. Zakrajsek. Factor Supplies and Specialization in the World Economy [D] . NBER Working Paper No. 7848, August 2000.

[22] Hodd M. An Empirical Investigation of the Hechscher – Ohlin Theory [J]. Economica, 1967, 34 (1): 7 – 14.

[23] Hongedor J and Wilson B. The New International Economics. Addison – Wesly Pub. Co. , 1979.

[24] Hymer Stephen . The International Operations of National Firms: A Study of

Foreign Direct Investment, Massachusetts Institute of Technology: MIT Press, 1960.

[25] Kim Sukkoo. Expansion of Markets and the Geographic Distribution of Economic Activities: The Trends in U. S Regional Manufacturing Structure, 1860 - 1987 [J]. Quarterly Journal of Economics, 1995, 110 (4): 881 -908.

[26] Kim S. Expansion of Markets and the Geographic Distribution of Economic Activities: The Trends in U. S. Regional Manufacturing Structure, 1860 - 1987 [J]. The Quarterly Journal of Economics, 1995, 110 (4): 881 -908.

[27] Konisky D. M. Assessing U. S. State Susceptibility to Environmental Regulatory Competition [J]. State Politics and Policy Quarterly, 2009, 9 (4): 404 -428.

[28] Krugman P. Increasing Returns and Economic Geography [J]. Journal of Political Economy, 1991, 99 (3): 483 -499.

[29] Krugman, P. Geography and Trade [M]. MIT Press, Cambridge MA., 1991.

[30] Krumme, G., and Hayter, R. Implications of Corporate Strategies and Product Cycle Adjustments for Regional Employment Changes [A]. In Loca - tional Dynamics of Manufacturing Activity, L Collins and D. Walker, eds [C]. London: Wiley, 1975: 325 -356.

[31] Lall S. The International Allocation of Research Activity by US Multinationals [J]. Oxford Bulletin of Economics and Statistics, 1979, 41 (4): 313 -331.

[32] Lanoie P, Laurent - Lucchetti J, et al. Environmental Policy, Innovation and Performance: New Insights on the Porter Hypothesis [D]. GAEL Working Paper, 2007.

[33] Lee L F, Yu J. Estimation of Spatial Autoregressive Panel Data Models with Fixed Effects [J]. Journal of Econometrics, 2010, 154 (2): 165 -185.

[34] Leoftief W. Domestic Production and Foreign Trade: The American Capital Position Re - examined [J]. Proceedings of the American Philosophical Scociety, 1953 (97): 332 -349.

[35] LeSage, J. and Kelley P. Introduction to Spatial Econometrics [M]. CRC Press, 2009.

[36] Levinson A, Taylor S M. Unmasking the Pollution Haven Effect [J]. International Economic Review, 2008, 49 (1): 223 -254.

[37] Low P, Yeats A. Do "Dirty" Industries Migrate? [C] //Patric Low. International Trade and the Environment [D]. World Bank Discussion Paper No 159, 1992.

[38] Porter M E, Van der Linde C. Toward a New Conception of the Environment – competitiveness Relationship [J] . The Journal of Economic Perspectives, 1995, 9 (4): 97 –118.

[39] Porter Michael E. Location, Competition and Economic Development: Local Clusters in a Global Economy [J] . Economic Development Quarterly, 2000, 14 (1): 15 –34.

[40] Prebisch, Raúl. The Economic Development of Latin America and Its Principal Problems [J] . Economic Bulletin for Latin America, 1962, 7 (1): 1 –24.

[41] Puga D. The Magnitude and Causes of Agglomeration Economies [J]. Journal of Regional Science, 2010, 50 (1): 203 –219.

[42] Schott P K. One Size Fit All? Hecksher – Ohlin Specialiation in Global Production [D] . NBER Working Paper No 8244, April 2001.

[43] Stafford H A. Environmental Protection and Industrial Location [J]. Annals Association American Geography, 1985, 75 (2): 227 –240.

[44] Tobey J A. The Effects of Domestic Environmental Policies on Patterns of World Trade: An Empirical Test [J] . Kyklos, 1990, 43 (2): 191 –209.

[45] Wells Jr L T. A Product Life Cycle for International Trade? [J] . Journal of Marketing, 1968, 32 (3): 1 –6.

[46] Wheeler David. Racing to the Bottom? Foreign Investment and Air Pollution in Developing Countries [J] . Journal of Environment & Development, 2001, 10 (3): 225 –245.

[47] Yang R D, He C F. The Productivity Puzzle of Chinese Exporters: Perspectives of Local Protection and Spillover Effects [J] . Papers in Regional Science, 2014, 93 (2): 367 –384.

[48] 埃尔赫南·赫尔普曼，保罗·克鲁格曼．市场结构和对外贸易——报酬递增、不完全竞争和国际贸易 [M]．上海：三联书店，1993.

[49] 安虎森，彭桂娥．区域金融一体化战略研究——以京津冀为例 [J]．天津社会科学，2008 (6)：65 –72.

[50] 白玫．企业迁移研究 [D]．南开大学博士学位论文，2003：117 –119.

[51] 白小明．我国产业区域转移粘性问题研究 [J]．北方论丛，2007 (1)：140 –143.

[52] 北京市人民政府．北京市国民经济和社会发展第十三个五年规划 [Z] . 2016.

［53］毕吉耀．国际产业转移趋势与我国面临的机遇与挑战［J］．中国金融，2006（20）：32－35.

［54］薄文广，陈飞．京津冀协同发展：挑战与困境［J］．南开学报（哲学社会科学版），2015（1）：110－108.

［55］陈建军．产业区域转移与东扩西进战略：理论和实证分析［M］．北京：中华书局，2002.

［56］陈建军．长江三角洲地区的产业同构及产业定位［J］．中国工业经济，2004（2）：19－26.

［57］陈建军．中国现阶段的产业区域转移及其动力机制［J］．中国工业经济，2002（8）：37－44.

［58］陈建军．长三角区域经济合作模式的选择［J］．南通大学学报（社会科学版），2005（6）：42－43.

［59］陈静雅．基于价值链的区域经济合作与产业升级策略探析［J］．商业时代，2013（20）：114－115.

［60］陈烈，孙海军，张素蓉．基于低碳经济的环京津贫困带发展模式研究［J］．发展研究，2012（6）：46－48.

［61］陈晓永．京津冀都市圈与长三角区域增长路径的比较分析［J］．商业研究，2007（12）：93－97.

［62］陈晓永．新一轮京津冀产业分工协作的重点与难点［J］．石家庄铁道学院学报（社会科学版），2008（3）：1－6.

［63］陈秀山，李逸飞．世界级城市群与中国的国家竞争力——关于京津冀一体化的战略思考［J］．学术前沿，2015（8）：41－51.

［64］陈耀，陈梓，侯小菲．京津冀一体化背景下的产业格局重塑［J］．天津师范大学学报（社会科学版），2014（6）：1－6.

［65］仇方道，蒋涛，张纯敏，等．江苏省污染密集型产业空间转移及影响因素［J］．地理科学，2013，33（7）：789－796.

［66］楚天骄．经济全球化背景下区域产业分工与合作的动力机制［J］．中州学刊，2010（2）：72－75.

［67］崔晶．生态治理中的地方政府协作：自京津冀都市圈观察［J］．改革，2013（9）：7－8.

［68］丁建军．产业转移的新经济地理学解释［J］．财经科学，2011（1）：35－42.

［69］范鹏飞，顾海兵．美日汽车产业转移路径特点与比较分析［J］．福建论坛（人文社会科学版），2010（4）：24－29.

［70］傅强，魏琪．全球价值链视角下新一轮国际产业转移的动因、特征与启示［J］．经济问题探索，2013（10）：138－143.

［71］高顺成．中国纺织业对国民经济发展的贡献研究［J］．纺织学报，2014（7）：145－151.

［72］龚晓菊，王一楠，孙梦雪．京津冀协同发展背景下的张家口承接北京产业转移路径［J］．经济研究参考，2014（62）：73－80.

［73］顾列铭．外资比拼隐患多［J］．中国外资，2004（1）：50－52.

［74］关爱萍，陈超．区际产业转移对承接地行业内技术溢出效应的联动研究——以甘肃省为例［J］．软科学，2015，29（1）：87－91.

［75］郭斯顿．地区产业结构同构化问题研究［D］．中国优秀博硕士学位论文全文数据库，2005.

［76］郭万清．由趋同走向趋异——90 年代地区产业结构变动趋势分析［J］．经济研究，1992（12）：12－15.

［77］国务院．中华人民共和国国民经济和社会发展第十三个五年规划纲要［Z］．2016.

［78］何大安．我国产业结构调整的非体制制约及其启示［J］．经济研究，1992（7）：23－27.

［79］贺灿飞，潘峰华．产业地理集中、产业集聚与产业集群：测量与辨识［J］．地理科学进展，2007（2）：1－13.

［80］洪银兴，刘志彪，等．长江三角洲地区经济发展的模式和机制［M］．北京：清华大学出版社，2003.

［81］黄娉婷，张晓平．京津冀都市圈汽车产业空间布局演化研究［J］．地理研究，2014，33（1）：83－95.

［82］黄友和．产业结构趋同的博弈分析及其启示［J］．中国流通经济，2000（2）：43－45.

［83］黄志基，贺灿飞，杨帆，周沂．中国环境规制、地理区位与企业生产率增长［J］．地理学报，2015，70（10）：1581－1591.

［84］纪良纲，晓国．京津冀产业梯度转移与错位发展［J］．河北学刊，2014（6）：198－201.

［85］姜霞．我国产业转移新趋势与湖北承接行业选择实证研究［J］．科技进步与对策，2015，32（11）：50－54.

［86］黎友隆．中国纺织业出口竞争力的前景分析［J］．市场经济与价格，2010（8）：24－29.

［87］李国平，陈红霞，等．协调发展与区域治理：京津冀地区的实践

［M］. 北京：北京大学出版社，2012.

［88］李国平．京津冀区域发展报告［M］．北京：科学出版社，2016.

［89］李国平，等．首都圈结构：分工与营建战略［M］．北京：中国城市出版社，2004.

［90］李国平．京津冀区域发展报告 2016［M］．北京：科学出版社，2016.

［91］李娜．基于新国际国内背景下的产业分工机理分析［J］．世界地理研究，2008（4）：9－16.

［92］李瑞峰．国际产业分工格局新趋势及我国应对策略［J］．对外经贸实务，2016（2）：9－12.

［93］李少星，顾朝林．长江三角洲产业链地域分工的实证研究——以汽车制造产业为例［J］．地理研究，2010，29（12）：2132－2142.

［94］李思杰．环渤海区域产业政策协调机制研究［J］．环渤海经济瞭望，2011（9）：3－5.

［95］李祥妹，刘亚洲，王君．基于偏离—份额分析法的区域制造业发展态势评估［J］．中国人口·资源与环境，2014（S1）：392－396.

［96］李娅．国际产业链分工模式的延伸——我国东西部产业转移模式探讨［J］．云南财经大学学报，2010（5）：140－146.

［97］李燕．京津冀区域合作机制研究——基于政府制度创新视角［J］．城市，2010（1）：21－25.

［98］李志勇．基于政府适应市场化的京津冀一体化研究［J］．商业研究，2010（3）：42－46.

［99］梁琦．中国制造业分工，地方专业化及其国际比较［J］．世界经济，2004，27（12）：32－40.

［100］刘安国，张英奎，姜玲，刘伟．京津冀制造业产业转移与产业结构调整优化重点领域研究——不完全竞争视角［J］．重庆大学学报（社会科学版），2013（5）：1－7.

［101］刘金钵，任荣明．我国纺织业产业集群研究［J］．纺织学报，2004（5）：137－139＋153.

［102］刘薇．京津冀都市圈循环经济发展水平比较与对策建议［J］．环渤海经济瞭望，2009（1）：42－46.

［103］刘艳琴．“错位竞合”打造京津冀经济圈共同繁荣新格局［J］．河北青年管理干部学院学报，2009（6）：94－96.

［104］刘有韬，史占中．京津冀都市圈与长三角都市圈汽车产业集群比较分析［J］．科技管理研究，2009（8）：409－411.

[105] 卢嘉瑞．论重复建设的危害、成因及治理［J］．生产力研究，2001（2）：61－63．

[106] 鲁金萍，刘玉，杨振武，孙久文．京津冀区域制造业产业转移研究［J］．科技管理研究，2015（11）：86－90.

[107] 陆军，宋吉涛．北京大都市区制造业空间集聚研究［M］．北京：北京大学出版社，2011.

[108] 路红艳．“十二五”时期我国产业转移趋势及特点［J］．中国经贸导刊，2011（10）：46－47.

[109] 马子红．中国区际产业转移与地方政府的政策选择［M］．北京：人民出版社，2009.

[110] 迈克尔·波特．国家竞争优势［M］．北京：华夏出版社，2002.

[111] 母爱英，王建超，严飞．基于循环经济视角的首都圈生态产业链构建［J］．城市发展研究，2012，19（12）：72－77.

[112] 牛鸿蕾，江可申．我国纺织业集聚分布格局及其影响因素的空间面板数据分析［J］．数理统计与管理，2011（4）：571－584.

[113] 牛立超，祝尔娟．首都圈城市间的合作与治理机制——以京津为例的一个讨论［A］．奥运后首都国际化进程的新趋势与新挑战——2008 城市国际化论坛论文集［C］．2008.

[114] 潘文卿，吴添．基于 FC 模型的产业转移的福利效应三地区理论模型［J］．清华大学学报（自然科学版），2014，54（5）：672－677.

[115] 桑瑞聪，刘志彪．中国产业转移趋势特征和影响因素研究——基于上市公司微观数据的分析［J］．财贸研究，2014（6）：53－60.

[116] 沈静，向澄，柳意云．广东省污染密集型产业转移机制——基于 2000～2009 年面板数据模型的实证［J］．地理研究，2012，31（2）：357－368.

[117] 宋群．十一五时期统筹我国产业结构升级与国际产业转移的建议［J］．经济研究参考，2005（52）：2－18.

[118] 宋宪萍．产业结构趋同的体制剖析［J］．理论界，2000（2）：31－32.

[119] 苏榕．京津冀协同发展纺服产业［J］．纺织服装周刊，2014（36）：8.

[120] 孙久文，邓慧慧，叶振宇．京津冀区域经济一体化及其合作途径探讨［J］．首都经济贸易大学学报，2008（2）：55－60.

[121] 孙久文，丁鸿君．京津冀区域经济一体化进程研究［J］．经济与管理研究，2012（7）：52－58.

［122］孙久文，姚鹏．京津冀产业空间转移、地区专业化与协同发展——基于新经济地理学的分析框架［J］．南开学报（哲学社会科学版），2015（1）：81－89.

［123］孙军，顾朝林．从“契约”看地区产业结构调整过程中人才结构的构建［J］．科技进步与对策，2003，23（6）：747－751.

［124］王得新．专业化分工与都市圈形成演化研究［D］．首都经济贸易大学博士学位论文，2013.

［125］王佳，张文杰．“十二五”期间京津冀区域旅游经济一体化增长格局研究［J］．燕山大学学报（哲学社会科学版），2012（6）：88－91.

［126］王建峰，卢燕．京津冀区域产业转移综合效应实证研究［J］．河北经贸大学学报，2013，34（1）：81－84.

［127］王建平，刘彬．国际产业转移的模式与效应分析［J］．管理现代化，2013（3）：24－26.

［128］王绮，王利，高志远．基于偏离份额分析法的产业结构分析研究——以山东省为例［J］．资源开发与市场，2010（12）：1098－1100.

［129］王书芳．地区产业结构趋同的两种价值判断及其界定标准［J］．中南财经大学学报，1997（3）：40－45.

［130］王帅，席强敏，李国平．北京制造业企业对河北投资的空间特征与影响因素［J］．经济地理，2015（4）：90－98.

［131］王婷．京津冀都市圈金融服务业空间格局及演化——以保险业为例［D］．首都师范大学硕士学位论文，2013.

［132］王文普．环境规制、空间溢出与地区产业竞争力［J］．中国人口·资源与环境，2013，23（8）：123－140.

［133］王小平，等．论京津冀生产性服务业协作方式［J］．中小企业管理与科技（上旬刊），2013（8）：161－162.

［134］王秀丽．生态产业链运作机制研究［M］．北京：经济科学出版社，2011.

［135］魏后凯，高春亮．中国区域协调发展态势与政策调整思路［J］．河南社会科学，2012，20（1）：73－83.

［136］魏后凯．产业转移的发展趋势及其对竞争力的影响［J］．福建论坛（社会经济），2003（4）：11－15.

［137］魏后凯．大都市区新型产业分工与冲突管理——基于产业链分工的视角［J］．中国工业经济，2007（2）：28－34.

［138］魏后凯．对当前区域经济发展若干理论问题的思考［J］．经济学动

态，2007（1）：11－16.

［139］魏玮，毕超．环境规制、区际产业转移与污染避难所效应［M］．北京：山西财经大学学报，2011，33（8）：67－73.

［140］文魁，祝尔娟．京津冀发展报告（2015）［M］．北京：社会科学文献出版社，2015.

［141］吴爱芝，李国平，张杰斐．京津冀地区产业分工合作机理与模式研究［J］．人口与发展，2015，21（6）：19－29.

［142］吴爱芝，孙铁山，李国平．中国纺织服装产业的空间集聚与区域转移［J］．地理学报，2013（6）：775－790.

［143］吴颂，吴显涛．进入危机背景下的国际产业转移特点和趋势［J］．中国市场，2009（13）：6－7.

［144］吴铮争，吴殿廷，袁俊，徐涛．中国汽车产业地理集中及其影响因素研究［J］．中国人口·资源与环境，2008（1）：116－121.

［145］武义青，张云．充分利用环京津优势发展战略性新兴产业［N］．河北日报（理论版），2012－01－18.

［146］武义青，张云．环首都绿色经济圈：理念、前景与路径［M］．北京：中国社会科学出版社，2011.

［147］武义青．最大最现实最不能错失的历史性机遇［N］．河北日报（理论版），2014－03－12.

［148］席强敏，孙瑜康．京津冀服务业空间分布特征与优化对策研究［J］．河北学刊，2016（1）：137－143.

［149］夏友富．外商投资中国污染密集产业现状、后果及其对策研究［J］．管理世界，1999（3）：109－123.

［150］肖金成．京津冀一体化与空间布局优化研究［J］．天津师范大学学报（社会科学版），2014（6）：5－10.

［151］肖金城等．京津冀区域合作论［M］．北京：经济科学出版社，2010.

［152］谢光亚，振佳．中国汽车制造业国际竞争力研究［J］．北京工商大学学报（社会科学版），2009（4）：122－126.

［153］徐永利．逆梯度理论下京津冀产业协作研究［J］．河北大学学报（哲学社会科学版），2006，38（5）：73－78.

［154］许佩倩．国际产业分工新趋势与我国经济国际化策略［J］．江苏商论，2004（10）：115－117.

［155］杨世伟．国际产业转移与中国新型工业化道路［M］．北京：经济管理出版社，2009：12－14.

[156] 杨怡爽，赵果庆．空间集聚、FDI溢出与中国汽车制造业发展 [J]．经济与管理研究，2014 (4)：83 +91 -98.

[157] 于刃刚．破除行政区划障碍，推动京津冀协调发展 [J]．经济与管理，2007，21 (2)：5 -7.

[158] 余为丽．中国纺织业国际竞争力的实证分析 [J]．南开管理评论，2006 (5)：95 -98 +106.

[159] 袁晓玲，张宝山，杨万平．动态偏离—份额分析法在区域经济中的应用 [J]．经济经纬，2008 (1)：55 -58.

[160] 臧学英，于明言．京津冀战略性新兴产业的对接与合作 [J]．中国发展观察，2010 (8)：30 -32.

[161] 张贵，贾尚键，苏艳霞．生态系统视角下京津冀产业转移对接研究 [J]．中共天津市委党校学报，2014 (4)：105 -112.

[162] 张建平．东亚各国（地区）产业结构比较研究 [D]．吉林大学硕士学位论文，2007.

[163] 张杰斐，席强敏，孙铁山，李国平．京津冀区域制造业分工与转移 [J]．人文地理，2016 (4)：95 -102.

[164] 张军扩．促进京津冀协同发展，打造世界级城市群 [J]．中国发展观察，2015 (99)：8 -11.

[165] 张可云，傅帅雄，张文彬．产业结构差异下各省份环境规治强度量化研究 [J]．江淮论坛，2009 (6)：10 -15.

[166] 张少军，刘志彪．全球价值链模式的产业转移 [J]．中国工业经济，2009 (11)：5 -15.

[167] 张亚明，杨丽莎，唐朝生．区域分工视域下产业协调发展研究——以环首都经济圈为例 [J]．生态经济，2012 (1)：98 -102.

[168] 赵弘．推进产业分工与合作提升京津冀区域综合竞争力 [J]．城市，2009 (12)：16 -21.

[169] 赵浚竹，孙铁山，李国平．中国汽车制造业集聚与企业区位选择 [J]．地理学报，2014 (6)：850 -862.

[170] 赵细康．环境保护与产业国际竞争力：理论与实证分析 [M]．北京：中国社会科学出版社，2003.

[171] 中共中央，国务院．京津冀协同发展规划纲要 [Z]．2015.

[172] 周明生，梅如笛．京津冀区域产业布局与主导产业选择 [J]．学习与探索，2016 (2)：98 -102.

[173] 周孝，冯中越．北京生产性服务业集聚与京津冀区域协同发展 [J].

经济与管理研究，2016，37（2）：44－51.

［174］周沂，贺灿飞，刘颖．中国污染密集型产业地理分布研究［J］．自然资源学报，2015，30（7）：1183－1192.

［175］朱云飞，赵宁．京津冀协同发展背景下河北承接产业转移的财政政策建议［J］．经济研究参考，2014（69）：20－24.

# 后　记

自从2015年中共中央、国务院发布《京津冀协同发展规划纲要》，京津冀协同发展正式纳入国家重大区域发展战略系列以来，对京津冀协同发展的相关问题研究方兴未艾。笔者有机会参与了中国人民大学副校长刘元春教授主持的中央在京高校重大成果转化项目“京津冀协同一体化发展研究”，并负责子课题“京津冀产业分工协作与产业转移研究”，同时笔者主持的两个国家自然科学基金项目也有与此相关的内容。本书正是基于课题的研究成果整理而成。

在课题研究和本书写作过程中得到了多方支援和帮助，感谢北京市科学技术委员会的张星处长、游可先生，北京市发改委隆学文处长（现国家医疗保障局副司长）、中关村国家自主创新示范区核心区发展研究中心宋洁尘主任、北京科技协作咨询服务中心郭敏女士等，他们为课题研究中资料收集和调研提供了大力支持和协调工作。感谢中国人民大学副校长刘元春教授、科研处处长严金明教授、发展和改革研究院张杰教授、科研处侯新立主任、朱红霞女士和何旭姣女士对课题研究的指导和具体事务处理的支持。感谢中国人民大学经济学院和应用经济学院的各位领导和同事对课题研究和本书写作的指导和支持。特别感谢人民大学区域与城市经济研究所孙久文教授、张可云教授对本书研究框架的宝贵意见和建议，感谢侯景新教授、付晓东教授、姚永玲教授、虞义华教授、张耀军教授、刘玉副教授、徐瑛副教授、蒋黎副教授、孙三百副教授和席强敏副教授等，与他们的学术讨论让我受益匪浅。感谢家人对我研究的无私支持和奉献。

本书的内容是笔者和研究生们共同研究的成果。在研究和成书过程中，由笔者统领提出研究框架和拟定本书写作大纲，几位研究生协助做了大量的文献收集整理、数据处理与计量建模工作，并参与了部分课题报告初稿的执笔、后续本书的写作，同时参与了数据校对、模型计算、统计分析和一些图、表制作等烦琐而细致的工作，为本书的顺利完成提供了很大帮助。在此对他们表示感谢，他们是刘岳平、夏添、张博伦、张雪峥、戴美卉、王少龙、梅赛德斯、杨钰倩、郑浩南、刘兰婷等。

本书围绕京津冀协同发展中产业转移和协作分工主题，采用实证分析方法从不同行业视角对京津冀地区产业分工协作和转移进行研究，力图对京津冀地区主要产业的协作分工和空间转移特征趋势及其影响机制进行揭示和归纳，进而提出京津冀城市群产业协作分工和布局优化的目标和方向。但由于理论和实践水平有限，本书错误纰漏之处在所难免，恳请读者批评指正。

文余源

2020 年 5 月